食品安全风险评估法律制度研究

Studies on Legal Institutions of the Food Safety Risk Assessment

杨小敏 著

国家社会科学基金青年项目资助

本书是一部系统研究食品安全风险评估法律制度的理论专著。著者主持完成的国家社会科学基金青年项目（项目批准号：10CFX046）的最终研究成果。本书重新界定了我国食品安全风险评估的含义，补充了食品安全风险评估的含义，补充了食品安全风险评估原则，重构了食品安全风险评估的组织机构，并对我国食品安全风险评估的信息制度、公众参与制度、专家制度和物质保障制度则分别展开论述。本书对完善我国食品安全风险评估法律制度具有重要意义，也为指导我国食品安全风险评估实践提出了较为科学的方案。

宪政论丛

北京大学出版社

图书在版编目(CIP)数据

食品安全风险评估法律制度研究/杨小敏著. —北京:北京大学出版社,2015.1
(宪政论丛)
ISBN 978-7-301-25308-3

Ⅰ.①食… Ⅱ.①杨… Ⅲ.①食品卫生法—研究—中国 Ⅳ.①D922.164

中国版本图书馆 CIP 数据核字(2014)第 303645 号

书　　　名	食品安全风险评估法律制度研究
著作责任者	杨小敏　著
责任编辑	李　昭
标准书号	ISBN 978-7-301-25308-3/D·3757
出版发行	北京大学出版社
地　　　址	北京市海淀区成府路 205 号　100871
网　　　址	http://www.pup.cn
电子信箱	law@pup.pku.edu.cn
新浪微博	@北京大学出版社　@北大出版社法律图书
电　　　话	邮购部 62752015　发行部 62750672　编辑部 62752027
印　刷　者	北京大学印刷厂
经　销　者	新华书店
	965 毫米×1300 毫米　16 开本　24.5 印张　370 千字
	2015 年 1 月第 1 版　2015 年 1 月第 1 次印刷
定　　　价	45.00 元

未经许可,不得以任何方式复制或抄袭本书之部分或全部内容。
版权所有,侵权必究
举报电话:010-62752024　电子信箱:fd@pup.pku.edu.cn
图书如有印装质量问题,请与出版部联系,电话:010-62756370

目录

导论 / 1
- 第一节　国际组织对食品安全风险评估之界定 / 3
- 第二节　欧盟、日本和美国对食品安全风险评估之界定 / 13
- 第三节　风险评估与危害分析和关键控制点系统之比较 / 19
- 第四节　我国食品安全风险评估之重新界定 / 20
- 第五节　本研究之基本框架 / 44
- 第六节　本研究之主要意义和创新 / 49

第一章　我国食品安全风险评估之基本原则 / 56
- 第一节　食品安全风险评估基本原则之功能 / 57
- 第二节　我国食品安全风险评估基本原则实施之现状分析 / 59

第三节 美国和欧盟食品安全风险评估的基本
原则 / 73
第四节 我国食品安全风险评估基本原则之法制
完善 / 87

第二章 食品安全风险评估组织机构制度 / 98
第一节 食品安全风险评估组织机构之一般
理论 / 99
第二节 国外食品安全风险评估组织机构制度之
评析 / 105
第三节 我国食品安全风险评估组织机构
制度 / 126
第四节 我国食品安全风险评估组织机构
制度之完善 / 138

第三章 食品安全风险评估信息制度 / 144
第一节 食品安全风险评估信息之功能与
分类 / 144
第二节 食品安全风险评估信息制度之类型 / 151
第三节 国外食品安全风险评估信息制度之
评析 / 153
第四节 我国食品安全风险评估信息制度之现状
评析 / 162
第五节 我国食品安全风险评估信息制度之
完善 / 177

第四章 食品安全风险评估之公众参与制度 / 193
第一节 食品安全风险评估中公众参与之基本
理论 / 194
第二节 食品安全风险评估中公众参与之
必要性及可行性 / 207

第三节　我国食品安全风险评估中公众参与存在之问题 / 216

第四节　构建我国食品安全风险评估公众参与制度之建议 / 224

第五章　食品安全风险评估专家制度 / 242

第一节　食品安全风险评估专家之功能 / 243

第二节　食品安全风险评估专家之类型 / 247

第三节　食品安全风险评估专家合法性危机之突出表现 / 250

第四节　食品安全风险评估专家合法性危机之原因分析 / 260

第五节　欧盟和美国食品安全风险评估科学顾问行政法治理之经验 / 270

第六节　我国食品安全风险评估专家制度之完善 / 291

第六章　食品安全风险评估物质保障制度 / 303

第一节　食品安全风险评估物质保障要素之一般理论 / 303

第二节　发达国家食品安全风险评估物质保障制度之评析 / 313

第三节　我国食品安全风险评估物质保障制度分析 / 328

第四节　完善我国食品安全风险评估物质保障制度 / 339

附录　食品安全风险评估管理规定（专家建议稿） / 351

主要参考文献 / 363

后记 / 384

导　论

　　以 21 世纪初期,我国与美国和欧盟等国家和地区在从事食品国际贸易中引发的"食品事件"(典型的如 2007 年发生的"中国制造"危机[①],特别是 2008 年最早发现于我国甘肃省,随即在全国多个省市发现的"三聚氰胺毒奶粉"事件)作为分水岭,一场"哥白尼革命"式的食品安全风险监管运动在我国迅速展开。这场改革的基本前提是,对于处于全球化、信息化和社会转型期的中国而言,在当前及今后相当长时期内,我国都将处于食品安全事故的高发期。由此,监管食品安全风险就成为我国政府一项重要的公共职能。改革的宗旨则是要通过科学的手段来有效治理食品安全风险,确保社会公众身体健康和国家食品贸易安全。

　　与这场改革的基本前提和宗旨相匹配,我国食品安全法制领域的一项基础性的制度就是食品安全风险评估制度,以便为国家行政机关的食品安全风险决策和监管提供科学依据。可以这样认为,食品安全风险评估制度代表了现代科学技术最新成果在食品安全风险规制方面实际应用的发展方向。它是制定食品安全标准与法律规范、解决国际食品贸易争端的重要依据。由此,研究食品

[①] See Wang, Z., Y. Maoa, and F. Gale, Chinese Consumer Demand for Food Safety Attributes in Milk Products, *Food Policy*, Vol. 33, 2008, pp. 27—36.

安全风险评估基本原理和食品安全风险评估制度,既有利于有效开展食品安全风险评估,保障食品安全和公众身体健康与生命安全,也有利于更好地对食品安全风险评估行为进行科学的规制,促进我国食品安全风险评估模式与国际接轨。对此,我国《食品安全法》第16条第1款明确规定:"食品安全风险评估结果是制定、修订食品安全标准和对食品安全实施监督管理的科学依据。"为有效实现《食品安全法》赋予食品安全风险评估制度的重要使命,国家卫生部等国家机关已经建立并实施了食品安全风险评估中的多项制度。比如,2009年12月8日,卫生部组建了国家食品安全风险评估专家委员会,专家委员会承担国家食品安全风险评估工作[①];2010年1月21日,卫生部发布并实施《食品安全风险评估管理规定(试行)》。又如,2011年11月13日,经中央机构编制委员会办公室批准,作为负责食品安全风险评估的国家级技术机构——国家食品安全风险评估中心——正式成立。[②]再如,2012年9月26日,国家食品安全风险评估中心国际顾问专家委员会又成立。[③]

然而,与这种轰轰烈烈的制度建设极为不协调的是,这几年来,我国的食品安全风险评估制度的绩效平平,有学者已经对该项制度的科学性提出了质疑[④],对于食品安全风险评估机构作出的一些风险评估结论,社会公众对之持不信任的态度,同行专家则抱以"嘲弄的口吻",而有时行政机关自身也不采纳。这些问题表明,我国现行的食品安全风险评估制度亟需进一步的健全和完善。鉴于此,笔者从行政法,更具体地说,从食品安全部门行政法的角度对我国食品安全风险评估制度作了较为全面和系统的研究。

然而,在对本研究的基本框架、主要意义和创新之处作出说明之前,首

---

① 参见黄小希:《我国成立首届国家食品安全风险评估专家委员会》,载http://www.gov.cn/jrzg/2009-12/08/content_1482962.htm,2014年2月1日访问。
② 参见周宇:《食品安全风险评估中心挂牌》,载http://epaper.jinghua.cn/html/2011-10/14/content_718958.htm,2014年1月1日访问。
③ 参见中华人民共和国卫生部:《国家食品安全风险评估中心国际顾问专家委员会成立》,载http://www.moh.gov.cn/publicfiles/business/htmlfiles/wsb/pzsdwgzdt/201209/56021.htm,2014年2月1日访问。
④ 参见沈岿:《风险评估的行政法治问题——以食品安全监管领域为例》,载《浙江学刊》2011年第3期;杨小敏:《我国食品安全风险评估模式之改革》,载《浙江学刊》2012年第2期;戚建刚:《食品危害的多重属性与风险评估制度的重构》,载《当代法学》2012年第2期。

先需要交代本研究的逻辑起点。笔者认为,由于对我国政府机关、企业和公众而言,食品安全风险评估制度依然是一个新的事物,由此,应当对何为食品安全风险评估制度作出较为科学和规范的界定。于是,本研究以食品安全风险评估的定义作为研究的逻辑起点。然而,我们应当记住先哲们的教导,即"在科学上,一切定义都只有微小的价值"[1],"如果要从定义特别明显地看出它所说明的那个现象的各个极重要的特点,那就显得这个定义很不够了"[2]。对范畴和概念,"不能把它们限定在僵硬的定义中,而是要在它们的历史或逻辑的形成过程中来加以阐述。"[3]由此,笔者将从国际化视野的角度来分析食品安全风险评估的定义,在对我国现行的食品安全风险评估的含义加以反思的基础之上,运用模式的分析方法,对我国食品安全风险评估的含义作了改造,从而能在一个更为宽阔的视角下来设计我国食品安全风险评估制度。

第一节 国际组织对食品安全风险评估之界定

风险分析体系中的风险评估起初主要应用于股票、国防等领域,随着近年来食品安全问题日益凸显,美国、欧盟、日本等国家和地区开始在食品安全管理领域引入风险概念。虽然国际社会对食品安全领域内的风险评估的定义尚未达成共识,但综合中外文献,可以发现国际上对食品安全风险评估的定义大致可以分为两种类型:第一类是世界贸易组织(WTO)在《实施卫生和动植物检疫措施协议》(以下简称《SPS协议》)中所界定的风险评估概念;另一类则是联合国粮农组织、世界卫生组织以及其共同建立的食品法典委员会(CAC)所定义的风险评估概念。以下将对这两类食品安全风险评估概念进行评析。

---

[1] 《马克思恩格斯选集》第3卷,人民出版社1995年版,第423页。
[2] 《列宁全集》第22卷,人民出版社1980年版,第258页。
[3] 《马克思恩格斯全集》第25卷,人民出版社2001年版,第17页。

一、世界贸易组织之界定

世界贸易组织(原关税及贸易总协定,GATT)在 1986 年到 1994 年的乌拉圭回合多边贸易谈判中通过的《SPS 协议》,规定了成员国政府有权采取适当的措施来保护人类与动植物的健康,确保人畜食物免遭污染物、毒素、添加剂影响,确保人类健康免遭进口动植物携带疾病而造成的伤害。该《协议》明确规定,成员国应确保其卫生和植物卫生措施是采用有关国际组织制定的风险评估方法,根据本国具体条件,基于对人、动物或植物的生命或健康进行危险性评估的结果所制定。这意味着每个国家制定自身的卫生和植物卫生措施要采用有关国际组织规定的风险评估方法。

《SPS 协议》附录里对风险评估下了这样一个定义,即"进口国根据可能采用的 SPS 措施,对其领土上某种害虫或疾病的进入、存在或传播的可能性,以及对潜在的生物学和经济影响进行评价,或对食品、饮料和饲料中的添加剂、污染物、毒素或致病菌的存在对人体和动物的健康可能造成的不良作用等进行评估"[①]。《SPS 协议》认为,成员国政府在进行风险评估时应考虑有关国际组织制定的风险评估技术,考虑现有的科学依据,有关的工序和生产方法,有关的检验、抽样和测试方法,有关的生态和环境条件,以及检疫或其他处理方法。它强调成员国在进行风险评估过程中,应根据已有科学资料,加工和生产方法,监督与采样和检验方法以及疾病或虫害的流行情况,无虫害或无疾病地区的存在,生态和环境状况,以及检疫和其他措施。[②] 同时,该《协议》第 5 条规定:"各国需根据风险评估结果,确定本国适当的卫生措施及保护水平,各国不得主观、武断地以保护本国国民健康为理由而设立过于严格的卫生措施,从而阻碍贸易公平进行。"[③]

根据《SPS 协议》所给出的定义,风险评估包括以下四个环节:危害识别、危害特征描述、暴露评估和风险特征描述。这四个环节是一个有机联系的整体,成员国政府在没有进行识别危害以前,是不能进行危害特征描述的。

---

① Giovannini A, Migiorati G, Prencipe V, et al, Risk Assessment for Listeriosis in Consumers of Parma and San Daniele Harms, *Food Control*, 2007(18), pp.789—799.
② 参见陈君石:《风险评估在食品安全监管中的作用》,载《农业质量标准》2009 年第 3 期。
③ Application of Risk Analysis to Food Standards Issues, *Report of the Joint FAO/WHO Expert Consultation*, WHO, 1995.

1. 危害识别

危害识别就是确定人体摄入某种食品之后的潜在不良影响,这种不良影响产生的可能性,以及产生这种不良影响的确定性和不确定性。简单地说,危害识别就是确定食品中的化学物质、微生物甚至寄生虫可能对人体健康造成的危害。

2. 危害特征描述

危害确定以后要进一步进行特征描述,知道某种食品怎么危害、其危害性质以及在多大量时会产生什么样的危害。现在广大消费者在食品安全方面的误区就是:只要看到媒体报道某种食品是有毒有害的,那它们就是有毒有害的,而不思考在这种食品中的有毒有害物质的量的问题。危害特征描述的关键就是要说明它的"剂量—反应"关系。之后消费者就知道什么样的剂量是有害的,什么样的剂量是安全的,这是危害特征描述最需要解决的问题。

3. 暴露评估

在危害确立以后,人们需要知道到底每人每天食用多少食品就会产生危害,这就是所谓的暴露评估。由于每人每天吃多少是安全的这一风险评估结果是通用的,由此作为发展中国家,我国政府不可能去重复制定国际上已经有的标准。但是,暴露评估每个国家必须自己来实施,不能把美国人的糖精摄入量拿来作为中国人的糖精摄入量。因此,我国必须要开展暴露评估,必须重视开展暴露评估研究。通过实施暴露评估,将所得出的结果与每人每天安全摄入量进行对比,从而为制定标准提供基础。

4. 风险特征描述

风险特征描述就是将人体的暴露量和安全摄入量来进行对比。根据上述三个步骤所获得信息来估计在某种暴露条件下对人群健康产生不良效应的可能性。假如暴露量超过了安全摄入量,行政机关就应该及时采取措施,已经有的限量标准要迅速降下来;假如暴露量低于安全摄入量,消费者就可以放心消费。

二、联合国粮农组织、世界卫生组织及其共同建立的食品法典委员会之界定

(一)联合国粮农组织和世界卫生组织联合专家委员会的界定

在《SPS 协议》制定期间,有关食品安全风险评估的问题也引起了其他国际组织的注意。1991年至1998年间,联合国粮农组织(以下简称FAO)、世界卫生组织(以下简称WHO)以及其共同建立的食品法典委员会(以下简称CAC)对风险分析与风险评估进行了不间断的研究和磋商。它们根据SPS协议中的基本精神提出了一个科学的框架,将有关的专业术语作了重新界定,并研究将风险评估的概念应用到具体的工作程序。联合国粮农组织和世界卫生组织联合专家咨询委员会在1995年对风险评估进行了明确界定,认为"风险评估是风险分析体系的基础,它以科学研究为基础,系统地、有目的地对食源性危害(化学的、生物的、物理的)对人体产生的已知的或潜在的健康不良作用可能性的一切与食品有关的危害作科学评估"①。它是一种系统地组织科学技术信息与解决不确定性的方法,用以回答有关健康风险的特定问题,要求对相关信息进行评价,并且选择模型作出推论。整个评估过程由四部分组成:危害识别、危害特征描述、暴露评估和风险特征描述。其中,危害识别主要是指要确定某种物质的毒性,在可能时对这种物质导致不良效果的固有性质进行鉴定。由于资料往往不足,因此,最好采用所谓的"证据力"方法。这种方法要求对从适当的数据库、同行评审的文献以及可获得的其他来源(如企业界)未发表的研究中得到的科学信息进行充分的评议。危害描述一般是由毒理学试验获得的数据外推到人,计算人体的每日容许摄入量(ADI值)或暂定每日耐受摄入量;对于营养素,为制定每日推荐摄入量(RDI值)。暴露评估主要根据膳食调查和各种食品中化学物质暴露水平调查的数据进行的。通过计算可以得到人体对于该种化学物质的暴露量。风险描述是就暴露对人群产生健康不良效果的可能性进行估计,以便说明风险评估过程中每一步所涉及的不确定性。

联合国粮农组织和世界卫生组织联合专家委员会认为,对人类身体健康及生命安全产生不利影响的食品安全危险因素主要有3种:即生物性危害、化学性危害以及物理性危害。物理性危害可通过一般性措施进行控制,如良好操作规范(GMP)等。对于化学性危害,有关的国际组织也已经做了大量的研究并形成了一些相对成熟的控制方法:如联合国粮农组织和世界卫生组织的食品添加剂联合专家委员会就已经评估了大量的化学物质(约

---

① USEPA: Proposed Guidelines for Carcinogen Risk Assessment, *Federal Register*, 2002(79), pp. 17960—18011.

1300—1400 种),包括食品添加剂、兽药等。而生物性危害则是风险评估面临的主要难点,这主要是因为生物性危害的复杂性和多变性,各国对生物性危害研究的进展缓慢。从评估方法划分,可以将生物性危害的评估方法分为定性风险评估和定量风险评估两类。定量风险评估,是根据危害的毒理学特征和其他有用的资料,确定污染物的摄入量和对人体产生不利作用概率之间的关系。它是风险评估最理想的方式。因为它的结果大大方便了风险管理的确定。定性风险评估是根据风险的大小,人为地将风险分为低风险、中风险、高风险等类别,以衡量危害对人类影响的大小。当风险定量化不可能或没有必要时,定性的风险分析也被经常用到。①

风险评估被用来预测给定风险暴露水平下所引起的破坏或伤害的大小,协助风险管理部门判断对于这些后果是否需要提高管理和监督水平。从 2001 年到 2003 年,WHO 相继发表了《食源性疾病的全球监测——应用风险分析来改进工作策略》《全球食品安全战略总目标的三项食品安全行动——减轻食源性疾病对健康和社会造成的负担、加强国际和部门间食源性风险评估及风险管理的合作与信息交流》和《世界卫生组织全球食品安全战略》等重要文献,提出了加强全球食品安全战略的具体方案,其中,包括加强食源性疾病监测体系、应用风险分析技术、改进风险评估方法等内容。②

(二)食品法典委员会之界定

1. CAC 风险评估中的基本概念

根据 CAC 的官方文件,它将风险评估界定为:"评估食品、饮料、饲料中的添加剂、污染物、毒素或病原菌对人群或动物潜在副作用的科学程序。风险评估包括危害确定、危害特征描述、暴露评估和风险特征描述四个步骤,也可称之为危险性评估。"③ CAC 对风险评估的界定与《SPS 协议》对风险评估的界定基本一致上。它们之间的区别在于:在应用范围方面,CAC 的风险评

---

① 参见周应恒、彭晓佳:《风险分析体系在各国食品安全管理中的应用》,载《世界农业》2005 年第 3 期。
② 参见黄中夯、李永梅、张立实:《国外食品安全控制与食源性疾病监控策略研究现状》,载《国外医学卫生学分册》2007 年第 2 期;袁莎、兰真、刘伟彬:《食品安全科学中的危险性分析》,载《中国卫生监督杂志》2005 年第 2 期。
③ See FAO Food and Nutrition Paper 87: Food Safety Risk Analysis-a Guide for National Food Safety Authorities, World Health Organization, Food and Agriculture Organization of the United Nations, 2006.

估主要是针对食品,而 SPS 协议中的风险评估覆盖范围较大,适用于所有与人类和动植物的卫生措施和检疫措施;在名词术语的使用方面,CAC 把 SPS 协议中的风险评估改为风险分析,而 CAC 中定义的风险评估则是整个风险分析三个组成部分中的第一部分,比 SPS 协议中的风险评估概念范围要窄。

2. CAC 风险评估步骤和环节分析

对于风险评估,CAC 程序手册中规定了明确的步骤:首先是确定危害物,对危害物进行定性和定量分析;然后是对可能摄入的危害物进行毒理学、生物学评估,并对产生的不良影响的严重性作出定性和定量估计,也包括相关的不确定性,最终为制定食品安全标准奠定科学依据。这就需要对何为危害作出界定,通常对危害的理解是指食品中含有的或潜在的将对健康造成副作用的生物、化学和物理的致病因子。表 1 是国际食品法典委员会列出的当前备受关注的各种食源性危害。风险指由于食品中的某种危害而导致的有害于个人或群体健康的可能性和副作用的严重性,也称为危险性。"剂量—反应评估"是确定化学的、生物的或物理的致病因子的剂量与相关的对健康副作用的严重性和频度之间的关系。定量风险评估可分为确定性评估(点估计)和可能性评估(概率评估)。其中的点估计即最糟糕情形分析,它以食品消费量和食品中化学物浓度计算暴露量。一般表示"最坏的情况";而概率评估则是描述食品化学物的暴露风险。它是对健康影响发生的概率,考虑了几乎所有的可能性及其可能的发生方式。概率评估的结果尤其强调数据的"变异性"和"不确定性"。[①]

表 1 当前备受关注的各种食源性危害

危害类别	危害物质
物理性危害	金属、机械碎屑,玻璃,首饰,碎石子,骨头碎片等
化学性危害	天然毒素,食品添加剂,农药残留,兽药残留,环境污染物等
生物性危害	感染性细菌,霉菌,寄生虫,病毒,朊病毒等

3. 须开展风险评估的项目

CAC 对需要开展食品安全风险评估的项目举例如下:(1) 制定具体的监管标准或其他风险管理措施,以将特定的食源性危害风险降低至可接受

---

① 参见顾振华:《食品安全监管中的危险性分析》,载《上海食品药品监管情报研究》2008 年第 10 期。

的程度(如出现的微生物危害),或用来控制食品中的兽药残留,确保残留物的暴露量不超过每日允许摄入量。(2)对不同的危害——食品组合进行风险分级,建立风险管理的优先排序(例如,不同食品种类中的单核细胞增生性李斯特氏菌)。(3)针对特定的食品安全问题,对不同的风险管理措施,分析其经济成本与收益(降低风险影响),从而选取最合适的控制方法。(4)针对某类优先考虑的危害,评估其"基准"水平,测定实现公众健康目标的进展状况(例如,10年内将由肠道致病菌引起的食源性疾病降低50%)。(5)证明新的食品生产方法或新的食品加工技术对消费者产生的风险没有明显增加。(6)证明虽然出口国风险管理中所使用的控制系统或方法与进口国之间存在差异,但对消费者产生的风险不会明显增加(即证明等效性),如不同的巴氏杀菌法。[①] 同时,CAC还指出有些问题不需要进行风险评估就能简单迅速地解决。

三、世界动物卫生组织与国际植物保护公约之界定

世界动物卫生组织(以下简称OIE)负责向各国政府通告全世界范围内发生的动物疫情以及疫情的起因,并通告控制这些疾病的方法;在全球范围内,就动物疾病的监测和控制进行国际研究;协调各成员国在动物和动物产品贸易方面的法规和标准;帮助成员国完善兽医工作制度,提升工作能力;促进动物福利,提供食品安全技术支撑。该组织于2002年10月召开的会议上通过了《水生动物卫生法典》,在该《法典》中将风险评估定义为"系指与商品进口相关风险的确定和估计及承担这些风险的后果的评估过程"[②]。它将风险评估划分为四个步骤:释放评估、暴露评估、结果评估以及风险估计。[③] 而风险估计则是对释放评估、暴露评估和结果评估的结果进行综合的过程,以便对最初确定的危害的风险作出全面衡量。

国际植物保护公约(以下简称IPPC)是联合国粮农组织于1999年制定的国际性公约。在该文件中它将"有害生物风险分析(即风险评估)"定义

---

① 参见徐娇、邵兵:《试论食品安全风险评估制度》,载《中国卫生监督杂志》2011年第4期。
② 粮农组织公用文件库:《水生动物卫生法典》,载 http://www.fao.org/docrep/008/y5325c/Y5325C01.htm,2014年2月15日访问。
③ See EFSA: Scientific Opinion on Risk Assessment Terminology, *EFSA Journal*, 2012(5), p.9.

为"评价生物或其他科学和经济证据以确定是否应限制某种有害生物以及确定对它们采取任何植物检疫措施的力度的过程"[1]。具体可划分为有害生物分类、评估的引进和传播、经济影响评估与结论四部分。[2]

四、国际组织对食品风险评估的界定之比较

综上所述,风险评估是一个科学的过程,是一项科学性质的活动,是由医学、营养、流行病学、食品工艺学等相关专业的科学家共同开展的工作。食品安全风险评估的作用是为了确认食品安全危害的严重性和发生的可能性,以便于行政机关在综合分析判断各利益相关方的利弊后决定,采取何种措施把食品安全风险控制在人类可以接受的范围之内。

现有的描述风险评估的法律上的定义和原则来自于联合国粮农组织和世界卫生组织共同建立的食品法典委员会、动物健康的世界组织(世界动物卫生组织),以及在国际植物保护公约框架内运行的相关国际与地区组织。这些分别是有关食品安全、动物健康和植物健康标准的制定组织。这三个组织对于食品安全风险评估术语的释义是相当重要的。因为世界贸易组织SPS协议规定,所有成员(包括欧盟)应根据食品法典委员会、世界动物卫生组织与国际植物保护公约以及未由这三个组织所包含的事项的国际标准、指南或建议制定它们的卫生和动植物检疫措施,以及向所有世贸组织成员开放其他相关国际组织颁布的适当的标准、准则及建议。其他参与定义风险评估术语的国际组织包括纳入食品法典委员会(见附录)的国际化学品安全规划署等。就风险评估的主要内容而言,食品法典委员会、世界动物卫生组织及国际植物保护公约组织覆盖相同的主要问题:什么会造成不利影响?它如何造成不利影响?不利影响发生的概率是什么?(即什么是风险)后果是什么?不利影响确实发生的先决条件是什么?

虽然风险分析框架是相似的,但食品法典委员会、世界动物卫生组织及国际植物保护公约仍然有着自身设定的定义范围。因此,这三个组织所使用的风险评估条款及定义各不相同。世界动物卫生组织和国际植物保护公

---

[1] 参见百度百科:《国际植物保护公约》,载 http://baike.baidu.com/view/182643.htm,2014年2月10日访问。

[2] See EFSA: Scientific Opinion on Risk Assessment Terminology, *EFSA Journal*, 2012(5), p.9.

约主要集中于进口风险,而食品法典委员会则强调国内风险或者与特定物质或产品相关的风险。我们可以发现这些国际组织所使用的风险评估方法是存在差异的。此外,即使风险评估的条款相同,食品法典委员会、世界动物卫生组织及国际植物保护公约之间的定义也可能不同(如"风险"的定义)。比如,食品法典委员会的风险评估结构包括四个方面,即危害识别、危害描述、暴露评估和风险描述。世界动物卫生组织的风险评估结构包括:危害识别、释放评估、暴露评估、结果评估和风险估计启动。而国际植物保护公约的有害生物风险评估的结构包括有害生物分类、评估的引进和传播、经济影响评估和结论。[①] 同时,通过分析国外学者的文献,可以进一步发现,食品法典委员会、世界动物卫生组织及国际植物保护公约中对于风险评估中的一些关键概念也有不同理解。

1. 对危害/有害生物的定义/解释

(1)食品法典委员会:一种生物、化学或物理物质或条件,食物或产品有可能对健康造成潜在的不利影响。(2)世界动物卫生组织:一种生物、化学或物理物质或条件,动物或动物产品有可能对健康造成潜在的不利影响。(3)国际植物保护公约:"危害"并不具体;有害生物是任何物种、植物的类型或变种,对植物或植物产品有害的动物或病原体;污染有害生物是一种由商品携带,比如,植物和植物产品,但并不寄生于植物或植物产品。

2. 风险/有害生物风险

(1)食品法典委员会:间接危害食品的不利健康影响的可能性及影响的严重性。(2)世界动物卫生组织:对动物或人体健康有不良影响事件或作用的生物与经济后果发生的可能性与严重程度。(3)国际植物保护公约:有害生物风险(有害生物检疫)是指,有害生物以及与潜在经济影响相关的严重程度的引进与传播的概率;有害生物风险(非检疫有害生物的监管)是指,植物中的有害生物影响,并且是那些在经济上无法接受的有害生物的概率。

3. 风险评估

(1)食品法典委员会:一个以科学为基础、包括如下步骤的程序:危害

[①] See EFSA: Scientific Opinion on Risk Assessment Terminology, *EFSA Journal*, 2012(5), pp. 10—12.

识别、危害描述、暴露评估以及风险描述;定性风险评估是指,风险评估依据的数据建立在一个数值风险估计不足的基础之上,先前专家知识及随之而来的不确定的风险等级识别或分离为风险的描述性类型;定量风险分析是指,风险评估提供风险的数值表达及随之而来的不确定性风险。(2)世界动物卫生组织:评估可能性是指入口的生物和经济后果,进口国领土内危害的建立与传播。(3)国际植物保护公约:有害生物风险评估(有害生物检疫)是指,有害生物及与潜在经济后果相联系的危害程度的引进与传播的可能性的评估;有害生物风险评估(非检疫有害生物的监管)是指,植物中存在的有害生物并影响那些经济上不可接受的影响的概率评估。

4. 后果评估

(1)食品法典委员会:风险管理应该考虑经济后果;联合国粮农组织/世界卫生组织食品添加剂专家委员会:风险评估的交流不应该包括贸易或其他非公共健康后果的分析的后果。(2)世界动物卫生组织:后果评估包括描述指定的接触生物剂及那些接触后果的关系。对健康或环境产生不利后果的原因程序应该存在,这可能反过来导致社会经济后果。后果评估描述了特定接触的潜在后果以及评估它们发生的概率。这一估计可能是定量的(文字上)或定性的(数值估计)。(3)国际植物保护公约:潜在经济后果评估的描述;植物有害生物的经济影响包括市场措施以及那些经济周期内可能不易测量的后果,但代表损失或损害的栽培植物、未栽培植物或植物产品。

5. 暴露、入口、介绍、发布、传播、建立

(1)食品法典委员会:暴露评估是指可能摄入生物、化学、物理以及通过其他相关暴露来源吸收的定性和/或定量评估。(2)世界动物卫生组织:释放评估包括必要释放病原体进入一个特定活动环境的描述生物的通路,并评估完成发生程序的概率,无论定性地(文字上)或是定量地(作为数值估计)。释放评估描述有关数量和时间的每个指定条件方面的每个潜在危害释放的概率(病原体),以及如何可能使这些变化作为各种行为、事件或措施的结果;暴露评估包括从进口国到危害(这种情况下的致病剂)的对动物和人类必要接触描述的生物通路,来自于对给定风险源的释放以及对发生的暴露概率的评估,无论定性地(文字上)或是定量地(作为数值估计)。(3)国际植物保护公约:入口是指有害生物进入目前还不存在的特定领域

的方向,或者存在但分布并不广泛以及被官方所控制;介绍是指有害生物导致其建立的入口;途径是指允许有害生物进入或传播的任何通道;传播是指领域内有害生物地理分布的扩展;建立是指一个有害生物在领域内进入后在可预见未来的延续。①

第二节 欧盟、日本和美国对食品安全风险评估之界定

一、欧洲食品安全局之界定

欧洲共同体自20世纪60年代成立之初,就制定了食品安全政策以确保安全食品在成员国之间的自由流通。近年来由于食品安全问题频频发生,欧盟委员会先后发表了食品安全绿皮书和食品安全白皮书,并于2002年颁布了《统一食品安全法》(178/2002号法案),重点强调了风险评估在食品安全立法中的法律地位。欧盟《统一食品安全法》便将食品安全风险评估正式法制化。《统一食品安全法》第1章第3条明确指出"风险"是对健康造成不利影响的可能性,以及这种严重的影响会产生相应的危险。而"风险分析"是指由内部相互联系的部分组成的机制,包括风险评估、风险管理和风险沟通。其中,"风险评估"是指由四个步骤构成的一个科学基础:危机识别、危险特性、暴露评估和风险特征;"风险管理"不同于风险评估的机制,它是指在利益群体协商的过程中权衡政策的选择,考虑风险评估和其他合理因素,需要的话可以选择合适的预防和保护措施;"风险沟通"指的是在关于危险和风险的风险分析过程中进行信息与意见的互动交流。此外,《统一食品安全法》第4章第3节专门规定了风险管理,第55条规定了风险评估的一般计划。为了保证风险评估的独立性,依据《统一食品安全法》,欧盟还建立了专司食品安全风险评估的机构——欧洲食品安全局。

《统一食品安全法》与欧洲食品安全局的许多内部指引包含大量与食品安全风险和风险评估相关的术语定义,这与食品法典委员会、世界动物卫生

---

① See EFSA: Scientific Opinion on Risk Assessment Terminology, *EFSA Journal*, 2012(5), pp. 17—21.

组织或者国际植物保护公约所提供的风险评估定义相类似。虽然欧洲立法者并没有强制规定这三种定义方法中的哪一个（和相关术语）被使用，但风险评估的主要目的之一是促进国际贸易，由此，欧洲食品安全局的科学委员会认为必须采取谨慎原则来严格遵守国际组织提出的标准，建议食品安全活动领域所使用的风险评估术语与国际标准、指导原则和建议的协调统一。欧洲食品安全局任命了一个外部小组来审查由科学委员会与科学小组发表的219种观点，并提出在选定的观点中促进风险及/或不确定性表达与沟通的方式。该审查的目的是解决科学委员会所使用的风险评估术语的同一性。审查分析揭示了科学委员会与科学小组在表达风险、利益、功效以及不确定性语言的使用上的相似性与差异。基于这一全面彻底的比较审查，科学委员会认为风险评估术语在欧洲食品安全局内部并没有完全统一。这部分是由于解释具体术语的部门立法以及风险评估特定领域的国际标准所造成，从而影响到具体小组。这些差异能够强烈影响欧洲食品安全局授权的表述，而欧洲食品安全局的表述可能决定各个欧洲食品安全局小组具体术语的使用。

风险评估中各种术语使用的不一致被视为一个值得注意的重要问题。国际化学品安全规划署（联合国环保署、国际劳工组织和世界卫生组织的联合组织）在2004年出版了一份有关统一风险评估术语的文件。2007年欧盟健康与消费者保护部门委托英国中央科学实验室负责审查由其非食品委员会出版的风险评估中所使用的术语。欧洲食品安全局有关透明性原则的观点建议，在可能的情况下，应该使用统一的评估术语，最好是基于国际接受的术语。

2009年11月在雅典召开的第34届欧洲食品安全局咨询论坛上，一些成员国表现出参与术语讨论的浓厚兴趣，建议与欧洲食品安全局合作以达到统一欧盟所使用的风险评估词汇的目的。通过社会科学委员会主席会议的年度会议以及负责风险评估的小组，这一重要问题现在已经成为一项受到欧盟健康与消费者保护委员支持的活动。2008年欧洲环境局设立了一个从事有关环境和健康问题评估与沟通科学证据的组织。

基于2008年在布鲁塞尔召开的第一届国际风险评估会议的结果，由欧盟健康与消费者保护风险评估单位组织的一个从事评估不确定性、重视科学证据并在风险评估中使用适当术语的国际工作组已经建立,而且也涉及欧洲和美国、加拿大等国家和地区。它的总体目标是通过信息交流、专家讨论和一些实际测试以改善对相关问题和方法的共同理解,并确立一些有关问题领域的共同结论,以确定最佳做法并制定可能的共同参考框架。

科学委员会认为欧洲食品安全局内部术语的统一可以阐述为三个层次。这些统一是:(1)协调观点(如一致的对摘要、总结与结论的使用);(2)相同小组的不同观点之间(如一致的对持续时间、空间范围、不利影响的严重性或严肃性的术语的使用),以及;(3)欧洲食品安全局小组之间。此外,不同领域风险评估的解释条款和明确解释能克服一些问题。科学委员会考虑了风险评估术语的具体细节方面,并确定了它们与欧洲食品安全局的相关性以便能够更统一的使用。这些包括检查风险与不确定性的定义、表达风险的不确定性与不同水平、定性表达与定量描述的价值,以及词汇定义的使用,以便促进围绕欧洲食品安全局科学观点的有关术语的理解。

二、日本食品安全委员会之界定

2001年和2002年日本相继发生了BSE(疯牛病)事件和牛肉原产地错误标签等多起事故,日本国民对政府食品安全监管体制的不满情绪极度高涨。日本政府根据国内和国际食品安全形势的发展需求,于2003年颁布了《食品安全基本法》,原有的《食品卫生法》和《健康增进法》也做了修改,涉及食品安全的各种法律和大量的相关配套规章也依据这些法律随之进行了修改和制定,从此,日本的食品安全监管进入了一个崭新的阶段。

根据《食品安全基本法》第11条至第13条规定,日本政府制定与实施食品安全政策的基本方针是采用风险分析手段,而其中又以食品安全风险评估为核心。《食品安全基本法》要求,在制定食品安全政策时,应对食品本身含有或加入到食品中影响人身健康的生物学、化学、物理上的因素和状态,进行影响人身健康的评估。需紧急防止、抑制对人身健康产生不良影响而不能事前进行食品影响健康评价的,也应在事后及时进行食品影响健康评估,不得延误。

日本将风险评估与风险管理明确区分开,食品安全委员会的主要职责是实施风险评估,由其通过科学分析方法,对食品安全实施检查和风险评估。根据日本法律规定,风险评估指"对摄取含有危害的食品有多大的概率、在多大程度上会对人身健康造成不良影响而进行的科学评估"①。风险评估是对食源性危害可能对人体健康造成的影响和损失进行的量化评估工作。换言之,它就是量化测评食源性危害带来的影响或损失的可能程度,其评价结果具有普遍的适用性。这种风险评估又称作"食品对健康影响的评价",是根据科学知识,对食品本身含有或加入到食品中的影响人身健康的生物、化学、物理上的因素和状态进行评价,来判断其是否影响人身健康以及影响的程度。② 风险评估包括危害识别、危害特征评估、暴露评估和风险特征评估。危害识别是确定人体摄入化学物后的潜在不良影响,这种不良影响产生的可能性,以及产生这种不良影响的确定性和不确定性,也就是确定食品中化学物质、微生物甚至寄生虫可能对健康造成的危害。随后,还将就它的性质和剂量的反映关系等危害特征进一步评估,知道它在多大剂量时产生什么样的危害。在这一阶段,用量和反应的关联性是根据有毒物质、个体的敏感性、健康影响几方面而产生不同变化的。在危害确立后,对每人每天吃进多少就会产生危害进行暴露评估。最后,将人体的暴露量和安全摄入量来进行对比,根据以上三方面信息,估计在某种暴露条件下对人群健康产生不良效应的可能性进行风险特征评估。随着各种科学仪器与分析技术的发展,食品安全委员会对风险评估的第一步,即对有害物的确定以及定性、定量分析已经不再是什么难题,但关键性的第二步,即对有害物毒理学的评估则依然是风险评估中的难点。这些难点主要表现为:(1)有害物质的毒性、致癌性、致畸性、致敏性本身就非常复杂。(2)食品中的有害物质进入人体后的分布、代谢、转化、复合、排泄、蓄积等过程比药物毒理学所涉及的问题更为复杂。(3)受伦理道德的限制,毒理学研究方法只能进行动物体内和体外实验。首先,动物实验周期长,难以实现大量、快速的筛选;其次,动物实验影响因素极其复杂,并且不同动物反应不同,因而动物实验结果并不能完全准确反映出人体对同一有害物质的反应,从而存在很多的差异和不确定性;最后,有害物质的人群流行性学调查受到地域、人种、年龄、

---

① 时洪洋、廖卫东:《日本食品安全规制的制度分析》,载《当代财经》2008 年第 5 期。
② 参见王怡、宋宗宇:《日本食品安全委员会运行机制及其对我国的启示》,载《现代日本经济》2011 年第 5 期。

性别、习惯及个体不同等众多因素影响,同样存在诸多不确定性。(4)虽然出现了各种新的分析技术,如基因重组、克隆、核酸杂交、分子生物学技术、DNA测序和突变检测、荧光原位杂交等各种分子生物学技术以及核磁共振技术等,但这些方法还有待进一步探索、完善和普及。

日本食品安全委员会既可以根据厚生劳动省和农林水产省等相关各省的主动申请进行评估,也可以自己发动评估程序。相关各省厅应考虑国民饮食生活状况具体因素,根据食品影响健康评价的结果制定规制措施并进行风险管理。食品安全委员会有别于一般的审议会,它具有劝告和劝告后的监督职权。根据风险评估结果,通过内阁总理大臣劝告相关各大臣所应采取的食品安全政策,并监督所采取政策的实施状况。此外,食品安全委员会还负责对风险管理部门进行政策指导与监督,根据风险评估结果要求风险管理部门采取应对措施并监督其实施。

三、美国食品与药品监督局之界定

美国食品与药品监督局是根据风险分析来对食品进行监管,其中,风险评估是风险分析的一个环节。它是指:"运用有关某一物质的成分及其对生态系统的影响的可得科学信息,就暴露于该物质环境产生危害的可能性作出评估。"[1]风险评估必须与风险管理相区分,后者指个人或规制机构采取的、减少或消除人类所遇风险的行动。[2] 美国的风险评估包括四个环节:危害识别、剂量—反应评估、暴露评估和风险描述。危害识别是指决定一种特定化学物质是否与一种特定的健康影响有因果上的联系。在通常情况下,危害识别依赖于如下四种信息中的一种或多种:(1)受控的人体实验;(2)流行病学研究;(3)动物试验;(4)化学结构、放射性、突变性、DNA损害及修复等的研究。[3]

---

① U.S. Envtl. Protection Agency, Proposed Guidelines for Carcinogen Risk Assessment, 61 Fed. 1996, pp.17960—17963.
② 美国国家科学院认为,风险管理,由规制机构根据不同的立法授权而实施,是一个考虑了政治、社会、经济以及工程的风险相关信息,并且发展、分析和比较规制的观点、针对可能的长期健康危害选择恰当的规制反应的行政决定过程。See National Research Council, *Risk Assessment in the Federal Government: Managing the Process*, The National Academies Press, 1983, pp.18—19.
③ See National Research Council, *Risk Assessment in the Federal Government: Managing the Process*, The National Academies Press, 1983, p.20.

剂量—反应评估,是指确定受控或实际接受某物质的剂量与暴露人群中不利健康影响发生率之间的关系,将该不利影响发生率作为暴露于该物质的应变量予以评估。① 剂量—反应评估典型的要求从高剂量到低剂量、从动物到人类的类推。这些类推涉及复杂的数学模型,而这些模型本身立基于对化学物与人体相互作用的重要假设。当科学家对化学物与 DNA 之间的关系了解更多时,致癌性剂量—反应模式就会被修正以反映新的科学理解。即便如此,这些模型仍然高度依赖于假设。风险评估者在可用模型中作出选择时,像水规制政策的影响一样受人体生理学和毒理学知识的影响。②

暴露评估是衡量或估量暴露于环境中的现存的某种物质的强度、频率及时间的过程③,或者,识别特定物质的暴露或潜在暴露人口,描述其构成与规模,给出暴露的类型、范围、频率和时间。④ 对多数化学物质而言,准确的暴露评估必须包括饮食接触、皮肤接触和呼吸接触。由于并不存在适合所有情况的单一暴露评估方法,因此,风险评估的暴露评估可以来自检测信息、模型结果以及合理估计。

风险描述是在不同暴露水平上评估健康影响发生率的过程。⑤ 除了将危害与暴露评估结合于单一的风险评估,风险描述还要评估风险评估的整体质量,用可理解的用语界定潜在危害的性质与程度,并表达出围绕着所有定量陈述的不确定性。特别是风险描述应当指出评估者应用的所有假定与推论以及该推论的政策或科学依据。当科学家未就特定问题达成一致意见时——情况经常如此,行政机关应当说明问题的两面并且解释其政策结论的理由。⑥

---

① See National Research Council, *Risk Assessment in the Federal Government: Managing the Process*, The National Academies Press, 1983, p. 3.
② 参见金自宁编译:《风险规制与行政法》,法律出版社 2012 年版,第 264 页。
③ See National Research Council, *Risk Assessment in the Federal Government: Managing the Process*, The National Academies Press, 1983, p. 3.
④ See U. S. Envtl. Protection Agency, Proposed Guidelines for Carcinogen Risk Assessment, 61 Fed, 1996, pp. 63,799.
⑤ See National Research Council, *Risk Assessment in the Federal Government: Managing the Process*, The National Academies Press, 1983, p. 3.
⑥ 参见金自宁编译:《风险规制与行政法》,法律出版社 2012 年版,第 265 页。

第三节　风险评估与危害分析和关键控制点系统之比较

作为确保食品在生产、加工、制造、准备和食用等过程中的安全,对食品所具有的危害加以危害识别、评价和控制是一种科学、合理和系统的方法。食品企业中广泛推行的危害分析和关键控制点系统(以下简称 HACCP)制度,是以系统方式确定具体危害并建立控制措施以保证食品安全性的管理系统。HACCP 是迄今为止控制食源性危害最经济、最有效的手段。HACCP 系统包括危害分析、确定关键控制点、制定关键限值、建立监控体系并实施监控、纠偏措施、体系验证和审查、建立文件和记录档案 7 个步骤①,融合了风险分析体系中的两个阶段,前 3 个步骤相当于危害分析,收集和评估食品制造过程中各环节的危害因素及危害程度,确定对食品安全有严重影响的危害;而后 4 个步骤则相当于风险管理,依危害分析结果设定关键控制点及控制方法,有效的控制可能发生的危害。②

一旦某种产品被确认后,就需要列出该产品的下列特征:包括产品配方、加工技术、产品是否需要冷藏、冷冻或室温存放即可以及使用方式。然后,绘制描述该生产程序的流程图。从该流程图中可以识别出每个步骤可能出现的潜在生物、物理和化学危害。这就是危害分析。随后,在流程图中的潜在危害可能发生的步骤中挑出关键控制点。关键控制点是一些可以加入某种控制方式的点、步骤或程序,以达到预防、消除或降低食品安全危害。控制技术的例子包括温度、pH 值、水活性、加工时间和水含量。HACCP 系统实际上是一个评估危害并建立控制系统的工具。它使得食品安全管理从对最终产品的检验转化为控制生产环节中的潜在危害;而风险分析方法中风险评估的应用则是在前者基础上的进步。两者既有共同点,也有不同处。

首先是两者侧重点不同。HACCP 危害分析虽然也属于风险评估方法,但它与风险分析体系中的危害确定、危害描述却并不相同。HACCP 危害分

---

① 卫生部:《食品企业 HACCP 实施指南》,载《中国食品卫生杂志》2002 年第 6 期。
② 参见滕月:《发达国家食品安全规制风险分析及对我国的启示》,载《哈尔滨商业大学学报》2008 年第 5 期。

析所要分析或评估的对象是整个食品生产过程,分析、评估的内容是通过进行定性或定量的观察、检测和评估,从而确定从最初的生产、加工、流通直到消费整个食物链过程中可能存在的危害因素及其危害的严重性。而风险分析体系中的危害确定、危害描述所分析或评估的对象则是人群,分析、评估的内容是确定食品中存在的危害因素与人体健康的剂量反应关系以及对人群健康的危害程度。① 可见 HACCP 所要评估的重点是鉴别、评估和控制食物链中危害因子,而食品安全风险体系中风险评估的重点则是人群健康的直接危害。其次是两者特点不同。风险评估的特点是对各种食品中的个别危害进行研究,由政府部门和有关科研机构完成;而 HACCP 危害分析的特点则是对单一食品中的多种危害进行研究,一般由企业加以完成。②

但两者又是相互联系、相互加强和相互补充的。危害确定、危害描述是风险分析体系中的风险评估的主要内容。食品安全风险分析研究得出某种危害因素类型和性质的结论,可以作为 HACCP 危害分析时判定危害因素的基础,用于衡量危害控制点。同时,风险评估对风险因素进行排序,确认最需要的控制环节,可以补充和完善 HACCP 体系,为 HACCP 体系注入新的活力。HACCP 体系对整个食品链各环节物理性、化学性和生物性危害进行分析控制,实际上是融合了风险分析体系中风险评估和风险管理两个阶段。它可以鉴定控制措施的有效性或评估不同控制措施的影响,有助于进行风险分析和实施风险管理措施,为风险管理提供宝贵的经验。③

第四节 我国食品安全风险评估之重新界定

一、我国食品安全风险评估之现有含义

(一) 我国对风险评估的界定

根据国家质检总局的规定,食品安全是指在特定产品的食品链中系统

---

① 参见杨明亮、刘进、彭莹:《食品安全管理的三次浪潮》,载《湖北预防医学杂志》2003 年第 3 期。
② 参见赵燕滔:《食品安全风险分析初探》,载《食品研究与开发》2006 年第 11 期。
③ 褚小菊、冯婧:《风险评估在企业食品安全管理中的应用》,载《学术论坛》2007 年第 12 期。

地预防、控制和防范所有涉及食品安全的特定危害。而一般意义上的风险评估是指,根据科学对特定危险产生的可能性、后果及不确定性进行评价的过程。通俗来讲,就是依据一定的标准评价和估测食品的好坏和优劣,食品安全与否。可见,风险的评估是对食品链每一环节和阶段进行评估,即对食品的全面评估。

《食品安全法》首次将食品安全风险评估纳入国家法制化轨道,并在第二章中作了详细规定。即"国家建立食品安全风险评估制度,对食品、食品添加剂中生物性、化学性和物理性危害进行风险评估"[①]。该制度的确立意味着我国食品安全风险规制的重点将由外在表面现象为主,深入到食品的内在安全因素,由过去被动、事后处理的旧思路转变为主动、预防为主的新思路。这样的规定是前所未有的,表明建立食品安全风险评估制度已经上升为国家需要。但是该法并没有对何为风险评估给出明确定义,我国2009年7月20日施行的《食品安全法实施条例》则对"食品安全风险评估"概念作出规定,即指对食品、食品添加剂中生物性、化学性和物理性危害对人体健康可能造成的不良影响所进行的科学评估,包括危害识别、危害特征描述、暴露评估、风险特征描述等。

(二) 食品安全风险评估与相关概念区别

《食品安全法》中不仅出现了"风险评估"概念,同时还规定了"安全性评估"这一概念。该法第4条、第13条规定对食品、食品添加剂进行风险评估;第13条提出对农药、肥料、生长调节剂、兽药、饲料和饲料添加剂等进行安全性评估;第44条提出对新的食品原料、食品添加剂新品种、食品相关产品新品种予以安全性评估;第63条提出对进口尚无食品安全国家标准的食品、首次进口食品添加剂新品种、首次进口食品相关产品新品种予以安全性评估。[②] 简言之,风险评估是针对某类食品或食品添加剂中的各种危害对人体健康可能造成的不良影响进行剂量—反应关系的分析评判,目标是危害。例如,2010年底媒体报道"大米镉事件"后,食品安全风险评估专家委员会将收集到大米、蔬菜、肉类和饮用水中镉的数据针对镉开展风险评估,最终制订大米镉、蔬菜镉、肉类镉和饮用水镉的标准来实现保护消费者健康。而

---

① 《食品安全法》第13条。
② 参见《食品安全法》第4、13、44、63条。

安全性评估实际则是针对具体产品的安全性(主要是毒理学)进行评价,目标是产品。例如,每种农药、肥料、生长调节剂、兽药、饲料和饲料添加剂、新的食品原料、食品添加剂新品种、食品相关产品新品种、进口尚无食品安全国家标准的食品、首次进口食品添加剂新品种、首次进口食品相关产品新品种。上述每一个具体产品需经国务院农业行政部门或国务院卫生行政部门审核具体产品的安全性并予以许可后才可生产销售。

(三) 我国食品安全风险评估的步骤事项

风险评估是对科学信息及其不确定信息进行组织和系统研究的一种方法,用以回答有关危害健康因素的危险性的具体问题。它要求对相关资料作出评价,并选择适当的模型对资料作出判断;同时要明确认定其中的不确定性,并在某些具体情况下利用现有资料推导出科学、合理的结论。根据《食品安全法》《食品安全法实施条例》以及《食品安全风险评估管理规定(试行)》的分析,可以看出我国采纳了国际通行的风险评估概念,将风险评估划分为危害识别、危害特征描述、暴露评估与风险特征描述四个步骤。这可概括为三个问题:存在什么问题(危害的识别和确定);问题出现的可能性(危害描述和暴露评估);以及问题的严重性(风险描述)。风险评估基于可靠的科学数据和模型作出食品相关风险程度的逻辑推理,鉴定人体因暴露于环境有害物质而引起的对健康不利的影响,得出对环境、人类健康可能造成的危害以及危害程度的结论。

1. 危害识别

所谓危害是指食品中或食品本身对健康有不良作用的生物性、化学性或物理性因素。①《食品安全风险评估管理规定(试行)》将危害定义为食品中所含有的对健康有潜在不良影响的生物、化学、物理因素或食品存在状况。而危害识别则是根据流行病学研究、动物试验、体外试验、"结构—反应关系"等科学数据确定人体在暴露于某种危害后是否会对健康发生不良作用,并判定某种因素与一定的健康效应(如致癌、中毒等)是否存在因果联系。危害识别不是对暴露人群的危险性进行定量的外推,而是对暴露人群发生不良作用的可能性进行定性评价。由于流行病学的数据往往难以获

---

① 参见阚学贵:《食品卫生监督》,法律出版社2007年版,第92—98页。

得,因此,动物试验的数据成为危害识别的主要依据。而体外试验的结果则可以作为作用机制的补充资料,但不能作为预测对人体危险性的唯一信息来源。"结构—反应关系"在对二恶英等化学物进行评价时具有相当的价值。[①] 确定危害有两种方法:一是确定暴露于某种物质下是否具有产生不良健康效应的潜在危险;二是调查一种不良的健康后果是否由某种物质所引起。危害识别是根据流行病学研究、动物试验、体外试验、结构反应关系等科学数据查清暴露于某种危害后对暴露群组的不良健康效应方式和程序之间的关系。

2. 危害特征描述

危害特征描述是对与危害相关的不良健康作用进行定性或定量描述。科学家可以利用动物试验、临床研究以及流行病学研究确定危害与各种不良健康作用之间的剂量—反应关系、作用机制等。如果可能,对于毒性作用有阈值的危害应建立人体安全摄入量水平。危害特征描述是定量风险评估的开始,其核心是"剂量—反应关系"的评估。一般是用高剂量所观察到的动物不良反应来预测人体低剂量暴露的危害,这对最终评价产生许多不确定性。对于大多数化学物而言,在"剂量—反应关系"的研究中都可获得一个阈值(NOAEL),除以一个适当的安全系数(100 倍),即为安全水平,或称为每日允许摄入量(以下简称 ADI),以每日每公斤体重摄入的毫克数表示。但这一方法并不适用于遗传毒性致癌物。因为此类化学物没有阈值,不存在一个没有致癌危险性的低摄入量。目前通常的做法是应用一些数学模型来估计致癌物的作用强度(potency),以每单位(lg、ng)摄入量引起的癌症病例数表示。一般认为在每百万人口中增加一个癌症病例是可接受的危险性。在致病微生物的危险性评价(MRA)中,近年来也开展了剂量—反应关系研究,即找出预计能引起 50% 消费者发生食源性疾病的致病微生物的摄入量。[②]

3. 暴露评估

暴露评估是描述危害进入人体的途径,估算不同人群摄入危害的水平。

---

① 参见卜元卿、骆永明、滕应等:《环境中二恶英类化合物的生态和健康风险评估研究进展》,载《土壤》2007 年第 2 期。

② 参见贲智强:《食品安全风险评估的方法与应用》,载《中国农村卫生事业管理》2010 年第 2 期。

根据危害在膳食中的水平和人群膳食消费量,初步估算危害的膳食总摄入量,同时考虑其他非膳食进入人体的途径,估算人体总摄入量并与安全摄入量进行比较。暴露评估是对人体接触化学物进行定性和定量评估,确定某一化学物进入机体的途径、范围和速率,用以估计人群对环境暴露化学物的浓度和剂量。如果没有摄入量数据,那么所制定出来的 ADI 都没有意义。由于摄入量因文化、经济、生活习惯等因素而不同,由此,任何一个国家或地区都需要进行摄入量评估。无论是制定国家食品标准,或是参予制定国际食品标准,乃至解决国际食品贸易争端,都必须有本国的摄入量数据。摄入量评估所需的基本数据为食品中化学物或微生物的含量及食品消费量,具体方法有总膳食(total diet study)法和双份饭(duplicate plate)法等。卫生部已经开展了多次总膳食研究。[①] 总膳食研究将某一国家或地区的食品进行聚类,按当地菜谱进行烹调成为能够直接入口的样品,通过化学分析获得整个人群的膳食摄入量。双份饭研究则对个别污染物摄入量的变异研究更加有效,如北京人膳食中丙烯酰胺暴露量的研究。[②]

4. 风险特征描述

危险性评估是一个系统的、循序的科学过程,核心步骤是风险特征描述。[③] 该步骤是危害识别、危害特征描述和摄入量评估的综合结果,即风险特征描述意味着在危害识别、危害特征描述和暴露评估的基础上,综合分析危害对人群健康产生不良作用的风险及其程度,同时应当描述和解释风险评估过程中的不确定性。如果是有阈值的化学物,则人群危险性可以摄入量与 ADI、PTWI 或其他值进行比较。如果摄入量低于 ADI,则对人体健康产生不良作用的可能性可忽视不计。反之则必须降低摄入量。如果是没有阈值的化学物,则需要计算人群危险性,即评价根据摄入量估计出所增加的癌症病例数是否是可以接受的(不构成危险)或不可接受的(构成危险)。[④]

---

① 参见李筱薇、高俊全、陈君石:《总膳食研究:一种食品安全的方法》,载《中国食品卫生杂志》2006 年第 3 期。
② 参见金庆中、赵立文、徐筠等:《应用 24h 膳食回顾询问法估计北京地区居民丙烯酰胺膳食摄入量的研究》,载《第四届北京生命科学领域联合年会》2006 年第 3 期。
③ 参见陈君石:《危险性评估与食品安全》,载《中国食品卫生杂志》2003 年第 1 期。
④ 参见贾智强:《食品安全风险评估的方法与应用》,载《中国农村卫生事业管理》2010 年第 2 期。

二、我国食品安全风险评估的特点及面临之挑战

(一) 食品安全法律规范所规定的风险评估模式的主要特点

从以上对我国食品安全风险评估含义的简要论述中不难发现,现行的食品安全风险评估主要是从专家角度界定的,如果从模式①角度来考察,属于专家理性模式。② 如果从要素的角度来分析,可以发现这种专家理性模式具有以下特征。

(1) 从风险评估依据角度而言,这一模式以专家关于食品安全风险的知识作为评估的排他性依据。如果从知识类型上来分析现行食品安全风险评估的依据,那么专家关于食品安全风险的知识就是对食品安全风险进行评估的科学依据。虽然《食品安全法》没有直接规定食品安全的专家风险知

---

① 对于"模式"这一方法的详细论述,参见〔德〕马克斯·韦伯:《社会科学方法论》,韩水法、莫茜等译,中央编译出版社2002年版,第19页。

② 根据国外学者的考证,由掌握相应科学知识的专家来对食品安全风险进行评估属于传统的食品安全风险评估模式。从19世纪晚期,政府开始管理食品安全风险时,这一模式就逐渐形成和发展起来了。政府通过建立相关的实验室,并聘请化学、物理和生物方面的分析专家,来评估微生物和化学类型的食品安全风险的发生概率,比如,沙门氏菌、李斯特菌和重金属等。随着时代的发展,各类新型病菌、病毒也在不断出现,专家理性模式所运用的方法与技术也在不断更新。See Rod MacRae and James Alden, *A Review of Canadian Food Safety Policy and its Effectiveness in Addressing Health risks for Canadians*, Pollution Probe Press, 2002, p.29. 运用专家理性的食品安全风险评估模式的典型国家是美国。1983年美国国家科学院发布了联邦政府评估风险的"红皮书",较为全面阐述了专家理性模式的特点、功能和不足等问题。See National Research Council, *Risk Assessment in the Federal Government: Managing the Process*, WashingtonDC: National Academy Press, 1983, pp.9—17. 虽然从美国早期的经验来看,专家理性的风险评估模式主要是为了解决风险管理中的科学性问题,但这一结论并不是绝对的。一方面,即使是1983年的"红皮书"中也认为风险评估不仅仅是科学性问题,也涉及政策选择问题;另一方面,1994年美国国家科学院又发布了风险评估"蓝皮书",明确提出风险评估中的科学性和民主性问题是不能分开的,风险评估涉及价值选择。这就为公众参与食品安全风险评估过程提供了理论基础。See National Research Council, *Science and Judgment in Risk*, WashingtonDC: National Academy Press, 1994, pp.25—29. 更为重要的是,进入新世纪以来,以欧盟为代表的食品安全风险评估制度已经突破并发展了传统食品安全风险评估制度。欧盟以食品危害属性的不同类型为制度设计之逻辑起点,将食品安全风险评估制度分为概率评估、关注度评估和预防性评估三种。其中,概率评估主要解决食品安全风险评估中的科学性问题。关注度评估主要解决食品安全风险评估中的民主性问题。预防性评估同时解决科学性与民主性两方面问题。See Martion Dreyer and Ortwin Renn Editors, *Food Safety Governance: Integrating Science, Precaution and Public Involvement*, Springer-Verlag Berlin Heidelberg Press, 2009, pp.62—69. 本研究以食品安全风险双重属性作为对我国现行食品安全风险评估模式之反思前提以及新的食品安全风险评估模式设计之逻辑起点,则从另一个角度证明了需要突破传统食品安全风险评估制度,与欧盟的经验在结论上存在相合之处。

识的类型、特点或实质等内容，但却从四个方面规定了专家知识在风险评估中的排他性角色。

一是从组织形式角度规定了专家知识的垄断地位。这从《食品安全法》第13条第2款和第3款之规定就可以发现。这一规定，其实从组织形式角度排除了其他知识进入食品安全风险评估过程的可能性。因为所谓的食品安全风险评估专家委员会是由医学、农业、食品、营养等方面的专家组成，并没有吸纳公众代表或社会团体代表。进一步而言，与风险评估专家委员会中的专家相比，卫生行政部门的工作人员也是专家，就知识这一角度而言，这两类组织中的专家知识在食品安全风险评估的专业性方面差异其实不大。①

二是从对象角度规定了适合于专家知识发挥作用的范围。《食品安全法》第13条第1款规定，国家建立食品安全风险评估制度，对食品、食品添加剂中生物性、化学性和物理性危害进行风险评估。这一规定表明，食品安全风险评估的对象是食品和食品添加剂中生物性、化学性和物理性危害，对于其他形式的危害，比如，对公众的心理影响，对具有象征意义的价值的影响等，则不在评估的范围之内。显然，对于食品、食品添加剂中生物性、化学性和物理性危害进行危害识别、危害特征描述、暴露评估、风险特征描述等，通常需要运用专家知识来进行，一般而言，普通公民基于自己的经历或经验而形成的关于食品安全风险的知识是无法胜任这项工作的。

三是从方法角度规定了通常需要运用专家知识才能进行科学评估的前提条件。《食品安全法》第13条规定，食品安全风险评估应当运用科学方法，根据食品安全风险监测信息、科学数据以及其他有关信息进行。这一规定表明，对食品安全风险进行评估应当使用科学方法，而所谓的科学方法，则主要是流行病学调查——它目的是在一种已经暴露的食品安全危险源与一个被定义的人群的负面影响之间建立统计上的有意义的联系；试验性的类推法——通过观察动物接触某种食品安全危险因素所获得的数据来与人体相对比；以及基于数学模型的"剂量——反应"曲线等。这些科学方法的理论基础是药理学和毒理学。它们往往基于大量的数据和数学上的模型与

---

① 参见王锡锌、章永乐：《专家、大众与知识的运用——行政规则制定过程的一个分析框架》，载《中国社会科学》2003年第3期。

假设,通过概率来计算食品安全风险损害。一个常用的公式是:风险(R) = 损害的程度(H) × 发生的可能性(P)。该公式的特点是使用定量的技术,以一种总体性的度量来判断风险,比如,在既定时间内,某一食品安全事件将会造成的受伤或死亡人数,并以一个统一的单位来衡量损害的大小,比如,金钱数额或死亡与受伤人数。因此,如果某一食品安全危险事件发生的可能性越高,发生之后能够用金钱或死亡与受伤人数衡量的损失越大,那么它的风险就越高;反之,则越低。显然,这些方法是依据客观上可以测量的损害来评价食品安全风险的大小。因而,它们是以结果为导向的,是一种线性的思维方式,主要优点是具有可证实性和可操作性。① 毋庸讳言,这些方法是专家的专利。

四是从食品安全风险议题形成的角度,规定了主要由专家知识来决定是否启动食品安全风险评估。所谓食品安全风险议题,就是指什么问题构成食品安全风险,因而需要启动风险评估程序。食品安全风险议题的形成包括了对与食品安全风险相关的现象的解释和选择,因而是一个充满价值冲突的过程,因为食品的生产者、普通的消费者、食品安全风险规制机关的官员及其聘请的专家以及其他对食品安全风险感兴趣的主体,对于什么问题构成食品安全风险往往会持有不同的观点。比如,对于所有的人造食物添加剂,消费者会认为构成风险,因而要求风险规制机关进行评估,而生产企业则通常认为人造食物添加剂是无害的,相反,它们还会认为由于消费者缺乏对食品储藏和保管的知识,从而让病菌侵入到食品中。对于这样一个充满价值争议的问题,《食品安全法》第 14 条规定,国务院卫生行政部门通过食品安全风险监测或者接到举报发现食品可能存在安全隐患的,应当立即组织进行检验和食品安全风险评估。这一规定,虽然从表面而言公众可以通过举报的方式来参与风险议题的形成,但事实上,公众的举报对于风险议题之形成的作用不大。因为对于公众的举报是否被接受,是由卫生部门的专家来决定的。况且,公众能否对专家的决定提出异议,《食品安全法》也没有规定。因而,对于何时需要启动食品安全风险评估,是由专家知识来决定的。

---

① See Ortwin Renn, *Risk Governance: Coping with Uncertainty in a Complex World*, London: Streling, VA Press, 2008, pp.14—15.

（2）从理论预设角度而言，专家理性模式以食品安全风险作为一种客观的物质性存在作为前提假设。如果从较为根本或抽象的层面而言，那么专家理性模式是将食品安全风险作为一种客观存在作为其基本的理论前提。该模式对食品安全风险的理解指向客观的物理性世界，主张食品安全风险及其表现形式是真实的、可观察到的事件。这可以视为客观意义上的食品安全风险观。这种食品安全风险观主张，食品安全风险不以人的主观意志为转移，是可以预测的，在可观察的食品安全风险与作为现实的食品安全风险之间存在着一种镜像关系，食品安全风险的危害原因和后果的大小不是通过社会经验和不同主体之间的互动来调节的，而是通过科学的方法来计算。从本质上讲，物质性是其本质属性，因而以单一的物质维度来判断食品安全风险的否定性后果，并经常以累计死亡人数来判断其危害后果，即计算某一特别食品安全事件可能导致的总的死亡人数，随后与这种事件发生的可能性相乘。① 对于其他的因素，比如，食品安全风险的分布是否平等、食品安全风险是否是人们自愿遭受等，则被排除在专家理性模式理论的预设之外。②

事实上，将食品安全风险视为是一种客观存在，因而运用专家理性知识能够发现、预测和测量，是以更为抽象的风险的现实主义或实证主义概念模式为依据的。③ 摩根（Morgan）是现实主义风险理论的代表人物。他认为，对风险的认识，除了物质性因素之外，虽然还包括其他因素，比如，是否具有可逆性，但其他因素都是附属或偶然因素，物质性才是本质属性，其他因素都是附属的。④ 而风险的技术分析理论则是实证主义风险概念模式的典型版本。⑤ 由于专家理性模式将食品安全风险视为是一种客观事件，因而就自

---

① See Richard H. Pildes & Cass R. Sunstein, Reinventing the Regulatory State, *U. CHI. L. Rev.* Vol. 62, 1995, pp. 1—49.
② See Clayton P. Gillette & James E. Krier, Risk, Courts, and Agencies, *U. PA. L. Rev.* Vol. 138, 1990, pp. 1027—1072.
③ See Otway H. J. and K. Thomas, Reflections on risk perception and policy, *Risk Analysis*, Vol. 2, 1982, pp. 69—82.
④ See M. Granger Morgan, Probing the Question of Technology-Induced Risk, *IEEE Spectrump*, Vol. 18, *IEEE Spectrum*, 1981, pp. 58—64.
⑤ See Martion Dreyer and Ortwin Renn Editors, *Food Safety Governance: Integrating Science, Precaution and Public Involvement*, Springer-Verlag Berlin Heidelberg Press, 2009, p. 14.

然主张风险评估是一个运用定量的技术分析方法发现客观的食品安全风险的危害性以及发生概率的过程,即将食品安全风险评估主要视为,运用技术方法调查和发现客观的食品安全风险的危害后果发生概率的程序。这一过程是价值中立的,对于判断危害后果与原因之间的因果关系,则是建立在可以证实的统计数据基础之上的。对于食品安全风险评估中所涉及的价值判断,比如,某一食品安全风险的发生是否是某人故意行为的后果等因素,都是外在于风险评估的问题。①

以上分析表明,《食品安全法》从组织形式、评估对象、议题的形成及评估方法等方面规定了专家知识的独断地位,而这种专家知识的排他性地位的确立是以客观意义上的食品安全风险观为理论前提的。这恰如中国工程院院士、第一届国家食品安全风险评估专家委员会主任委员陈君石先生所断言,"我国食品安全风险评估是一个纯粹的专家行为"②。

(二) 食品安全风险评估专家模式所面临的挑战

当《食品安全法》所规定的专家理性模式以食品安全风险的物质属性作为理论预设,并以专家知识作为风险评估的排他性依据时,其实是以一种科学的名义,预先封杀了食品安全风险评估中的价值问题,将专家之外的其他不同主体的偏好都排除在风险评估程序之外。在当代中国社会对食品安全风险的价值判断呈现多元化的背景下,这一模式将会面临来自以下两方面的主要挑战。

(1) 从理论预设角度而言,食品安全风险不仅仅是一种客观的物理性存在,也是一种社会的、心理的和文化的建构。纵观最近几年我国发生的食品安全事件;既有真正的食品安全事件,如"福寿螺"事件、"三聚氰胺"事件,又有诸如"陈化粮""巨能钙使用双氧水""雀巢奶粉碘超标",这样一些并不会导致人体健康问题的食品安全事件。如果用专家理性模式所假设的食品安全风险属于一种客观实在来解释这些食品安全事件,则难以自圆其说。而2008年奶粉行业中的"三聚氰胺"事件,所引发的连锁反应则较为典型地体现了食品安全风险的心理和社会属性。根据上海市食品协会的一份

---

① See Apostolakis G. E. and Pickett S. E., Deliberation: Integrating Analytical Results into Environmental Decisions Involvingmultiple Stakeholders, Vol. 18, *Risk Analysis*, No. 5, 1998, pp. 621—634.

② 参见陈君石:《风险评估在食品安全监管中的作用》,载《农业质量标准》2009年第3期。

调查,仅上海市而言,"三聚氰胺"事件对上海整个食品行业的影响都很大,包括甜食、休闲食品行业等都受到了不小的冲击,很多以奶粉作为原料的甜食、休闲食品品牌深受其害,最严重的就是消费者开始对乳业行业不信任,已经产生了恐慌情绪,一时间闻"奶"色变。一些与该事件虽然无甚关系,但选用了奶制品作为原料的涉奶食品企业的生产、销售都出现同比三成以上的暴跌。[1]

这些事件表明,食品安全风险不仅仅是一种物质性的存在,它也会被公众或社会所建构,从而产生社会放大效应,这就是建构意义上的食品安全风险。从理论上而言,作为建构意义上的食品安全风险不是从食品安全风险现象本身,而是从食品安全风险感知者的角度,作为认知食品安全风险的逻辑起点。从本质而言,食品安全风险及其表现形式是由社会团体、组织和个人所编造的社会人工制品。与专家理性模式所隐含的以单一的物质性维度作为判断食品安全风险的否定性后果不同,建构意义上的食品安全风险观则认为,道德的维度、政治的维度以及心理的维度,对于评价食品安全风险的否定性后果同样重要。[2] 此外,与专家理性模式所强度的以科学方法来评估食品安全风险的危险性不同,建构意义上的食品安全风险观没有提供一种通行的方法。常见的方法是可得性启发——即最容易被人们所想起的食品安全事件通常被认为这个事件经常会发生[3],以及价值的定性分析方法——根据对食品安全风险的态度、理解、感受等主观性标准来判断食品安全风险的否定性后果。[4]

同样,将食品安全风险视为一种社会建构的人工制品的观点,是以更为基础的风险的相对主义或背景主义概念模式为依据的。相对主义的风险概念认为,从本质上讲,现代社会所面临的风险并不是客观实在,在相当程度上,风险是由社会定义和建构的。以玛丽·道格拉斯(M. Douglas)和维尔

---

[1] 参见叶松:《三聚氰胺事件拖累涉奶食品行业》,载 http://finance.aweb.com.cn/2008/12/25/22520081225074813310.html,2014 年 5 月 20 日访问。

[2] See Stephen Breyer, *Breaking the Vicious Circle: Toward Effective Risk Regulation*, Harvard: Harvard Press, 1993, pp. 23—28.

[3] See Paul Slovic, *The Perception of Risk*, Cromwell Press, Trowbridge, UK., 2007, pp. 106—107.

[4] See Wildavsky A. and Dake K., Theories of Risk Perception: Who Gears What and Why? *Daedalus*, No. 4., Vol. 119, 1990, pp. 41—60.

达沃斯基(A. Wildavsky)为代表的人类学者所主张的风险文化理论就认为,风险是一种社会建构,并且这种社会建构是由社会中的结构性力量所决定。健康、不平等、不公平等问题不是由科学分析来决定的,而仅仅是社会的各种行为者的各种观念和理性的重新建构形式。这些建构的面料和纹理,既体现了各种不同风险领域中的每一个团体或制度的利益与价值,也反映了团体之内共享的术语的意义,以及文化的加工品和自然的现象。① 德国社会学家卢曼(N. Luhmann)等人提出的风险系统理论,也认为风险是一种认知或理解的形式。② 他们认为,虽然一方面任何事情本身都不是风险,世界上也本无风险,但在另一方面,任何事情都能成为风险,这有赖于人们如何分析危险,考虑事件。因此,风险的重要性不在于风险本身,而在于风险的附着对象。③

以上分析表明,如果仅仅将食品安全风险视为一种客观实在,显然没有完全反映其属性的另一面——即社会建构性,因而是片面的。进一步而言,以这种片面的食品安全风险观作为现行法律所规定的风险评估模式的理论前提,其科学性也让人怀疑。

(2)从评估依据角度而言,专家知识自身不仅充满着模糊性,而且也将面对公众知识的竞争。既然《食品安全法》将食品安全风险评估结果作为制定、修订食品安全标准和对食品安全实施监督管理的科学依据,那么这就要求风险评估结果具有确定性。进一步而言,作为风险评估结果的专家知识也应当具有确定性。然而,理论与经验都表明,食品安全风险评估的专家知识充满着不完整性、模糊性和选择性,因而,不得不依赖于不确定的假设来进行判断和预测。④ 造成这种模糊性的原因是多方面的。比如,食品安全风险本身就具有复杂性,即对食品安全风险的因果联系——特殊的可观察的后果与大量的潜在的致病原之间——的量化和识别的困难性。这种困难的

---

① See Douglas M. and Wildavsky A., Grid-group Theory and Political Orientations: Effects of Cultural Biases in Norway in the 1990s, *Scandinavian Political Studies*, No.3, 1991, pp.217—244.
② See N. Luhmann, *Risk: A Sociological Theory*, Berlin: de Gruyter Press, 1993, pp.62—65.
③ See M. Douglas and A. Wildavsky, *Risk and Culture*, California: University of California Press, 1982, p.5.
④ 参见蒋士强、王静:《对食品安全风险评估和标准体系的反思》,载《食品安全导刊》2010年3月。

实质可以追溯到致病原之间的相互作用效果（增效作用和对抗作用），原因与后果之间的迟延期限，个体之间的变化，干扰性变量等。这种复杂性给食品安全风险评估专家的判断带来了一定的不确定性。这种不确定性称为认知的不确定性。通过改善现有的食品安全风险评估专家的知识结构并提高预测的模型工具虽然能够减少这种不确定性，但在时间和资源约束条件下，认知不确定性必然会存在。又如，专家所使用的分析方法也会充满不确定性。以流行病学调查为例，这一方法不仅涉及需要大量的被调查样本——因而以对小样本调查所获得的结论类推到其他人群中就存在不确定性，而且被调查样本之间也存在许多差异，例如，某些被调查样本是过敏体质，对一些食品会产生过敏反应——因而，以这些过敏体质中所获得的数据就很难适用于那些没有过敏的人身上。不仅如此，这一方法还依赖于被调查者的配合，需要被调查者较为充分的公开自己的病情隐私。通常，这一点难以做到，因而，调查者所获得原始信息或资料是不全面的。种种因素结合在一起，使得专家依据流行病学调查所得出的结论不可避免地具有不确定性。再如，专家对新出现的食品安全风险，比如，转基因食品安全风险，存在知识上的无知状态。为改变这种无知状态，需要大量的试验和调查，以及相关学科理论基础的发展，而这是一个漫长的过程。往往需要等到特定的食品安全事件多次发生之后，因而已经造成损失的情况下，才能总结出相应的预防措施或经验。而在这期间，专家所进行的风险评估只能是模糊的，甚至是凭直觉进行的，与普通人的评估效果无异。

食品安全风险专家知识不仅具有模糊性，而且也面临着公众关于食品安全风险知识的竞争，其合法性也受到挑战。一方面，与专家运用"理性"的知识来评估食品安全风险相比，普通公众往往基于经验和直觉[1]来进行。他们通过相似的经历、联想、图像、情感等对食品安全风险进行认知，在很多情况下是自动发生的并且是快速的，从而将环境中的不确定性和威胁性的食品安全因素转变为情感性的反应，比如恐慌、害怕和焦急。对于公众的食品安全风险知识，应当辩证的对待。对于一些食品安全事件的风险，比如，我

---

[1] See Epstein S. ,Integration of the Cognitive and the Psychodynamic Unconscious, *American Psychologist*. No. 8 ,Vol. 49 ,1994 , pp. 709—724.

国奶粉行业的危机事件,公众已经习惯于以一种可得性启发①的方式来评估其风险,结果是不适当地扩大此类食品危机事件发生的概率。我国奶粉产业的重大损失与这种可得性启发的评估方法有一定联系。调查显示,2008年三鹿问题奶粉事件之后,国有品牌奶粉市场占有率不断下降,2011年进口奶粉市场占有率将超过50%,2010年我国亏损的乳制品企业有181个,亏损面达21.9%。② 但另一方面,公众对食品安全风险的评价显然不依赖认知错误,而是依据自己所特有的价值体系,但这种价值体系与专家的价值体系之间存在显著差别。比如,调查人员发现,公众之所以强烈反对转基因食品安全,主要原因有:他们对这类食品感到陌生、对其危害性难以认识、危害的实际发生与致害的转基因食品之间存在时滞性、对传统的食物的代替等。③ 显然,公众所考虑的这些背景性因素是无法或难以用金钱来加以具体化的,但对于评估或判断特定食品安全风险的严重程度却具有相当说服力。此时,如果简单地否定公众的评价方法及依据该方法所得出的结果则是不可取的,特别是在一个利益和价值多元的社会背景下。颇有影响的美国心理学家保罗·斯洛威克也持这种观点,他认为在评估风险时,专家倾向于注意数字——遭受危险影响的整个生命或寿命的年限数字。但公众更为敏锐,他们关注一些更定性的变量。据此,公众关于风险的基本概念比专家的要丰富得多,并反映了常常会被专家评估风险时所忽略的合理考虑。④ 洛温斯顿(Loewenstein G. F.)等学者则从一个更为本源的层面指出,基于经验或直觉的风险知识让人类在漫长的进化过程中存活下来,其基本功能是作为一个早期的预警系统来防范风险成为现实。即使在现代社会,它也是人们认知危机最自然和普遍的方式。⑤ 由于食品是人类生存的基本依赖,因

---

① 当公众经历了一次食品安全危机事件的打击之后,在不清楚下一次危机事件是否会发生时,通常会运用可得性启发来评价其发生的可能性,即最容易被公众所想起的事件通常被误以为这个事件经常会发生。类似的论述,参见〔美〕凯斯·R. 孙斯坦:《风险与理性——安全、法律及环境》,师帅译,中国政法大学出版社2005年版,第40—42页。
② 参见央视《新闻30分》:《调查显示:七成受访者不选择国产奶粉》,载http://www.chinanews.com/life/2011/02-28/2871580.shtml,2014年2月20日访问。
③ See Richard H. Pildes, The Unintended Cultural Consequences of Public Policy: A Comment on the Symposium, *Mich. L. Rev.* No. 4, Vol. 89, 1991, pp. 958—59.
④ See Paul Slovic, *The Perception of Risk*, Cromwell Press, Trowbridge, UK, 2007, p. 238.
⑤ See Loewenstein G. F., Weber E. U., Hsee C. K. and Welch E., Risk as Feelings, *Psychological Bulletin*, Vol. 127, 2001, pp. 267—286.

此,公众对食品安全风险加以评估的知识对于其生存和繁衍具有重要意义,这就进一步表明公众关于食品安全风险知识的重要功能。①

以上分析表明,如果无视或排斥公众的食品安全风险评估知识,仅仅以专家的风险知识作为食品安全风险评估依据,那么,据此所得出风险评估的结论,并以这种结论作为食品安全风险规制政策的依据,其合法性②也面临着质疑。事实上,实践已经证明,现行的专家理性食品安全风险评估模式并不能带来具有相应合法性的结果。比如,在 2010 年 12 月关于"面粉增白剂"安全性的风险评估事件中,不仅相关专家之间对"面粉增白剂"的安全性存在严重分歧③,而且卫生部并没有采纳食品安全风险评估专家委员会的结论,反而发布《关于拟撤销食品添加剂过氧化苯甲酰和过氧化钙的相关情况》,将已经经过食品安全风险评估专家委员会评估之后的决定公开征求公众意见。④ 这无疑是对现行食品安全风险评估模式之莫大讽刺。⑤

(三) 重构食品安全风险评估模式之基本原则

既然《食品安全法》所规定的食品安全风险评估模式在理论预设及评估依据等方面都面临着挑战,相应的,依据该模式所得出的评估结论及依据该评估结论所制定的规制措施和标准的合法性也就面临着困境,那么如何对之加以改革或完善。我们认为,在探讨我国新的食品安全风险评估模式的框架之前,需要从理论上阐述改革所需要遵循的基本原则。正如我们从一个较为基础的层面——即食品安全风险具有双重属性——来反思现行食品安全风险评估模式一样,我们认为,包括基本原则的设计在内在新的食品安

---

① 关于专家与公众的风险知识的差异及各自的优势的进一步阐述,参见戚建刚:《风险认识模式及其行政法制之意蕴》,载《法学研究》2009 年第 5 期。
② 从行政法学理上讲,合法性有多种类型。从现行食品安全风险评估模式的功能而言,主要是通过专家知识来确保行政机关对于食品安全风险决策之科学性。关于合法性的更为丰富的研究,参见王锡锌:《依法行政的合法化逻辑及其现实情景》,载《中国法学》2008 年第 5 期。
③ 比如,现任中国粮食行业协会小麦分会理事长、1986 年时任原商业部粮油工业局局长的王瑞元,力主禁用面粉增白剂,认为其有害无益;而工程院院士陈君石明确表示:"没有任何证据证明它是有害于健康的。国际食品发展委员会的食品添加剂也是允许使用的,我国也是允许使用的。"参见毛立军:《面粉增白剂存废之争又掀波澜》,载《人民政协报》2010 年 9 月 20 日,第 B01 版。
④ 参见杨猛、李湘宁:《面粉增白剂争议》,载《财经》2011 年第 2 期。
⑤ 有学者将这一事件作为完善现行食品安全风险评估制度之契机。然而,由于所主张的制度完善之逻辑起点与本文不同(将食品安全风险评估作为一项科学事业),因而提出了与本文相当不同的方案。参见沈岿:《风险评估的行政法治问题——以食品安全监管领域为例》,载《浙江学刊》2011 年第 3 期。

全风险评估模式的重建都应当以综合食品安全风险的双重属性所具有之优势作为逻辑起点,以此为基础,我们提出分析性、协商性和整合性三大原则。

(1) 食品安全风险的双重属性之比较优势。由于专家理性模式所预设的客观意义上的食品安全风险观,将食品安全风险视为一种物质存在,通过定量的、实证的技术分析方法来确定其危害后果所发生的概率,并用客观的科学知识直接对食品安全风险进行评估,因而,它能够从自身的逻辑假设中较为确定地识别并量化原因与可观察到的危害后果之间的关系,降低了食品安全风险问题的复杂性和不确定性;由于它将食品安全风险的有害后果限于物质性损害,而物质性损害可能是(几乎)所有社会团体和文化一致认为是有害的后果,这就为社会各类主体解释或判断食品安全风险的危害性提供了一种可以确定的、能够达到共识的标准——尽管是狭窄的标准,有效地降低了食品安全风险问题的模糊性,也为平等地分配食品安全风险提供了基础,从而促使行政机关以一种科学的、理性的方式来制定食品安全风险规制措施或标准。[1]

客观意义上的食品安全风险观以科学和理性的优势著称,然而,这一优势也是其劣势所在。它所面临的质疑或批评主要是[2]:为人们所认知的关于食品安全风险不受欢迎或否定性的后果的东西取决于人们的价值和偏好[3];与运用技术性方法分析所能够获得的关于食品安全风险的后果相比,食品安全风险与人们的相互影响所产生的后果更加复杂、精致和特别;食品安全风险评估不能被视为是一种价值无涉的活动。在食品安全风险被描述、测量及解释过程中,专家的价值偏好就被反映出来;在何种程度上,某种食品或食品成分构成风险取决于不同感受者的生活方式及其关于该食品或食品成分的片断性知识,对于这些知识,在大多数情况下,食品安全风险评估专

---

[1] See Merkhofer M. W., Comparative Analysis of Formal Decision-making Approaches, in V. T. Covello, J. Menkes and J. Mumpower(eds), *Risk Evaluation and Management*, Plenum, New York, 1984, pp. 183—220.

[2] See Hoos I., Risk Assessment in Social Perspective, in Council on Radiation Protection and Maesurements(eds), *Perceptions of Risk*, NCRP, Washington, DC Press, 1980, pp. 57—85.

[3] See Douglas M., Perceived Risk, Real Risk: Social Science and the Art of Probabilistic Risk Assessment, *Science*, No. 8, Vol. 242, 1988, pp. 44—49.

家是不知道的。①

建构意义上的食品安全风险观则扩大了食品安全风险的有害后果的范围,从社会建构的角度来认知食品安全风险的本质,突出了食品安全风险背景的重要性。它的优势是:能够识别和解释与食品安全风险来源相关的公众关注问题;解释食品安全风险承担状况发生的背景;识别与特殊的食品安全风险相关的文化意义和联系;有助于丰富食品安全风险规制的目标,比如,增加食品安全风险分担的公平性,考虑食品安全风险的长远影响;以食品安全风险评估专家的技术性分析评估方法所不大可能做到的方式反映个人价值偏好;等等。显然,建构意义的食品安全风险观所具有的民主和公平的优势弥补了客观意义上的食品安全风险观的缺陷,为食品安全风险评估结论的合法性提供了认识论视角。然而,它存在两大弱点:一是它所提供的建议或方法,体现了不同主体的价值偏好和世界观,而这些价值偏好和世界观很容易发生变化;二是这一风险观没有为测量食品安全风险的社会可接受性提供一个共同的标准。由于这两大弱点,使得食品安全风险问题变得更加复杂、不确定性或模糊性,也使食品安全风险评估结论存在不确定性。而这些问题,正是客观意义上的食品安全风险观所力图克服的。

以上分析表明,如果能够综合这两类食品安全风险观的优势——在理性/科学与民主/公平之间获得恰当的平衡,那么依据这种综合后的食品安全风险观所设计的基本原则既能够回应现行《食品安全法》所规定的风险评估模式所面临的困境,也为有效开启新的食品安全风评估模式提供指导意义。

(2)新食品安全风险评估模式的基本原则。第一,分析性原则。分析性原则,是指系统地运用已经在专家(包括自然科学、社会科学、工程学、决策科学、逻辑、数学和法律)共同体中发展出来的特殊的理论和方法来识别食品安全风险的危害性、描述其危害特征、评估其暴露状态以及评价其危害后果等。"分析"性原则,用以解决食品安全风险评估过程中的知识缺乏问题——对所有复杂的食品安全风险的评估都要求输入关于事件、技术和人类活动的潜在影响的最为正确和最值得信赖知识。通过"分析"能够获得系

---

① See Fischhoff B., Risk Perception and Communication Unplugged: Twenty Years of Process, *Risk Analysis*, No. 2, Vol. 15, 1995, pp. 137—145.

统的和科学的洞见,特别是关于食品安全风险发生原因及其可能产生的后果之间的关系[①],从而简化食品安全风险的复杂性,增强风险评估结论的确定性和可靠性。第二,协商性原则。协商性原则,就是食品安全风险评估专家、政府官员、与食品安全风险有利害关系人、对食品安全风险感兴趣的人,通过协谈、深思、交换意见和证据,对相互关心的食品安全风险议题进行反省和交流,并试图相互说服对方的沟通过程。该原则隐含着食品安全风险评估中的参与各方的意向性、目的及对行为结果的一种有意识的仔细思考,因而具有反复性的特点,会考虑食品安全风险问题的每一个方面。如果有新的知识或发现,就会重新思考先前所得出的结论,从而加深参与者对细节的理解。"协商"性原则,主要用以解决食品安全风险评估过程中价值冲突问题。它能够揭示包括专家在内的各类参与者的价值偏爱,增强食品安全风险评估中各类角色之间的理解,减少或缓解参与者之间的敌意和极端的态度,产生新的观点或思路,发现新的风险问题,有助于建立共识和妥协以及获得相对公平和优化的风险评估结论等。[②] 第三,整合性原则。所谓整合性原则,就是通过特定的方法,将食品安全风险评估中的分析性原则和协商性原则所体现的内容加以综合,使其体现在一个连续和统一的程序过程之中。如前所述,分析性原则主要解决食品安全风险评估中的知识问题,它体现了理性或科学的要求。而协商性原则主要解决食品安全风险评估中的价值冲突问题,它体现了民主或公平的要求。而整合性原则的主要目的则是将理性/科学与民主/公平等价值目标在食品安全风险评估过程中有机地加以平衡。为实现整合性原则,可以采用"三步骤"的方法。[③]

首先,由食品安全风险评估机关召集专家代表或对食品安全风险感兴趣人的代表以及食品安全风险利害关系人的代表。这些不同参与主体将会提供关于某一食品安全风险的危险后果的各种观点或偏好。食品安全风险规制机关会将所有这些观点或偏好列举出来,从而尽可能体现民主的价值。

[①] See Jasanoff S., Beyond Epistemology: Relativism and Engagement in the Politics of Science, *Social Studies of Science*, No. 2, Vol. 26, 1996, pp. 393—418.

[②] See Fiorino D. J., Citizen Participation and Environmental Risk: A Survey of Institutional Mechanisms, *Science, Technology, and Human Values*, No. 2, Vol. 15, 1990, pp. 226—243.

[③] See Renn Q., T. Webler, H. Rakel, P. Dienel and B. Johnson, Public Participation in Decision Making: A Three-step Procedure, *Policy Sciences*, No. 3, Vol. 26, 1994, pp. 189—214.

其次,由食品风险评估专家对所列举的每一项偏好或观点进行分析,特别是对利害关系人所识别的潜在的食品安全风险的危险的不利后果及不确定性进行评估。这些专家通过面对面的分析和协商——学理上称为团体德尔斐(Delphi)①方法,对不同的偏好或观点加以分析和讨论,最终形成两方面成果:以书面报告的形式陈述专家对食品安全风险与不确定性的定量评估;以录像证词的形式记录专家的不同观点,以表明专家对各类偏好或信息是如何解释和判断的。

最后,将录像证词和直接的书面证词提供给由对食品安全风险感兴趣人的代表或利害关系人的代表随机组成的讨论小组。这些讨论小组将参加一系列工作会议来了解专家的观点。公众讨论小组也可以要求专家提供更多的分析或者亲自实施调查。在考虑了食品安全风险的可能的后果及专家的观点之后,他们可以进行协商并对最后的评估结论提供建议。这种建议将提供给食品安全风险评估机构。从理想状态而言,食品安全风险评估机构事先已经作出了承诺,会认真考虑讨论小组所提出的建议。

这一方法在某种程度上解释了如何将分析与协商整合进某一食品安全风险程序的过程。团体德尔斐方法其实是专家之间进行协商的方法。录像证词和书面证词则允许公众讨论小组对专家的观点进行协商,并了解各位专家的观点及争议所在。这些讨论小组积极地和努力地与专家进行沟通并要求专家作更多的分析,从而使协商更加明智。最终的食品安全风险评估结论的得出,并不是通过专家的定量的分析方法所获得的,而是通过结合专家之间分析与协商(第二个步骤)以及公众讨论小组的协商(第三个步骤)而获得。

(四) 新食品安全风险评估模式的基本制度框架

那么综合了食品安全风险的双重属性之比较优势,并以分析性、协商性和整合原则为原则的新的食品安全评估模式具有什么特点?与《食品安全法》所规定的专家理性模式相匹配,从要素角度而言,新的食品安全风险评

---

① 德尔斐原是古希腊的一处遗址,就是传说中神谕灵验并可预卜未来的阿波罗神殿所在地。后人借用以比喻高超的决策能力。20世纪50年代,美国兰德公司首次尝试使用这一方法时,以德尔斐命名。See Webler, T. D. Levine, H. Rakel and O. Renn, A Novel Approach to Reducing Uncertainty: the Group Delphi, *Technological Forecasting and Social Change*, No. 3, Vol. 39, 1991, pp. 253—263.

估模式的理论预设,既是作为一种物质现象,也是作为一种社会建构的食品安全风险。它的评估依据是综合了食品安全风险的专家知识和食品安全风险的利害关系主体及对食品安全风险感兴趣的主体的知识。如果从与《食品安全法》所规定的风险评估模式的制度框架相比较的角度,来分析新的食品安全风险评估模式的制度框架,那么它呈现出以下四个方面的特征。

(1)从组织形式而言,实现了从专家委员会到多元主体组成的评估协调委员会之转变。从组织形式而言,新的食品安全风险评估模式将打破由清一色专家组成的食品安全风险评估专家委员会的组织形式,取而代之的将是由多元主体组成的食品安全风险评估协调委员会。该协调委员会的成员组成至少包括五个方面:一是由卫生部门聘请的医学、农业、食品、营养等方面的专家;二是对食品安全风险感兴趣的人士代表(包括媒体界人士代表、观察员代表等);三是普通消费者代表(既可以是个体的消费者,也可以是一些消费者组织的代表);四是食品生产企业界代表(既包括直接与某食品安全风险相关的企业代表,也包括与该食品安全风险没有直接利害关系,但属于该行业的企业代表);五是卫生行政部门及其他行政部门的工作人员。

由这五种类型的成员组成的食品安全风险评估协调委员,会将为关于食品安全风险的多种价值和知识进行相互交流与沟通提供一个平台。该风险评估协调委员会的总规模并不是一成不变的。它将依据特定的食品安全风险特点,作相应的调整或变动。比如,对于那些具有科学上的不确定性、社会和政治上模糊性的食品安全风险,典型的如转基因食品风险、辐照食品的风险,则需要更多的专家代表和更多的普通消费者代表。此时,协调委员会的人数将会增加。根据成员的类型不同,该协调委员会可以成立四个小组:专家小组、由消费者代表和感兴趣的人士代表组成的公众小组、企业界代表小组以及食品安全风险规制机关成员组成的进行组织、领导、协调和监督小组。从法律上讲,食品安全风险评估的不同阶段,除风险规制机关成员组成的小组以外的其他三个小组的权利和义务既存在一致性,也具有一定差别。在对食品安全风险议题的形成上,这三个小组都有平等的陈述权、提供证据的权利和质证的权利,都承担说明理由的义务;在选择适当的方法对既定的风险进行评估上,专家小组享有决定权,其他两个小组则享有知情权,并享有要求专家小组作出解释和说明的权利;在风险评估结论的形成上,专家小组享有决定权,但承担举证和说明理由的义务,其他两个小组则享有评议权、建议权并要求专家小组说理的权利。而由食品安全风险规制机关成员组成的小组主要行使组织、监督、协调和领导等职权或职责。正是通过这一系列权利与义务的配置,在整个食品安全风险评估中,不同小组才能恰当地发挥各自的角色。新食品安全风险评估模式所体现的分析性原则、协商性原则和整合性原则才能有效实现。

(2)从结构方面而言,实现了从四个结构到六个结构之转变。即除了现行法律所规定的四个组成部分外,还将增加两个组成部分:一是将预评估作为第一阶段;二是将评估参与作为贯穿于五个阶段的共同结构。

所谓预评估就是指,风险评估协调委员会运用一定的标准和程序对食品安全风险的特征、类型等加以审查,确定风险议题和评估方法与手段等过程。之所以将预评估而不是将危害识别作为食品安全风险评估的第一阶段,其理由包括两个方面:一是解决在何种条件下启动食品安全风险评估议题。如前所述,食品安全风险评估议题的形成是一个充满价值争议的问题,消费者认为某种食品成分具有风险,但生产者则会认为该种食品成分不具有风险。如何就某一食品安全风险评估议题达成一致意见,既取决于不同主体的价值判断,即某一食品的风险是否值得评估,通过评估是否能够达到既定目标,也依赖于不同主体从现有的关于该风险的知识状态所能够获得的证据。不同主体的价值目标和所持有的证据都可能存在冲突。因而,如果不经过预评估阶段,从而解决某一食品安全风险议题问题,而直接由专家决定进入危害识别阶段或者由专家代替公众决定风险议题,在正当性或科学性上都会受到质疑。二是为其他四个阶段的评估奠定基础。《食品安全法实施条例》所规定的四阶段评估,主要是某一食品安全风险对人体健康的不良影响的评估,而对于某一食品安全风险本身是否需要在事先给予评估,则没有规定。我们认为,对某一食品安全风险的特征事先进行分类和评估是之后的四阶段评估的重要前提。如果某一食品安全风险具有社会上的和政治上的模糊性的特征,比如,在普通消费者层面存在着假想性损害,规制机构之间或不同国家之间存在着不同意见,所出现的风险极有可能出现某种程度的社会放大化效应等,此时,运用专家所掌握的定量分析方法来评估其消极后果并得出评估结论,则很难让公众接受。同样,如果将对这种类型的风险的评估范围限于其物理性、化学性或生物性等物质维度的危害,同样会受到公众的质疑。因此,依据一定的审查标准,通过预评估来给不同类型的食品安全风险归类,对于其他阶段的评估是至关重要的。从欧盟食品安全风险评估的实践来看,预评估阶段的审查标准主要是严重性标准、科学上不确定标准和社会的与政治上的模糊性标准。①

为实现上述两个主要功能,预评估阶段有这样一些步骤组成:议程的形成——不同的观点如何将食品安全风险问题概念化、早期预警——系统地检测各类食品安全风险、审查——依据一定标准,审查风险并决定评估的途径、科学方法的选择——决定用以评估风险的科学模型和评估方法的假设和参数。

所谓评估参与,是指风险评估协调委员会中的专家小组、公众小组和企业界代表小组运用自身的知识,参与到风险评估整个过程中的程序。之所以将评估参与作为一个新的结构贯穿于其他五个阶段之中,一个主要理由是整合食品安全风险评估中的专家知识和公众知识,以增加评估结论的正当性和科学性。同时,这也是食品安全风险具有社会建构性的逻辑要求。事实上,在食品安全风险的双重属性中,专家的风险知识主要对应于食品安全风险的客观属性,而公众的知识则对应于食品安全风险的社会属性。此外,前述所确立的基本原则,特别是协商性和整合性原则也要求将评估参与作为一种新的结构纳入新的食品安全风险评估模式框架之中。

需要指出的是,在风险评估的这五个阶段的参与中,风险评估协调委员会中的不同小组的角色存在差别。对于那些需要更多的专家知识处理的阶段,比如,在通过定量分析危害的量效反应关系或危害作用机理的危害描述阶段,公众小组或企业界代表小组的参与功能会降低,他们主要是理解专家的方法和理由,要求专家作出解释和说明,而专家小组的功能会增强。而在危害识别阶段,公众小组和企业界代表小组能够发挥重要的作用,其能够指出某一食品安全风险的非物质性消极后果,而专家小组的功能主要识别食品安全风险的物质性消极后果。但不论如何,评估参与一直将贯穿于整个

---

① See Martion Dreyer and Ortwin Renn Editors, *Food Safety Governance: Integrating Science, Precaution and Public Involvement*, Springer-Verlag Berlin Heidelberg Press, 2009, pp. 59—62.

食品安全风险评估过程,并且评估参与既包括公众小组和企业界代表小组的参与,也包括专家小组的参与。就参与评估的方法而言,公众小组和企业界代表小组可以采用多种方式,比如,公开的听证、焦点调查和讨论等。专家小组可以采用方法有听证、调查和咨询等。而风险规制机关成员组成的小组则可以综合运用一些方法来推进评估参与。前文所述的"三步骤方法"就是一个很好的例子。

为使评估参与有效地实现,则需要满足一定的条件:评估中的各类角色需要平等地、全面地、负责任地交换意见和观点;在既定的时间内,大多数参与者都认为食品安全风险评估结论是可以接受的,对于不同的意见,将来可以继续思考;与所评估的食品安全风险相联系的视角、观点、学科背景等具有多元性;在评估过程中,不同主体的利益或观点都得到充分的代表并且参与者有平等的机会来进行发言;参与者对食品安全风险都有所了解;整个参与过程是透明的和公开的等。[①]

(3)从评估范围而言,实现了从物质性维度到多元维度之转变。如前所述,《食品安全法》将食品安全风险的评估范围限于食品、食品添加剂中生物性、化学性和物理性危害。显然,生物性、化学性和物理性危害主要是一种物质性维度的危害,通常用死亡率(受伤率)或金钱数额能够直接地衡量。由于《食品安全法》的评估模式是建立在客观意义上的食品安全风险观,并以专家知识作为评估依据基础之上,因此,它将评估范围限于物质性维度,本无可厚非。然而,新食品安全风险评估模式已经突破了客观意义上的食品安全风险观,并将公众知识纳入进来,由此,对食品安全风险的评估范围也应当扩大到政治的、道德的、文化的和心理的等维度。通过扩大评估范围,使得最终的评估结论更能够反映普通公众的价值偏好,这无疑能够增强食品安全风险规制机关所制定的规制标准和措施的正当性。如果用学理上的术语来表述这种多元维度的评估就是"关注度评估"[②]。但需要指出的是,并不是每一种食品安全风险都需要进行"关注度评估"。一般而言,对于

[①] See K. L. Blackstock, G. J. Kelly and B. L. Horsey, Developing and Applying a Framework to Evaluate Participatory Research for Sustainability, *Ecological Economics*, No. 4, Vol. 60, pp. 726—742.

[②] See German Advisory Council on Global Change World in Transition: Strategies for Managing Global Environmental Risks, Annual Report, Springer Press, Heidelberg and New York, 2001, p. 195.

那些在社会的或政治的层面存在不同解释或理解的食品安全风险,就要进行"关注度评估"。某一食品安全风险在政治上或社会上是否具有模糊性,就需要由风险评估协调委员会在预评估阶段解决。风险评估协调委员会可以采用的方法有:将焦点集中于适当的代表、重要的相关团体之上的较大规模的定量调查;实施定性的社会科学上的方法,比如,调查一些特殊敏感的或被接触的团体或个人的观点;举行由相关的利益团体代表或公众代表组成的听证会;设计由跨学科的大量的专家组成的协商程序等。① 通过这样一些方法,不同主体的关注、观点和偏好等都能够揭示出来。如果已经判断某一食品安全风险需要进行"关注度评估",那么就要确定"关注度评估"的因素。这些因素包括:食品安全风险是否具有灾难性;是否具有可控性;是否涉及无法弥补或长期损失;损害是否平等地分布;是否集中到那些可以识别的、无辜的或在传统上就属于弱势者的身上,比如,儿童;是否会涉及下一代;为公众所熟悉的程度;能够导致的恐慌程度;损害后果是否具有不可逆转性;风险一旦成为现实之后,与实际的危害发生之间是否具有间隔性等。

(4) 从评估方法而言,实现了从定量方法到定量方法与定性方法相结合之转变。现行《食品安全法》所规定的评估方法主要是由专家使用的科学方法,这种方法基于对食品安全风险的客观性的假设,因而主要限于定量的方法,包括收集和评估可以观察到的或者医学档案记载的关于食品安全事件的数据、对动物或自愿者试验的研究、流行病调查、毒理学分析、剂量——反应曲线等。在新的食品安全风险评估模式框架下,除了定量分析方法之外,也将有机地结合定性的方法的运用。这些定性的方法包括从食品安全事件的历史和比较研究中进行逻辑推断,从法律先例中进行推断,从对受众的访谈中进行总结、运用道德原则进行分析等。需要指出的是,虽然食品安全风险分析中主要使用定量方法,但对于一些新颖的食品安全风险,运用定性分析则特别重要。然而,不论是何种类型的分析方法,如果它们要有效发挥作用,则需要满足一些条件②:它们与现有食品安全技术发展水平相一致;

---

① See Martion Dreyer and Ortwin Renn Editors, *Food Safety Governance: Integrating Science, Precaution and Public Involvement*, Springer-Verlag Berlin Heidelberg Press, 2009, p.67.
② See Stern P. C. and Fineberg V, *Understanding Risk: Informing Decisions in a Democratic Society*, National Research Council, Committee on Risk Characterization, National Academy Press, Washington, DC, 1996, pp.100—103.

所使用的任何假设都是清楚的,一致的并得到合理的论证,在最后的食品安全分析结论被报告之前,不必要的假设被排除;用于评估的模型都是经过良好定义的,经得起试验结果的数据的检验;数据来源是可靠的;不确定性被明示,包括数据、模型、参数及计算等。

第五节　本研究之基本框架

本研究除导论部分评析了国际组织、一些国家和地区以及对我国的食品安全风险评估含义作重新界定等问题之外,基本框架由六章所组成。

第一章阐述了食品安全风险评估的基本原则。由于食品安全风险评估的基本原则属于食品安全风险评估制度理论研究的基本范畴,它集中体现了食品安全风险评估的性质特征和价值内涵,对具体的食品安全风险评估制度的设计具有重要的指导作用。因而,作为第一章加以阐述。该章分为四节。第一节论述了食品安全风险评估基本原则的功能,主要包括指导食品安全风险评估制度的建立与实践,规范食品安全风险评估的行为,弥补食品安全风险评估制度的漏洞。第二节从现行法律制度的角度,深入分析了目前我国食品安全风险评估原则的现状,将现行的食品安全风险评估基本原则及相关配套制度和机制归纳为以下几个方面,即科学性原则及其相关制度、透明性原则及其相关制度、个案化原则及其相关制度、独立性原则及其相关制度。第三节评析了欧盟和美国食品安全风险评估基本原则的内容。由于欧盟和美国为了恢复公众对整个食品安全风险监管制度的信任,在一套各具特点的食品安全风险评估基本原则的指导下对食品安全风险评估制度进行了重新考量,而这一套基本原则与我国食品安全风险评估基本原则的内容有较大不同,所以,在此节将欧盟和美国的食品安全风险评估基本原则与我国的进行比较,试图为我国进行制度借鉴奠定基础。第四节针对我国食品安全风险评估基本原则存在的不足提出了具体的法制改革建议。总体而言,从两方面入手,一方面是补充调整已确立的基本原则的种类,即在我国食品安全风险评估基本原则中应引入协商沟通性原则,从而增强公众对食品安全风险监管体系的信任;另一方面是完善保障现有基本原则得以实现的制度和机制,从而构建出科学有效的基本原则体系。

第二章主要阐述食品安全风险评估组织机构制度。由于食品安全风险评估是一项技术措施,仅依靠原则的确立并不能完成,必须由作为实体的机构去执行,食品安全风险评估机构设置的是否科学关乎食品安全风险评估工作能否有效地运作。由此,第二章以四节的内容对食品安全风险评估组织机构制度进行了分析。第一节阐述了食品安全风险评估组织机构的一般理论,即食品安全风险评估机构的含义和特征以及它与其他组织、团体和个人的关系。第二节评析了国外对食品安全风险评估机构的设置经验及其特点。该节选取了国际食品安全风险评估相关组织、欧盟食品安全风险评估组织,欧洲食品安全局、德国食品安全风险评估组织,联邦风险评估研究所、日本食品安全风险评估组织,食品安全委员会以及美国食品安全风险评估组织等作为典型实例,详细评析了各国不同的风险评估组织机构,并从中总结出这些不同评估组织机构设置的经验特点,如具有科学的风险评估目标指导,保障风险评估机构的良性运转;有独立的风险评估机构,实现风险评估与风险管理职能分离;有完善的内部治理结构,确保风险评估机构的合理设置;有强大的网络支撑体系,确保风险评估工作的有效进行等。第三节梳理了我国食品安全风险评估组织机构的设置历程和现状,并指出我国食品安全风险评估组织存在治理结构不是很完善,一些关键的结构元素要么缺失,要么刚刚才成立,其绩效难以为社会公众所信任和承认等主要不足。第四节对我国食品安全风险评估机构的设置提出新的建议。针对我国食品安全风险评估组织机构所暴露出来的主要问题,在借鉴发达国家较科学完备的食品安全风险评估机构设置经验的基础上,从以下几个方面完善我国风险评估组织机构的设置:实现评估组织机构与风险管理组织的相对分离,保障评估机构的独立性;完善食品安全风险评估组织机构的工作机制,实现评估机构的权威性;合理划分职能部门与层级评估机构,确保评估机构职能的明晰性;加强支撑评估组织机构工作的体系建设,实现评估机构工作的有效性。

第三章主要分析了我国食品安全风险评估信息制度。由于食品安全风险评估的科学性和可接受性对信息的依赖程度极高,由此,信息制度便成为食品安全风险评估制度的重中之重。该章分为五节。第一节论述了食品安全风险评估信息的功能和分类。就其功能而言,主要为:有利于特定主体开展食品安全风险评估的工作,保障评估结果的科学性;有利于实现公民的知情权、参与权和自主选择权,保障评估结果的可接受性。就其分类而言,主要包括依据食品安全风险评估的结构程序,可以将食品安全风险评估信息分为预评估阶段的信息、危害识别阶段的信息、危害特征描述阶段的信息、暴露评估阶段的信息、风险特征描述阶段的信息和评估参与阶段的信息;依据食品安全风险评估信息的来源,可以将食品安全风险评估信息分为外部来源的信息和内部来源的信息;依据食品安全风险评估中风险的属性,可以将食品安全风险评估的信息分为客观物理性意义上的信息和社会建构意义上的信息。第二节阐述了食品安全风险评估信息制度的类型,具体而言主要包括以下六类:食品安全风险评估信息的收集制度,食品安全风险评估信息的分析和审查制度,食品安全风险评估信息的报告或通报制度,食品安全风险评估信息的公布、交流制度,食品安全风险评估信息的监督、考核和检查制度以及食品安全风险评估信息的支撑制度。第三节评析了国外一些国家和地区的食品安全风险评估信息制度。第四节分析了我国食品安全风险评估信息制度的运行现状。梳理了我国食品安全风险评估信息在食品安全立法中的现有规定,并对食品安全风险评估信息运行取得的成绩和不足作出了详细分析和阐述。第五节针对我国食品安全风险评估信息制度的不足,从八个方面提出具体的制度完善建议,从而确保食品安全风险评估信息的完整、准确、及时、真实和有效,保障风险评估的科学性。

第四章主要分析了我国食品安全风险评估的公众参与制度。公众参与食品安全风险评估已经成为世界许多国家的发展趋势,公众在风险评估中的作用受到越来越多的学者的重视,但诸多的客观和主观因素却严重影响并阻碍了我国公众参与食品安全风险评估的进程。由此,第四章以食品安全风险评估的公众参与制度为研究对象,从四个方面对其展开分析讨论。第一节分析了食品安全风险评估中公众参与的基本理论,从公众参与制度所欲实现之目的、公众参与之主体、公众参与之途径、实现公众参与之保障四个方面界定食品安全风险评估中公众参与的内涵。第二节对食品安全风险评估中公众参与的必要性及可行性进行深入阐述。概括而言,公众参与食品安全风险评估的必要性主要体现在三个方面,即食品安全风险的相对性和不确定性需要公众参与以增进公众对于评估结果的可接受性；食品安全风险评估中专家决策的有限理性需要引入公众参与来加以整合,以增强相互信任,培育公众的食品安全风险知识；各种相关者利益冲突需要公众参与的引入,进而平衡各种利益,实现公众健康和安全的最大化效益。同时,公众参与食品安全风险评估的可行性既体现在实践层面,环境影响评价公众参与为食品安全风险评估中公众参与的引入提供了范本,又体现在理论层面,对于公众参与食品安全风险评估的研究已经具备了相当程度的理论基础。第三节论证了我国食品安全风险评估公众参与四个方面的不足。即保证公众参与食品安全风险评估的制度不健全、公众往往被排除在食品安全风险评估议题的形成过程之外、食品安全风险评估过程中政府与公众的沟通都是单向的、公众与行政机关所获得的食品安全风险信息存在着不对称的情况。第四节提出构建我国食品安全风险评估公众参与制度的建议。具体而言,应该进行以下五个方面的制度改革,来保证公众的参与。构建食品安全风险评估的信息平台,保障信息交流的及时准确；拓展公众参与的渠道,充分保障公众参与风险评估；构建贯穿于食品安全风险评估全过程的、双向的食品安全风险沟通制度；加强正向激励,完善食品安全风险评估的激励机制；完善公众参与食品安全风险评估的程序制度,保证评估程序的制度化和透明化。

  第五章主要阐述食品安全风险评估的专家制度。本章着重从六个方面对食品安全风险评估专家制度加以论述。第一节分析了食品安全风险评估过程中专家的功能。专家在食品安全风险评估中扮演着重要的角色。具体而言,食品安全风险评估专家有利于提高食品安全风险评估及管理的科学性,有利于增强食品安全风险评估及管理的民主性,有利于促进食品安全风险评估行为的正当性。第二节对我国食品安全风险评估中的专家进行类型划分。依据专家在食品安全风险评估相关法律制度中的法律地位和权利义务的不同,可以将其分为以法律规范形式明确规定的行政主体内部的专职科学顾问专家和行政主体外部的其他同行专家这两大类型。第三节从具体的食品安全风险评估实例出发,描述和提炼我国食品安全风险评估专家合法性危机之突出表现。第四节从现行法律制度的角度,深入分析导致这种合法性危机的原因。如,科学顾问专家缺乏科学上的卓越性、独立性,行为缺乏公开透明性,科学顾问专家与同行专家之间的意见缺乏沟通和分歧解决机制,科学顾问专家缺乏责任追究机制,同行专家的个人素质参差不齐,部分同行专家越位,对同行专家缺乏监督和责任追究等等。第五节对欧盟和美国的食品安全风险评估专家制度进行了经验总结,以期为我国食品安全风险评估专家法律制度的完善提供知识养料。第六节提出具体的食品安全法制改革建议。在适当借鉴和合理改造发达国家地区的法制经验基础之上,提出克服我国食品安全风险评估专家合法性危机之具体的食品安全法制度,具体而言有六项:设计公正和科学的食品安全风险评估科学顾问专家成员的遴选制度,设计精密和完整的科学顾问专家成员的利益声明规则和回避制度,设计合理和全面的科学顾问专家评估活动的公开和透明的制度,设计独立和公正的保障风险评估质量的外部同行专家评审制度,设计主动和高效的专家间科学意见的交流和争议解决制度,设计层次清晰和分明的专家责任追究和激励的制度。

  第六章主要阐述食品安全风险评估物质保障制度。我国的食品安全风险评估制度尚处于起步阶段,尤其是在物质要素的保障方面相对于其他国家与地区来说还显得过于滞后,因此,第六章分四节探讨了食品安全风险评估物质保障制度。第一节阐述了食品安全风险评估物质保障要素的一般理论,主要包括食品安全风险评估保障要素的内涵和种类。以保障要素形态为标准,将食品安全风险评估的物质保障要素分为如下形式:法律规范保障要素、组织机构保障要素、经费保障要素、信息工具保障要素、执法标准保障要素以及相关的技术手段保障要素。第二节评析了主要发达国家和地区的食品安全风险评估物质保障的内容并分析了其呈现出的主要特点。具体而言,发达国家和地区食品安全风险评估物质保障制度具有坚实的食品安全风险评估法律基础、独立的食品安全风险评估组织机构、完善的食品安全风险评估信息网络、先进的食品安全风险评估科学技术、明确的食品安全风险评估标准、雄厚的资金保障等特点。第三节详细分析了我国食品安全风险评估物质保障中所存在的问题。该节从食品安全风险评估的六大物质保障要素入手,对照上文对国外食品安全风险评估物质保障要素所分析的内容,详细分析我国食品安全风险评估物质保障中所存在的问题:相关法律法规虽有所规定,但是相对粗糙;食品安全风险评估的资金虽有预算规定,但相对不足;食品安全风险评估信息虽有规定,但较为缺乏;食品安全风险评估标准虽已建立,但亟待完善;食品安全风险评估技术虽有所发展,但是科学性不足等。第四节提出完善我国食品安全风险评估物质保障制度的建议。该节从物质保障要素的二重性出发,提出对保障要素滥用的规制和各项食品安全风险评估物质保障要素的完善这两个方面之具体制度构建。就前者而言,为了保证风险评估物质保障要素能够被权力主体合法正当的运用,可以从以下路径展开约束:完善食品安全风险评估主体权力的法律规制,实现食品安全风险评估权力行使主体的专职化,确保食品安全风险评估资金使用的法治化,合理利用食品安全风险评估信息,作出恰当的公开决定,明确食品安全风险评估权力行使的标准。就后者而言,主要完善措施包括:完善食品安全风险评估的相关立法,实现风险评估的法治化;加大财政经费投入,确保风险监测与评估工作顺利进行;构建食品安全风险评估的信息制度,加强信息保障功能;建立健全食品安全评估标准体系,实现风险评估标准的统一化、规范化;加强食品安全技术支撑能力建设,提高我国食品安全风险评估的能力,等等。

第六节 本研究之主要意义和创新

本研究试图在行政法的理论下,以食品安全风险评估中的基本理论、基本原则和各种具体制度为主要的研究对象,展现我国食品安全风险评估基本原则、组织机构制度、信息制度、公众参与制度、专家制度、物质保障制度等各项制度的基本现状,借鉴国际上某些国家和地区在食品安全风险评估制度构建方面的先进经验,剖析食品安全风险评估各项制度存在不足,食品安全风险评估绩效得不到保证的缘由,探讨在食品安全问题频发的社会背景下,行政法如何通过制度的变革和完善来为法定主体有效开展食品安全风险评估提供一种合法性的评价和理解框架,从而保障社会公众的身体健康和生命安全。行政法视野下的食品安全风险评估制度研究具有重要的理论意义和实践意义。

一、主要意义

（一）理论意义

（1）有助于丰富食品安全风险评估的理论。面对食品安全风险评估，行政主体拥有哪些权力？食品安全风险评估的组织机构应该如何构建？食品安全风险评估遵循的原则是什么？公民、专家与行政主体在食品安全风险评估中的权利义务关系如何，各自的角色分工如何？如何对行政主体实施食品安全风险评估的行为进行监督和制约？食品安全风险评估中的社会公众的权利救济如何安排？如何保障风险评估专家委员会实施具有科学上卓越性的风险评估？正确回应以上问题并深入研究食品安全风险评估基本原理和食品安全风险评估制度等有关食品安全风险评估的基础问题，将大为丰富食品安全风险评估的理论。

（2）有助于健全我国食品安全风险评估的行政法制化体系。作为一个民主法治国家，通过有效的行政法律来规制风险本是题中之义，食品安全风险评估作为风险规制的部分之一，自然也需要行政法制的保障。国外许多国家和地区都通过制定行政法来指导和规范食品安全风险评估行为。本研究在吸收前人研究成果基础之上，对我国食品安全风险评估中的行政法律制度进行了分类和梳理，发现我国食品安全风险评估行政法制化体系仍存在某些欠缺。由此，本研究较为完整地阐述了食品安全风险评估的行政法困境，分析了食品安全风险评估制度的不足，并进而提出了各项制度的行政法制之创新和完善。这能够丰富、发展和完善我国食品安全风险评估行政法律制度。

（二）实践意义

（1）有利于行政主体以及食品安全风险评估主体正确认识和有效开展食品安全风险评估，保障食品安全和公众身体健康、生命安全，促进我国食品安全风险评估模式与国际接轨。对于处于全球化、信息化和社会转型期的中国而言，在当前及今后相当长时期内，我国都将处于食品安全事故的高发期，食品安全问题造成的损失和影响是十分严重的。因此，监管食品安全风险，开展食品安全风险评估将是我国政府的一项重要公共职能。本研究结合国内外大量的案例与事例，并以法律规范作为依据，研究了食品安全风险评估的制度类型和现状以及我国行政主体与食品安全风险评估主体在食品安全风险评估中面临的困境、原因及应对方式,还提出了食品安全风险评估管理规定的建议稿,这些研究有助于食品安全风险评估及其制度的完善,为我国特定主体评估食品安全风险的行为提供指导和保障,确保它们合法有效地评估食品安全风险,从而为制定食品安全标准、解决国际食品贸易争端,以及规制食品安全风险提供科学的依据。

(2) 有利于更好地对行政主体与食品安全风险评估主体所实施的食品安全风险评估行为进行科学化、合法化规制,防止行政主体滥用行政规制权。行政主体与食品安全风险评估主体在食品安全风险评估中的不作为无异于将社会公众暴露于层出不穷的食品安全危险之中而不闻不问,将对社会公众的身体健康和生命安全造成极大的损害,对社会正常秩序造成干扰,对国际食品贸易带来损失,但另一方面,食品安全风险评估中权力的扩张和不当使用,亦会损害社会公众的合法权益。本研究分析行政法视野下的食品安全风险评估,既能为行政主体与食品安全风险评估主体提供食品安全风险评估的依据和制度框架,提高评估的权威性、科学性和效率,又提出在食品安全风险评估中引入协商沟通的原则,并构建食品安全风险评估公众参与制度等新的观点,赋予包括同行专家在内的社会公众在食品安全风险评估各个阶段中对抗或监督行政主体与食品安全风险评估主体的权利,有利于防止行政权力的过度侵害,有效保障公民和社会组织的合法权利。

二、主要创新

笔者在行政法的思路下,研究食品安全风险评估及其制度就是为了通过行政法制化的方式为风险评估主体评估食品安全风险的行为提供一种合法性的评价和理解框架,使各类食品安全风险评估能在制度化的轨道内以一种相对和平的和可预见的方式有效展开,从而能够保障食品安全,维护公众生命与健康权利。在充分运用多学科的基本原理并吸取学术界现有研究成果的基础上,对该问题的创新主要体现在以下几个方面:

(一) 研究方法具有独到性

除了运用传统法学研究方法之外,笔者还采用了其他新颖的研究方法。比如,在文献分析、语义分析、概念分析之外,还运用了实证与个案分析方法、比较分析方法、系统分析方法、科际整合方法、模式分析方法,以行政法制度创新为立足点,以确保食品安全风险评估主体在食品安全风险评估活动具有科学性和合法性作为不同学科知识的衔接桥梁、中继站及共同指向目标,有效整合行为决策学、社会心理学、经济学、政治哲学、行政管理学等其他学科与食品安全风险相关的基本原理和研究成果。具体而言包括:

1. 实证与个案分析方法

食品安全风险评估及其制度的现状和效果如何,要靠实践来验证。笔者运用了实证与个案分析的方法,深入分析了近几年我国和世界上其他国家发生的大量食品安全事件,进一步发现我国行政主体与食品安全风险评估主体在食品安全风险评估中面临的合法性困境以及现有行政法律制度存在的不足,同时,通过食品安全风险评估的个案来验证本文提出的论点,为本书的研究提供经验材料。

2. 比较分析方法

所谓比较就是确定事物同异关系的思维过程,以便揭示事物的来龙去脉。比较分析的方法侧重于深入剖析事物的相异面。由此,为了深入认识食品安全风险评估,比较了世界贸易组织、联合国粮农组织、世界卫生组织及其所属的食品法典委员会等国际组织以及美国、欧盟、日本等国家和地区对食品安全风险评估的概念界定;为了深入认识食品安全风险评估基本原则,比较了与我国有较大不同的欧盟和美国的食品安全风险评估基本原则;为了深入认识食品安全风险评估组织机构,比较和借鉴了国际食品安全风险评估相关组织、欧盟食品安全风险评估组织——欧洲食品安全局、德国食品安全风险评估组织——联邦风险评估研究所、日本食品安全风险评估组织——食品安全委员会以及美国食品安全风险评估组织等组织的经验;为了深入认识食品安全风险评估专家制度,比较和借鉴了欧盟和美国的食品安全风险评估专家制度,等等。这些都将贯穿于食品安全风险评估制度的行政法制完善的全过程。

3. 系统分析方法

把系统分析方法引入法学领域,已成为现代法学研究中的一个重要趋势。按照马克思的观点,法学研究中如果运用系统的方法,第一个方向是考察法的现象的外部联系,揭示法的现象系统与社会大系统之间的层次和结构关系;第二个方向是考察法的现象系统内部的关系,揭示法的现象系统中的具体运行机制,分门别类地探索构成法的现象系统的各个要素及其在整个系统中的功能。① 笔者运用系统的研究方法全面认识食品安全风险评估法制化的整个体系,既分析了食品安全风险评估制度体系中内含的各制度要素,如基本原则、组织机构制度、信息制度、公众参与制度、专家制度、物质保障制度等,又分析了每个制度要素自身的内部因素。这些分析研究有利于整个食品安全风险评估法制化的分析和构建。

(二) 研究视角具有独到性

食品安全风险评估制度的产生和发展与我国食品安全风险监管体系的改革密切相关,为了通过科学的手段来有效治理食品安全风险,确保社会公众身体健康和国家食品贸易安全,必须重视食品安全风险评估制度这一前提性制度,以便为国家行政机关的食品安全风险决策和监管提供科学依据。目前,国家卫生部等国家机关已经建立并实施了食品安全风险评估中的多项制度。但与这种轰轰烈烈的制度建设极为不协调的是,三年多来,我国的食品安全风险评估制度的绩效平平。目前行政法学界对食品安全风险评估制度的系统性研究却还不够深入,尚不成熟。本研究在此背景下,以我国食品安全风险评估法律制度为研究对象,从食品安全部门行政法的角度对该制度作了较为全面和系统的研究。从食品安全风险评估基本原则、食品安全风险评估组织机构制度、食品安全风险评估信息制度、食品安全风险评估公众参与制度、食品安全风险评估专家制度、食品安全风险评估物质保障制度等六个主要制度入手,分别讨论了每项制度的现状、不足、原因和完善之道,逻辑起点明确,层次分明,在研究视角上做了新的探索。

(三) 研究内容具有独到性

与现有研究相比,笔者对行政法视角下食品安全风险评估制度基本内容的研究在一些方面有了很大进步,具有一定的独到性:(1) 对我国和国际上食品安全事件的种类的列举和分析,理由是,笔者运用了大量的案例和事例,参考了大量一手的外文资料,所运用的资料比较新且典型。(2) 对我国食品安全风险评估含义的重新界定,理由是,运用了模式分析方法进行研

---

① 参见李光灿、吕世伦主编:《马克思、恩格斯法律思想史》,法律出版社2001年版,第751页。

究,视角和所运用的方法较新。(3)对我国食品安全风险评估基本原则的现状分析,理由是,从行政法制角度出发,概括总结了我国食品安全风险评估的四大基本原则,角度比较新,法学界现有研究还没有做深入分析。(4)对美国和欧盟食品安全风险评估基本原则的评析,理由是,运用了大量一手的外文资料和法律文本。(5)对我国食品安全风险评估原则的完善建议,理由是,提出引入协商沟通性原则,并加强现有基本原则的相关支撑制度建设,观点较新。(6)对国外食品安全风险评估组织机构的评析,理由是,较为系统梳理了国际组织以及欧盟、美国、德国、日本等国家和地区的食品安全风险评估组织,运用了第一手外文资料,产生的比较完整。(7)对我国食品安全风险评估组织机构的制度完善,理由是,提出从实现评估组织机构与风险管理组织的相对分离来保障评估机构的独立性;完善食品安全风险评估组织机构的工作机制,实现评估机构的权威性;合理划分职能部门与层级评估机构,确保评估机构职能的明晰性;加强支撑评估组织机构工作的体系建设,实现评估机构工作的有效性等方案,观点较新。(8)对食品安全风险评估信息的分类,理由是,将食品安全风险评估的信息按照风险评估结构程序、信息来源、风险属性等三个不同角度对信息进行分类,分析视角较新。(9)对食品安全风险评估信息制度类型的划分,理由是,将食品安全风险评估信息制度划分为六大类制度,观点较新,现有研究成果尚未深入涉及。(10)对国外食品安全风险评估信息制度的评析,理由是,运用了第一手外文资料,资料较新。(11)对食品安全风险评估信息制度的完善建议,理由是,从八个方面提出了系统的、有可操作性的建议,观点较新。(12)对食品安全风险评估公众参与制度的内涵界定,理由是,从公众参与制度所欲之目的、公众参与之主体、公众参与之途径、实现公众参与之保障四个方面界定食品安全风险评估中公众参与的内涵,视角比较新。(13)对食品安全风险评估公众参与制度必要性和可行性的分析,理由是,从理论和实践两个层面分析食品安全风险评估的必要性和可行性,还借鉴了环境影响评价中的公众参与,视角比较新。(14)对我国食品安全风险评估公众参与制度的不足的分析,理由是,分析的比较客观全面。(15)对构建我国食品安全风险评估公众参与制度的建议,理由是,提出了构建信息平台、建立风险评估协调委员会制度、成立专门的专家咨询小组、完善公众参与的程序制度等,学界现有研究较少涉及。(16)对食品安全风险评估专家的分类,理由是,分类视角较新。(17)对我国食品安全风险评估专家合法性危机表现的分析,理由是,视角比较新,所使用的案例和事例比较典型。(18)对我国食品安全风险评估专家合法性危机原因的分析,理由是,分析比较深刻,视角较新。(19)对我国食品安全风险评估专家制度的完善建议,理由是,提出创新专家遴选制度、专家利益冲突解决制度、专家意见分歧解决制度、专家行为透明公开制度、专家问责和激励制度等,观点较新。(20)对食品安全风险评估物质保障要素的定义和分类,理由是,视角较新。(21)对我国食品安全风险评估物质保障制度的现状分析,理由是,按照物质保障要素的分类对我国食品安全风险评估物质保障要素进行了系统深刻分析,视角较新。(22)对我国食品安全风险评估物质保障要素制度的完善建议,理由是,提出了物质保障要素的二重性,并针对物质保障要素的滥用提出了制约机制,同时,对物质保障要素的完善提出了五项建议;等等。

第一章　我国食品安全风险评估之基本原则

食品安全风险评估的基本原则属于食品安全风险评估制度理论研究的基本问题。它集中体现了食品安全风险评估的性质特征和价值内涵,对具体的食品安全风险评估制度的设计具有重要的指导作用。客观、准确、科学地提炼、分析和运用食品安全风险评估的基本原则,对于食品安全风险评估以及食品安全风险管理的理论和实践都具有重要的引导意义。然而,与欧盟及美国的食品安全风险评估基本原则相比,我国食品安全风险评估的基本原则并没有受到规制主体和法学界应有的重视,致使食品安全风险评估活动及基本的制度设计缺乏基本原则的有效指引,削弱了食品安全风险管理的高效性和科学性,这是食品安全风险评估研究领域中的一大遗憾。由此,亟须从食品安全法制的视角探究我国食品安全风险评估中的基本原则。对此,笔者主要从四方面来加以展开:一是阐述食品安全风险评估基本原则的功能,以期引起政府部门和学术界的重视;二是从现行法律制度的角度,深入分析目前我国食品安全风险评估原则的现状;三是比较欧盟、美国与我国食品安全风险评估基本原则的内容,以便我国进行相关制度借鉴;四是提出食品安全风险评估基本原则的具体的法制改革建议。

第一节 食品安全风险评估基本原则之功能

食品安全风险评估的基本原则,是本着食品安全风险评估的固有特点、性质以及其所包含的根本价值和历史使命所形成的较为稳定及统一的食品安全风险评估之行为准则,是涵盖食品安全风险评估整个体系的最高规则。具体而言,食品安全风险评估基本原则的功能主要体现在以下几个方面。

一、指导食品安全风险评估制度之建立与实践

食品安全风险评估原则是食品安全风险评估性质最集中的体现,直接决定了食品安全风险评估法律制度的基本性质、内容和价值取向,构成了整个食品安全风险评估制度的理论基础,各类评估制度都是围绕基本原则建立的。例如,为了保障食品安全风险评估的科学性原则,需要建立科学顾问制度;为了保障食品安全风险评估的透明性原则,需要建立食品安全风险信息公开制度;为了保障食品安全风险评估的协商型原则,需要建立公众参与和交流沟通制度;为了保障食品安全风险评估的独立性原则,需要建立关于食品安全风险评估专家的利益声明或回避制度;等等。食品安全风险评估基本原则指导整个食品安全风险评估制度体系的建立和完善,确保了食品安全风险评估法律制度的和谐与统一协调,使其能保持整体性。如果没有基本原则或基本原则提炼得不够完整、科学,那么庞杂的食品安全风险评估制度和机制将似一盘散沙而毫无凝聚力。

二、规范食品安全风险评估之行为

食品安全风险评估原则能规范食品安全风险评估行为,是指导食品安全风险评估中的特定主体合理地行使自由裁量权的依据。由于食品安全风险评估本身是基于防患于未然的思想理念对食品安全风险中未知领域的探究,由此,在一定程度上,风险评估的法律制度往往具有较大的制度弹性空间。而且,食品安全风险评估是一个系统、复杂的工程,除了涉及定量的技术环节之外,也涉及定性的价值判断。所以,食品安全风险评估主体经常采

用证据权衡的方法①来评估人类健康风险,根据这种方法,评估主体考量所有被提交的研究,根据其力量和弱点来决定给予每种研究何种分量。显然,评估过程中往往涉及自由裁量权的使用,那么如何判定这些自由裁量行为的合理性呢?或者我们只是简单地确信食品安全风险评估主体能合理地行使自由裁量权力?然而,这正如有学者所指出的:"因为作为行使自由裁量权的行政官员个人无论充满着多动的情感,无论他有多么强烈的自律能力,都不能保证他在每次行使自由裁量权的过程中不渗入一点私心杂念,况且在任命行政官员时,我们无法将这种自律能力作为选择的标准。"②由此,需要法律规则来约束包括食品安全风险评估主体在内的所有行使权力者的自由裁量行为。可是,具体的法律规则有时恐怕鞭长莫及,这时,需要使用基本原则这把标尺从价值、精神等更高的层面上来衡量自由裁量权的合理性。可见,食品安全风险评估基本原则既为食品安全风险评估主体的行为提供合理性、正当性的依据,又制约着他们滥用自由裁量权力,从而在更为宏大的意义上给人们提供了一个评价食品安全风险评估行为合法、合理的参照。

三、弥补食品安全风险评估制度之漏洞

食品安全风险评估原则有利于弥补食品安全风险评估制度的漏洞,强化食品安全风险评估法律制度的调控能力。现阶段,我国的食品安全风险评估事务正处在不断发展变化的时期,不管我国食品安全风险评估制度的设计人员如何的高明,也不能预先知道未来将会发生的问题,不管法律条文制定的如何精细,也不能做到面面俱到。任何一位伟大的立法者都可能面临法律的疏漏问题,除非法律不是人定的而是所谓神启的。除此之外,食品安全风险评估法律还会因人们对食品安全问题认知的差异而出现种种弊端、局限和不足。因此,我们眼前的食品安全风险评估法律制度总是存在缺

---

① 美国环境保护署在致癌风险评估的背景下是这样解释证据权衡方法的:证据分量的判断涉及对数据质量及重复性和特定物质引发反应的一致性的考虑。对于某种证据的最初看法在其他信息被引入解释时可能发生重大改变。例如,一项肯定动物致癌性的发现,可能因其他关键信息而被削弱;流行病学上十分微弱的关联也可能因其他关键信息和动物实验发现而被强化。一般而言,单独一项考量因素并不会决定整体结果。对这些因素的考虑并非机械的加减计算,而是综合的判断。See U. S. Envtl. , *Protection Agency, Proposed Guidelines for Carcinogen Risk Assessment*, 61 Fed, 1996, p. 17,981.

② 章剑生:《行政程序法比较研究》,杭州大学出版社1997年版,第8页。

陷的法律制度。那么,面对难以避免的制度漏洞,企图制定一部一劳永逸的、无所不包的食品安全法或食品安全风险评估法典以解决社会存在的食品安全风险评估的问题,往往是很不现实的。此时,基本原则是用来补充制度漏洞的基本机制和必要武器,从而确保对食品安全风险评估中的法律关系进行有效调整。总之,当食品安全风险评估的法律制度因种种原因出现了对新事物的滞后反应或者其根本就存在调整内容上的缺陷时,就需要借助食品安全风险评估原则来补救其不足,使得食品安全风险评估法律制度能更好地调整食品安全风险评估中的权利义务关系,尽量将其局限性限缩到最小限度。

第二节 我国食品安全风险评估基本原则实施之现状分析

目前,我国对食品安全风险评估制度有所规定的法律规范主要包括:《食品安全法》《食品安全法实施条例》以及《食品安全风险评估管理规定(试行)》。以下将梳理并分析现行法律规范对食品安全风险评估基本原则及其配套保障制度的有关规定。

《食品安全法》是我国食品安全风险监管领域的基本法,其在第 2 章用 7 个法律条文规定了食品安全风险监测和评估的内容,其中,第 13 条规定了建立食品安全风险评估制度、食品安全风险评估的组织机构、执行机构、评估方法和评估信息等内容;第 14 条规定了启动食品安全风险评估的主要情形;第 15 条规定了其他食品安全风险监管部门提出食品安全风险评估建议的要求。纵观整部《食品安全法》,它并没有直接系统地规定我国食品安全风险评估工作应该遵循怎样的基本原则。

虽然《食品安全法实施条例》也设专章共 10 条规定了食品安全风险监测和评估制度,但仅仅在第 12 条、第 13 条和第 14 条这 3 条中规定了食品安全风险评估的内容。其中,第 12 条规定了国务院卫生行政部门应当组织食品安全风险评估工作的法定情形,第 13 条规定了国务院农业行政、质量监督、工商行政管理和国家食品药品监督管理等有关部门向国务院卫生行政部门提出食品安全风险评估建议时应当提供的信息和资料以及县级以上地方农业行政、质量监督、工商行政管理、食品药品监督管理等有关部门协助收集风险评估信息的义务,第14条规定了国务院卫生行政部门与农业行政部门对食品安全风险评估结果和食用农产品质量安全风险评估结果的相互通报义务。这些规定亦未直接涉及食品安全风险评估的基本原则。

直到2010年,根据《食品安全法》和《食品安全法实施条例》的规定,卫生部会同工业和信息化部、农业部、商务部、工商总局、质检总局和国家食品药品监管局制定了《食品安全风险评估管理规定(试行)》。该规定适用于国务院卫生行政部门依照《食品安全法》有关规定组织的食品安全风险评估工作。它是专门针对食品安全风险评估的部门规章。其中,第5条直接规定了食品安全风险评估的基本原则:"食品安全风险评估以食品安全风险监测和监督管理信息、科学数据以及其他有关信息为基础,遵循科学、透明和个案处理的原则进行。"第6条则间接规定了食品安全风险评估的另一基本原则:"国家食品安全风险评估专家委员会依据本规定及国家食品安全风险评估专家委员会章程独立进行风险评估,保证风险评估结果的科学、客观和公正。任何部门不得干预国家食品安全风险评估专家委员会和食品安全风险评估技术机构承担的风险评估相关工作。"依此,从现有涉及食品安全风险评估的有关法律规范的分析中可以将我国现行的食品安全风险评估基本原则及相关配套制度归纳为以下几个方面。

一、科学性原则

所谓食品安全风险评估的科学性原则,意指食品安全风险评估主体在进行食品安全的风险识别、特征描述、暴露评估和风险特征描述等过程中都应该坚持以科学地可验证性的实验、试验结论以及其他科学方法和科学信息为依据。食品安全风险评估主体在向食品安全风险管理主体提供食品安全风险评估建议时应当具有高质量的科学性。食品安全风险评估制度的构建和具体措施的出台,都应该坚持科学性的引导,都应该切实保障食品安全风险评估的客观科学。这种科学不仅体现为一次或者一段时期内风险评估数据的精准和风险评估方法的科学。这种科学性更应该是一种与时俱进的、动态的食品安全风险评估过程。即被该评估所引用的数据和信息一定要随着科学技术的发展而不断更新,而食品安全风险评估的结论也要随着其工作的进展而适时地予以变更。①

之所以将科学性作为食品安全风险评估制度的首要基本原则,主要是出于三个方面的原因。

一是消除近年来各种食品安全危机事件所造成的公众对我国食品与食品安全监管制度所带来的不信任。进入21世纪以来,食品安全问题重大事件层出不穷,如2001年金华"毒瓜子""毒狗肉";2002年金华假白糖、长春假鸭血;2003年1月烟台发现"染色五香花生米",12月广东海鲜加工厂使用双氧水加工鱼翅,12月的"工业橙"事件及"毒海带"事件;2004年沈阳查处的化学物质残留超标蔬菜、劣质奶粉问题;2005年的"苏丹红"事件;2006年的"人造蜂蜜"事件,南京的"口水油"事件;2008年"日本毒饺子"事件;2009年震惊全国的三聚氰胺毒奶粉事件;等等。以上一连串的食品安全问题让人触目惊心。② 我国消费者对包括食品安全风险评估在内的食品安全监管法律制度已经失去了信心。"三聚氰胺毒奶粉"事件后,国人纷纷奔赴香港甚至国外购买奶粉。恢复公众对我国食品安全监管体系的信任的最有效方法是提高包括食品安全风险评估制度在内的整个食品安全监管体系的绩效,而确保食品安全风险评估制度在科学上的卓越性,则是增强其绩效的根本途径。③

二是为有效实现食品安全风险评估的任务。我国《食品安全法》第16条规定,"食品安全风险评估结果是制定、修订食品安全标准和对食品安全实施监督管理的科学依据"。也就是说,在食品安全风险评估问题上,食品安全风险评估专家委员会所提供的科学建议将作为食品安全监管的基准。所以,食品安全风险评估所采用的方法必须科学、得出的结论必须精准。

三是与国际食品安全风险评估制度接轨。在全球化日益深入发展的今天,中国与世界其他各国的关系越来越密切,食品安全领域也不例外。国际食品法典委员会曾指出,风险评估是一个以科学为依据的过程。《SPS协议》也将可获得的科学证据和方法列举在风险评估应考虑的因素之列。所以,为了

---

① 参见汪江连、彭飞荣编著:《食品安全法教程》,厦门大学出版社2011年版,第126—128页。
② 参见周巍:《从食品安全问题看2009年我国〈食品安全法〉实施》,载《法制与社会》2011年第2期(下)。
③ 参见杨小敏、戚建刚:《欧盟食品安全风险评估制度的基本原则之评析》,载《北京行政学院学报》2012年第3期。

与国际接轨,减少不必要的食品贸易摩擦,保障我国食品进出口的正常秩序,需要对食品安全风险评估提出科学性的高要求。

基本原则的实现必须获得具体制度和机制的配套支持,否则,基本原则将停留在纸面上,因此,为确保食品安全风险评估制度的科学性得以实现,《食品安全法》《食品安全法实施条例》《食品安全风险评估管理规定(试行)》以及与其他政策规范主要规定了以下几种制度和机制。

一是建立以食品安全风险评估专家委员会和食品安全风险评估中心为主体的科学评估机构,专门从事食品安全风险评估工作。《食品安全法》第13条明确规定:"国务院卫生行政部门负责组织食品安全风险评估工作,成立由医学、农业、食品、营养等方面的专家组成的食品安全风险评估专家委员会进行食品安全风险评估。对农药、肥料、生长调节剂、兽药、饲料和饲料添加剂等的安全性评估,应当有食品安全风险评估专家委员会的专家参加。食品安全风险评估应当运用科学方法,根据食品安全风险监测信息、科学数据以及其他有关信息进行。"2011年4月12日,国家食品安全风险评估专家委员会第一次全体会议审议通过了《国家食品安全风险评估专家委员会章程》,该章程应我国风险评估工作的需要而出台,对风险评估专家委员会这一机构进行工作的各个方面予以规制。为了保障食品安全风险评估专家委员会科学有效地开展评估工作,还专门成立了国家食品安全风险评估中心。由它作为食品安全风险评估技术机构,负责承担食品安全风险评估相关科学数据、技术信息、检验结果的收集、处理、分析等任务,对此,《食品安全风险评估管理规定(试行)》第4条第2款已经有所规定。对于专家委员会的委员标准,《食品安全法》《食品安全法实施条例》《食品安全风险评估管理规定(试行)》均未作出明确规定,但《国家食品安全风险评估专家委员会章程》在第13条规定了专家委员会委员应具备的条件。

二是建立了食品安全风险评估信息和数据的收集和通报制度。为了增强食品安全风险评估的科学性,必须提高风险评估所依赖数据和信息的科学性,为此,我国法律规范规定建立服务于食品安全风险评估的信息和数据收集和通报制度。如建立科学的食品安全风险监测制度。《食品安全法》第13条规定:"食品安全风险评估应当运用科学方法,根据食品安全风险监测信息、科学数据以及其他有关信息进行。"可见,食品安全风险监测信息是食品安全风险评估的依据,科学的监测信息是食品安全风险评估客观、科学的重要保障之一。为此,《食品安全法》《食品安全法实施条例》都规定了食品安全风险监测制度,我国还专门颁布了《食品安全风险监测管理规定(试行)》。又如,我国建立其他有关部门与卫生行政部门就食品安全风险评估信息的通报共享机制。《食品安全法实施条例》第2条规定,县级以上地方人民政府应当履行食品安全法规定的职责……建立健全食品安全监督管理部门的协调配合机制,整合、完善食品安全信息网络,实现食品安全信息共享和食品检验等技术资源的共享。《食品安全法》和《食品安全法实施条例》均规定其他有关部门应向卫生行政部门提供评估建议并提供有关信息和资料①,而且还规定农业行政部门与卫生行政部门间的信息通报。② 针对进出口的食品,《食品安全法实施条例》还规定,行政机关可以收集行业协会、消费者反映的进口食品安全信息,国际组织、境外政府机构发布的食品安全信息、风险预警信息,以及境外行业协会等组织、消费者反映的食品安全信息,但明确规定只针对进口食品或境外组织和个人反映的信息。

通过以上分析可以发现,我国食品安全风险监管主体已经注意到食品安全风险评估制度科学性的重大意义,将科学性作为食品安全风险评估第一项也是最重要的基本原则,并构建了确保科学性原则得以实现的具体制度体系。但是,不得不承认,从现有的法律规范来看,科学性原则及其保障机制仍存在严重不足,具体表现为:

(1) 缺乏选择高水准科学专家组成食品安全风险评估科学顾问的程序机制。对于专家成员的标准和选择程序,《食品安全法》《食品安全法实施条例》等法律规范均未作出规定。《食品安全风险评估管理规定(试行)》第4条第1款规定"国家食品安全风险评估专家委员会依据国家食品安全风险评估专家委员会章程组建"。于是,在《食品安全法》和《食品安全法实施条例》施行2年后,我国颁行了《国家食品安全风险评估专家委员会章程》。它在第13条规定了专家委员会成员的条件标准,其中仅有三项涉及了科学上的要求。尽管如此,但对于这些专家的遴选程序却只字未提,依然缺乏法

---

① 《食品安全法》第15条,《食品安全法实施条例》第13条,《食品安全风险评估管理规定(试行)》第3条、第8条。
② 《食品安全法实施条例》第14条。

律规范的依据。

（2）缺乏完整而有效的食品安全风险评估信息和数据的交换网络机制。食品安全风险评估需要大量精确和专业的科学信息和数据，然而，对于这些信息和数据的收集、交换体系，现行法律规范并没有作出较为科学地规定。比如，我国食品安全风险评估信息的法定来源渠道比较单一，强调食品安全风险监测制度的信息来源，但对其他信息来源渠道规定的并不具体，如何保障这些信息来源渠道的畅通和效率亦无明确规定，还缺乏与科学的第三方的合作；现有法律规范也只是强调要建立信息网络和加强信息的科学管理和信息队伍建设，对所需资金的来源、管理、运用，设备和技术支撑的开发和维护，人员构成和培养以及如何构建该项制度并没有详细规定；缺乏对食品安全风险评估信息和数据的科学性的评价、考核、纠错机制。

（3）没有严格的程序性规定来确保风险评估结论的科学性和可靠性。基于食品安全风险本身的复杂性以及科学顾问专家知识的局限性，为确保科学顾问所作出的评估结论经得起同行专家和社会公众的诘难和质疑，就需要一整套严格的质量保障程序来确保科学顾问的评估结论是权威和可靠的。对于这样一种质量保障程序，现行法律规范却处于空白状态。《食品安全风险评估管理规定（试行）》第13条虽然规定了食品安全风险评估的通行步骤，《国家食品安全风险评估专家委员会章程》也规定了专家委员会的工作程序，但这对于保障食品安全风险评估的科学性并无直接作用。正是由于科学性原则的诸多缺陷，致使在实践中食品安全风险评估结论的科学性才会屡屡受到公众的诘难，评估结论的科学权威性大打折扣。例如，2010年5月14日国家食品安全风险评估委员会发表《中国食盐加碘和居民碘营养状况的风险评估》的报告遭到不少同行专家和社会公众的强烈质疑与反对，有学者甚至认为该风险评估报告是"一场魔术"，而卫生部以及食品安全风险评估科学顾问是"魔术师"。① 2012年2月爆发了苏泊尔锰超标事件，国家食品安全风险评估中心于2月24日发布了初步评估结果：经过极端试验证明，不锈钢炊具的平均锰析出量不会对人体造成伤害。这个出自于国家权威部门的结论似乎可以让苏泊尔锰超标事件就此尘埃落定，但更多关

---

① 参见慕盛学：《〈中国食盐加碘和居民碘营养状况的风险评估〉里的10个魔术》，载 http://forum.book.sina.com.cn/thread-3922548-1-1.html，2014年1月19日访问。

于苏泊尔不锈钢质量和不锈钢市场混乱现状的声音依然此起彼伏,社会公众依旧对苏泊尔品牌乃至整个不锈钢锅具的市场产生了忧虑。① 在 2012 年爆发的白酒塑化剂事件中,包括同行专家在内的社会公众对国家质检总局、卫生部和国家食品安全风险评估中心有关负责同志发表的意见均表示出极度的不信任,在新浪网的一份题为《白酒塑化剂事件是否对你有影响?》的调查中,有近 3 万人参与,其中半数以上人表示"担心影响健康,将逐渐戒酒并劝告身边亲友",持"相信权威部门,每天饮用白酒不超过 1 斤就没问题"观点的群众所占比例最少,只有不到 6%。② 也就是说,参与调查的社会公众极为不信任国家食品安全风险评估中心发布的评估意见。

二、透明性原则

阳光是最好的防腐剂,透明性原则本来就是法治社会的第一要义。美国人曾经这样评论行政法上的透明和公开制度:"没有任何东西比秘密更能损害民主,公众没有了解情况,所谓自治,所谓公民最大限度的参与国家事务只是一句空话。"③对此,我国食品安全风险评估的相关法律规范也对该原则予以了确认。笔者认为食品安全风险评估的透明性原则的含义应指,食品安全风险评估主体实施食品安全风险评估的整个过程和结果都应透明,过程的公开和结果的公开不可偏废。透明性原则应像脉络一样,贯穿于食品安全风险评估的各个环节和层面,使食品安全风险评估行为不再是"黑盒子式"的活动。

之所以将透明性原则作为我国食品安全风险评估的第二项原则,主要是基于三个原因:

一是吸取一系列食品安全事件的教训。食品安全事件在我国不断爆发之后,不少人开始思考食品安全事故屡禁不止的原因,学者们从不同角度对此予以了探讨。其中,包括食品安全风险评估制度在内的整个食品安全风险监管体系的不透明和不公开性是很重要的一个原因。不透明性或不全面

---

① 参见孔瑶瑶:《苏泊尔又陷质疑:不锈钢锅标识几乎无一合格》,载 http://www.foodqs.cn/news/zlaq01/2012229162932604.htm,2014 年 2 月 28 日访问。
② 参见新浪调查:《白酒塑化剂事件是否对你有影响?》,载 http://survey.news.sina.com.cn/result/74373.html?f=1,2014 年 7 月 24 日访问。
③ 王名扬:《美国行政法》(下册),中国法制出版社 1995 年版,第 959 页。

的公开性严重侵害了公众的知情权,使公众无法监督食品安全风险评估机构和食品生产经营者的行为,食品安全事故变得日益猖獗。在国外,由于食品安全风险评估信息有较为发达的信息公开法律制度的保障,由此,食品安全风险评估的透明性程度较高。而在我国,虽然《政府信息公开条例》已经颁布施行多年,但实践中仍然存在诸多困难,对食品安全风险评估信息的公开和透明的指导作用并不明显。食品安全风险评估结果事关食品安全问题,事关人民的生命健康,应该予以公开,接受社会公众和相关技术机构的监督。因此,有必要在食品安全风险评估领域特别强调公开、透明的重要性,真正保障公众获得食品安全信息的权利。

二是增强我国食品安全风险评估制度在内的整个食品安全风险监管体系的民主性。如果食品安全风险评估机构的权力活动是不为人所知的或者在很大程度上不为公众所知,那么就很难让这些权力机构的行为对公众负责,公众也难以监督它们的行为。所以,透明性对于恢复并增强消费者、其他利害关系人和贸易对象对整体食品安全制度的信心也十分关键。[①]

三是提高公众对食品安全风险评估的可接受性,消弭专家和公众的风险知识和价值之间的冲突。专家和公众的食品安全风险知识以及他们对食品安全风险评估的认知是存在区别的。评估主体与普通公众对食品安全风险的认识和理解要透过各种文化、社会和政治过程来认可,并会随着各自所处的社会位置和所处的社会背景有所差异。因此,无论是公众的食品安全风险知识,还是专家的食品安全风险知识,两者都是由其各自的潜在的文化、社会过程和背景所建构的,食品安全风险评估中的价值选择会牵涉到公众对食品安全风险的容忍度,在面对风险和处理风险时专家理性和公众理性之间存在着一定的差距和妥协。而消除这种怀疑、差距和冲突的有效方式便是遵循透明的宗旨,公开食品安全风险评估主体的评估过程。我国食品安全风险评估的结论常受到民众质疑,这与食品安全风险评估信息的不公开或者只公布结论便强力要求公众接受的原因密切相关。食品安全其实是一个主观安全大于客观安全的问题,信息不对称和不透明使公众对食品安全风险评估的结论产生隔膜和抵触。因此,在食品安全风险评估问题上,

---

[①] 参见杨小敏、戚建刚:《欧盟食品安全风险评估制度的基本原则之评析》,载《北京行政学院学报》2012年第3期。

透明性和公开性是减少食品安全风险评估遭受社会公众质疑和不解的减压器和安全阀。

为确保透明性原则得以真正实现,依《食品安全法》《食品安全法实施条例》《食品安全风险评估管理规定(实行)》等法律规范的规定,我国建立了食品安全风险评估的公布制度。《食品安全风险评估管理规定(试行)》第 18 条规定,"卫生部应当依法向社会公布食品安全风险评估结果。风险评估结果由国家食品安全风险评估专家委员会负责解释。"《食品安全法》第 82 条对卫生行政管理部门公布食品安全风险评估信息的要求作出了规定,即准确、及时、客观。

通过对现有法律规范的分析可以发现,我国食品安全风险评估制度的设计者已经意识到了风险评估透明性的重要意义,对透明性和公开性也进行了规定,但遗憾的是并未构建出内容完整有效的制度体系来确保透明性原则的真正实现。这主要表现为以下几方面:(1) 对透明性原则的内涵规定的不明确、不完整,导致透明性原则只关注于食品安全风险评估结论和建议的发布,而不注重建立针对评估过程的透明公开制度。(2) 对透明和公开的范围、程度、方式并无相关法律规范的规定。纵观《食品安全法》《食品安全法实施条例》及《食品安全风险评估管理规定(试行)》,所有法律规范均未规定食品安全风险评估信息的发布平台、形式、程度、语言要求等要素,导致信息发布方式的杂乱和不规范,公开的评估信息缺乏可理解性和可交流性。《中国食盐加碘和居民碘营养状况的风险评估》长达 54 页,《食品中丙烯酰胺的危险性评估》《中国食盐加碘和居民碘营养状况的风险评估》和《苏丹红危险性评估报告》中大量充斥着化学式、专业名字以及缺乏详细阐释的不确定性情况等晦涩难懂的内容,这些都让公众理解起来比较吃力,甚至看完之后出现要么无所适从要么对食品安全风险的不确定性极度恐慌的状况。(3) 对透明性原则与保密性之间的关系没有作出指引性规定。包括食品安全风险评估机构在内的食品安全风险监管机构往往以保密为借口不公开食品安全风险评估的相关信息,侵害了消费者的合法权益,或者对那些应该予以保密的事项和信息不加区分一概予以公布,侵害了食品生产经营者的合法利益。

三、个案化原则

个案化原则是我国目前食品安全风险评估制度的第三项基本原则,也是颇具特色的一项原则性规定,对于该原则,现行法律法规或其他规范性文件并未对其作出详细解释。而根据美国学者的观点,美国环境保护署对个案式政策的基本概念的解释是:"以科学为由使环境保护署可以声称其能够基于个案情况作出特别的政策判断,而无须提供一套具有一致性的原则以指导其 NAAQS[①] 的制定。在制定臭氧和颗粒物规则时,环境保护署公然断言,其可以依靠科学信息而并不需要提供一套具有一致性的政策原则来解释其决定。"[②]根据"个案化"的词典释义(个案是指"个别的、特殊的案件或事例"[③])以及我国现有的法律规范的内容,再依据美国环境保护署的实践,笔者认为,此处的"个案化"意指,食品安全风险评估是以解决某个具体的食品安全问题为目标的活动,是个别的、非常规的,无需依据一套具有一致性的原则或规则。

之所以将个案化作为食品安全风险评估的基本原则,笔者认为主要是基于两方面的原因,一是与我国当时食品安全事故频发的特点和食品安全风险评估能力的现实状况密切相关的。食品安全风险评估涉及食物链的各个环节中的各种危害因素,对于任何一种危害物的评估都要涉及危害物的确定,危害物的定性和定量分析、危害物的毒理学、生物学评估及风险的定性和定量估计等技术环节。这些技术环节包括了生物学、农学、毒理学、统计学、检测技术等众多学科,因此,风险评估是一个系统工程,需要复杂的技术体系进行支持。[④] 由于我国的食品安全风险评估研究与应用尚处于起步阶段,发展较晚,与发达国家相比,在风险评估技术和评估人才方面还有很大差距,由此,食品安全风险评估主体对食品安全风险评估的认识不够深入,对食品安全风险评估活动缺乏持续性、系统性、全面性的控制能力,而且

[①] National Ambient Air Quality Standards for Ozone, 62 Fed. Reg. 38,856 (July 18, 1997).
[②] 金自宁编译:《风险规制与行政法》,法律出版社 2012 年版,第 148 页。
[③] 参见中国社会科学院语言研究所词典编辑室:《现代汉语词典(第5版)》,商务印书馆 2005 年版,第 462 页。
[④] 参见余健:《〈食品安全法〉对我国食品安全风险评估技术发展的推动作用》,载《质量安全》2010 年 8 月。

当前的技术设备和人力资源不足以对所有食物链上的各个环节中的各种危害因素进行广撒网、地毯式的全方位评估。再加上我国食品安全事故的出现一度是个别领域的、突发的、局部的,对广泛引起关注的食品安全问题开展重点性的风险评估成为食品安全风险评估的常态。因此,将个案化确定为我国食品安全风险评估的基本原则是基于对评估资源的考量。二是强调食品安全风险评估机构依据上级指令单项目的、个案化地进行风险评估有利于增强食品安全风险评估的针对性、执行力和评估速度。

在个案化原则的指引下,我国形成了单一性的、自上而下的、指令化的食品安全风险评估流程。食品安全风险评估机构要进行风险评估必须有相关机构的建议或者要求并经卫生行政部门确定下达任务后才能进行,食品安全风险评估机构无权主动、自发地开展食品安全风险评估活动。依据《食品安全法》第14条、《食品安全法实施条例》第12条和《食品安全风险评估管理规定(试行)》第7条的规定,只有有关部门按照《食品安全法实施条例》第12条要求提出食品安全风险评估的建议,并按规定提出《风险评估项目建议书》以及卫生行政部门根据法律法规的规定认为需要进行风险评估时,经卫生行政部门审核同意后由其向食品安全风险评估专家委员会下达食品安全风险评估任务。依据《食品安全风险评估管理规定(试行)》第11条、第12条和《国家食品安全风险评估委员会章程》第19条、第20条、第25条的规定可以发现,我国食品安全风险评估的过程为卫生部审核确定评估计划和有限评估项目后,以《风险评估任务书》的方式向食品安全风险评估机构下达具体的食品安全风险评估指令,再由专家委员会各专门工作组根据指令个案化的、单项目的一个个地起草风险评估实施方案和评估报告草案,提交秘书处审议并进行具体的风险评估工作。

食品安全风险评估个案化原则在资源有限、经验尚浅的背景下对我国食品安全风险评估的发展起到了很大的作用,然而,随着公众对食品安全要求的日益提高以及食品安全风险评估制度的深入发展,个案化原则正面临着挑战。它在一定程度上造成了食品安全风险评估的被动性、滞后性和突发性。食品安全风险评估主体往往是在食品安全事件发生并愈演愈烈后才介入进行风险评估,严重影响了食品安全风险评估主体的独立性和积极性,使食品安全风险评估缺乏主动性、连续性和常态性,食品安全风险评估制度也因此弊端而被公众诘难。

四、独立性原则

独立性原则是我国食品安全风险评估的第四项基本原则,对于独立性原则的基本含义,《食品安全风险评估管理规定(试行)》第 6 条作出了明文规定。该条从正面和反面两个层面对该原则做了全面的诠释。首先,它从正面肯定国家食品安全风险评估专家委员会享有依据《食品安全风险评估管理规定(试行)》及国家食品安全风险评估专家委员会章程独立承担并实施食品安全风险评估的权利;其次,它从反面排除了其他任何部门对国家食品安全风险评估专家委员会开展食品安全风险评估相关工作的干预。

之所以将独立性原则作为食品安全风险评估的一项法定原则主要是基于两方面的原因。一是吸取以 2008 年爆发的"三鹿毒奶粉事件"为代表的食品安全危机事件的教训。2008 年 9 月 11 日曝光的"三鹿毒奶粉事件"表明,我国行政机关及其聘请的专家存在不及时评估风险的现象。在三鹿问题奶粉全面披露之前的 3 个月,在国家质检总局食品生产监督司网站上,就有消费者投诉婴儿食用三鹿奶粉后患肾结石的情况。2008 年 6 月 16 日,甘肃一家地方医院向甘肃省卫生部门报告婴儿肾衰竭的案例。然而,国家质检总局和卫生部门并没有启动对三鹿问题奶粉的风险评估。到了 8 月 3 日,虽然三鹿集团公司向河北省石家庄市政府报告了问题奶粉的情况,但河北省石家庄市政府也没组织专家进行风险评估。等到卫生部组织调查组对三鹿集团奶粉进行深入调查时,已经是在 9 月中旬了,错过了治理三鹿奶粉危机事件的关键三个月。① 对于食品安全风险评估主体为何不及时对三鹿奶粉中的三聚氰胺开展风险评估的原因,大家众说纷纭,但是我们不禁会联想到三鹿奶粉的生产商——三鹿集团与行政机关密不可分的利益纠葛。当时国家质检总局、卫生部,特别是河北省石家庄市政府正是基于"三鹿奶粉集团"是中国食品工业百强以及河北省纳税大户等因素的考虑,没有及时采取包括实施风险评估在内的其他食品安全监管措施。② 为了重塑公众对

---

① 参见戚建刚:《我国食品安全风险规制模式之转型》,载《法学研究》2011 年第 1 期。
② 参见杨小敏:《中国与欧盟食品安全风险评估独立性原则之比较》,载《行政法学研究》2012 年第 6 期。

我国食品安全和食品安全风险评估制度的信心,《食品安全风险评估管理规定(试行)》将独立性作为食品安全风险评估的一项法定原则。

二是保障食品安全风险评估结论科学性得以实行。独立性对于确保食品安全风险评估结论的科学性和食品安全风险评估机构的声誉是至关重要的。如果食品安全风险评估机构不能独立于食品安全风险决策机构或者食品生产经营者,那么它所作出的食品安全风险评估建议必定是不公正的、不科学的。建立独立性原则的这一初衷已在《食品安全风险评估管理规定(试行)》第 6 条中指明,即"国家食品安全风险评估专家委员会依据本规定及国家食品安全风险评估专家委员会章程独立进行风险评估,保证风险评估结果的科学、客观和公正"。

为了保证独立性原则的实现,我国法律规范确定了利益回避机制和责任追究机制。《国家食品安全风险评估专家委员会章程》从食品安全风险评估专家委员会成员个体的独立性入手,规定专家委员会委员应当主动回避可能与自身利益相关的风险评估工作(第 15 条)。此外,在法律责任的有关规定中指出"不履行本法规定的职责或者滥用职权、玩忽职守、徇私舞弊的"行为应追究责任(《食品安全法》第 95 条,《食品安全法实施条例》第 61 条)。《国家食品安全风险评估专家委员会章程》第 17 条规定:"专家委员会委员存在以下情形之一的,经专家委员会报请卫生部批准,按照有关程序终止其委员资格:……(4) 以专家委员会委员名义从事相关商业活动或在公共场合发表有悖于专家委员会决议的言论的。"一定程度上的责任追究机制对避免评估中个人受到利益左右而失去独立性的行为有威慑作用,然而,这仅仅是事后的、间接的。

虽然独立性原则已经受到我国食品安全风险评估制度设计者的重视,但仅凭《食品安全风险评估管理规定(试行)》第 6 条的规定根本无法在法律制度层面上为食品安全风险评估工作的独立开展提供坚实的依据。一方面,食品安全风险评估机构严重依附于行政机关,"不得干涉"的规定在很大程度上仅仅是一种虚置的摆设。依据《食品安全法》第 14 条、《食品安全法实施条例》第 12 条、《食品安全风险评估管理规定(试行)》第 7 条以及《国家食品安全风险评估委员会章程》第 19 条的规定,就国家食品安全风险评估专家委员会开展食品安全风险评估任务的来源而言,由卫生部下达,如

《中国食盐加碘和居民碘营养状况的风险评估》便是由卫生部食品安全综合协调与卫生监督局致函国家食品安全风险评估专家委员会，要求结合我国沿海地区居民碘营养状况调查及膳食碘摄入量调查，系统评估膳食中碘对健康的影响及我国不同地区居民碘营养状况的潜在风险；依据《食品安全法》第15条、《食品安全法实施条例》第13条《食品安全风险评估管理规定（试行）》第8条、第12条第2款的规定，国家食品安全风险评估专家委员会开展食品安全风险评估所需要的信息和资料，由卫生部负责收集，其他有关部门协助卫生部收集，需要进一步补充信息和数据的，应向卫生部提出数据和信息采集方案的建议，实践中如国家食品安全风险评估委员会在做食盐加碘风险评估报告时用到的所有数据，1995—2009年全国碘缺乏病监测或碘缺乏高危地区监测、2002年中国居民营养与健康状况调查、2007年全国12省总膳食研究碘摄入量调查和2009年沿海地区居民碘营养状况和膳食摄入量调查等数据，全部来自委托方。[1] 这些专家无权也无法独立采集和分析相关数据，这使评估报告的依据的独立性受到质疑。[2] 依据《食品安全风险评估管理规定（试行）》第10条的规定，国家食品安全风险评估计划和优先评估项目的确定，由卫生部决定；《食品安全风险评估管理规定（试行）》第12条第1款的规定，国家食品安全风险评估专家委员会提出风险评估实施方案，需要报卫生部备案；依据《食品安全风险评估管理规定（试行）》第15条、《国家食品安全风险评估专家委员会章程》第25条的规定，国家食品安全风险评估专家委员会应当及时向卫生部报告风险评估的结果和报告；依据《食品安全风险评估管理规定（试行）》第18条规定，食品安全风险评估结果的公布，则由卫生部依法向社会公布。可见，国家食品安全风险评估专家委员会在实施风险评估时在诸多方面受制于卫生部的领导，而依《食品安全风险评估管理规定（试行）》第4条的规定："……食品安全风险评估技术机构开展与风险评估相关工作接受国家食品安全风险评估专家委员会的委托和指导。"那么食品安全风险评估技术机构开展与风险评估相关工作也

---

[1] 这一点可以从《中国食盐加碘和居民碘营养状况的风险评估》报告中《资料提供单位或个人》这一项来考究。

[2] 参见慕盛学：《〈中国食盐加碘和居民碘营养状况的风险评估〉里的10个魔术》，载http://forum.book.sina.com.cn/thread-3922548-1-1.html，2014年1月19日访问。

等同的受制于卫生行政部门。另一方面,虽然《国家食品安全风险评估专家委员会章程》在第 15 条和第 17 条第 4 项有所规定,但是这些规定极为原则,缺乏可操作性,比如,如何认定"可能与自身利益相关的风险评估工作"中的"利益",由谁来认定,以及通过何种程序认定等,都没有规定。这样很难确保评估机构能排除自利取向的干扰从而作出忠实于公共利益的科学评估。由此可见,我国并未构建系统有效的独立性原则的保障制度和机制。

通过对现行有关涉及食品安全风险评估法律规范的分析,可以发现,一方面,我国的食品安全风险评估基本原则的法律化和具体化存在重大的缺憾。食品安全风险评估制度基本原则只有获得法律支持并且具体化,才能得以实现。同时,我国食品安全风险评估基本原则的内容由部门规章《食品安全风险评估管理规定(试行)》的法律效力层级较低。另一方面,我国法律规范对保障基本原则得以有效实现的制度和机制并未作出科学的安排,使得风险评估基本原则停留在文本字面上,也使食品安全风险评估制度的构建缺乏基本原则的有效指导,甚至出现食品安全风险评估制度偏离基本原则的初衷或与基本原则相矛盾的问题,最终导致我国安全风险评估的实践不断遭遇困境。

第三节 美国和欧盟食品安全风险评估的基本原则

从 20 世纪的初期至今,美国和欧盟也经历了五花八门、层出不穷的食品安全问题,例如,美国 2006 年的毒菠菜事件、2007 年沙门氏菌污染食品事件、2007 年牛肉召回事件[①],欧盟 1995 年的疯牛病,1999 年欧洲"二恶英"污染饲料事件,2000 年英国和爱尔兰等国口蹄疫,2008 年法国婴幼儿乳品受沙门氏菌污染,2008 年爱尔兰"二恶英"猪肉事件,等等。[②] 各种食品安全事故促使美国和欧盟不得不认真反思其包括食品安全风险评估在内的整个食

---

① 杨骏:《美国近年来发生多起食品安全事故》,载 http://www.ce.cn/xwzx/gjss/gdxw/200901/19/t20090119_18001670.shtml,2014 年 2 月 1 日访问。
② 杨骏:《小事故也会变成大危机——欧盟食品监管反思》,载 http://news.xinhuanet.com/world/2010-02/21/content_13018010.htm,2014 年 2 月 1 日访问。

品安全风险监管制度的科学性和有效性,并针对潜在的食品安全监管不足进行逐一排查和修整。为了恢复公众对整个食品安全监管制度的信任,美国和欧盟都开始对食品安全风险评估制度进行重新考量。它们意识到重新设计各自的食品安全风险评估制度必须遵循一定的原则做指引。所以,它们在各自食品安全风险评估制度不断发展的过程中形成了一套各具特点的食品安全风险评估基本原则。

美国是最早把风险分析引入食品安全管理中的国家之一。从1906年美国第一部与食品有关的法规——《食品和药品法》开始,一个多世纪以来,美国政府制定和修订了三十几部与食品安全有关的法规,如《联邦食品、药品和化妆品法令》《公共卫生服务法》《食品质量保护法》等。2011年1月4日,美国总统奥巴马签署了《食品与药品管理局食品安全现代化法》,对1938年通过的《联邦食品、药品及化妆品法》进行了大规模修订,授予美国食品和药物管理局(FDA)以更大的监管权力。美国食品安全风险评估的基本原则主要是通过上述与食品安全相关的法律法规、政策文件以及食品安全监管机构(最主要的是食品和药品管理局、农业部、环境保护署)[①]内部的指南和相应的职权安排等形式予以确认和实现的(当然,《行政程序法》《联邦咨询委员会法》《信息公开法》《新闻自由法》等法律规范对食品安全风险评估基本原则的实现制度也有所涉及)。在笔者看来,美国食品安全风险评估基本原则可以归纳为科学性原则、透明性原则、交流沟通原则、独立性原则。

而欧盟在经历疯牛病事件之后通过了《统一食品安全法》(the General

---

① 1998年前美国的食品安全监管权力分散于12个政府机构中,1998年政府成立了"总统食品安全管理委员会"来协调美国的食品安全工作。该委员会的成员由农业部、商业部、卫生部、管理与预算办公室、环境保护局、科学与技术政策办公室等有关职能部门的负责人组成。委员会主席由农业部部长、卫生部部长、科学与技术政策办公室主任共同担任,形成监督食品安全的三驾马车。目前美国的食品安全监管系统主要涉及六个部门,即卫生部的食品药品管理局(FDA)、农业部(USDA)及其下属的食品安全检查局(FSIS)、动植物健康检验局(APHIS)、环境保护局(EPA)、商业部的国家渔业局(NMFS)、卫生部的疾病控制和预防中心(CDC)等。其中,FSIS负责肉类和家禽食品的安全,并被授权监督执行联邦食用动物产品安全法规;FDA负责FSIS职责之外的国内和进口食品的安全,以及制订畜产品中兽药残留最高限量的法规和标准;APHIS主要是保护动植物免受害虫和疾病的威胁;EPA主要维护公众及环境健康,避免农药对人体造成的危害,加强对宠物的管理;NMFS执行海产品检测以及定级程序等;CDC负责研究、监管与食品消费相关的疾病。同时,海关负责定期检查、留样监测进口食品。

Food Law),成立了专司食品安全风险评估的机构——欧洲食品安全局(the European Food Safety Authority)。欧盟食品安全风险评估制度的基本原则主要通过欧盟关于食品方面的法律和政策文件以及欧洲食品安全局内部的制度安排与相应的职责和权限配置的方式来实现。欧盟食品安全风险评估基本原则主要包括科学上的卓越性原则、独立性原则、透明性原则、公众协商性原则。[①] 美国和欧盟食品安全风险评估的基本原则都已经不是纸面上的原则了,它们对食品安全风险评估基本原则及保障其得以有效实现的规范设计和制度安排是值得我们研究学习的。经过比较可以发现,美国、欧盟和我国在食品安全风险评估基本原则的主要类型上存在一定的相似之处,为了横向比较的方便[②],以下将按照食品安全风险评估基本原则的主要类型来展开分析。

一、科学性原则

(一)美国食品安全风险评估的科学性原则

美国联邦政府没有设立专门的食品安全风险评估机构,但食品安全监管机构可以在其相关领域内开展科学的食品安全风险评估工作。美国倡导"基于科学的现代化"监管理念,普及推广各种现代科学技术的广泛应用,使美国食品安全风险管理取得了突破性变化。为保障科学性原则得以实现,美国食品安全风险监管机构在各自相关领域内开展风险评估时,除了不断提高自己的科学水平之外,往往会利用外部的建议来增强履行自身的职责任务所需要的科学能力,要么拥有稳定、规范、正式的咨询委员会作为科学顾问,要么通过其他形式从外部专业力量那里获取科学信息、数据和观点。例如,卫生部下属的食品与药品管理局,其内设的食品安全与营养学中心在进行每项风险分析时,在其组织框架内都有一个独特的职位——1 名科学顾问,确保风险评价的科学性,坚持所有决定的可信性和透明度,并对各项

---

① 参见杨小敏、戚建刚:《欧盟食品安全风险评估制度的基本原则之评析》,载《北京行政学院学报》2012 年第 3 期。
② 行文的重点不是在于比较美国和欧盟食品安全风险评估基本原则之间的异同,而是在介绍美国和欧盟食品安全风险评估基本原则的基础上,将二者与我国食品安全风险评估基本原则进行比较,所以,此文并未对美国和欧盟食品安全风险评估基本原则之间的异同展开讨论。

科学政策论题负责。① 然而,食品与药品管理局是以科学为基础的但仅具有有限研究能力的规制机构,而不是专门从事科学研究的机构。它们极有可能利用外部的建议来发展自身的规制战略所需要的科学能力。② 食品与药品管理局收集与食品安全有关的外部建议的最正式途径是通过独立于食品与药品管理局的由个体组成的顾问委员会。食品与药品管理局获得关于食品安全信息的主要顾问委员会是食品咨询委员会(the Food Advisory Committee)和食品与药品管理局的科学委员会(the Science Board to the FDA)。当前的食品咨询委员会成员以及食品和药品管理局的科学委员会成员包括来自广泛领域的科学家,但主要来自于大学。③ 对于食品咨询委员会和食品与药品管理局的科学委员会的成员的选择程序和标准以及职责,委员会的运行规则等问题美国的相关法律规范和内部指南都作出了规定。④

此外,一方面美国在管理机构内部组织优秀科学家加强前沿问题的研究。另一方面积极利用政府部门以外的专家资源,通过技术咨询、合作研究等各种形式,使之为食品安全风险评估和风险管理工作服务。同时与世界卫生组织、粮农组织等国际组织保持密切联系,建立信息共享机制,从中分享最新的科学进展以及风险评估的数据资料、先进技术和经验,推动风险评估技术的发展。这一点正是我国所缺少的。

(二) 欧盟食品安全风险评估的科学性原则

科学性原则在欧盟的法律文件中又称为科学上的卓越性。《统一食品

---

① 参见葛宇、巢强国:《美国食品安全风险分析程序解析》,载《食品与药品》2008年第10卷第11期。

② See Peter Barton Hutt, *The State of Science at the Food and Drug Administration*, 60 Admin. L. Rev. 431, 2008, pp.444—447.

③ 参见 FDA, Roster of the Science Board to the Food and Drug Administration, 载 http://www.fda.gov/AdvisoryCommittees/CommitteesMeetingMaterials/ScienceBoardtotheFoodandDrugAdministration/ucm115370.htm.,2014年1月20日访问。

④ 例如 21 C.F.R. § 14.100(g)(2)(ii) (2009)(描述了委员会的目的);21 C.F.R. § 14.100(a)(2) (2009)(描述了委员会的任务)21 C.F.R. § 14.80 (2009);21 C.F.R. § 14.80(a)(1) (2009);21 C.F.R. § 14.84 (2009)(描述了投票成员的选择程序); 21 C.F.R. § 14.84(c) (2009)(描述了代表消费者利益的不具有投票的成员的选择程序); 21 C.F.R. § 14.84(d) (2009)(描述了代表企业利益的不具有投票权的成员的选择程序);21 C.F.R. § 14.84(c) (描述了消费者成员的选择程序); 21 C.F.R. §§ 14.84(d) (描述了企业成员的选择程序); 21 C.F.R. §§ 14.86(a),(c) (2009)(描述了所有不具有投票权的代表消费者和企业的一般利益的成员的职责);21 C.F.R. §14.80(b)(1)(i) (2009)(描述了技术顾问委员会的投票成员)。此外,《联邦建议委员会法》也有一定的指导性规定。

安全法》虽然没有对之作出明确规定,但该法的许多条款都规定,欧洲食品安全局实施风险评估以及提供科学建议时要符合高质量的科学标准。① 为了有效实现欧洲食品安全局的任务,确保科学上的卓越性得以实现,《统一食品安全法》以及欧洲食品安全局的内部指引与其他政策规范主要规定了三种机制。②

一是设立食品安全风险评估科学委员会和科学小组,并设计公正和科学的成员遴选制度。③ 该制度主要包括以下四个方面:适格的候选人的评价标准。④ 该评价标准共有7项,主要涉及纯粹的科学能力,特别是与科学委员会或科学小组的职责相关的科学能力,例如,具有相关的科学风险评估或提供科学建议的经验、具有从事同行的科学审查的工作经验并发表相关论著、具有分析复杂信息和材料的能力、具有提出科学建议和报告的能力、具有跨国际跨学科背景的专业经验等;严格的遴选程序。⑤ 该程序依次分为六个阶段——发布公告、对申请人的申请的有效性进行形式上审查、对适格的候选人进行实质上的评价、对食品安全局的评价的外部复审、确定最佳候选人的入围名单、从入围名单中任命候选人;科学委员会或科学小组成员的更新程序。⑥ 当出现成员辞退、辞职或需要增加新成员时,可以在候补名单中选择新成员;与遴选相关的候选人的信息的保障。⑦ 此外,科学小组的潜在成员将受制于一项真实性与合法性的审查,这种审查工作由食品安全局的人力资源部门来进行。

---

① See Ellen Vos and Frank Wendler, Food Safety Regulation at the EU level. Vos, E., &Wendler, F. (Eds.), *Food Safety Regulation in Europe: A Comparative Institutional Analysis*, Antwerp: Intersentia Press, 2006, pp. 99—100.

② 参见杨小敏、戚建刚:《欧盟食品安全风险评估制度的基本原则之评析》,载《北京行政学院学报》2012年第3期。

③ 欧洲食品安全局所制定的两个内部指引——《关于协助食品安全局的科学工作的科学委员会、科学小组和外部专家的成员的选择决定》(以下简称《成员的选择决定》)《关于科学委员会、科学小组以及它们的工作团体的建立和运作决定》(以下简称《建立和运作决定》)规定了遴选制度。

④ 《成员的选择决定》第5条第1款。

⑤ 《统一食品安全法》第28条与《成员的选择决定》第2条至第9条。

⑥ 《建立和运作决定》第5条。

⑦ 《成员的选择决定》第11条,欧洲议会和欧盟理事会于2000年12月18日所颁布的第45/2001号规章。

二是使用严格的质量保障程序来确保风险评估结论的可靠性。[①] 该程序由四个环节构成:(1)自我评估,即欧洲食品安全局的科学委员会使用一种自我审查的形式来确保持续性地遵循相同的步骤以实施每一次科学评估,比如,确保所有的科学数据被清楚的描述和参考,又如,在规定的期限之内达成共识等;(2)内部审查,即欧洲食品安全局的一个内部审查小组对经自我评估程序的科学结论作第二次复查,该小组会提出修改建议;(3)外部审查,即欧洲食品安全局通过建立外部独立的专家小组来对其内部的质量审查程序加以审查,外部专家小组会提出建议;(4)质量管理年度报告,即欧洲食品安全管理将内部和外部的审查建议汇编成它的质量管理年度报告,并在其官方网站上公布。

三是欧盟建立高效的信息和数据交换体系网络。欧盟与成员国之间建立科学上的合作制度,成员国通过向欧洲食品安全局提供科学数据,从而为科学的评估风险作出了贡献。欧盟还建立了欧盟基准实验室(Community Reference Laboratories)为欧洲食品安全局从事风险评估提供科学和技术上的帮助。[②] 为了利用最好的、可用的和独立的科学资源,食品安全局可以委托科学研究小组履行必要的使命,但这种研究应当以公开透明的方式来委托。欧盟在保障科学性原则得以实现的程序性制度方面已经形成了较为成熟的制度体系。

由此可见,美国、欧盟和我国虽然都将科学性作为食品安全风险评估的一项基本原则并均设立了食品安全风险评估的科学顾问,但在保障科学性基本原则得以有效实现的制度构建上,我国与美国和欧盟之间还存在较大差距。我国现行法律规范对科学性原则规定得相当不足,缺乏具体的、可操作性的程序性安排,一些关键环节存在缺失。

二、透明性原则

(一)美国食品安全风险评估的透明性原则

程序正当是美国行政法治的基本原则,由此,美国有诸多强调行政行为

[①] 参见 EFSA, Quality assurance, 载 http://www.efsa.europa.eu/en/efsahow/quality.htm, 2014年1月6日访问。

[②] 参见杨小敏、戚建刚:《欧盟食品安全风险评估制度的基本原则之评析》,载《北京行政学院学报》2012年第3期。

公开透明的程序性法典或法条,例如《联邦咨询委员会法》(1972年版)第10节规定了咨询委员会程序;会议;通告和联邦登记上公布;规章;会议纪要;证明;年度报告;联邦官员或雇员;出席等内容,其中,不少规定设计了咨询委员会活动的公开透明性要求,如(1)每一咨询委员会的会议均应公开。除非总统出于国家安全的考虑所作的决定,此类会议的提前通告均应在联邦登记上公开,局长应当制定规章规定其他类型的公共通告方式以确保利害关系人能在该会议之前得到通知。根据局长所制定的此类合理的规则或规章,利害关系人应当被允许参加,出席或向咨询委员会提交声明。(2)根据《美国法典》第5编第552节的规定,咨询委员会可以获取的、为咨询委员会而准备的或由咨询委员会所准备的记录、报告、副本、会议纪要、附件、工作论文、草案、研究报告、日程表或其他文件均应使公众有权在咨询委员会或其所负责提供报告的行政机关的单一办公场所处查阅并复制。(3)每一咨询委员会的历次会议的详细纪要均应保存,并需包含出席人员、会议讨论事项的完整和详细记录及达成的结论,委员会所收到、出具或批准的所有报告。会议纪要的准确性需要经咨询委员会主席证明。①

又如,美国《联邦行政程序法》(1976年)第552条规定:"每个机关都应使公众可以获得下列信息:(一)为了便于公众查索,每个机关都应该随时在《联邦公报》上公布并说明——其中部和基层组织的机构设置,以及公众可以获得信息、提交呈文或要求、得到决定意见的地点、雇员和方法;其功能运转和作出决定的一般途径和方法,包括所有可以采用的正式和非正式程序的性质和要求;程序的规则,可以使用的表格或可以获得表格的地点,以及所有文件、报告和检查的范围和内容;机关根据法律授权而制定的普遍适用的实体规章及其制定和通过的基本政策说明和普遍适用的解释;对上述各项的修正与废除。不得以任何方式强迫任何人服从应该公布在、而没有公布在《联邦登记》上的任何文件,也不应使其受此种文件的不利影响,除非他在实际上已及时地得知了此文件的内容,为本款之目的,文件(将要受此文件影响的人可以正当地得到此文件)一旦编入《联邦登记》,注明了出处,并取得了《联邦登记》主任的批准,即被视为已在《联邦登记》上发

---

① 苏苗罕译:《联邦咨询委员会法》,载《行政法学研究》2006年第4期。

表。(二)根据所公布的规章,各机关应提供下述文件供公众检索和复制:(1)裁决案件时作出的最终裁决意见,包括附议意见和不同意见及其裁决书;(2)已由机关制定但未公布在《联邦登记》上的政策说明和解释;(3)机关工作人员手册,以及影响公众个人的机关工作人员守则。已及时出版并有副本出售的文件资料除外。为达到防止对个人秘密明显未经授权的侵犯,行政机关在提供或出版裁决意见、政策说明、解释、机关工作人员手册或守则时,可以在必要范围内删去暴露个人身份的细节,但必须以书面形式说明删去的理由。每个机关还应备有一份现行索引,供公众检索和复制。""除本条特别规定的情形外,本条不允许拒绝或限制向公众提供档案。本条不得作为拒绝向国会提供情报的根据。"第552条特别规定了公开会议的内容,要求"除第3款规定的情况外,每次机关会议都应自始至终公开,允许公众旁听或评论","在每次会议召开的至少一周之前,该机关应发布公告,说明会议的时间、地点、议题、是否公开,以及该机关指定答复有关会议问题的官员姓名和电话号码。"①

再如,美国《信息自由法》制定于1966年,其规定除了以下9种不必公开的情形之外的信息都应按法定条件向公众公开。这9种情形是:国家安全问题,即根据行政命令的标准被设定为保密的材料,其目的是维护国防、外交政策的利益,依照行政命令分其等级;内务材料,是指仅涉及一个政府机构的内部人事制度和活动的问题的材料;法律规定豁免的材料,如人口普查档案、公共设施信息、专利利用、纳税申报单、银行档案、老兵津贴以及中央情报局和国家安全委员会持有的文件;商业秘密。从任何人处获得的商业秘密和财务信息,或在法律上可拒绝公开,或是机密信息,包括两种信息——商业秘密和金融(或商业)信息;工作文件(律师)——当事人特权性材料;个人隐私文件,包括人事档案、医疗档案和类似档案;执法档案,但必须符合法定条件如:按常理预计,公开该信息会妨碍执法过程;会剥夺一个人接受公正审判和判决的权利等;金融机构材料;地质数据。② 上述规定可

---

① 应松年:《外国行政程序法汇编》,中国法制出版社1999年版,第39—75页;徐炳、刘曙光译:《联邦行政程序法》,载《环球法律评论》1985年第2期。
② 肖志宏、赵冬:《美国保障信息安全的法律制度及借鉴》,载《中国人民公安大学学报(社会科学版)》2007年第5期。

见,美国是以信息公开为原则,不公开为例外,并对行政机关行为的公开作出了详细的程序性规定。食品安全风险评估作为政府履行食品安全风险监管职能的一部分,当然也应适用以上有关行政行为公开透明的程序性规定。所以,为保证食品安全监管的公正、合理,依据《行政程序法》《联邦咨询委员会法》和《信息自由法》等一系列程序性法令,美国非常强调食品安全制度建设和食品安全管理的公开性和透明度,要求食品安全风险监管机构对任何可能影响风险评估的因素作出声明,对评估作出清晰简明的记录,评估的简要材料和记录将被推荐给公众,并且从风险评估过程的开始、执行和完成都透明化并易于理解。由此,美国不仅建立了有效的食品安全信息系统,还致力于完善风险评估相关信息的发布程序。风险评估机构将其评估程序及结果及时向社会公开,人们可以通过网络、电视、杂志等多种媒介了解风险评估信息并予以监督。

(二)欧盟食品安全风险评估的透明性原则

欧盟食品安全风险评估的透明性原则被《统一食品安全法》第38条所明确规定,依据该条的规定,欧洲食品安全局应当确保其执行任务具有高度的透明性。为确保透明性原则得以真正实现,《统一食品安全法》以及欧洲食品安全局的内部指引规定了多项机制,构建了一套内容完整有效的制度体系。首先,对透明性原则做了更宽泛、更明确、更高要求的诠释,即透明性应包含以下几层含义:一是专家实施食品安全风险评估科学建议活动的全过程都应当体现透明性,而不仅仅是最终的科学建议应当向社会公开。二是为了具有透明性,专家提供的科学建议应当具有可理解性(特别是能够为社会公众所理解)和可复制性。三是只要有可能,专家使用评估方法时应当保持前后一致。四是专家作出科学建议活动的程序应当基于公认的最佳实践的标准。五是当专家被要求在有限的时间内(如,遇到紧急情况时)提供科学建议时,专家应当对科学建议所具有的不确定性作出解释,并对减少不确定性的方案加以描述。显然,这已明显超越了我们通常对公开透明原则的理解,要求甚高。其次,欧洲食品安全局通过《获得文件的决定》[1]的内部指引规定了公众以及成员国可以获得的涉及食品安全风险评估的文件的范

---

[1] 参见 EFSA, Decision Concerning Access to Documents,载 http://www.efsa.europa.eu/en/keydocs/docs/docsaccess.pdf,2014年1月6日访问。

围、不能获得的文件的范围以及相应的程序。再次,2005 年 3 月 10 日,欧洲食品安全局的管理委员会规定了一项涉及《执行透明度和保密性要求的决定》。① 根据这项决定,管理委员会强调了欧洲食品安全局尊重透明度原则的方式,特别是通过这类手段,比如,公开管理委员会的会议,公开顾问论坛、科学委员会和科学小组的会议报告。② 最后,对透明性和保密性之间的关系,《统一食品安全法》第 39 条和《执行透明度和保密性要求的决定》均有所规定。如,食品安全局在被要求履行保密措施时不应当泄露第三方机密信息,除非根据情况的需要为了保护公众健康是必须公开的信息。管理委员会成员、执行董事、科学委员会和科学小组成员以及参与工作的外来专家、咨询论坛的成员和食品安全局成员,即使他们的职责已经终止,但是仍然受保密规定的约束。欧洲食品安全局传达的有关可预见的健康影响的科学建议结论不应当保密。

由此看来,美国、欧盟和我国都坚持透明公开是食品安全风险评估的基本原则,但在透明性原则的基本含义上,我国仅强调食品安全风险评估结果的透明,而美国和欧盟对透明性原则的内涵概括更加全面,要求更高。在保障透明性原则得以有效实现的机制上,我国食品安全风险评估法律制度仅规定了风险评估建议的信息公开制度,而美国和欧盟则对透明公开的内容、范围、程序、透明性与保密性之间的关系等方面有系统的法制规定。

三、独立性原则

(一) 美国食品安全风险评估的独立性原则

在国家层面上,美国有三个最大的食品安全监管机构,即卫生部、农业部和环保署。卫生部中的食品和药品管理局是卫生部内的一个科学管理机构,负责美国国内和进口的食品、化妆品、人类用药、兽药、医疗器械和放射产品。其下设的食品安全与营养中心、兽药中心分别在各自领域内开展风险评估工作,国家毒理研究中心主要为各中心风险评估工作提供服务,卫生

---

① 参见 EFSA, Implementing measures of transparency and confidentiality requirements, 载 http://www.efsa.europa.eu/en/keydocs/docs/transparencyimplementation.pdf, 2014 年 1 月 6 日访问。
② 参见杨小敏、戚建刚:《欧盟食品安全风险评估制度的基本原则之评析》,载《北京行政学院学报》2012 年第 3 期。

部的疾病控制与预防中心是风险评估所需数据的重要来源,而国家卫生研究所国家过敏和感染性疾病协会也具有为风险评估提供研究资源的作用。农业部中食品安全检查局、动植物健康检验局都开展风险评估工作。其中,食品安全检查局已进行了诸如 BSE、Ecoli O157：H7、沙门氏菌以及李斯特菌等几个主要的微生物风险评估项目,是美国微生物风险评估方法方面的领导者。① 2003 年 7 月 25 日,美国农业部宣布成立食品安全风险评估委员会,以加强美国农业部内各机构之间就有关风险评估的计划和行动的合作与交流。新的风险评估委员会将联合美国农业部一些部门的专家意见,为管理和决策提供统一的科学依据。该委员会将对风险评估划分优先顺序,确定研究需求等;规定实施风险评估的指导方针;确认外部专家和大学来帮助开展风险评估。② 环保署的预防农药与有毒物质办公室重在对所管辖的农用化学品进行风险评估、水资源办公室负责与水资源及其利用相关的风险分析工作。③ 在美国,虽然联邦政府没有设立专门的食品安全风险评估机构,但有众多机构可以参与风险评估,各个机构在其工作领域内独立开展风险评估工作。例如,上述最主要的几个食品安全风险监管机构和具体承担风险评估任务的部门,它们各自的职责清晰,在自己的领域有侧重地执行具体的评估工作并展开交流和合作。而且,美国在风险评估和风险管理之间,功能也相对独立,通常为了保证风险评估过程的科学性,避免破坏结论的客观性和公正性,风险评估者不对风险管理负责。这一点早在 1983 年美国国家科学院就已经指出,风险评估与风险管理应当相互区别。④ 但风险管理者和风险评估者之间要经常交流,确保风险评估结果满足需要,并能回答风险管理者的需要,确保有效的风险管理决策。⑤ 除了在机构设置和工作职责分

---

① 参见戚亚梅、韩嘉嫒：《美国食品安全风险分析体系的运作》,载《农业质量标准》(2007 年增刊)。
② 参见中华人民共和国商务部世界贸易组织司(中国政府世界贸易组织通报咨询局)：《美国农业部建立食品安全风险评估委员会》,载 http://sms.mofcom.gov.cn/aarticle/wangzhanjianjie/feihuiyuan/200311/20031100146712.html,2014 年 1 月 28 日访问。
③ 参见戚亚梅、韩嘉嫒：《美国食品安全风险分析体系的运作》,载《农业质量标准》(2007 年增刊)。
④ See National Research Council, *Risk Assessment in the Federal Government: Managing the Process*, The National Academies Press, Washington. D. C., 1983, pp. 18—19.
⑤ 参见葛宇、巢强国：《美国食品安全风险分析程序解析》,载《食品与药品》2008 年第 10 卷第 11 期。

配上的相对独立,美国法律规范还对为食品安全风险评估提供科学建议的顾问和委员会成员的独立性作出了制度安排。例如,美国食品安全建议委员会作为食品与药品管理局的科学顾问组织,如果有证据表明委员会成员的偏见将妨碍他们提供客观建议的能力时,委员会成员的职务将被解除。①但如果当专家的专业知识具有无可替代性,而且需要其专业知识的程度超过了其存在的"经济利益"时,可以豁免与因利益冲突而造成的回避。② 这是美国食品安全风险监管机构解决科学顾问利益冲突,以保证其可以独立作出科学的评估建议的制度方式之一。

(二) 欧盟食品安全风险评估的独立性原则

欧盟《统一食品安全法》第37条特别单独规定了独立性原则:"管理委员会、咨询论坛的成员和执行董事应当根据公共利益独立采取行动。为了这个目的,他们应当制作一份承诺宣言和一份利益宣言,以表明不存在违反他们独立性的直接或间接利益。这些申报应当每年以书面形式作出。科学委员会和科学小组的成员在任何外部影响下都应该采取行动。为了达到这个目的,他们应当制作一份承诺宣言和一份利益宣言,以表明不存在违反他们独立性的直接或间接利益。这些申报应当每年以书面形式作出。管理委员会成员、执行董事、咨询论坛成员、科学委员会和科学小组的成员以及参与工作小组的外部专家,在每次会议时都应当声明不存在任何与议程项目有关而影响其独立性的利益存在。"③为确保独立性原则得以实现,《统一食品安全法》以及欧洲食品安全局的内部指引规定了四项主要机制。一是建立了一套规则来确保专家的选择具有独立性,不受无关因素干扰。④ 二是建立一套严格的程序以确保科学方案的采纳具有独立性。⑤ 三是确立了一套

---

① 21 C.F.R. § 14.80(f) (2009).

② Food and drug Administration, Guidance for the Public, FDA Advisory Committe Members, and FDA Staff on Procedures for Determiniing Conflict of Interest and Eligibility for Participation in FDA Advisory Committees. August 2008, p.7.

③ 《统一食品安全法》第37条。

④ 参见 EFSA, Indepence, 载 http://www.efsa.europa.eu/en/topics/topic/independence.htm, 2014年1月6日访问。

⑤ 参见 EFSA, Policy on Independence and Scientific Decision-Making Processes of the European Food Safety Authority, 载 http://www.efsa.europa.eu/en/keydocs/docs/independencepolicy.pdf., 2014年1月6日访问。

利益声明规则,确保欧洲食品安全局根据公共利益来行动。四是确立了一套解决潜在的利益的冲突的规则,防止欧洲食品安全局成员与食品生产企业或其他利害关系人之间存在不正当的利益关系,从而避免出现偏见。[①] 此外,《统一食品安全法》以及欧洲食品安全局的内部指引还规定了其他机制。比如,成员之间禁止职责委任、禁止负责食品安全风险管理职责的欧盟组织干预科学委员会和科学小组的工作、食品安全局负有多项职责以确保成员独立开展食品安全风险评估工作(这些职责诸如,为成员独立开展食品安全风险评估工作提供工资、项目经费和预算保障)。

由此可见,美国、欧盟和我国都强调食品安全风险评估中的独立性原则,但欧盟实现了风险评估机构与风险管理机构之间的分离,真正实现了评估主体的独立性。在保障独立性原则得以有效实现的机制上,美国有独特的利益冲突规则和回避机制,欧盟也有相应的四项主要机制和其他机制,各自都形成了一套较为完整和成熟的制度保障体系。

四、交流沟通原则

(一)美国食品安全风险评估的交流沟通原则

美国的各种法令和行政命令都有一套程序以保证各种法律规范和决定是在公开、透明和互动的方式下制定的,食品安全风险评估也不例外,在包括风险评估在内的风险监管的所有方面,都应该包括与消费者及其社会团体之间的有效沟通。食品安全风险评估中的协商交流能够为风险评估主体提供食品安全各利益相关方所关注的问题、需要获得的信息以及对食品安全的理解等方面的内容。为此,美国食品安全监管主体提供平台让消费者参与食品安全风险评估,例如,在食品与药品管理局的建议委员会成员职务中就有"消费者"和"企业",他们虽然对食品建议委员会中风险评估的科学建议不具有投票权,但他们可以为委员会提供知识补充,食品与药品管理局网页上也描述了消费者成员的三种角色:代表消费者观点,担任与其他消费者和消费者组织的联系工作,就影响消费者的科学事项提供知识上的帮助。虽然他们的角色与院士/医生的角色(食品建议委员会中具有投票权的一种

---

① 参见杨小敏、戚建刚:《欧盟食品安全风险评估制度的基本原则之评析》,载《北京行政学院学报》2012年第3期。

成员职务）不同,但是,消费者成员被要求能够参与科学知识的讨论并能够评价收益和风险。① 此外,美国在发表一项食品安全风险评估的草案或正式结论之前,食品安全监管主体会通过报纸、网络等媒体或者通过召开听证会等多种开放式的途径,让公众陈述意见。这样公开、透明的程序性要求,加强了食品安全监管机构与公众之间的交流。

（二）欧盟食品安全风险评估的协商沟通原则

依据欧盟《统一食品安全法》第40条的规定"食品安全局应当在其使命范围内主动进行交流"以及第42条的规定"食品安全局应当与消费者代表、生产者代表、加工商和其他利益团体进行有效联系",可以发现欧盟食品安全风险评估秉持着公众协商的原则。就当前而言,欧盟食品安全风险评估中的公众协商原则主要规定在欧洲食品安全局制定的《关于科学意见的公众协商方法》的指引之中。② 根据该指引的规定,该原则中的"公众"包括学者、非政府组织、行业和所有其他潜在的兴趣和受影响的各方。公众协商的对象主要是欧洲食品安全局制定科学意见的过程,具体而言:在欧洲食品安全局自己施加风险评估任务的情形之中,协商涉及定义任务的范围和定义任务的原则;在评估过程的初级阶段,也就是欧洲食品安全局的科学专家或成员刚开始制定科学意见时,为了能够为科学意见提供最佳的方法和最佳的数据,欧洲食品安全局通常就一个特定科学主题,向公众寻求信息、数据和观点;当一项科学意见的草案已经列举出了欧洲食品安全局就一个科学问题的最初主张时,作为一项原则,欧洲食品安全局会开展公众协商,目的是确保科学草案的最后版本具备完整性、正确性和清晰性。③ 为了确保公众协商原则得以有效实现,欧洲食品安全局规定了三种协商方法④以及及时的信息反馈机制。它们是:一是利害关系人的协商平台。该平台中的利害关系人包括欧盟范围内的整个食品链上的主体。该平台有助于识别具有相

---

① 参见 FDA, Membership Types, 载 http://www.fda.gov/AdvisoryCommittees/AboutAdvisory-Committees/CommitteeMembership/MembershipTypes/def ault.htm,2014年1月6日访问。

② 参见 EFSA, Approach on Public Consultations on Scientific Out, 载 http://www.efsa.europa.eu/en/keydocs/docs/consultation policy.pdf, 2014年1月6日访问。

③ 参见杨小敏、戚建刚:《欧盟食品安全风险评估制度的基本原则之评析》,载《北京行政学院学报》2012年第3期。

④ 参见 EFSA, Approach on Public Consultations on Scientific Out, 载 http://www.efsa.europa.eu/en/keydocs/docs/consultation policy.pdf, 2014年1月6日访问。

关专业知识的利害关系人、那些与风险评估的科学意见具有真正利害关系的人(食品生产者和消费者)以及对风险评估感兴趣的人,从而确保协商能到达相关主体。该平台除了对重点问题在利害关系人之间建立直接联系之外,还帮助利害关系人收集来自第三方的评论。二是组织有针对性的协商,比如,在欧洲食品安全局与利害关系人之间开展听证会,以确保关于特定问题的信息能到达适当的主体。三是使用专业媒体来报道就特定问题的协商过程,从而在利害关系团体之间提高协商质量。欧洲食品安全局运用这些协商方法时,在事先都会在其官方网站上公布相应的规则,以便协商及时开展。除了这些协商方法之外,欧洲食品安全局还运用反馈的方式来保障协商的有效性,这也是实现公众协商原则的一项机制。欧洲食品安全局在它的指引中规定,它会及时向利害关系人反馈协商结果。反馈的报告包括欧洲食品安全局在协商过程中所收集到的评论和意见的数量、概括利害关系人主要关注的问题,以及它对这些评论和意见的处理结果,对重要评论和意见加以拒绝的理由等。[①]

沟通协商原则对于重塑美国和欧盟公众对食品安全风险评估的信任和理解有重大意义,但回顾我国食品安全风险评估基本原则可以发现,沟通协商原则并未在我国食品安全风险评估法律规范中有所规定和体现,这是美国、欧盟和我国食品安全风险评估基本原则的最大区别之一。

第四节 我国食品安全风险评估基本原则之法制完善

在上面几节中,笔者介绍并比较了美国、欧盟与我国的食品安全风险评估基本原则之间的异同。通过对基本原则含义及其保障机制的比较分析,可以发现尽管欧盟和美国的食品安全风险评估制度也存在某些问题,然而它们在制度设计上还是比我国先进的。由于在很大程度上,我国和它们将某些原则作为食品安全风险评估的法定原则是基于相似或相同的理由,由此,笔者认为美国和欧盟的经验对我国的食品安全风险评估基本原则及其

[①] 参见杨小敏、戚建刚:《欧盟食品安全风险评估制度的基本原则之评析》,载《北京行政学院学报》2012年第3期。

制度体系的构建存在许多值得借鉴的地方。我国食品安全风险评估基本原则的行政法完善可以从两个方面入手：一是补充和调整已确立的基本原则的种类；二是完善保障基本原则得以实现的制度和机制，从而构建出科学有效的基本原则体系。

一、对食品安全风险评估现有基本原则类型之补充

食品安全风险评估基本原则是贯穿整个食品安全风险评估法制建设的、具有普遍指导作用的准则，其应该全面体现出食品安全风险评估及其制度的具体使命。从对美国和欧盟食品安全风险评估基本原则的分析中可以发现，它们都非常强调协商和沟通的重要性，认为协商沟通原则对食品安全风险评估历史使命的完成有直接影响，于是将该原则通过法律规范和一系列制度予以法定化和具体化。相比较而言，我国基本原则的构建却缺少协商沟通方面的规定，而且这种缺陷对我国食品安全风险评估的发展造成了极其不利影响。因此，笔者认为在我国食品安全风险评估基本原则中应引入协商沟通原则，从而增强公众对食品安全风险监管体系的信任。具体而言，将协商沟通原则引入食品安全风险评估法律体系中的必要性主要体现在以下几个方面。

（1）有助于正视食品安全风险评估中暴露出来的问题，吸取其中的经验教训。食品安全风险评估在我国正面临严峻的挑战，其暴露出来的问题主要集中在两个方面。第一，食品安全风险评估主体的不作为或迟延作为，对公众感兴趣的或与公众生活密切相关的食品安全风险问题始终没有进入评估议程。"转基因食品"是中国近几年绕不开的话题。转基因食品是否安全只能是一个需要靠科学方法和科学手段来回答的问题。对于转基因食品可能带来的风险，因为普通公众通过感官是无法感知这种"人为"的能够产生跨代影响的技术风险，所以更需要规制机关及其聘请的专家在将转基因技术应用到食品等领域时客观、科学、理性地进行食品安全风险评估，以通过科学方法计算所得出的标准值为依据来确定该种风险的可接受程度。但是，对于转基因食品安全的风险评估，我国的食品安全风险评估科学顾问至今尚未作出科学的评估结论，这着实让社会公众担心。而消除这种担心的有效途径之一便是加强与公众的沟通，在食品安全风险评估议题的来源渠道中引入公众建议的形式,及时了解公众对食品安全风险评估议题的需求,并要求评估主体对该建议和需求迅速作出反应,如拟不进行评估,其中的缘由也应与公众进行交流沟通。第二,食品安全风险评估因得不到公众的理解和支持而遭到质疑和排斥。由于食品安全风险的双重性——作为一种客观的物理性存在属性和作为一种社会的、心理的和文化的建构的属性,使得政府、专家、公众之间以及其他主体之间对食品安全风险的理解和认知产生了重大差异。而消除这种怀疑、差距和冲突的有效方式除了遵循透明的宗旨,公开评估过程之外,更为重要的是要加强食品安全风险评估主体与公众之间的沟通和协商。因为透明和公开是信息的单向传播,而协商和沟通是双向循环。正是在这相互作用、相互影响的传播反馈过程中,食品安全风险评估信息才能真正被双方共享,才能真正消除公众的误解和质疑,在食品安全风险评估主体与公众之间形成一种伙伴关系。在某种程度上,这种伙伴关系有助于行政决策机构获得外部的知识资源从而提高管理社会风险的能力以及增强认知的合法性。[①]

(2) 有利于实现透明性原则。通过协商和参与,能让公众切身体会到食品安全风险评估主体的活动,有利于实现食品安全风险信息的资源互享,最大限度地使用食品安全风险信息资源。

(3) 有利于保障科学性原则。协商沟通强调双方主体思想、意见、观念的交流和碰撞,有利于收集相关信息、数据和观点,提高食品安全风险评估的科学性。

(4) 有助于体现包括食品安全风险评估在内的整个食品安全风险监管制度的民主性,增强其合法性基础。在现代社会,食品安全风险评估必须在民主的框架下进行,包括国家组织、非政府组织、企业、家庭、个人等在内的所有社会组织和行为者都是食品安全风险管理的参与者,不能被排斥在该过程之外,只有当在所有受影响的主体参与决策,提出各自的论据并进行相互论理,行政决策才因包含民主理念而具有合法性。正如有学者指出,在现代法治国家中,无论是行政主体还是公民,应当是因为尊重而遵从行政法,而不能是因为畏惧而屈从于行政法,行政法治化应当是基于合意的说服而

---

① See Jane E. Henney, Remarks of the Commissioner of Food and Drugs, *Food & Drug* L. J. 1, 55, 3 (2000).

非压服过程。就此而言,行政法效力的正当性因此与参与、商谈、理解、认可之间是正相关的。理想的行政法治理沟通应当具有开放性、论证性、公共理性、关联性等几个主要特征。[①] 因此,在食品安全风险评估基本原则的设计中引入包含公众参与和商谈论证因子的协商沟通原则有利于在理性对话的基础上,由平等、自由和负责的各方提出各种相关理由,说服他人,或者改变自身的观念。由此,与公众沟通协商是体现民主化的重要形式之一。

在我国食品安全风险评估中引入协商沟通原则首先要明确该原则的具体内涵。它意指,食品安全风险评估主体在进行食品安全风险评估、制定科学意见的过程中应当与公众展开有效沟通。这里的公众可以包括学者、非政府组织、行业和所有其他潜在的兴趣和受影响的各方。

纵观我国食品安全风险评估的相关法律规范,规定由卫生部公布食品安全风险评估结果,由食品安全风险评估专家委员会负责解释说明[②],但并未从法律角度为公众、专家和行政主体之间进行风险评估信息交流和协商提供一个常规性、规范性的平台,为了保障该原则的实现可以建立以下几种具体的制度和机制,并通过法律规范将其法制化。

一是建立信息反馈机制。正如欧盟《统一食品安全法》中所指出的,公众协商是一个反复的过程。由此,在协商沟通中一定要注意信息反馈机制的建立。食品安全风险评估主体不仅要主动收集包括同行专家在内的社会公众对食品安全风险评估的需求以及对食品安全风险评估科学建议的观点意见等反馈信息,而且还要及时将处理意见、结果、争论焦点、对重要评论和意见加以拒绝或适用的理由等信息反馈给包括同行专家在内的社会公众。如果不在食品安全风险评估主体与社会公众之间建立反馈机制,或者迟迟才作出反馈,或反馈微弱的话,那么,这种局面就会引起食品安全风险评估主体的疑惑和不安,并会使包括同行专家在内的社会公众感到失望,有时甚至在社会公众中会产生对立情绪。[③]

二是借鉴欧盟的经验,建立利害关系人的咨询平台。食品安全风险评估机构可以召集组建利害关系人的咨询平台,并在事先作出承诺,会认真考

---

① 参见罗豪才、宋功德:《行政法的治理逻辑》,载《中国法学》2011年第2期。
② 《食品安全风险评估管理规定(试行)》第18条规定。
③ 参见施拉姆·波特:《传播学概论》,李启、周立芳译,新华出版社1984年版,第57页。

虑该平台所提出的信息和建议。该平台中的利害关系人包括整个食物链上的有关主体,包括具有相关专业知识的利害关系人、那些与风险评估的科学意见具有真正利害关系的人(食品生产者和消费者)以及对该主题的风险评估感兴趣的人。这些不同的参与主体将会提供关于某一食品安全风险的危险后果的各种观点或偏好等信息。由此,该平台除了有助于对重点问题在利害关系人之间建立直接联系之外,还将帮助行政主体从各类利害关系人那里获得关于特定科学问题的信息、数据和观点。这对于提高风险评估结论的科学性、清楚性和完整性至关重要。此外,食品安全风险评估信息的内容多集中于客观物理意义上的风险评估信息,法律规范和实践中对社会建构意义上的风险评估信息关注极少,为了整合食品安全风险评估信息的内容,保证信息的全面和完整,并使风险评估结论可以反映出公众对食品安全风险的关注度和相关价值判断,提高风险评估的合理性和可接受性,组建利益相关者咨询平台或听证会便是一个可行之策。利益相关者咨询平台或听证会能整合食品安全风险信息的内容,将食品安全风险评估信息的范围自然地扩大到政治的、道德的、文化的和心理的等社会建构性的维度,使得最终的评估结论更能够反映普通公众的价值偏好,这无疑能够增强行政主体所制定的规制标准和措施的正当性。具体而言,利益相关者咨询平台的组建和运行有几点需要注意:应确定其组成人员,成员应代表不同类别的利益相关者的利益,尽量避免同一地区的覆盖或重叠组织的参与,成员总数应根据评估主题和信息复杂程度而有所不同,但也应事先有一个规定范围;明确该平台平均每年至少要召开几次会议(如果需要,可以组织举行额外会议),会议的结果将被公之于众;其他组织或个人经过一定程序后可以参加观察或旁听会议;会议的有关议程、记录和其他任何有关信息将被公开;会议和参会人员的经费应有独立保障等等。

三是组织其他形式的协商。如通过报纸、网络等媒体或者通过召开听证会等多种途径向公众解释食品安全风险评估的各项信息,征求公众意见、听取民众呼声,允许任何人予以评价,并可与专家之间展开对话。又如,可以采用网站论坛等以网络技术为支撑的非会议的形式的交流,也可以定期召开咨询会议或者专家会议等会议,邀请公众参与并与公众进行互动,在协商交流过程中,不同主体的利益或观点都得到充分的代表并且参与者有平等的机会来进行发言,整个参与过程是透明的和公开的。

四是搭建有助于协商沟通的信息平台,充分利用统计分析技术、计算机技术、通讯技术、网络技术、数据库技术等现代高新技术手段,构建以网络、媒体、报纸等为支撑的信息交流平台,为消费者提供相关信息查询。同时,通过在线提问、免费热线、调查与评估等方式获取公众对披露信息的意见、反应,以及通过综合评价,以评价报道的方式再予以反馈公开,保证信息的适用性。① 当然,以上这四个机制都需要通过规则的形式予以合法化。

二、现有基本原则及其保障制度之完善

食品安全风险评估基本原则只有获得法律支持并且通过一系列配套的制度和机制将其具体化,才能得以实现。探索该原则实现的法律机制,其实质在于落实相关法律法规的规定,贯彻执行与之相配套的一系列机制和措施。针对我国食品安全风险评估法律规范对保障基本原则有效实现缺乏科学的制度体系这一现状,需要通过完善相应的法律规范来实现基本原则保障制度的科学安排。

(一)科学性原则之完善

为了真正实现食品安全风险评估的科学性,需要保障食品安全风险评估科学性的强有力的机制。这方面,美国和欧盟有许多经验值得我们学习,未来的法律制度设计至少应当包括以下几个方面。

一是建立一个包含适格专家的专家库。对于专家库的构建,《国家食品安全风险评估专家委员会章程》第12条规定:"专家委员会可根据工作需要,建立由相关专业领域的专家组成的食品安全风险监测专家库和风险评估专家库。"该规定对专家库的人员范围、入库标准、入库程序等关键事项均未涉及,十分抽象。笔者认为此条应做修改,对于专家库的范围,广泛搜集高校、非高校科研机构、科研院所中符合要求的食品安全研究领域的专家,不仅应包括"985""211"等研究型大学或重点科研院所,普通教学型大学和一般的科研机构也应该涵盖在内。这样可以在尽可能广的范围内把那些具有良好的学术道德、严谨的工作作风、活跃的学术思想、较多成果的人员纳

---

① 参见李磊、周昇昇:《中国食品安全信息交流平台的建立现状分析》,载《食品工业》2011年第12期。

入库中。同时,应尽量保证食品安全风险评估专家的构成的均衡和合理,食品安全风险评估专家构成的平衡性涉及两个方面,即知识结构平衡和利益平衡;对于专家入库的标准,既要考虑这些专家是否具备学位、职称、所在单位性质以及学术成果等硬性标准,又要考虑这些专家应具备的科研道德水平,如学风严谨正派、客观公正、工作积极认真、谨慎负责等等;对于入选专家库的程序,应本着透明公开、科学公正的宗旨,按照公告——推荐或自荐——内部考核——同行评价——公示——接受公众监督等步骤展开。此外,还要建立专家库的动态更新机制。

二是设计公正、科学的从专家库中遴选食品安全风险评估专家委员会成员的制度。公正和科学的遴选制度是确保科学顾问能够作出高质量的风险评估报告,并获得公众和同行专家信任的基础性制度。对于这项制度,我国现行法律规定得相当不足,一些关键的环节缺失。例如,《国家食品安全风险评估专家委员会章程》第 13 条规定了 5 项适格的候选人的评价标准。第 17 条规定了专家委员会委员资格终止的情形,第 18 条仅简单规定了专家委员会委员每届任期为五年。笔者认为,仅作如此规定是不够的,除了需要补充完善候选人的评价标准之外,还需要加强程序建设,如成员的遴选程序和更新程序。对此,后文在专家制度一章将详细介绍我国食品安全风险评估专家委员会成员的遴选制度之完善。

三是建立健全高效的信息和数据交换体系网络,增强科学性。要重塑公众对食品安全风险评估的信任,就要提高风险评估制度的绩效,建立科学的综合性信息保障制度将有利于这一目标的实现。首先,要扩大科学信息的来源渠道。这一点需要向美国学习,要通过技术咨询或合作研究等方式加强与科学实验室、科研机构、国际组织等食品安全监管机构之外的科学第三方的合作,实现科学信息的共享。其次,要保障食品安全风险评估所评估的基础信息和数据的科学性和可靠性。在收集食品安全风险评估信息时坚持信息质量原则,包括准确性原则(即要求所收集到的食品安全风险评估信息要真实、可靠)、全面性原则(即要求所收集到的食品安全风险评估信息要广泛、全面完整)、时效性原则(信息的利用价值取决于该信息是否能及时地提供,即它的时效性);在运用信息和数据准备开展评估时要进行再次的分析和审查,需要考虑信息和数据是否合理、是否适用、是否清晰和完整、是否具有不确定性和可变性。再次,建立信息和数据共享网络。卫生行政、农业行政、质量技术监督、工商行政管理、食品药品监督管理等部门间需要搭建信息共享网络平台,各部门都是该网络平台的一个信息基点,各部门将收集来的经过分析和审查后的信息汇集到信息网络上,供该平台的其他组成部门共享,进而形成综合一体的、高效便捷的信息系统。同时,科学实验室、大学、食品生产和经营者、医院、乡镇卫生所也可以作为信息联络基点与食品安全风险评估主体连接起来,为其从事食品安全风险评估提供科学和技术上的帮助。

四是完善评估程序以保证科学性。欧盟通过自我评估——内部审查——外部审查——质量管理年度报告四个环节的程序安排来保障评估的科学性。美国食品与药品监督局在形成有关风险评估草案前要与公众交流、征询委员会的相关科学建议,形成草案后也要接受评估主体之外的公众或第三方的评论,为其提供开展讨论和提出异议的机会。我国虽然不能完全借鉴美国和欧盟的现有模式,但引入类似与外部审查的同行评审和质量管理年度报告,并在评估过程中增加与科学第三方和公众交流的程序性要求,这还是可以尝试借鉴的。当然,对于这四个方面,笔者建议卫生部或者食品安全风险评估专家委员会通过修改章程和发布规范性文件的方式来加以规范。就像美国和欧洲食品安全局通过其内部指南或指引以及相关法律规范来法制化那样。

(二)透明性原则之完善

如前所述,为有效实现透明性原则,我国通过相关法律规范建立了食品安全风险评估信息公开制度,但现行的食品安全风险评估公开制度仅仅是评估报告公开,对透明公开规定得相当不全面,关键内容缺乏明确规定。对此,笔者认为,一项完整的透明公开制度至少应涵盖以下几个方面内容。

一是明确的透明公开的范围、内容和程序。明确透明性是指食品安全风险评估的全过程都应当体现透明性,而不仅仅是向社会公众公布最终的科学建议或结论,并通过法律规范的形式明确应当毫不迟延的、重点公开的事项的内容,例如,每一项食品安全风险评估的目标、评估的对象和范围、评估的理由、评估所适用的标准和依据、评估所使用的方法、评估的议程安排、评估的会议纪要等等。与此同时,还要规定食品安全风险评估主体应积极作出透明性原则的实践安排,为公众获得这些信息和文件提供程序上的便利。

二是确定的透明公开的程度。就公开程度而言,应当具有可理解性,特别是让社会公众所理解,以及具有可复制性,从而能让其他专家来验证。职能部门应该具备将高端信息编译为普通消费者易于接受和理解的信息的能力,将复杂的技术参数转译为具有可读性的认证标识。在普通消费者的认知水平上,为其提供便于掌握的辨别方法,以简化消费者判断、选择的过程。[①] 在将科学建议或评估结论公开在官方网站之前,都应当附上一份"说明性注释"。该注释以非技术性的术语来陈述科学建议,并将科学建议置于相关的背景之中,以便让消费者、媒体和利害关系人更好理解科学建议。

三是透明性与保密性之间的关系要清晰。这需要对公开性与保密性之间的关系加以规范化。需要明确公开和透明是基本原则,而保密是例外。即使对于依法应当保密的信息,如果为了保障社会公众健康的需要,该类信息也应当公开,保密的要求将被解除,社会公众有权及时的获得该类信息。对于某一信息是否应当保密,应该明确规定需要考虑的因素,不得以任何非法借口作为保密的理由。

当然,以上这三个方面的要求都需要通过规则的形式予以合法化,卫生部或者食品安全风险评估专家委员会可以通过修改章程与发布规范性文件的方式来加以规范。

(三)独立性原则之完善

独立性原则可以看做是由食品安全风险评估机构的独立和食品安全风险评估机构中成员的独立两个方面组成。在保障独立性原则得以有效实现的机制上,不论是针对上述两方面中的任何一个方面,我国的食品法制尚未做出安排。虽然,美国和欧盟在包括食品安全风险评估机构在内的整个食品安全风险监管机构的设立方面有很大区别,对独立性的要求和程度也存在不同,但二者至少对上述两方面之一或上述两方面的独立性都已经有一套较为成熟的保障体系。这一点是值得我们学习的。笔者认为,为了真正

---

① 参见索珊珊:《食品安全与政府"信息桥"角色的扮演——政府对食品安全危机的处理模式》,载《南京社会科学》2004年第11期。

实现社会公众对我国食品以及食品安全监管制度的信任,确保食品安全风险评估结论的科学性和客观性,未来的法律设计至少应加强以下几方面的制度构建:

一是增强食品安全风险评估机构的独立性。这可以通过新的法律规则增加食品安全风险评估专家委员会的自主性,赋予专家委员会依法采集食品安全风险评估所需要的数据和信息,依法自行向社会公布风险评估信息和结论,依法自己启动食品安全风险评估项目等的权利,或者在专家委员会章程中明确规定专家委员会享有以上职权。

二是增强食品安全风险评估机构中成员的独立性。为了增强专家委员会委员的独立性,首先需要建立利益声明制度。即应当通过法律规则的方式规定,科学顾问的成员在从事食品安全风险评估活动时承诺与该活动不存在直接或间接的利害关系。对于我国的科学顾问的制度设计者而言,利益声明规则可能显得陌生,对于它的功能或许持怀疑态度。然而,从欧洲食品安全局的经验来看,利益声明规定对于确保科学顾问成员的独立性以及获得社会公众和其他国家行政机关的信任非常有效。虽然我国可能并不需要完全照搬欧洲食品安全局的这些利益声明规则,但不能忽视这些规定的功能,即旨在通过实施具有可操作性的利益声明规则来保证欧洲食品安全局的成员能够忠实于公共利益,避免受其他组织的不良影响,从而独立地实施风险评估。由此,适当借鉴其中的一些利益声明规则类型,比如,年度利益声明和口头利益声明,对于确保我国食品安全风险评估科学顾问的独立性是十分有益的。除此之外,需要为专家提供稳定的和较为丰厚的报酬,需要有一套体现公共利益为价值的招聘规则来公开地选择专家,需要为评估工作安排专门的财政预算等。当然,这些机制也都需要通过规则的形式予以合法化,卫生部或者食品安全风险评估专家委员会可以通过修改章程与发布规范性文件的方式来加以规范。

(四)个案化原则之完善

个案化原则之本意是强调食品安全风险评估是针对某个具体的食品安全风险问题展开的活动,但在我国现有法律规范指导下的制度构建过程中逐渐演变成了指令化活动(即卫生部下达一个委托指令,评估机构便接受委托进行单项目的评估),严重削弱了食品安全风险评估的独立性和科学性,这不得不说是对个案化的误用。由此,笔者认为个案化原则完善之关键在于理清个案化原则的内容,个案化原则并不意味着指令化、非常规性和后发性,并不是在一个指令下达后或一次食品安全事故发生后,才针对这"一个指令""一次事故"进行个案评估。个案化原则并不排斥评估的常规性、自发性,食品安全风险评估主体可以有自己的评估计划,能自己主动启动评估任务。食品安全风险评估可以是主动与被动、常规与非常规、自发和后发的结合。食品安全风险评估个案化原则的宗旨是一项解决特定的、具体的食品安全风险,保证食品安全风险监管的科学性和可靠性。

总之,我们认为食品安全风险评估的基本原则体现了食品安全法的基本理念、价值、特点和目的,它是一个原则体系或者是一整套原则的组合。这些基本原则不是彼此孤立、互不相关的,而是相互联系、互相制约的。贯彻执行某一原则,同时要求贯彻执行其他的原则;违反某一原则,又会影响到对其他原则的实施。[①] 在进行食品安全风险评估时,必须从系统的角度出发,尽可能全面、充分地考虑各种原则及制度之间的相关性、叠加性。

---

① 参见谭德凡:《论食品安全法基本原则之风险分析原则》,载《河北法学》2010年第6期。

第二章 食品安全风险评估组织机构制度

　　食品安全风险评估是一项技术措施,仅依靠原则的确立并不能完成,必须由作为实体的机构去执行。食品安全风险评估机构设置的是否科学关乎食品安全风险评估工作能否有效地进行。通过研究欧盟、日本、德国等国家联盟和的风险评估机构的设置经验可以看出,它们的食品安全风险评估的绩效受到社会公众的肯定,与其评估组织机构的设置遵循独立、透明、科学原则这一因素密切相关。而我国食品安全风险评估组织机构并不能完全符合这些原则,以至于食品安全风险评估工作陷入屡受质疑的困境。由此,本章将着重从四个方面对食品安全风险评估组织机构制度加以论述:一是阐述食品安全风险评估组织机构的一般理论,即食品安全风险评估组织机构的含义和特征以及食品安全风险评估组织机构与其他组织、团体和个人的关系;二是评析国外食品安全风险评估机构的经验及其特点;三是梳理我国食品安全风险评估组织机构的设置历程和现状,并指出其存在的问题;四是对我国食品安全风险评估组织机构的设置提出新的建议,以充分发挥我国食品安全风险评估制度的应有作用,从而有效保障公众的健康和安全。

第一节　食品安全风险评估组织机构之一般理论

一、食品安全风险评估组织机构之概念及其特征

(一) 概念

依据词典释义,组织作为名词是指"系统、配合关系或按照一定的宗旨和系统建立起来的集体"[1],而机构则是指"机关、团体等工作单位,也指其内部组织"[2]。由此,对食品安全风险评估机构的概念可以界定为,依法建立的承担食品安全风险评估任务的内部有机统一的公共卫生事业单位及其内部组织。其职能主要是食品的安全性评估,具体而言是承担食品安全风险评估相关科学数据、技术信息、检验结果的收集、处理、分析等任务;承担风险监测相关技术工作,参与研究提出监测计划,汇总分析监测信息;开展食品安全风险监测、评估和预警相关科学研究工作,组织开展全国食品安全风险监测、评估和预警相关培训工作等职能。

(二) 特征

我们将食品安全风险评估组织机构应具备的特征概括如下。

1. 它应具有独立性。

这包括三重含义:一是评估机构应当依据公共利益而不是其他组织的利益或意志来独立实施风险评估;二是评估机构的内部职能机构的成员应当独立于任何外部影响而从事风险评估,特别是应当独立于食品生产企业和其他团体;三是在行政上,风险评估机构独立于食品安全风险管理机构,而这种行政上的独立性也被称之为食品安全风险评估与食品安全风险管理的分离。由于食品安全风险评估是一个寻求科学真理的过程,在这个过程中,进行评估的主体必须具备专业的科学知识、独立的评估能力,同时,为了保证评估过程和结果的公开性,由此,整个评估工作就应该交由不代表任何

---

[1] 参见中国社会科学院语言研究所词典编辑室编:《现代汉语词典(第5版)》,商务印书馆2005年版,第1820页。

[2] 同上书,第627页。

组织和单位利益的相关领域的专家独立完成,并依据其本身的科学知识对风险作出客观而科学的分析,整个评估过程要避免受到行政机关或者其他利益集团的干涉,也要避免受到经济、政治和文化等因素的影响,保证评估过程的独立性,以使得评估机构所提供的科学建议体现纯粹的科学性。相反,食品安全风险管理过程却是一个行政主体进行决策的过程,在决策的过程中行政主体所做的具体行政决策的实施要考虑到该决策的政治、技术、经济和文化上的可行性,这个过程不能看作是一个纯科学的过程。而行政主体作出决策时是基于整体的考虑,而非仅仅考虑科学理性因素。它与评估专家进行的风险评估工作不同,这使得两者的职能不能混同,如果要保证风险评估工作的独立进行,就必须要保证风险评估与风险管理在职能上完全的分开。

2. 它的运行应具有透明性。

"阳光是最好的防腐剂。"食品安全风险评估专家可能出现的偏见或错误,也可以在"晒晒阳光"的制度之下尽可能得到防范或纠正。因此,透明性原则对于风险评估组织而言同样是重要的。风险评估委员会的章程、组成名单、具体实施某项食品安全风险评估工作的专家或技术机构名单、食品安全风险评估的方法和结果等等,都是事关专家资格与声誉、专家遴选适当性、评估方法科学性,并最终事关评估结果在科学意义上可靠性的信息。这些信息的公开,有助于对风险评估委员会的组成、评估技术机构及其专家、评估所依据的数据或信息、评估方法、评估结果等进行必要且适度的社会监督——主要是同行专家的监督。[①] 同时,透明性特征还要求风险评估组织保证评估结果的客观公正。风险评估的结果应当公布,供各监管部门、企业、学界和公众参阅;风险评估结果的公开是有效开展风险交流的要求,也是社会广泛参与食品安全、讨论制定食品安全相关法规政策的需要。

欧盟在设立风险评估机构——欧洲食品安全局时,就考虑到食品安全风险评估组织机构对透明性这一特征的内在要求,通过评估基本原则和一系列制度设计将评估组织机构的活动透明化,以确保食品安全风险评估组织机构极有透明性的特征。主要体现在以下方面:"一是公开内部管理及运行程序,制定了《关于科学方面的风险评估透明性的指引》《关于食品安全

---

① 参见沈岿:《风险评估的行政法治问题——以食品安全监管领域为例》,载《浙江学刊》2011年第3期。

局实施风险评估的程序方面指引》《执行透明度和保密性要求的决定》等核心文件,以确保程序的透明性。同时,积极公布出版各类环境风险评估、人类与动物健康安全风险评估结果以及其他的一些科学建议等,公开各类会议的日程和会议记录以及科学专家的利益声明。二是举行的各类会议鼓励公众参与,并邀请消费者代表或其他感兴趣的组织来参与,使公众可以广泛获取该局的信息。三是利用网络最大限度地促进欧洲食品安全局开展各项活动的可视化,可以观摩管理委员会的会议视频,了解会议进展,提供各类核心文件、讲话稿、报告等相关资料。"[1]

3. 它应具有科学上的卓越性。

科学性是风险评估机构的重要特征,是食品安全风险评估科学性原则的具体体现。一方面,风险评估的结论完全基于风险评估技术需求而来,包括采纳的数据及评估的方法;另一方面,风险评估从本质而言是科学的,因为风险评估被界定为预测性,评估具有一定的不确定性。虽然在实施风险评估时加入了专家评估的主观因素,但科学性原则始终贯穿并体现在风险评估的各个步骤之中。当代转基因技术的大量使用,潜藏于食品中的风险因素已经由传统的化学农药物质转向基因生物物质,如微生物学、分子毒理学等,对这些危害物质进行风险评估就必须以科学技术为手段。然而,这样具有高度技术性的评估工作却不是那些仅具有一般专业知识的评估机构就能够充分完成的,只有确保风险评估机构的科学性才能够有效完成风险评估任务。同时,科学性特征要求风险评估组织客观收集科学数据,有效利用食品安全风险监测、监督管理信息和其他国内外有关食品安全信息。在向评估机构申请进行风险评估时应当提供相关风险的基本情况和基础数据,如风险的来源和性质、相关检验数据和结论、风险涉及范围以及其他有关信息,以便评估机构可以确定使用具体的专业科学知识完成评估任务。另外,要加强风险评估机构与其他相关科研机构的合作,保障评估机构所实施的风险评估活动体现科学上的卓越性。这是因为,一方面,卓越的食品安全风险评估工作需要大量精确的信息和专业化的科学知识,评估机构需要充分利用其他组织,特别是科研机构的科学知识。另一方面,对于与食物链相关

---

[1] 参见陈松、翟琳:《欧盟食品风险评估制度的构成及特点分析》,载《农业质量标准》2008年第5期。

的风险,评估机构负有向利害关系人和社会公众作出快速反应并提供科学的风险评估建议的职责。一种有效的合作网络能促进评估机构与其他组织之间的沟通,增强风险评估的一致性和有效性。

由于风险评估是提出科学建议的前提,因而科学建议被认为是风险评估组织对健康和安全问题作出决议和采取措施的最可靠的依据。正如欧洲食品安全局的机构设置一样,它由管理委员会、执行主任和成员、咨询论坛、科学委员会和科学小组所组成。尤其是科学委员会由各科学小组的主席和6位独立的、不属于任何科学小组的科学家组成。初建的8个科学小组负责的领域分别是:食品添加剂、调味品、加工助剂以及与食品接触的物质;用于动物饲料的添加剂、产品或其他物质;植物健康、植物保护产品及其残留;转基因生物;营养品、营养和过敏反应;生物危害;食品链中食品受污染;动物健康和福利。科学委员会负责全面协调工作,以确保提供科学建议程序的一致性。在有些学科不属于任何小组的权限范围内时,设立工作组。每个科学小组承担自己权限范围的任务,并组织公众听证会。欧盟委员会可以请求欧洲食品安全局在其职责范围内提供任何领域的科学和技术支持,包含对已建立起来的科学和技术原理的应用,科学委员会或某个科学小组必须对其进行风险评估,特别是对欧盟委员会制定或评估技术标准以及制定的技术指南。欧洲食品安全局必须按照规定的时间按时完成。为了充分利用现有的独立科学资源,欧洲食品安全局可以以公开透明的方式委托其他机构开展科学研究。同时避免与成员和欧盟研究计划框架相重复。同时,通过适当的协调,与其共同开展研究合作,并将其科研结果向欧洲议会、欧盟委员会和成员进行通报。所有的这些机构设置和工作运作都是为了确保欧洲食品安全局能够在从事食品安全风险评估工作中始终保证科学性的要求。

二、食品安全风险评估组织机构与其他相关组织之关系

显然,作为专司食品安全风险评估之职的风险评估组织并不是在真空中从事食品安全风险评估工作的,它不是一个"孤岛",而必须与风险管理机构以及其他组织、团体或个人发生关系。

风险评估机构的"独立性"也并不是将评估机构与管理机关相互割裂,在评估机构独立做好食品安全风险评估工作的基础上,要保证风险评估者和风险管理者的积极交流合作,这样才能使食品安全风险评估和食品安全风险管理相互配合、相得益彰,共同促进食品安全风险分析机制的完善。[①] 可是,现实中却经常存在这样的错误观点,认为风险评估是独立评估,即风险评估机构是完全独立于任何其他相关组织,而这种错误认识会影响到风险评估机构的科学运作。有些人可能会认为既然风险评估是一项科学性质的事业和工作,为了确保评估结论在科学上是可靠的,就仅需在法律上规定评估工作由相关领域的权威专家以及科学人士进行即可。然而,事实并非如此,我们认为,食品安全风险评估机构需要解决好与食品安全风险管理机构、社会公众等主体之间的关系。

(一)食品安全风险评估组织机构与风险管理机构之关系

如果对食品安全风险评估性质进行判定,可以发现它涉及技术问题,旨在度量与食品相关联的风险。而风险管理则更具有政策导向,是决定对此要做些什么。基于这样的运作理念,决定了风险评估机构和风险管理机构在整个食品安全风险分析体制中承担着不同的角色,因此,要保证风险评估机构和风险管理机构之间的职能分离。正如国际食品法典委员会(Codex Alimentarius Commission,CAC)在其制定的风险分析工作原则中指明,风险评估与风险管理之间应该进行职能分离,以保证两个不同职能部门之间相互独立,以免因行政、历史和其他原因等造成不必要的干扰。[②] 如果不能实现食品安全风险评估机构的完全独立,仍将其依附于食品安全风险监管机构之下,则根本上违反了风险分析体系中的独立性原则,最终也将会使风险评估机构的权威性、科学性得不到保障,不利于有效规制食品安全风险。但风险评估工作与风险管理相互独立和剥离,并不意味着风险管理者在整个风险评估中没有作用。在风险评估任务中,风险管理者既是任务的启动者,又是评估结果的使用者,同时要在整个过程中与风险评估者密切合作。根据联合国粮农组织/世界卫生组织食品安全风险分析指导中的风险管理一般框架[③],风险管理者的工作包括建立风险轮廓(risk profile)、决定是否需要

---

① 参见陈君石:《食品安全风险评估概述》,载《中国食品卫生杂志》2011年第1期。
② 参见李思:《国内外食品安全风险评估机构的比较》,载《食品工业》2011年第10期。
③ FAO:Food safety risk analysis—A guide for national food safety authorities. Rome: FAO Food and Nutrition 2006.

风险评估、制定风险评估政策、委任风险评估任务以及考虑风险评估的结果。通俗地讲,风险管理者是"老板",而风险评估者则是"伙计"。

在评估机构独立做好食品安全风险评估工作的基础上,要保证风险评估者和风险管理者的积极交流合作,形成风险评估机构和风险管理机构的职能分离但又相互配合的局面。这样既有利于保证食品安全风险评估的独立、科学和权威,又能使得食品安全风险评估和食品安全风险管理相互配合、相得益彰,共同促进食品安全风险分析机制的完善,实现食品安全风险的科学有效的监管。正是基于以上理念,为确保风险管理的科学性、客观性和有效性,发达国家和地区基本都采取将风险评估和风险管理职能分离、成立专门的风险评估机构的方式。

(二) 食品安全风险评估组织机构与社会公众之关系

为了寻求食品安全,控制食品风险,我们特别强调专门的食品安全风险评估组织机构在食品安全风险评估中的作用,客观地说,这一路径在很多方面都具有优势。但是,不能因此而将食品安全风险评估组织机构的作用绝对化、极端化。实践表明,完全秉承专家治理理念而由专门的食品安全风险评估组织机构进行食品安全风险评估的模式是片面的,风险并不是独立于人的存在,脱离社会公众的食品安全风险评估组织机构将从根本上缺乏坚实的基础。这一点从我国社会公众对食品安全风险评估组织的评估结论并不怎么买账,该组织的工作绩效受到严重冲击的现实就能窥见一斑。

事实上,国家对食品安全的努力是回应社会公众的需求,食品安全风险评估机构的设立是为了科学进行食品安全风险评估,进而为食品安全风险监管提供科学依据,其最根本的宗旨和目标还是实现社会公众健康和安全的效益最大化,而且,食品安全风险评估机构的有效运行离不开社会公众的参与,由此,公众在事关其生命健康安全的食品风险面前不能也不甘心成为风险评估和风险决策的被动接受者。他们往往需要以更积极主动的姿态融入到食品安全风险评估组织机构的评估工作中去,但这一点并未受到食品安全风险监管主体和食品安全监管法律制度设计者的重视。殊不知,食品安全风险的相对性、不确定性以及专家的有限理性与为了平衡各种相关者利益冲突的目的,决定了社会公众参与应成为食品安全风险评估组织机构工作的当然组成部分。但是,我们需要警惕走向另一个极端——为了追求民主价值、追求评估结论的可接受性而任由社会公众干涉评估组织机构客观、科学的判断。

由此可见,食品安全风险评估机构和社会公众之间存在紧密的联系,需要妥善处理好二者之间的关系,既保证评估机构的独立、客观和科学,又要适当引入社会公众的参与和协商。总之,针对技术统治及专业行政对民主原则造成的冲击,正确的选择不是非此即彼,而是在两个极端之间寻找平衡点,使整个社会既能获得专业的风险评估带来的好处,同时也能借助扩大民主来减少不确定性和依附性所产生的弊端。这就需要妥善处理好科学、专业组织与社会公众之间的关系,如此才能实现食品安全风险评估机制预期的价值。

第二节 国外食品安全风险评估组织机构制度之评析

国际上不少国家早已在食品安全风险监管的法律规范和实践中确立食品安全风险评估制度,食品安全风险评估组织机构的运作也十分成熟、完善,值得我国借鉴。

一、国外食品安全风险评估组织机构之简介

(一) 国际食品安全风险评估相关组织

从国际层面讲,联合国粮农组织/世界卫生组织(FAO/WHO)共同成立的关于食品安全风险评估的专家组织共有3个,分别是食品添加剂联合专家委员会(JECFA)、农药残留联席会议(JMPR)和微生物风险评估联合专家联席会议(JEMRA)。这三个专家组织基本上都是常设的风险评估组织。这些食品安全风险评估组织中所有的专家只以个人的身份而工作,他们并不代表政府,也不代表任何一个单位,只是以个人身份被世界卫生组织或联合国粮农组织的总干事聘请来参加风险评估工作,接受食品法典委员会的指导。从这个意义上说他们是独立工作的。这三个专家委员会所发布的风险评估报告是作为制定国际食品标准及各国制定各自国家食品标准非常重

要的依据。①

食品添加剂联合专家委员会(JECFA)是世界卫生组织与联合国粮农组织共同组建、由国际专家组成的科学委员会,自1956年成立以来一直定期召开会议,其成立之初的目的是为了评估食品添加剂的安全,现在的工作还包括对食品中污染物、天然毒物和兽药残留的评估。它作为一个科学建议机构为粮农组织、世卫组织及其成员国政府及食品法典委员会服务。

农药残留联席会议(JMPR)是另一个由世卫组织与粮农组织共同主管、由国际专家组成的科学组织,但却独立于国际食品法典委员会及其附属机构。它于1963年召开第一届会议,之后每年召开FAO专家组和WHO专家组年度会议,开展具体食品或一组食品中农药残留风险评估,提出最大残留限量建议,同时就相关采样及分析方法提出建议。该评估机构包括两部分:(1)粮农组织食品和环境中农药残留专家委员会。它负责审议农药残留和分析方面的问题,以及估计在良好农业操作规范下所用农药的最大残留水平。(2)世卫组织核心评估小组。它负责审议农药毒理学及其相关方面的问题,在可能的情况下估计农药的人体每日允许摄入量。这两个评估小组各自开展评估工作,在评估完残留和毒理学资料后,它们通过风险评估模型和方法,确定能否接受推荐的残留限量建议值。

微生物风险评估联合专家联席会议(JEMRA)于2000年成立。虽然粮农组织/世卫组织微生物风险评估专家联席会议不是食品法典委员会架构中的正式组成部分,但该联席会议向食品法典委员会及其各法典委员会提供独立的科学专家建议。粮农组织和世卫组织各自开办了网站,从两个母体组织的角度重点介绍该联席会议的工作。②

这里需要提到国际化学品安全规划署(IPCS)。该评估机构成立于1980年,由世卫组织、联合国环境规划署和国际劳工组织联合组建,负责组织与化学物安全相关的活动及其实施。其任务主要有两方面:首先是开展化学品对人体健康和环境风险的评价,制定国际公认的测试、评价和预测化学品的人体与环境效应的方法;其次是帮助各国利用这些成果来加强对化

---

① 参见陈君石:《风险评估在食品安全监管中的作用》,载《农业质量标准》2009年第3期。
② 食品法典委员会网站:《JEMRA——粮农组织/世卫组织微生物风险评估专家联席会议》,载 http://www.codexalimentarius.org/scientific-basis-for-codex/jemra/zh/,2014年2月17日访问。

学品紧急事故的应变能力。为化学物的安全使用提供科学依据是 IPCS 的主要职责之一,其中评价化学物对人类健康的风险是 IPCS 的主要工作,具体包括:准备和公布化学物的风险评估结果、建立和协调化学物评估的科学方法、评价食物成分、添加剂和农药/兽药残留的安全性等。

(二)欧盟食品安全风险评估组织——欧洲食品安全局(EFSA)

20 世纪 90 年代,由于口蹄疫、疯牛病、禽流感等疫情频发,不仅使得欧盟各国经济和贸易蒙受巨大损失,暴露了欧盟原有的食品法规存在的缺陷,更是摧毁了公众对国家机构确保食品安全能力的信任。为有效应对这一状况,欧盟农业政策的重心开始转向食品安全领域。2000 年 1 月 12 日,欧盟发布了《欧盟食品安全白皮书》,提出建立欧洲食品安全局(EFSA),2002 年 1 月 28 日,颁布了欧洲议会与欧盟理事会第 178/2002 号法规,正式建立了欧洲食品安全局承担风险评估和风险交流工作的机制。

欧洲食品安全局的职能是对与食物链相关的所有风险进行评估和交流,由于 EFSA 的建议服务于风险管理的政策和决议,因此,EFSA 的很大部分工作是对一些特殊需求提出科学的建议,这些科学评价的需求来自欧盟委员会、欧洲议会和欧盟成员国,且随着时间的推移需求日益增长。在其成立的第一个五年里,EFSA 共签发了 680 条建议,仅 2007 年就签发了 200 多条,这些建议常常为风险管理和决策过程提供支持。虽然 EFSA 不参与管理过程,但其独立的建议为管理者提供了坚实的科学依据,并且 EFSA 发展了一套关于利益声明的程序和政策以保证其科学工作的公正性。此外,EFSA 的科学工作和相关文献在其网站上均可获得,而这又保证了其工作的透明性。在组织机构上,EFSA 由管理委员会、执行主任以及下设的管理、风险评估、科学合作和支持、交流四大部门构成。目前,EFSA 人员编制超过 400 人,咨询论坛网络包括 27 个成员国、欧盟委员会以及 3 个观察员国,此外,还有 1200 多个外聘的专家(科学委员会以及小组成员)。在风险评估理事会的支持下,EFSA 的科学小组在各自的专业领域进行风险评估工作。[①] 下面将从欧洲食品安全局整体及其各组成单位职能的角度来具体分析欧洲食品安全局的风险评估之职能。

---

① 参见 EFSA:Organizational structure,载 http://www.efsa.europa.eu/en/efsawho/efsastructure.htm,2014 年 1 月 10 日访问。

1. 欧洲食品安全局履行风险评估之职能

作为一个独立的法律主体,欧洲食品安全局具有两项基本职能,即评估和交流与食物链相关的所有风险。① 围绕着评估与食物链相关的所有风险的基本职能,欧盟《统一食品安全法》在第22条和23条具体规定了欧洲食品安全局应当如何履行该项基本职能。在笔者看来,这两个条款其实是对欧洲食品安全局履行风险评估职能的具体化,也体现为一系列职能。它们主要包括:(1) 进行科学技术的寻找、收集、整理、分析和总结;(2) 促进和协调统一的风险评估方法的发展;(3) 收集和分析数据,对直接或间接影响食品和饲料安全的风险进行特征描述;(4) 建立有利于实施风险评估的组织网络系统,并负责该系统的运行;(5) 独立表达自己的风险评估结论和立场;(6) 对风险评估意见进行解释和评价;(7) 为欧盟委员会和成员国提供最好的风险评估科学建议;等等。显然,这七项职能从不同角度具体化了欧洲食品安全局的评估与食物链相关的所有风险的基本职能,比如,实施科学技术的寻找、收集、整理、分析和总结的职能是为履行风险评估职能提供科学信息支撑的。

2. 欧洲食品安全局组成单位履行风险评估之职能②

根据欧盟《统一食品安全法》第24条的规定,欧洲食品安全局由一个管理委员会、一位执行主任、一个咨询平台、一个科学委员会和若干个科学小组所组成,承担风险评估和风险交流两个领域的工作,主要针对有关食品和饲料安全已存在的和潜在的风险提供独立客观的科学建议和明确的交流意见,为欧盟食品安全政策和立法提供科学基础,以确保欧盟委员会、成员国和欧盟议会及时有效地进行风险管理。为了对不断变化的环境与不断增加的需求作出快速反应,2012年9月16日欧洲食品安全局通过了《欧洲食品

---

① 基于论题所限,笔者主要评析欧洲食品安全局及其组成单位履行食品安全风险评估职能。然而,需要指出的,在欧洲食品安全局所实施的这两项职能之中,风险评估职能更为基本,因为履行风险交流职能是建立在风险评估基础之上的,同时,对风险评估的结果本身也需要向社会公众进行交流。这一点也为欧洲食品安全局所承认。See Hubert Deluyker、Vittorio Silano, The First Ten Years of Activity of EFSA: A Success Story, *EFSA Journal* 2012, 10(10).

② 笔者认为,如果说评估与食物链相关的所有风险是欧洲食品安全局的基本职能,并且欧盟《统一食品安全法》在第22条和23条将之主要具体化为七项职能,那么欧洲食品安全局组成单位履行风险评估之职能可以视为是进一步实现欧洲食品安全局的该项职能,因为欧洲食品安全局需要依赖于其组成单位分别履行各自的职能才能在整体上确保风险评估的职能得以实现。

安全局的组织章程》,对欧洲食品安全局的组成单位作了补充,即增设五个理事会——风险评估与科学支持理事会、对受监管的产品实施科学评价理事会、科学战略与合作理事会、交流理事会以及资源与支撑理事会。由此,评析欧洲食品安全局组成单位履行风险评估之职能就是要分析这些具体的组成单位各自履行与风险评估相关的职能。

(1) 管理委员会。在欧洲食品安全局的组成单位中,管理委员会发挥着核心作用,因为它要保证欧洲食品安全局高效地履行各项风险评估职能。当然,它的职能处于演变过程之中,从最初成立时的主要确保欧洲食品安全局的内部规则和程序得以实施,到目前主要集中在为欧洲食品安全局制定风险评估战略和未来计划。它的两项关键职能是建立欧洲食品安全局的预算和工作计划并监督其执行以及任命执行主任、科学委员会和科学小组的成员。然而,它在履行职能过程之中不能影响科学委员会和科学小组独立地作出风险评估的科学意见,同时,它也要确保欧洲食品安全局的独立性,为此,它必须遵守欧洲食品安全局关于利益声明的规则。①

(2) 执行主任。执行主任是欧洲食品安全局在法律上的代表,根据欧盟《统一食品安全法》第 26 条的规定,它的主要职能是:负责欧洲食品安全局的日常管理工作;在咨询欧盟委员会后为欧洲食品安全局的风险评估工作计划提供建议;执行管理委员会的工作计划和决定;为科学委员会和科技小组提供合适的科学技术和行政支持;确保欧洲食品安全局执行符合使用者要求的任务,特别是有关服务的提供和时间的花费是否充分;收入和支出以及欧洲食品安全局预算执行报表的编制;关于职工的所有事项;发展和保持与欧盟议会的联系,确保与相关委员会的经常性对话。当然,为确保欧洲食品安全局的独立性,它也必须遵守欧洲食品安全局关于利益声明的规则。②

(3) 咨询平台。对于食品安全风险评估而言,数据和信息的收集和沟通是至关重要的。而咨询平台则在其中发挥着重要功能。根据《关于独立性和科学决策过程的政策》和欧盟《统一食品安全法》第 27 条的规定,咨询

---

① 参见 EFSA, EFSA's independence: understanding the role of its Management Board, 载 http://www.efsa.europa.eu/en/mb/role.htm, 2014 年 1 月 13 日访问。

② 参见 EFSA, Executive Director, 载 http://www.efsa.europa.eu/en/efsawho/ed.htm, 2014 年 1 月 3 日访问。

平台由成员国主管食品安全管理的机关的代表所组成。它的主要职能是为欧洲食品安全局的风险评估工作计划提供建议;向欧洲食品安全局的执行主任提供就需要优先评估的食品安全风险提供科学建议;建立食品安全风险信息交流和汇集知识的机制,以确保欧洲食品安全局和成员国主管食品安全的机构之间的密切联系,特别是要避免欧洲食品安全局与成员国之间重复实施风险评估以及促进欧洲食品安全局与成员国之间的合作。

(4)五个理事会。如前所述,对于五个理事会的职权,2002年欧盟《统一食品安全法》并没有作出明确规定,而是由2012年《欧洲食品安全局的组织章程》加以规定。这五个理事会中的三个,即风险评估与科学支持理事会、对受监管的产品实施科学评价理事会和科学战略与合作理事会,也称为科学理事会。因为它们的职能主要是支持和帮助具体负责风险评估的科学小组和科学委员会的工作。比如,风险评估与科学支持理事会就通常的健康和安全优先事项实施风险评估,像生物危险、化学物质污染、植物和动物健康福利等,同时支持相应的科学小组的风险评估工作。而交流理事会的职能是负责食品安全风险交流,其中涉及对食品安全风险评估结果的交流。资源与支撑理事会则为高效地开展风险评估提供资源和管理保障。它的主要职能是负责人力资源和知识保障、开发科技手段、提供适当的资金、实施采购服务以及从事法律事务。[①]

(5)科学委员会和科学小组。与前述欧洲食品安全局的四个组成单位并没有直接实施食品安全风险评估不同,欧洲食品安全局内部的科学委员会和科学小组[②]则是具体从事食品安全风险评估的机构。[③] 根据欧盟《统一食品安全法》第28条以及《关于科学委员会、科学小组和外部专家的选择的

[①] 参见 EFSA, Organizational structure, 载 http://www.efsa.europa.eu/en/efsawho/efsastructure.htm, 2014年1月10日访问。

[②] 值得一提的是,根据欧盟《统一食品安全法》第28条第4款的规定,欧洲食品安全局的科学小组最初共有8个,即关于食物链中的污染物的小组;关于在饲料中使用的添加剂、产品或物质的小组;关于植物保护产品和残留物的小组;关于基因改良生物的小组;关于医疗性产品、营养和敏感物的小组;关于生物危害的小组;关于动物健康和福利的小组以及关于植物健康的小组。到2012年已经有10个。See Hubert Deluyker、Vittorio Silano, The First Ten Years of Activity of EFSA: A Success Story, *EFSA Journal* 2012, 10(10)。

[③] See Stephanie Tai, Comparing Approaches toward Governing Scientific Advisory Bodies on Food Safety in the United States and the European Union, *Wisconsin Law Review*, No. 1112, 2010, pp. 26—29。

决定》等指南的规定①,每一个科学小组具体从事特定领域的食品安全风险评估,并提供科学意见。科学委员会则负责一般的协调工作从而确保科学小组的科学建议程序的连贯一致。在涉及跨学科的事项以及不属于任何一个科学小组的管辖事项,它应当提供风险评估的科学意见。如果在欧盟范围内,对某一食品安全风险评估方法尚未统一定义时,它需要发展统一的食品安全风险评估方法。当然,不论是科学委员会,还是科学小组,他们都应当就食品安全风险评估结论提供最佳的科学意见。

  欧洲食品安全局通过公开透明的方式开展风险评估工作,在科学委员会和专家小组独立的科学建议基础之上确保所有的利益方和公众能够获得及时、可靠、客观、正确的信息。通过不断提高公众对食品风险的认知,系统解释风险,与行为主体及国家食品安全权威机构密切合作,并获得专家咨询论坛交流工作组提供科学建议的支持,确保风险交流信息及时发布。同时,通过成立风险交流专家咨询组,为执行主任提供有关风险交流和工作争议的建议;此外,还通过召集高层次的科学会议,针对风险评估及食品和饲料安全的科学基础深入交流意见。② 根据欧盟委员会、欧洲议会及成员国在风险管理过程中提出的特别请求或问题,承担食物链中所有的风险评估任务,并在其职责范围内的任何领域提供科学和技术支持。欧洲食品安全局为完成其使命,加强与成员国、欧盟委员会与专业科学家之间的密切合作,利用现有完全独立的科学资源,委托其他机构进行必要的科学研究。通过咨询论坛,共享风险评估数据,通报新的风险评估问题,建立与成员国之间的联络组,召集欧盟专家协调风险交流,避免研究工作重复,从而更早的确定潜在风险,提出分歧意见,共享科学信息,以保障最高水平的消费者安全。

  从以上对欧洲食品安全局及其组成单位履行食品安全风险评估职能的简要梳理中,不难发现这样两个结论:(1)欧盟《统一食品安全法》与相关指南运用一种"总与分"的立法方式,将食品安全风险评估职能配置给不同的主体。换言之,在欧盟立法之中,食品安全风险评估职能是一个集合式的概

---

① 参见 EFSA, Decision on the selection of members of the Scientific Committee, Scientific Panels and external experts, http://www.efsa.europa.eu/en/keydocs/docs/expertselection.pdf, 2014 年 1 月 13 日访问。

② 参见王芳、钱芳、陈永忠:《发达国家食品安全风险分析制度建立及特点分析》,载《中国牧业通讯》2009 年第 1 期。

念,是一种复数形式的职能,由总体职能和部分职能构成。作为整体的欧洲食品安全局履行总体的食品安全风险评估职能,欧盟的其他机构,比如,欧盟委员会,则无权行使该项职能。而作为欧洲食品安全局的组成单位则履行部分食品安全风险评估职能,从而在整体上确保欧洲食品安全局完成《统一食品安全法》所规定使命。(2)欧洲食品安全局的组成单位分工明确、职能清楚,在履行食品安全风险评估职能中都发挥着各自的作用。比如,科学小组和科学委员会具体实施食品安全风险评估,而五个理事会,特别是其中的三个科学理事会则支撑科学小组和科学委员会的工作,管理委员会类似于宏观决策机构,为欧盟食品安全风险评估制定战略计划,咨询平台则为其他单位更好履行自身的职能提供咨询服务,避免科学资源的重复投入等等。

(三) 德国食品安全风险评估组织——联邦风险评估研究所(BfR)

2002年11月,联邦德国出台了《消费者健康保护和食品安全重组法案》。依照该《法案》和欧盟第178/2002号指令,联邦消费者保护、食品与农业部下设了两个联邦级的新机构,即联邦风险评估研究所(Bundesinstitutfür Risikobewertung,简称BfR,英文译为The Federal Institute for Risk Assessment)和联邦消费者保护与食品安全局(BVL)。其中,联邦风险评估研究所负责风险评估和风险交流;联邦消费者保护与食品安全局负责风险管理及与联邦、其他国家及欧盟机构的协调。联邦风险评估研究所下设9个部门,包括行政管理部、风险交流部、科研服务部、生物安全部、化学品安全部、食品安全部、消费品安全部、食品链安全部、实验毒理学部等。每个部门下设工作组或实验中心,负责本领域内风险评估的相关工作。通过各部门的明确分工与相互协作,联邦风险评估研究所完成对食品中生物与化学原料的安全性、物品安全(化学品、杀虫剂、生物杀灭剂)、可选产品(耐用消费品、化妆品、烟草制品等)及食品、饲料和动植物中转基因生物的风险评估,并以风险评估结果为基础提出降低风险的管理选项,为联邦政府部门和其他风险管理机构提供建议。[①] 联邦风险评估研究所一直注重与国家及国际政府和非政府组织开展合作,同时它也是欧洲食品安全局的联络点,通过各方的通力合作与信息传递实现风险交流。

---

① 参见王芳、陈松、钱永忠:《发达国家食品安全风险分析制度建立及特点分析》,载《中国牧业通讯》2009年第1期。

作为承担风险管理及与联邦、其他国家及欧盟机构的协调之责的联邦消费者保护与食品安全局下设5个部门,即食品和饲料与日用品部、植保产品部、兽药部、基因工程部、分析部。每个部门下设工作组,负责本领域内风险管理的相关工作。其职责主要包括:兽药及植保产品的认证;兽药残留国家参比实验室;联邦层次的监测协调;制订食品安全相关的一般管理规定;提供食品和饲料监测领域的参考及其他服务;食品和饲料欧洲快速预警系统国家联络点;作为欧盟食品与兽医局联络点,并代表该局协调德国检查。该机构通过三个步骤实现风险管理:第一步是发现风险,这主要由联邦风险评估研究所的信息输入、以联邦州的食品监测或食品监测程序为基础的快速预警系统报告来实现;第二步是由联邦风险评估研究所或其他联邦机构评估风险对人畜健康及环境的影响;第三步则是由联邦消费者保护与食品安全局以评估结果为基础制订风险管理措施。

为使风险评估工作更加科学规范,2005年8月,联邦风险评估研究所发布了《健康评估文件格式指南》,统一规定了风险评估报告的格式,并分发给联邦风险评估研究所的职员,原则上所有有关健康评估问题的文件都应该符合该格式。详细规范的风险评估报告能够确保风险管理人员正确理解风险评估程序,并依据特定情况作出正确决策,同时,也保证了决策过程的公开透明。联邦风险评估研究所完成的风险评估报告要提交给相关的联邦机构,以便为风险管理和风险交流提供基础。风险交流作为联邦风险评估研究所的一项法定任务,应向消费者提供有关食品和产品中可能存在及已被评估出的风险信息。当需要在较大范围内通知公众时,除媒体外,消费者建议中心、产品比较团体、消费者保护、食品与农业信息服务部都会成为风险交流的重要手段。

为了实现风险评估信息交流的持续和互动,联邦风险评估研究所定期组织专家听证、科学会议及消费者讨论会,并面向一般公众、科学家和其他相关团体公开其评估工作与结果,并在其网站上公布专家意见和评估结果,还积极寻求以简易的方式与普通公众对评估过程进行交流,并向消费者提供可见可用的科学研究成果。[①] 通过全面的风险评估信息交流,一方面,尽

[①] 参见王芳、陈松、钱永忠:《发达国家食品安全风险分析制度建立及特点分析》,载《中国牧业通讯》2009年第1期。

早发现潜在的健康风险,并及时通知有关部门和消费者;另一方面,参与交流的各相关方对风险评估的过程与结果进行讨论,通过公开和透明的工作,从而在风险评估各方之间建立起足够的信任。①

(四) 日本食品安全风险评估组织——食品安全委员会

日本政府根据国内和国际食品安全形势发展需求于 2003 年 7 月颁布了《食品安全基本法》。根据该法的规定成立了食品安全委员会,专门从事食品安全风险评估和风险交流工作。日本食品安全风险管理部门主要是厚生劳动省和农林水产省。食品安全委员会直属于内阁管辖,共由 7 位食品安全方面的资深委员组成,食品安全委员会设有一个秘书处,包括秘书长、副秘书长。它还设置了规划、风险沟通、紧急应对三个大的专门调查会。根据各种危险设置了 14 个具体的专门调查会(比如,规划调查会、风险沟通调查会、紧急应对调查会)和一系列评估组。评估组共包括四大种类,分别是化学物质类评估组(添加剂、农药、动物用药品、器具、容器包装、化学物质和污染物)、生物类评估组(微生物、病毒、霉变、自然毒素等)、新食品等评估组(转基因食品、新开发食品、肥料和饲料等)。专门调查委员会总计 240 人。根据《食品安全基本法》的规定,日本的食品安全委员会设置事务局来处理委员会的事务。事务局设事务局长一人,并配备一定数量的职员。事务局长受命于委员长,管理局务。至于事务局的内部组织架构则由《食品安全委员会法令》来规定。事务局设事务局次长一人。事务局次长协助事务局长来整理局务。事务局可设置四个以内的科室。此外,食品安全委员会事务局还可奉命设置参与筹划局务相关重要事项的职位。同时,《食品安全委员会法令》还作出授权,由内阁府令规定食品安全委员会事务局的内部组织的细目。现在,事务局共设四科一官,即总务科、评估科、劝告宣传科、信息·紧急应对科和风险沟通官。②

风险评估作为食品安全委员会的主要职能,大体上以风险管理机构提交的评估请求或者食品安全委员会自身指定的评估请求来实施。根据对此类风险评估的结果,食品安全委员向首相及具备风险管理职能的各省负责

---

① 参见王芳、陈松、钱永忠:《发达国家食品安全风险分析制度建立及特点分析》,载《中国牧业通讯》2009 年第 1 期。

② 参见王贵松:《日本食品安全法研究》,中国民主法制出版社 2009 年版,第 102 页。

人提出政策建议,以便确保食品安全措施的实施。食品安全委员会还通过与国外政府、国际组织、相关部门和消费者、食品经销商等各利益相关方进行风险交流,确定自身食品安全风险评估的方向。它主要通过召开国际会议与国外政府、国际组织和相关部门进行风险交流,来交换各方意见和建议,会议主题涉及牛肉及美国、加拿大生产的其他食品的风险评定,针对日本境内的海产品中甲基水银的安全风险评估,转基因食品、抗药菌、禽流感等,通过网站、热线和专人信息采集与公众进行风险交流,来听取消费者和公众的意见与建议。食品安全委员会通过每周1次公开召开委员会议,并在其网站公布会议议程来保证实施风险评估的透明性。通过建立"食品安全热线",专门用来接收日本民众对于食品安全的要求和意见。同时,食品安全委员会从各县选拔任命了470名"食品安全监督员",监督员通过发放调查问卷来了解食品安全事件引起人们关注的程度,及时汇报相关信息,并且协助各地方组织进行信息交流。通过制订有效的运作机制,食品安全委员会已经开展了一系列工作,并制订了科学的发展规划。[①]

（五）美国食品安全风险评估组织

美国是世界上最早把风险分析机制引入到食品安全管理中的国家之一,科学和风险评估是美国食品安全政策制定的基础。1997年发布的总统《食品安全行动计划》认识到风险评估在保证食品安全目标中的重要性,要求所有负有食品安全管理职责的联邦机构建立机构间的风险评估协会,负责推动生物性因素的风险评估工作。

不同于欧盟设置欧洲食品安全局专司食品安全风险评估之职的模式,美国联邦政府并没有设立全国统一、专门的食品安全风险评估机构,承担评估职能的机构存在于卫生和人类服务部（DHHS）、农业部（USDA）、国家环保署（EPA）、商业部（USDA）等主要的风险管理机构之中。[②] 具体而言,美国负责食品安全风险评估的机构设置如下:

卫生和人类服务部下属的美国食品药品监督管理局主要是负责除肉类、家禽以外的其他食品和进口食品的风险评估工作。其下设的食品安全与营养中心、兽药中心分别在各自领域内开展风险评估工作。食品安全与

---

① 参见李思:《国内外食品安全风险评估机构的比较》,载《食品工业》2011年第10期。
② 参见刘先德:《食品安全管理机构简介》,载《农业科学》2006年第3期。

应用营养中心由美国食品和药品管理局和马里兰大学共同成立,主要负责食品中常见的污染因素的数据收集,并以此为依据进行风险评估工作。该机构在其内部设立风险评估团队,由该团队进行评估的专项工作。同时,该中心还设有风险管理团队。风险评估团队与风险管理团队积极协作,以做好食品安全的风险交流工作。此外,美国食品和药品监督管理局下设的国家毒理研究中心主要为各中心风险评估工作提供服务,卫生部的疾病控制与预防中心是风险评估所需数据的重要来源,而国家卫生研究所国家过敏和感染性疾病协会也具有为风险评估提供研究资源的作用。

农业部中食品安全检查局、动植物健康检验局主要是负责开展肉类以及家禽类食品的风险评估工作。其中,食品安全检查局是美国微生物风险评估方法方面的领导者,采用了类似于食品安全与应用营养中心的机构设置,也是由风险评估、风险管理和风险交流三个团队组成,在其内部做好风险分析的工作。[①] 2003年7月25日,美国农业部宣布成立食品安全风险评估委员会,以加强美国农业部内各机构之间就有关风险评估的计划和行动加强合作与交流。新的风险评估委员会将联合美国农业部一些部门的专家意见,为管理和决策提供统一的科学依据。该委员会将对风险评估划分优先顺序,确定研究需求等;规定实施风险评估的指导方针;确认外部专家和大学来帮助开展风险评估。[②]

国家环保署中的预防农药与有毒物质办公室重在对所管辖的农用化学品进行风险评估,环保署中的水资源办公室则负责与水资源及其利用相关的风险分析工作。[③]

商业部内与食品安全风险评估有关的部门主要是国家海洋大气管理局的国家海洋渔业局,商务部开展了一项自愿性的海产品监控计划,这一计划包括了生产加工厂的监管、实验室分析、风险评估、风险管理和风险交流以

[①] 参见管松凝:《美国、欧盟食品安全监管模式探析及对我国的借鉴意义》,载《当代社科视野》2009年第1期。

[②] 参见中华人民共和国商务部世界贸易组织司(中国政府世界贸易组织通报咨询局):《美国农业部建立食品安全风险评估委员会》,载http://sms.mofcom.gov.cn/aarticle/wangzhanjianjie/feihuiyuan/200311/20031100146712.html,2014年1月28日访问。

[③] 参见戚亚梅、韩嘉媛:《美国食品安全风险分析体系的运作》,载《农业质量标准》(2007年增刊)。

及产品质量确定在内的有关海产品安全的各个方面。海洋渔业局对于将风险评估工具和技术与其产品消费的管理和交流联系起来非常感兴趣。[①]

值得一提的是,美国还设立了风险评估联盟,通过在各监管部门之间建立信息交流平台,为各个机构提供食品安全风险评估的方法、数据、法律法规等信息,减少相关数据指标的重复性研究,从而更好地推动食品安全风险评估制度的运行。[②]

上述这些风险评估机构中吸纳了食品安全各相关行业的诸多专家,如化学家、毒理学家、药理学家、食品工艺学家、微生物学家、分子生物学家、营养学家、病理学家、流行病学家、数学家和卫生学专家等,组成科研小组在各自的学科领域内独立进行风险评估。[③] 但对于涉及多个领域的较大范围的风险评估事项,各机构可以采用相互协作的方式,通过交流和合作,共同开展完成食品领域的风险评估工作,而且各机构单独或联合完成一项风险评估工作后,都需进行同行评议,从而保证评估结果的准确性。因此,团队性、独立性和透明性是这些评估机构的显著特点。

二、国外食品安全风险评估组织机构之主要特点

(1) 以科学的风险评估目标为指导,保障风险评估机构的良性运转。任何制度的存在均是以科学的目标为指导,都是以实现一项或几项目标为价值追求。因此,分析一项制度的构造及其运作不能仅停留于对该制度本身的浅层剖析,更重要的是透过制度的外在运作对该制度得以存在及运作的理念进行深入的考察研究。由此,在分析了境外国家及地区的风险评估机构后,应该对它们得以建立的背景和基本价值目标进行梳理。以欧盟食品安全风险评估组织机构为典型例证,上文已经从制度方面详细剖析了欧洲食品安全局的组织结构,很显然,如果仅仅是停留在制度层面作出简单的介绍和剖析,是很难体现出欧盟食品安全风险评估组织结构之全貌的。我们还需要深入剖析支配或指导制度设计的基本价值目标。笔者认为,通过

[①] 参见戚亚梅、韩嘉媛:《美国食品安全风险分析体系的运作》,载《农业质量标准》(2007年增刊)。
[②] 同上。
[③] 参见滕月:《美国食品安全规制风险分析的启示》,载《经济纵横》2009年第1期。

分析自20世纪末以来欧盟食品安全风险监管法制改革的动因,特别是欧盟建立食品安全局的背景,可以发现这种基本价值目标就是,通过增加欧洲食品安全局及其成员从事食品安全风险评估工作的科学性和独立性来强化社会公众对欧盟食品安全风险评估程序与欧盟食品安全风险监管法律体系的信任,进而增强对欧盟食品安全的信任。这一基本价值目标也为欧盟学者所承认,即建立欧洲食品安全局的主要目标是通过确保更多的独立性和卓越性来解决信任问题。[1]

通过分析可以发现,从1997年欧盟委员会在《食品安全绿皮书》中第一次宣称将设计一个全新食品安全法律政策框架以来,欧盟各种层次的食品安全法律、政策和指南频繁出现"增强公众对欧盟食品安全风险监管制度的信任"这一目标,比如1997年4月的《食品安全绿皮书》首次将保障公众安全、健康和利益作为欧盟食品法的最主要目标,以确保公众对欧盟食品安全的信任。[2] 又如2000年9月欧盟议会发布的《欧盟食品安全政策》就将恢复公众对欧盟食品安全、标准和质量的信任作为该政策的首要目标。[3] 而建立欧洲食品安全局则是实现这种信任的核心制度。[4] 由此,也就不难理解关于欧洲食品安全局运作的各类法律、政策和指南,都将恢复公众的信任作为主要目标。[5] 那么,欧盟为何将增强公众对欧盟食品安全风险监管制度和欧盟食品安全的信任作为包括设计欧洲食品安全局的治理结构在内的欧盟整个食品安全风险监管制度的基本价值目标呢?

原因就在于自20世纪80年代以来,欧盟经历了一系列食品安全事故,尤其是1996年最终爆发的"疯牛病"事件造成了公众对欧盟食品及欧盟食

---

[1] See Euen Vos, EU Food Safety Regulation in the Aftermath of the BSE Crisis, *Journal of Consumer Policy*, Vol. 23(3), 2000, pp. 227—255。

[2] 参见 European Comission, Green Paper on European Food Law, 载 http://www.reading.ac.uk/foodlaw/eu/doc-2.htm, 2014年1月1日访问。

[3] 参见 European Parliament, European Policy on Food Safety, 载 http://www.europarl.europa.eu/RegData/etudes/etudes/join/2000/292026/DG-4-JOIN_ET(2000)292026_EN.pdf, 2014年1月1日访问。

[4] 参见 Alberto Alemanno, The Evolution of European Food Regulation Why the European Food Safety Authority is not a EU-style FDA? 载 http://papers.ssrn.com/sol3/papers.cfm?abstract_id=1007451&, 2014年1月1日访问。

[5] See Patrick Van Zwanenberg and Erik Millstone, *BSE: Risk, Science and Governance*, Oxford University Press, 2005, pp.4—5。

品安全监管法律制度的不信任。诚然,在很大程度上,欧盟当前的食品安全监管框架是因"疯牛病"爆发而导致的欧盟食品政策的政治危机的产物。①同时"疯牛病危机通过迫使欧盟及其成员国承认现存的欧盟应对食品问题的方法的不足,开启了欧盟食品体系改革的新纪元"②。"疯牛病"事件给欧盟食品安全风险监管法律制度的设计者带来了一系列教训,就食品安全风险评估治理结构的设计而言,重点是要解决其科学工作卓越性以及独立自主性问题,以便让公众相信它所作出的关于食品安全的风险评估建议是值得信赖的。

就前一个问题而言,就是要设计一种制度,确保其能够提供最高质量的风险评估建议,以便为风险管理者决策提供坚实的依据。因此,这就要求无论是欧洲食品安全局组织结构的内在面向还是其外在面向,都要求欧洲食品安全局的工作体现科学性,比如,关于欧洲食品安全局的科学小组和科学委员会的职能的规定,以及欧洲食品安全局与成员国之间的多种类型的合作制度,都指向一个目标,即尽最大可能的确保欧洲食品安全局能作出最具科学性的风险评估建议。就后一个问题而言,就是要将作为科学事业的风险评估工作与作为政治事业的风险管理工作相分离。如果不从制度上将风险评估从风险管理中分离出来,消费者的利益通常难以保障;而如果风险评估机构不能独立于食品生产企业或其他利害关系人,那么它是无法作出科学上公正的评估建议的。正如2011年12月5日欧洲食品安全局的管理委员会制定的《关于欧洲食品安全局的独立性和科学决策过程的政策》的内部指引在前言中所指出的,欧洲食品安全局所实施的所有活动(包括食品安全风险评估)具有独立性,对于确保其科学上的卓越性和声誉是至关重要的。③ 而无法作出科学上公正的评估建议自然也无法获得欧盟公众的信任。由此也就不难理解,欧盟食品安全风险评估的两个治理面向都要求欧洲食

---

① See Ellen Vos and Frank Wendler, Food Safety Regulation at the EU level. Vos, E. ,&Wendler, F. (Eds.). *Food Safety Regulation in Europe: A Comparative Institutional Analysis*. Antwerp: Intersentia Press, 2006, pp.65—66.

② Chalmers Damian, "Food for Thought": Reconciling European Risks and Traditional Ways of Life, *The Modern Law Review*, Vol.66, 2003, p.532.

③ 参见 EFSA, The Policy on Independence and Scientific Decision-Making Processes of the European Food Safety Authority, 载 http://www.efsa.europa.eu/en/keydocs/docs/independencepolicy.pdf, 2014年1月6日访问。

品安全局独立的实施风险评估,比如,各种类型的利益声明规则、欧洲食品安全局的管理委员会的职能及人员任命等。

（2）独立的风险评估机构,实现风险评估与风险管理职能分离。风险评估是风险分析机制的核心,是风险管理的科学依据。从各国风险评估的具体实践来看,世界各国都普遍设立独立的风险评估机构来进行评估,将风险评估与风险管理在职能上相分开,以提高评估结果的科学性和可接受性。[①] 联合国食品法典委员会在其制定的食品安全风险分析工作原则中明确指出,食品安全的风险管理应该与风险评估之间职能分离,食品安全风险评估和风险管理是独立进行的,以此来保证食品管理和风险食品评估两个不同的职能部门之间的相互独立,以避免因历史、行政和其他因素而造成的不必要的干扰。由此,国外注重加强风险评估机构的独立性,一方面是将风险评估和风险管理相分离,使评估机构独立于其他部门开展评估工作;另一方面对食品安全风险评估机构工作人员的专业素养、任职规则都提出了严格的要求,使他们在遵循职业规则的前提下,科学、客观的开展风险评估工作,而不受其他因素的干扰。

例如,欧洲食品安全局作为风险评估机构专门负责食品安全的风险评估,而风险管理任务则交由欧盟理事会、欧洲议会和欧盟各成员国完成,做到两者职能上的分离。[②] 经过多年发展,欧洲食品安全局内部管理机制不断健全,先后制定并完善了一系列核心制度文件,以确保风险评估机构独立的进行风险评估工作而不受欧盟其他组织及利益相关各方的影响。此外,管理委员会的成员、咨询论坛的成员及执行主任等所有成员在公众利益方面也要保持其独立,每年必须以书面的形式作出公开承诺和利益声明,而且在每次会议上也要声明,从而进一步表示不介入任何可能损害其独立性的利益。而欧盟需要设计独立的风险评估机构,是由一定的背景性因素所决定的。虽然早在1986年11月英国的农业、渔业和食品部的研究人员就已经承认英国存在"疯牛病",但从1986年到1996年英国首相召开危机内阁会议的十年期间,政府却无数次保证英国牛肉是安全的。英国政府迟迟未对"疯牛病"采取措施,一个重要原因是担心会给英国的牛肉产品制造业和相

---

① 参见张涛:《食品安全法律规制研究》,厦门大学出版社2005年版,第121页。
② 参见秦富、王秀清:《欧美食品安全体系研究》,中国农业出版社2003年版,第39页。

关加工行业带来灾难性的经济损失。而英国政府之所以将食品企业的利益放在优先位置,这与当时英国的食品安全监管制度密切相关。当时英国农业、渔业和食品部既负责食品安全风险评估和食品标准的制定,也承担着促进英国农民和食品企业的经济利益的责任,而这两项职责所保护的利益存在冲突,前一项是保护消费者和公众的利益,后一项是保护农民和食品企业利益。"疯牛病"事件表明,如果不从制度上将风险评估与风险管理相分离,消费者的利益通常难以保障,为此英国政府于2000年建立食品标准机构负责食品安全风险评估,以保护消费者利益,而原先的农业、渔业和食品部也于2001年被撤销。① 欧盟食品安全风险评估制度的设计显然汲取了英国的教训,当然也吸收了英国建立一个独立的机构专司风险评估的经验。事实上,1996年"疯牛病"危机在欧洲的全面爆发,也促使欧洲议会建立一个调查委员会来调查欧盟的食品安全监管制度。调查委员会所发布的一份报告指出,1996年之前欧盟食品安全风险监管法律制度存在诸多缺陷,比如,作为科学的风险评估职责与作为政策决策的风险管理职责之间关系过于紧密,偏向于保护农业和企业的利益等。② 又如,2011年12月5日欧洲食品安全局的管理委员会所制定的《关于欧洲食品安全局的独立性和科学决策过程的政策》的内部指引在前言中就指出,欧洲食品安全局所实施的所有活动(包括食品安全风险评估)具有独立性,对于确保其科学上的卓越性和声誉是至关重要的。③ 而无法作出科学上公正的评估建议自然也无法获得欧盟公众的信任。如果风险评估机构不能与风险管理机构相分离,由同一机构既负责风险评估工作又执行风险管理职能,无疑会导致风险规制任务难以有效完成,既无法应对当下不断出现的食品安全危机事件,也最终会导致消费者对食品安全风险规制机构失去信赖。

根据上文对欧盟、德国、日本以及美国等国家及地区食品安全风险评估

---

① See E. Millstone and P. van Zwanenberg, *The Evolution of Food Safety Policy-making Institutions in the UK,EU and Codex Alimentarius*, Social Policy &Administration,2002, pp.593—609.

② See D. Chalmers, Food for Thought Reconciling European Risks and Traditional Ways of Life, *The Modern law review*,Vol.66(4),2003,pp.531—535.

③ 参见 EFSA, The Policy on Independence and Scientific Decision-Making Processes of the European Food Safety Authority, 载 http://www.efsa.europa.eu/en/keydocs/docs/independencepolicy.pdf, 2014年1月6日访问。

机构设置以及职能的比较,可以发现为确保风险评估工作的科学性、客观性和有效性,发达国家基本上都是将风险评估和风险管理职能分开,成立专门的风险评估机构,将涉及食品安全管理的各行政机构的信息进行收集、交换和整合,遵循科学、透明、公开、预防的原则进行风险评估,在风险管理机构和风险评估机构之间进行公开、透明且具有很强程序性的合作,这对于真正确保消费者安全意义深远。

(3) 完善的内部治理结构,确保食品安全风险评估机构的合理设置。虽然风险评估机构作为一个整体承担风险评估之职,但各项具体的评估工作则是由评估机构内部的各职能部门加以完成,这些内部职能部门也可以被称之为内部治理结构。根据社会学中的分析功能主义的一项研究结论,组织的治理结构决定着组织功能的发挥。[①] 据此,一个国家或地区食品安全风险评估组织的内部治理结构设计是否科学,直接关系到食品安全风险评估组织能否实现该国或该地区立法者的期待目标。从前文对国外食品安全风险评估机构的比较分析,可以发现这些风险评估机构内部设置相对完善,都设置了相关的职能部门且分工明确。各食品安全风险评估组织机构基本包括了决策部门、行政部门、技术部门和风险交流四个部门,各个部门分别负责风险评估中各个领域的工作,内部治理结构完善。例如,德国联邦风险评估研究所共设9个部门,包括行政管理部、风险交流部、科研服务部、生物安全部、化学品安全部、食品安全部、消费品安全部、食品链安全部、实验毒理学部等。

完善的内部治理机构的高效运作,有利于为相关的食品安全风险管理机构提供科学的食品安全风险评估建议,并获得公众及利益相关方的积极评价。例如,2004年3月欧盟发布的一份《关于利害关系人和感兴趣的主体对欧洲食品安全局的当前形象的评估报告》[②]中指出,对于欧洲食品安全局在科学领域内的绩效,公众和利害关系人持积极的评价。2010年2月,欧

---

① 参见〔美〕乔纳森·H.特纳:《社会学理论的结构》,邱泽奇、张茂元译,华夏出版社2006年版,第36页。

② 参见 EFSA, Assessment of the Current Image of the European Food Safety Authority: Interviews with Interested Parties and Stakeholders, 载 http://www.efsa.europa.eu/en/mb040622/doc/mb040622-ax2a.pdf, 2014年6月2日访问。

盟发布的一份《关于欧洲食品安全局的形象的定性研究报告》[①]中再一次指出,包括欧盟委员会、欧盟成员国、欧盟公众在内的多方主体对欧洲食品安全局在提供科学的食品安全风险评估建议方面的表现持高度肯定的态度,特别是公众相信它提供了最高科学质量的食品安全风险评估建议。从这两份报告中,我们可以发现在过去的10年内,作为专司欧盟食品安全风险评估职能的欧洲食品安全局取得了为欧盟委员会、成员国等多方主体所公认的绩效,公众也恢复了对欧盟食品安全的信任,欧洲食品安全局较好地实现了欧盟委员会所赋予其的功能,而这种功能的有效实现是与其科学的内部治理结构密切相关的。

如前所述,面对日益严重的食品安全危机,为有效完成风险评估之职,欧洲食品安全局完善了内部治理结构,设置了一个管理委员会、一位执行主任、一个咨询平台、一个科学委员会和若干个科学小组。为了对不断变化的环境与不断增加的需求作出快速反应,欧洲食品安全局在于2012年9月16日通过的《欧洲食品安全局的组织章程》中又新增设了五个理事会,通过这些完善的内部结构来实现风险评估目标。

具体而言,欧洲食品安全局内部治理结构的运作模式如下:其一,欧洲食品安全局的管理委员会成员不可以担任咨询论坛成员,因为在很大程度上咨询论坛是成员国在欧洲食品安全局中的代言人——虽然其成员依然需要遵循利益声明规则。其二,虽然食品安全局的管理委员会的成员是欧洲理事会在征求欧盟议会的意见之后任命的,但欧洲理事会任命管理委员会的成员时应当确保成员具有最高标准的业务能力、广泛的相关专业知识以及在欧盟内部最广泛的地理分布,从而尽最大可能降低欧洲理事会对管理委员会的影响。其三,通过更新程序来最大限度的切断科学委员会和科学小组的成员与食品生产企业等利害关系人之间的利益联系。即欧洲食品安全局通过内部和外部的评价程序来对科学小组和科学委员会的各种类型的利益声明进行定期评估,如果发现存在于欧盟《统一食品安全法》和《关于利益声明的独立和科学决策规则》等指南所规定的违反利益冲突的情形,则

---

① 参见EFSA, Image of the European Food Safety Authority: Qualitative Research Report, 载 http://www.slv.se/upload/dokument/efsa/2010/Final_report_of_EFSAs_qualitative_image_report.pdf, 2014年6月2日访问。

辞退该成员,并对该成员参与作出的食品安全风险评估决定是否存在偏见加以审查,同时补充新的合格成员。它分两个独立的阶段来进行。第一个阶段是内部评估。它是指欧洲食品安全局内部的两名来自科学小组和科学委员会的成员依据《关于利益声明的独立和科学决策规则》的规定,对科学委员会和所有科学小组成员的所有利益声明进行评估。第二个阶段是外部评估。它是指,欧洲食品安全局的执行主任基于具有国际公认的科学专业知识、对欧洲食品安全局的工作深入了解和在过去的两年之内没有参与欧洲食品安全局的活动等三项标准,选出三位独立的外部评估专家,并由他们再一次评估科学小组和科学委员会成员的利益冲突问题。此外,为了确保外部专家的评估的公信力,在外部专家召开的评估会议中,由欧盟委员会、欧洲议会和欧洲食品安全局的管理委员会所提名的观察人员可以参加会议并获得会议的全部文件。

(4)强大的网络支撑体系,确保风险评估工作的有效进行。食品安全是全过程的安全,它并非只停留于生产或销售阶段,风险评估工作也并非只对个别危害物质进行评估,而涉及食物链的各个环节中的各种危害因素,对于任何一种危害物质评估的确定、危害物质的定性与定量分析等环节,这些环节的技术评估工作囊括了生物学、毒理学、统计学等众多学科,要求对这些危害物质的评估与检测由评估机构内部专业化的职能部门承担,保证评估结果的客观与科学。为确保整个评估工作的高效、有序运作,要求风险评估工作形成系统化的工程,这就决定了风险评估机构需要复杂的技术网络支撑体系予以保障。

支撑网络体系的第一个要求是先进的风险评估检测技术。评估机构在进行食品安全风险评估时需要进行检测,大量样本的快速筛选和对于恒量物质的精确检测对于食品安全风险评估检测技术提出了巨大挑战,客观上也推动了快速检测技术和仪器分析技术的发展。现代分析化学的发展已经为食品安全评估监测技术提供了良好的方法基础,如二恶英、黄曲霉毒素监测等,特别是风险评估中大量样本检测急需的快速检测技术方面的发展为保证评估机构有效完成评估工作提供了便利。世卫组织、粮农组织、欧洲食品安全局等有关国际组织及世界各国政府均十分重视食品安全与检测技术的发展,把食品安全先进检测方法作为国家食品安全保障能力建设的重点,评估机构的评估检测技术日益趋向高技术化、系列化、速测化与便携化。因此,在今后食品安全风险评估的发展中,评估检测技术仍将是评估机构最重要的技术支撑,食品安全检测技术也将会因为风险评估的广泛开展而受到更多的重视,获得更大的发展空间。

风险评估机构有效开展食品安全风险评估也需要食品污染物数据库体系提供丰富的数据来源。当风险评估机构通过食品安全风险监测或者接到举报发现食品可能存在安全隐患时应当立即组织进行检验和风险评估;有关食品安全行政监管部门应当向风险评估机构提出建议并提供有关信息和资料。这要求必须加大食品污染物数据库的建设:在源头污染资料方面要有充分的产地环境安全性资料和产地数据库;食品中农药和兽药残留、生物毒素及其他持久性化学品的污染情况要有系统、长期的监测资料;危害物质与微生物物质的监测网络应覆盖全部食品领域,确保监测覆盖面、监测项目、监测技术、数据库的建设和利用等方面与评估机构开展科学评估的资料需求相适应;确保食品中等污染物监控网络建设逐步形成完善的信息化网络,全面掌握食品源头污染状况和农兽药残留及环境持久污染物在食品中的残留状况,形成完善的监控网络为风险评估机构提供数据基础。

完善的合作网络体系对于风险评估机构实现科学评估同样具有不可或缺的作用。前已述及,虽然强调在风险评估中要确保风险评估机构的相对独立性以确保评估结果的客观性与科学性,但这并非意味着评估机构与其他机构和公众之间没有任何的合作机制。独立性的制度安排是为了确保评估机构及其成员所开展的食品安全风险评估活动不受其他组织与机构的不正当影响,使得其提供的科学建议体现纯粹的科学性。而合作性的制度安排则是从另一个层面来保障其所实施的风险评估活动体现科学上的卓越性。这是因为卓越的食品安全风险评估工作需要大量精确的信息和专业化的科学知识,这就需要评估机构充分利用其他组织及机构的科学知识。此外,对于与食物链相关的风险,风险评估机构和其他组织都负有向利害关系人和社会公众作出快速反应并提供科学的风险评估建议的职责。一种有效的合作网络能够促进风险评估机构与其他机构之间的沟通,增强风险评估的一致性与有效性。如欧洲食品安全局首先是通过咨询平台实施合作,它的目的是科学信息分享的最大化,尽最大可能的合作以避免发表不同的风险评估意见,促进风险交流领域的和谐,尽可能早的识别风险以及避免重复性的工作。目前,咨询平台的成员由两部分构成,即欧盟成员国内负责食品安全风险评估的机构和爱尔兰、挪威两国负责食品安全风险评估的机构。而瑞士和欧盟委员会所派出的人员则是观察者,欧洲食品安全局中的执行主任则是咨询平台的会议的主席。通过咨询平台,欧洲食品安全局和成员国能联合解决欧盟风险评估问题,成员国也能向欧洲食品安全局就科学事项、工作项目、优先评估事项等提供建议。比如,在2006年—2008年之间,欧洲食品安全局实施了《合作和网络的战略》。① 通过咨询平台,欧洲食品安全局优先确定四个领域作为它和成员国之间的合作对象,即科学数据和信息交换、共享风险评估实践、统一风险评估方法以及风险交流中的合作。

第三节 我国食品安全风险评估组织机构制度

一、食品安全风险评估组织机构设置之历程

我国2006年11月1日起施行的《农产品质量安全法》明文规定了对农产品质量安全实行风险评估。要求"国务院农业行政主管部门应当设立由有关方面专家组成的农产品质量安全风险评估专家委员会,对可能影响农产品质量安全的潜在危害进行风险分析和评估"。"国务院农业行政主管部门应当根据农产品质量安全风险评估结果采取相应的管理措施,并将农产品质量安全风险评估结果及时通报国务院有关部门。"②该条从法律层面为农业行政主管部门实施的农产品质量安全管理工作奠定了科学基础。国家农产品质量安全风险评估专家委员会已于2007年5月17日成立,是我国农产品质量安全风险评估工作的最高学术和咨询机构。该评估机构的成立"有利于推动我国农产品质量安全管理由末端控制向风险控制转

---

① 参见 EFSA, Strategy for Cooperation and Networking between the EU Members States and EFSA,载 http://www.efsa.europa.eu/en/keydocs/docs/msstrategy.pdf, 2014年1月10日访问。

② 参见我国《农产品质量安全法》第6条。

变,由经验主导向科学主导转变,由感性决策向理性决策转变。从这个意义上说,做好了农产品质量安全风险评估工作,也就从根本上解决了农产品质量安全的科学管理问题;做好了农产品质量安全工作,也就抓住了食品安全的关键"①。

但是该法实行以后并没有切实保障农产品的食用安全,而是爆发了数起"瘦肉精事件"。为从根本上解决食品安全问题,国务院常务会议于2007年10月讨论通过了《食品安全法(草案)》。该《草案》中规定实行食品安全风险评估制度。之所以将该制度纳入草案,根据当时的国务院法制办主任曹康泰的说明,是因为将食品安全风险评估结果作为制定食品安全标准和政策的科学依据,是人们对食品安全监管规律的深刻认识,已成为许多国家的普遍做法。② 在全国人大常委会审议草案过程中,发生了"三鹿奶粉事件"。有些常委委员因而提议,应当进一步加强食品安全风险监测和评估工作,以便及时发现食品中可能存在的安全隐患,采取相应的管理措施予以应对,故又增加了两条规定③,最终形成了《食品安全法》(2009年)第二章"食品安全风险监测和评估"的内容。在全国人大常委会立法的基础上,国务院接着出台了《食品安全法实施条例》(2009年),卫生部会同工业和信息化部、农业部等部门制定了《食品安全风险评估管理规定(试行)》(2010年),建立起食品安全风险评估的基本制度框架,为我国食品安全风险评估组织机构的设立与运作提供了法律框架上的支撑。

2009年颁布实施的《食品安全法》着重加强了食品安全风险评估组织机构建设。根据《食品安全风险评估管理规定(试行)》,作为我国食品安全风险评估机构,国家食品安全风险评估专家委员会依据国家食品安全风险评估专家委员会章程组建。④ 2009年12月8日,中国第一届国家食品安全风险评估专家委员会在北京宣告成立;《国家食品安全风险评估专家委员会

---

① 参见中央政府网:《国家农产品质量安全风险评估专家委员会在京成立》,载http://www.gov.cn/gzdt/2007-05/18/content_618908.htm,2014年2月10日访问。

② 参见曹康泰:《关于〈中华人民共和国食品安全法(草案)〉的说明》,载《全国人民代表大会常务委员会公报》2009年第2期。

③ 参见刘锡荣:《全国人民代表大会法律委员会关于〈中华人民共和国食品安全法(草案)〉修改情况的汇报》,载《全国人民代表大会常务委员会公报》2009年第2期。

④ 参见我国《食品安全风险评估管理规定(试行)》第4条。

章程》于 2011 年 4 月 12 日经国家食品安全风险评估专家委员会第一次全体会议审议通过。该章程使得风险评估专家委员会的运作有章可循,弥补了过去立法中对风险评估专家委员会具体职责及工作范围规定不明确的缺陷,进一步完善了我国食品安全风险评估制度。

在《食品安全法》颁布前夕,卫生部也在进行着筹建国家食品安全风险评估中心的工作。风险评估中心作为食品安全风险评估专家委员会的服务支持机构,于 2011 年 10 月 13 日正式挂牌成立。它是经中央机构编制委员会办公室批准成立的、采用理事会决策监督管理模式的公共卫生事业单位。食品安全风险评估中心作为负责食品安全风险评估的国家级技术机构,承担国家食品安全风险评估、监测、预警、交流和食品安全标准等技术支持工作。作为我国第一家国家级食品安全风险评估专业技术机构,它的成立填补了我国食品安全风险评估领域长期缺乏专业技术机构造成的空白,并将在增强我国食品安全研究和科学监管能力、提高我国食品安全水平、保护公众健康、加强国际合作交流等方面发挥重要作用。[①]

二、我国食品安全风险评估组织机构之简析

(一)食品安全风险评估机构——国家食品安全风险评估专家委员会

我国《食品安全法》第 13 条规定"国务院卫生行政部门负责组织食品安全风险评估工作,成立由医学、农业、食品、营养等方面的专家组成的食品安全风险评估专家委员会进行食品安全风险评估。"《食品安全风险评估管理规定(试行)》第 3 条和第 4 条也规定"卫生部负责组织食品安全风险评估工作,成立国家食品安全风险评估专家委员会,并及时将食品安全风险评估结果通报国务院有关部门。""国家食品安全风险评估专家委员会依据国家食品安全风险评估专家委员会章程组建。"据此,2009 年 12 月 8 日,由 42 名委员组成的第一届国家食品安全风险评估专家委员会在京成立,作为专司食品安全风险评估职责的独立机构,该委员会由 42 名来自营养学、食品安全、环境生态、检验检疫、疾病预防、公共卫生等领域的专家组成。专家委

---

① 参见百度百科:"国家食品安全风险评估中心",载 http://baike.baidu.com/link?url=r6HkQC6W-B3EJ4AW6s9Rtdzml8Z4XooplaOr65Xzg7MRzJ6VzimXzOePPuv3CbvVOFmnPRVReRl3lqkNKl3QXK,2014 年 2 月 9 日访问。

员会将承担国家食品安全风险评估工作,参与制定与食品安全风险评估相关的监测和评估计划,拟定国家食品安全风险评估技术规则,解释食品安全风险评估结果,开展风险评估交流,以及承担卫生部委托的其他风险评估相关任务。卫生部部长陈竺指出:"由于以往缺乏明确的制度保障,我国的食品安全风险评估还没有发挥应有的作用,工作还处于起步阶段,在食品安全监管中的作用尚未得到充分发挥,风险评估能力与一些发达国家相比还有较大的差距,主要表现为缺乏专门机构的技术支持、缺乏相关信息收集机制、专业人员较少等。"[1]而风险评估专家委员会的设立正是为了解决上述这些问题,担负起维护我国食品安全健康、保障社会公众食用安全的职责。

2011年4月12日国家食品安全风险评估专家委员会第一次全体会议审议通过了《国家食品安全风险评估专家委员会章程》。该《章程》因我国风险评估工作的需要而出台,对我国风险评估专家委员会这一食品安全风险评估组织机构的各个方面作了规制,如专家委员会主要职责是:起草国家食品安全风险监测、评估规划和年度计划,拟定优先监测、评估项目,进行食品安全风险评估,负责解释食品安全风险评估结果,开展食品安全风险交流,并承担卫生部委托的其他风险评估相关任务[2];专家委员会的工作程序是:卫生部下达评估任务后,由该专家委员会的各专门工作组起草风险评估实施方案和评估报告草案,提交秘书处审议并进行具体的风险评估工作[3];专家委员会的组成人员、任职资格、职业准则、享有的权利以及任职年限和资格终止等情形。[4]

《章程》也对国家食品安全风险评估专家委员会的内部组织机构做了明确规定。依据该章程的规定,国家食品安全风险评估专家委员会由主任委员、副主任委员、秘书长、副秘书长和委员组成,且均由卫生部聘任。[5] 专家委员会内设专门工作小组、秘书处和临时工作。秘书处作为其常设办事机构,主要负责专家委员会的日常事务,组织召开专家委员会议并承担会议各

---

[1] 参见中央政府网:《我国成立首届国家食品安全风险评估专家委员会》,载 http://www.gov.cn/jrzg/2009-12/08/content_1482962.htm,2014年2月10日访问。
[2] 参见《国家食品安全风险评估专家委员会章程》第3条。
[3] 参见《国家食品安全风险评估专家委员会章程》第19—25条。
[4] 参见《国家食品安全风险评估专家委员会章程》第12—18条。
[5] 参见《国家食品安全风险评估专家委员会章程》第5—6条。

项议事材料的准备,协调受委托的有关技术机构开展食品安全风险评估相关科学数据、技术信息、检验结果的收集、处理、分析等事项,主动跟踪汇总及分析国内外食品安全风险评估相关的政策与科学信息,开展食品安全风险信息交流,负责管理专家委员会工作经费,对国内外风险评估的动向予以关注,组织落实专家委员会议定的其他事项;专门工作组负责各专门领域的风险评估工作;临时工作组则因应急评估的需要而设立,临时工作组可由专家委员会委员或其他专家组成。①

(二) 食品安全风险评估支撑机构——国家食品安全风险评估中心

国家食品安全风险评估中心是服务于食品安全风险评估的国家级技术机构,属于食品安全风险评估专家委员会的支撑与技术服务机构。根据职责要求,风险评估中心设置职能部门、风险评估业务部门、食品安全标准部门和技术支持部门四个单元,业务部门包括风险监测与预警、风险评估、风险交流、应急与监督技术、实验室、食品安全标准等部门,同时设立国家食品安全风险评估专家委员会秘书处和食品安全国家标准审评委员会秘书处。国家食品安全风险评估中心设立理事会,它是食品风险评估中心的决策监督机构,负责中心的发展规划、财务预决算、重大事务、章程拟订和修订等事项,按照有关规定履行人事等方面的管理职责,并监督食品风险评估中心的运行。卫生部是食品风险评估中心理事长单位,国务院食品安全办、农业部为副理事长单位,工商总局、质检总局、食品药品监管局等部门为理事单位,理事会成员还有医学、农业、食品等领域的专家和服务对象代表等。食品风险评估中心首届理事会由19人组成,其中理事长1名,副理事长2名,理事16名。食品风险评估中心设立管理层,作为执行机构,由食品风险评估中心行政负责人及其他主要管理人员组成。管理层向理事会负责,按照理事会决议独立自主地履行日常业务管理、财务资产管理、一般工作人员管理等职责,定期向理事会报告工作。②

国家食品安全风险评估中心承担的职责主要是:(1) 开展食品安全风险评估基础性工作,具体承担食品安全风险评估相关科学数据、技术信息、

---

① 参见《国家食品安全风险评估专家委员会章程》第7—11条。
② 参见国家食品安全风险评估中心:"运行机制",载 http://www.chinafoodsafety.net/newslist/newslist.jsp? anniu = Introduction,2014年2月7日访问。

检验结果的收集、处理、分析等任务,向国家食品安全风险评估专家委员会提交风险评估分析结果,经其确认后形成评估报告报卫生部,由卫生部负责依法统一向社会发布。其中,重大食品安全风险评估结果,提交理事会审议后报国家食品安全风险评估专家委员会。(2)承担风险监测相关技术工作,参与研究提出监测计划,汇总分析监测信息。(3)研究分析食品安全风险趋势和规律,向有关部门提出风险预警建议。(4)开展食品安全知识的宣传普及工作,做好与媒体和公众的沟通交流。(5)开展食品安全风险监测、评估和预警相关科学研究工作,组织开展全国食品安全风险监测、评估和预警相关培训工作。(6)与中国疾病预防控制中心建立工作机制,对食品安全事故应急反应提供技术指导。(7)对分中心进行业务指导,对地方风险评估技术支持机构进行技术指导。(8)承担国家食品安全风险评估专家委员会秘书处、食品安全国家标准审评委员会秘书处的日常工作等职责。①

中心同时是经中央机构编制委员会办公室批准成立的、采用理事会决策监督管理模式的第一家法人治理结构的公共事业单位。它的成立填补了我国长期以来缺乏食品安全风险评估专业技术机构的空白,在增强我国食品安全研究能力,提高我国食品安全水平,保护公众健康,加强国际和做交流等方面发挥重要作用。随着《食品安全法》的深入贯彻实施,以及我国食品安全战略地位的提升,我国食品安全技术支撑体系急需完善,食品安全技术保障能力亟待提高。引进优秀人才、加大科技投入、优化资源配置、提高管理水平将是决定评估中心能否高效履职和健康发展的关键所在。

(三)食品安全风险评估专家委员会与食品安全风险评估中心相互关系

《食品安全风险评估管理规定(试行)》明文规定了食品安全风险评估专家委员会与食品安全风险评估中心各自的职责与相互关系。② 即国家食品安全风险评估专家委员会是我国专门的风险评估机构,而国家食品安全风险评估中心则是专家委员会的技术支撑机构。卫生部是该评估工作的组

---

① 参见百度百科:"国家食品安全风险评估中心",载 http://baike.baidu.com/view/5662236.htm,2014年1月15日访问;国家食品安全风险评估中心官方网站:"工作职能",载 http://www.chinafoodsafety.net/newslist/newslist.jsp? anniu = Introduction,2014年2月7日访问。

② 参见《食品安全风险评估管理规定(试行)》第4、6、7、14、15条。

织者,它根据法律规定的情形布置具体的风险评估任务,并且负有向社会公众和有关部门公布该评估结果的职责;风险评估专家委员是风险评估的真正实施者,它依据下达的任务提出具体的实施方案,着手进行各项评估工作,并且对得出的结果承担责任,须及时把评估结果报告卫生部;风险评估的技术机构是该项评估具体的技术工作的承担者,该机构在风险评估专家委员会的委托或者指导下,收集评估所需要的相关数据信息,对这些资料进行科学的分析和处理,经过该机构的专业测评得出的结论为专家委员会进行风险评估提供参考。

三、食品安全风险评估组织机构存在之主要问题

我国《食品安全法》第13条、《食品安全风险评估管理规定(试行)》第4条与第16条均明文规定了国家设立专门性、独立性的风险评估机构对食品安全实行风险评估的制度。食品安全风险评估专家委员会及其支撑服务机构——国家食品安全风险评估中心——的成立与运作表明我国的食品安全风险评估工作已经逐步走上了制度化、常态化的轨道。这些规定及实践较之于我国以往的立法与实践是一个进步,但这是纵向进行的分析。如果采取横向比较的话,就会发现我国风险评估机构与国外的风险评估机构之间还存在着一些明显的差距,与欧洲食品安全局等评估机构所具有的科学的治理结构形成鲜明反差的是,我国食品安全风险评估组织的治理结构并不是很完善,一些关键的结构元素要么缺失,要么刚刚才成立。[1] 它的绩效也难以为社会公众所信任和承认。主要表现为以下四个方面:

(一) 风险评估机构独立性不足,导致风险评估与风险管理未能真正分离

任何法律的颁布都是有着深刻的社会背景的。与国外相类似,我国也是在严重的食品安全危机下制定了《食品安全法》,确立食品安全风险评估制度,并设立食品安全风险评估机构专司风险评估职责。但是,与国外食品安全风险评估进行比较后,就可以发现我国风险评估机构与国外的评估机构在性质方面却并不相同。从上文对国外食品安全风险评估机构设置的分

---

[1] 比如,直到2011年10月13日,作为负责食品安全风险评估的国家级技术机构的食品安全风险评估中心才正式挂牌成立。参见吕诺:《国家食品安全风险评估中心13日在北京挂牌成立》,载 http://news.china.com.cn/rollnews/2011-10/13/content_10609687.htm,2014年1月4日访问。

析来看,食品安全风险评估机构和食品安全风险监管机构是相分离的。但我国的《食品安全法》第4条却规定由卫生部设置食品安全风险评估专家委员会作为食品安全风险评估机构。所以,尽管《食品安全风险评估管理规定(试行)》第6条规定,国家食品安全风险评估专家委员会独立进行风险评估,但无论就该规定的立法层次、效力,还是整个条文内容看,对保障食品安全风险评估工作的独立性所能提供的帮助极其有限,食品安全风险评估机构的独立性不够,仍严重依附于食品安全监管主体。

不仅如此,让人感到困惑的是,《食品安全风险评估管理规定(试行)》的其他诸多条款却让食品安全风险评估专家委员会严重依附于行政机关。[①]比如,依据第7条的规定,对于国家食品安全风险评估专家委员会开展食品安全风险评估任务的来源而言,由卫生部下达;依据第10条的规定,对于国家食品安全风险评估计划和优先评估项目的确定,由卫生部决定[②];依据第12条第1款的规定,对于根据卫生部下达的评估任务,国家食品安全风险评估专家委员会提出风险评估实施方案,则需要报卫生部备案;依据第12条第2款的规定,对于在实施风险评估过程中,需要进一步补充信息和数据的,国家食品安全风险评估专家委员会需要向卫生部提出数据和信息采集方案的建议。而第15条和第18条则进一步规定,对于风险评估的结果和报告,国家食品安全风险评估专家委员会应当及时向卫生部报告;对于食品安全风险评估结果的公布,则由卫生部依法向社会公布。显然,这些条款表明专家委员会的行为具有明显的政策导向性,严重削弱了食品安全风险评估专家委员会的独立性。而从实践中来看,以第一届国家食品安全风险评估专家委员会的组成情况为例,进行评估的42名委员绝大多数都来自国家部委的下属机构,委员会委员由卫生部选聘,分别来自各有关医药院校、科

[①] 其实,前文所述的,国家食品安全风险评估专家委员会开展食品安全风险评估所需要的信息和资料而言,由卫生部负责收集,国务院有关部门和县级以上地方农业行政、质量监督、工商行政管理、食品药品监督管理等有关部门协助卫生部收集食品安全风险评估所需信息和资料(《食品安全风险评估管理规定(试行)》第8条),也是依附性的一种体现。

[②] 《卫生部办公厅关于成立第一届国家食品安全风险评估专家委员会的通知》虽然规定食品安全风险评估专家委员会"参与制订与食品安全风险评估相关的监测和评估计划,拟定国家食品安全风险评估的技术规则",但风险评估专家委员会只是作为参与者参加,其相应的法律责任和法律地位都没有明确的规定。

研单位、药检部门及医院各不同专业。① 至于我国食品安全风险评估组织机构的另一组成部分——食品安全风险评估中心,则直接属于事业单位,受国家行政机关的领导和监督。因为国家食品安全风险评估中心建立了理事会,是食品风险评估中心的决策监督机构,负责中心的发展规划、财务预决算、重大事务、章程拟订和修订等事项,按照有关规定履行人事等方面的管理职责,并监督食品风险评估中心的运行。而卫生部是食品风险评估中心理事长单位,国务院食品安全委员会办公室、农业部为副理事长单位,国家工商行政管理总局、国家质量监督检验检疫总局、国家食品药品监督管理总局等部门为理事单位。这不得不让我们怀疑:风险评估组织机构会不会仅仅是一种虚设的机构,其独立进行风险评估的法律依据和保障措施何在?

由此可见,我国的食品安全风险评估组织机构尚未完全独立,仍依附于食品安全风险监管机构之下。这与发达国家及食品法典委员会确立的风险评估与风险管理相分离的原则不符,使得食品安全风险评估机构的独立性得不到保障,不利于对食品安全风险的有效规制。

(二) 风险评估机构权威性不高,导致食品安全风险评估质量受影响

独立性与权威性是一个事物的两个方面:即只有首先确保自身地位上的独立性,而后才能在此基础上产生权威性。对于食品安全风险评估机构来说,只有独立于风险管理机构,拥有自身独立的性质、地位与明确的职责,并在一定时期内拥有较为固定的评估机构专家委员与工作人员,才能够使公众相信评估机构所作出的风险评估结果具有科学性与权威性的。而我国的风险评估机构由于在性质上并不具有真正的独立性,决定了该机构也并不具有完全的权威性。

从2009年组建食品安全风险评估专家委员会就可以看出,我国政府对食品安全风险评估工作的重视以及加强食品安全风险评估的必要性。但是,现行的行政体制弊端却造成了食品安全风险评估自身,以及运用科学知识得出的评估结果并不具有权威性。首先,该机构由卫生部设立而具有隶属性和依附性,因此易受行政部门影响,难以保障该机构的公信力与权威

---

① 参见中华人民共和国卫生部:《卫生部办公厅关于成立第一届国家食品安全风险评估专家委员会的通知》,载 http://www.moh.gov.cn/publicfiles/business/htmlfiles/mohwsjdj/s3594/200911/44735.htm,2014年1月23日访问。

性;该机构没有独立启动风险评估的权力,专家委员会工作人员由卫生部聘任,因而具有很强的临时性与易变性,食品安全风险评估组织机构的运行取决于卫生行政部门的意志和决定。其次,法律法规对专家委员会人员在外任职的限制没有详细规定,而职业外兼职本身就会影响公众对该机构权威性的质疑,作为负责食品安全风险评估工作的专家委员会,如果其组成委员自身不能够做到专一,则整个风险评估专家委员会的权威性更会大打折扣。再次,该机构内的人员编制也存在问题。例如:专家委员会人员由相关部门及科研院所推荐,由卫生部聘用,存在着人员的任用程序不严格的问题;专家队伍人数少、技术水平不高,懂得食品安全评估的专家人员匮乏,精通国际食品安全风险法律法规的人员也很少,风险分析人员的研究仅停留在某一个层面或者某一个领域,跟国际比较起来,风险评估的研究还相当落后,这样导致的结果只能是作出的风险评估结果缺乏科学性与权威性。最后,专家委员会参与国际上风险评估方面的活动较少,难以吸收国际最新成果与经验。[①]

(三) 风险评估机构职责不清晰,内部与层级之间职能模糊

组织机构的内部结构与各职能部门权责的划分决定着组织机构的功能能否得到切实有效的发挥。由此,食品安全风险评估机构的内部结构设计是否科学,直接关系到食品安全风险评估机构能否实现立法者的期待目标。分析我国《食品安全风险评估专家委员会章程》可以发现,它只是在第 7 条原则性规定了"专家委员会根据评估需要设置专门工作组,具体负责不同专业领域的风险评估工作",第 10 条规定了必要时可以设置临时工作组的规定。这样的一种原则性规定导致风险评估专家委员在实际运作中没有法律规范做指引,同时其内部职能配置也并不明确。

(1) 专家委员会内部设置不科学,职责不清晰。如前所述,国外食品安全风险评估机构都设置了相关的职能部门,分工明确。如欧洲食品安全局设立了管理委员会、执行主任、咨询论坛(平台)、科学委员会和若干个专门的科学小组。[②] 日本食品安全委员会由秘书处、事务局、评估科、劝告宣传科、信息·紧急应对科、风险沟通官组成,共设 16 个专家委员会、3 个评估小

[①] 参见张晓昕:《食品安全风险评估法律制度研究》,山西大学硕士学位论文,2012 年。
[②] 参见 EFSA 相关内容,载 http://www.efsa.europa.eu/en/efsawho/efsastructure.htm,2014 年 1 月 9 日访问。

组。德国联邦风险评估研究所共设9个部门,包括行政管理部、风险交流部、科研服务部、生物安全部、化学品安全部、食品安全部、消费品安全部、食品链安全部、实验毒理学部等。我国食品安全风险评估机构也设立了相关的职能部门,如卫生部依法设立了食品安全风险评估技术机构负责风险评估工作所需数据和相关信息的收集;食品安全风险评估专家委员会设立了专门工作组负责各专门领域的风险评估工作和临时工作小组负责应急评估工作。但与国外相比,我国食品安全风险评估机构的职能部门设置却是比较单薄,相关法律法规对风险评估机构内设职能部门的职责分工也不是很明确,相对比较模糊。成立国家食品安全风险评估中心是实现食品安全"预防为主、科学管理"的重要举措,但由于该中心刚刚成立,在人员配置、机构设置等方面依然有很多需要完善的地方。这些缺陷导致食品安全风险评估组织机构不足以应对复杂的食品安全风险评估工作,不利于我国食品安全风险评估工作的有效进行,从而影响食品安全风险评估工作的效率。

（2）专家小组与临时小组职责划分不明确,中央与地方规定不一。《国家食品安全风险评估专家委员会章程》规定的专家小组和临时小组的工作任务、职责范围以及小组划分等不明确;秘书处的事务繁杂,既负责日常事务,又负责风险交流工作,而且该机构内部缺乏食品安全风险交流的信息平台。同时,中央与地方对风险评估机构的设置规定不一。我国建立了由国家食品安全风险评估专家委员会统领全国食品安全风险评估工作的体制,中央层面该委员会于2009年12月8日成立,由来自于医学、农业、食品、营养等领域的专家组成,基本上实现了专业化要求。但在地方仍是沿袭过去由农业行政、质量监督、工商行政管理和食品药品监督管理等有关部门向卫生行政部门提出食品安全风险评估建议、提供有关信息和资料的旧体制,这样就难免会出现管理的交叉和评估的空白地带。此外,在中央与地方不同的评估机构设置体制下,风险评估专家可能只会得出有限的结论,或者受到食品企业的笼络、行政权力的控制等外在因素的干扰,这样就会影响食品安全风险评估数据的真实性。

（四）风险评估机构支撑体系不健全,制约风险评估工作有效运作

由于卓越的食品安全风险评估工作需要大量精确的信息和专业化的科学知识,以及评估机构对于与食品相关的风险负有向利害关系人和社会公

众作出快速反应并提供科学的风险评估建议的职责,这决定了风险评估机构评估工作的有效运作必须通过合作化的制度架构来实现。这样一种有效、完善的支撑网络体系能够促进风险评估机构与其他机构之间的沟通,增强风险评估的一致性与科学性。但分析我国关于风险评估专家委员会及国家食品安全风险评估中心的法律规范与实际运作可以发现,现行的专家委员会与评估中心的支撑网络体系并不健全,从而导致这些机构并未充分达到立法者所欲实现的有效规制食品安全风险、促进评估结果科学性与权威性的目的。

(1) 评估机构与其他机构之间信息交换支撑平台建设不完善。虽然我国的食品安全风险评估机构对风险评估结果也进行了信息交换,但这种评估信息却是单向的、自上而下的。而且,现行的食品安全风险评估信息共享平台还存在建设不健全、运作不规范等不足之处。作为权威的专业技术机构,国家食品安全风险评估中心所发布的结果是具有说服力的,但由于食品安全领域的问题涉及复杂而专业的技术性知识,如果不能准确、有效地传递给公众,很容易造成社会的误解,甚至于导致社会事件。对于专业评估人员,不能仅仅埋首于实验室的评估工作。"过去,一瓶矿泉水合不合格,对我们来说,只是一个专业问题,现在才发现它是一个社会属性很强的问题。尤其在传媒发达的年代,食品安全问题能迅速发酵为社会事件,中心必须学会团结社会的力量来应对食品安全舆论事件。"中心研究员严卫星如是说。[①]由此,作为专业评估机构首先是要做好风险评估工作,但同时要通过对事件的科学的解读将有关的信息及食品安全知识及时传递给公众。而现有的评估机构信息支撑平台建设还不健全,导致难以有效、科学的与其他机构和公众进行科学信息的交换。

(2) 风险评估机构技术支撑体系建设不健全。国外的风险评估机构有效运作的实践表明,顺利开展风险评估的国家无一不是有相当能力的技术机构支撑。具备一个专门从事食品安全风险评估工作国家级机构,建立完善的组织和支持机制,提供有效的资源和经费保障,吸纳风险评估的专业人员,培育系统队伍,才能系统、完整承担各类食品安全风险评估任务,只能从

---

① 参见东方财富网:《探访国家食品安全风险评估中心》,载 http://finance.eastmoney.com/news/1365,20120806243338915.html,2014 年 1 月 19 日访问。

组织上、计划上、程序上和控制条件上保证每一项风险评估项目科学、有效地开展。而我国虽然设置了国家食品安全风险评估中心作为食品安全风险评估专家委员会的技术支撑机构,但由于人员尤其是评估技术所限,评估中心需要花费更多的精力放在系统研究上,积累相当多的数据,特别是现在有很多新的资源、技术需要去掌握、去评估,而现有的应急评估任务已经使得风险评估中心忙的晕头转向。很重要的一个问题就是我国评估机构对于食品安全系统研究基础薄弱,目前的食品安全风险评估中的基础数据缺乏、"家底不清"。而且评估机构到目前为止从事的还只是粗线条的评估,并没有作细致的评估。这些都是由技术支撑体系滞后所导致的。

第四节　我国食品安全风险评估组织机构制度之完善

食品安全风险评估机构应当是作为科学咨询机构而存在,而非作为决策机关存在,是否设置了科学完善的风险评估机构对于食品安全风险评估及其有效规制具有重要意义。针对我国食品安全风险评估组织机构所暴露出来的主要问题,在借鉴发达国家较科学完备的食品安全风险评估机构设置经验的基础上,可以从以下四个方面来完善。

一、实现评估组织与风险管理组织之相对分离

食品安全风险评估的独立性原则已经得到我国法律规范的确认,为了保障独立性原则的实现,提高食品安全风险评估的科学绩效,必须建立相对独立的食品安全风险评估组织,承担独立的食品安全风险评估任务,实现评估组织机构与风险管理组织的相对分离,从而减少食品安全风险评估过程中行政主体与评估机构之间的冲突,有利于确保风险评估机构在风险评估过程中作出科学的评估意见和建议。

(1) 改变食品安全风险评估组织机构的隶属关系,保障评估机构的独立性。这就要改变食品安全风险评估专家委员会的隶属关系。现行的风险评估专家委员会由卫生部负责组建和管理。这样直接隶属于卫生行政部门的关系并不能确保专家委员会的独立地位。由此,需要改变现有专家委员

会的产生机制,卫生部应当依据一套体现公平、公开和公正的要求的程序来产生专家。该机制的核心是确保专家委员会是一个根据科学知识,对食品安全风险进行客观、中立、公正评估的独立机关。此外,要保障食品安全风险评估组织机构的独立性还需要实现食品安全风险评估组织机构组成人员的独立性,要改变目前专家的产生由行政部门决定的现状,至少要通过制定公开、严格的专家委员产生程序,来约束行政主体通过影响专家的独立性而左右食品安全风险评估建议的权力。对专家委员或成员的产生在食品安全风险评估专家制度这一章有详细论述。

(2) 改变食品安全风险评估工作启动主体。具有独立启动风险评估的权力,也是彰显食品安全风险评估机构独立性的重要因素。实际上,行政机关应当仅仅只是为风险评估专家委员开展的每一项风险评估提供组织工作,而不应当参与到风险评估的实际工作中去,这样才能够保证专家的评估不受到行政的干预,对评估专家委员会独立的开展风险评估也是非常有好处的。因此,应当赋予该机构能够根据现实工作的需要独立启动风险评估的权力。这方面可以借鉴日本,其国内风险评估的开始有两种方式,其一是食品安全委员会根据实际工作的需要自行决定进行风险评估;其二是由风险管理机构决定进行风险评估,然后将该评估任务下达给食品安全委员会。我国也应当实施两种启动方式,即国家食品安全风险评估专家委员会自行启动和卫生行政部门下达风险评估任务两种形式。这样既有利于增强食品安全风险评估专家委员会的独立性,也有利于该委员会在相关科学数据的支持下及时、高效地开展评估工作,防范食品安全风险。值得注意的是,建立由风险评估专家委员会来启动食品安全风险评估,而不是过去实行的由行政主体下达、由专家委员会来执行的评估制度,还需要通过法律规范明确评估专家什么时候启动评估,对哪些潜在的食品安全风险启动风险评估以及风险评估的覆盖面等问题。

(3) 加大风险评估机构财政经费保障力度。要增强风险评估机构的独立性,还必须确保该机构拥有独立的经费来源,因为独立的经费来源是专家委员会能够独立运行的经济基础。《国家食品安全风险评估专家委员会章程》第26条规定,风险评估专家委员会的工作经费由卫生部申请专项财政经费保障。但该规定只是在规范层面确保了评估机构的资金来源,在评估机构真正运作中并没有切实得到保障。由此,要逐步细化该委员会的各项资金需求,由国家财政予以保障,建立国家财政对该委员会经费支出的监督制度,从源头上保证该机构的独立地位。

二、完善风险评估组织机构之工作机制

在实践中,食品安全风险评估组织的权威性正不断的遭到挑战,社会公众对其评估的绩效表示否定。独立是为了保证科学,权限是为了保证效率,威望是为了保证得到信任。为了获取社会公众的信任,需要进行制度创新,完善食品安全风险评估组织机构的工作机制,提高评估机构的权威性,以重新树立社会公众对其的信任感。

(1)改变现行的食品安全风险评估机构成员的遴选方式,保证公正地选取具有科学卓越性的专家人员从事评估。公正地选举科学专家组成食品安全风险评估组织机构,是确保评估机构能够作出科学、权威的食品安全风险评估建议,并获得社会公众的信任和认可的途径之一。因此,要对入选评估组织机构的人员确定评价指标,至少应涵盖科学上具有卓越性的要求,而且遴选专家人员的程序必须法定且公开,具体的制度构建可以详见后文中对食品安全风险评估专家制度的研究章节。

(2)明确食品安全风险评估组织机构成员的职业守则,保障评估的客观公正性。国家食品安全风险评估组织机构不管是从自身整体还是从其人员构成上来说,都应当摆脱有关行政主体和利益企业的控制,成为具有高度独立性的权威机构。因此,严格禁止组织机构成员的相互兼职,进入评估组织机构的人员不得取得与从事职务有关的报酬,不得从事以金钱利益为目的业务,消除部门权力利益化所带来的种种弊端。

(3)遵循食品安全风险评估透明性原则,确保整个评估工作的公开透明。由于透明性是我国食品安全风险评估的法定基本原则,由此,食品安全风险评估组织机构从事的评估活动必须公开透明。将评估过程置于社会公众的视野之中,既有利于对食品安全风险评估工作的监督,提高评估组织机构行为的严谨性和科学性,也有利于社会公众了解食品安全风险评估的过程,减少公众对评估机构暗箱操作的行为的种种猜忌和诘难,从而实现食品安全风险评估组织的可信赖性和权威性。

（4）加强食品安全风险评估组织机构所做的评估建议和结论的适用性。必须在规范层面肯定评估机构作出的评估结果应当作为食品安全风险管理和决策的决定性依据，如果食品安全风险监管主体拒绝适用或不完全适用食品安全风险评估组织机构的评估结论，那么应公开说明理由，这样才能保证评估结论受到包括食品安全风险监管主体在内的行政主体和社会公众的普遍尊重。正如美国一位联邦法院的法官所指出的那样，当食品与药品管理局拒绝采纳食品建议委员会的建议时，它必须提供一个合理的基础。[1]

三、明确评估机构之职能

（1）合理划分评估机构内部职能单位。由于现行的食品安全风险评估专家委员会对于其内部治理结构的规定并不明晰，导致出现职能不清的问题，由此，对于专家委员会可以依据风险评估工作的具体步骤或研究的具体对象分别设立不同的办事部门或工作小组，并明确各办事部门或工作小组的职能，提高我国食品安全风险工作的操作性。同时，为了体现风险工作的透明度，可以对内部机构的设立、管理、职能、权限、运行程序进行适当地公开。具体设想是：设立人事司，主要负责食品安全风险评估委员会各人员的选拔及审核；办公室，主要负责食品安全风险评估委员会日常事务的管理；风险评估处，主要负责风险评估技术工作；风险交流处，主要负责对风险信息及风险评估结果与公众或利益相关方进行交流。而风险评估处内部可依据风险评估内容不同，分为生物性评估小组、化学性评估小组、物理性评估小组。另外，为了整合现有食品安全风险评估的资源，壮大我国食品安全风险评估的技术力量，可以专门设立一个附属科学院，如中国食品安全科学研究院。我国食品安全风险评估起步晚，技术力量薄弱，正因如此，我国应当利用最小的成本，整合现有我国食品安全风险评估的资源，培养更多的研究型人才，为壮大我国食品安全风险评估能力提供更多的基础。

（2）合理划分中央与地方评估机构的职责权限。《食品安全法》《食品安全风险评估管理规定（试行）》都将国家将食品安全风险评估的职权赋予了国务院卫生行政部门负责组织的食品安全风险评估专家委员会，并没有

---

[1] Tummino v. Von Eschenbach, 427 F. Supp. 2d 212, 232—233（E.D.N.Y. 2006）.

明确规定地方是否设置类似组织,《食品安全风险评估管理规定(试行)》规定:"地方人民政府有关部门应当按照风险所在的环节协助国务院有关部门收集食品安全风险评估有关的信息和资料。"①可见,地方风险监测所获得的数据须向中央上报。在实践中,虽然部分省市的食品安全监督部门也成立了食品安全风险评估小组,实际却承担了包括食品安全的检查监督等方面的工作,并不专职承担风险评估的工作。由此,应当在地方设立专门的风险评估机构,与地方的风险监测机构设置相对应,针对地方监测的食品安全风险进行评估,从而指导地方食品安全风险监管的开展。除了国家组织食品安全风险评估专家委员会进行食品安全风险评估,在有能力的省市成立国家食品安全风险评估分中心,同样主管全国范围内的食品安全问题。对于地方食品安全风险评估组织机构的设置规模、工作机制、人员组成以及其与中央食品安全风险评估组织机构的职权划分等同样也需要有法律规范予以指导性规定。

四、强化评估组织机构之支撑体系之建设

食品安全风险评估支撑体系的建设对于评估组织机构有效开展评估工作、保障评估的科学性意义重大。这可以从以下几个方面来完善。

(1)设计广泛和有效的合作制度。支撑科学专家开展食品安全风险评估工作的网络体系或者各类合作性制度其实类似于食品安全风险评估专家委员会和食品安全风险评估中心安放在全国各地的手足或耳目,帮助其快速和高质量地实施风险评估。对此,我国现行的法律制度规定的相当欠缺的。笔者认为,未来的法律制度设计至少应当包括以下合作性制度:一是建立利害关系人②协商平台来开展合作。卫生部自身或者委托食品安全风险评估中心实施该项合作制度。这项制度是食品安全风险评估中心与各类利益团体进行合作的主要制度安排。卫生部应当通过一项指南,详细规定食品安全风险评估中心与各类利益团体之间合作的具体制度。比如,该平台的职责与任务、平台的构成、平台的主席、平台的会议制度与工作方法和资

---

① 参见《食品安全风险评估管理规定(试行)》第3条第3款。
② 它是指受食品安全风险评估科学顾问的风险评估工作直接或间接影响的个体或团体,比如,消费者团体、非政府组织、市场运营商、食品制造商、分销商或加工者和科学专业人士等。

金等内容。二是建立食品安全风险评估咨询平台来实施合作。咨询平台是国家食品安全风险评估中心与地方行政机关之间开展合作的关键性制度,以实现两者之间的食品安全风险信息和数据的共享。笔者认为,卫生部可以在卫生行政系统内建立食品安全风险评估咨询平台,并通过指南的方式规定咨询平台的各项制度,比如,咨询平台的成员构成、出席会议规则、独立性、保密性、透明性、秘书、会议的召集、议程、法定人数与投票、结束争议、书面程序、解释与会议所使用的语言、工作小组、会议记录和文件的发送以及补助等。三是建立食品安全风险评估各类网络联络点来实施合作。网络联络点可以视为是咨询平台的有机组成部分,因为咨询平台的成员是借助于网络联络点来开展具体的任务的。它的主要使命是就与食品安全风险评估相关的科学事项来支持咨询平台的工作,从而支撑国家食品安全风险评估中心工作。网络联络点可以设在全国的各类研究机构、大学、食品生产和经营企业、医院、乡镇和村的卫生所等,由此,它触角延伸到非常广泛的领域。卫生部也应当通过内部指南的方式来规定网络联络点与咨询平台开展合作的制度,比如,成员构成、主要使命、经费来源、会议制度等。

(2)加强支撑体系的硬件设施建设。评估机构进行食品安全风险监测,进行食品安全风险评估所依靠的是科学的论证说明,而这首先依赖于先进完善的技术和硬件设施支撑。与国外风险评估机构相比,我国食品安全风险评估专家委员会还没有充足的检测与评估技术设施,因此,应加大重点实验室的资金投入,购买先进仪器,引进最新科学管理理念,力争使我国的食品安全风险评估水平达到国际先进水准。对各种实验室的科学水平应当通过定期参加国内外高水平能力对比验证和检查的办法进行考察,以确保实验室的食品安全风险检测和评估水平。同时,对工作人员进行科研培训学习是提高检测与评估的科学技术水平的不可或缺的途径,由此,还要加快培养掌握食品安全风险评估国际先进水平的专业人员,不断提高食品安全风险评估工作的能力。

第三章　食品安全风险评估信息制度

由于食品安全风险评估的科学性和可接受性对信息的依赖程度极高,由此,信息便成为该制度的重中之重。目前行政法学界对食品安全风险评估信息制度研究相当不够。然而,在现实中,由于信息质量的低下、信息链的不完整以及信息传递的不流畅,致使食品安全风险评估工作的科学性难以得到可靠保障。如果行政机关以这种不科学的风险评估结论作为实施食品安全风险规制的依据,那么就容易出现规制失灵问题。为此,本章以食品安全风险评估信息为研究对象,从以下几个方面展开论述:一是食品安全风险评估信息的功能和分类;二是食品安全风险评估信息制度的类型;三是评析国外主要国家和地区的食品安全风险评估信息制度;四是分析我国食品安全风险评估信息制度的运行现状;五是针对我国食品安全风险评估信息制度的不足,提出具体的制度完善建议,从而确保食品安全风险评估信息的完整、准确、及时、真实和有效,确保风险评估的科学性。

第一节　食品安全风险评估信息之功能与分类

信息是从英文单词"information"翻译而来的。information 还可以译为资讯、情报及资料,又有知识和消息的意思。该词来源于拉丁文"informatio",意思是指解释和阐述。信息论的奠基人香农指出,我们接收和使用信息的过程,就是我们对外界环境中的种种偶然性进行调节,并在该环境中有效活着的过程,因此,他将信息定义为"不确定性的减少"[①]。这里所说的不确定性是指,现实生活中所出现的影响人们生存、发展的多种变动的可能性。人们之所以要获得信息,是因为人们有信息需要。信息需要是指人们在从事各项具体的实践活动时,为解决其决策的不确定性而对信息的不满足感。食品安全风险评估的信息是指,行政主体[②]在履行食品安全风险评估有关职责过程中制作或获知的,以一定形式记录、保存的与食品安全风险评估有关的各种资讯、情报、资料、知识或消息。

一、信息在食品安全风险评估中的功能

(一)有利于行政主体开展风险评估工作,保障评估结果的科学性

食品安全风险评估是一个复杂的系统工程,整个过程都离不开信息的周而复始的运转。从行政主体的角度看,食品安全风险评估的信息产生、收集、分析研判、运用、发布的整个过程是一个不断循环往复的信息运行过程。实施食品安全风险评估在一定程度上可以看成是对食品安全信息的收集、加工、传递和利用。在这个过程中,行政主体是最主要的信息生产者、收集者、使用者、发布者和管理者,也是食品安全风险评估的中坚力量。我国《食品安全法》第 13 条规定:"食品安全风险评估应当运用科学方法,根据食品安全风险监测信息、科学数据以及其他有关信息进行。"由此可见,信息是食品安全风险评估的前提、基础和依据。食品安全风险评估结论的准确性、科学性对信息的依赖程度很高。如果行政主体没有充足的、正确的数据和信息,那么就无法开展食品安全的风险评估。例如,在预评估阶段,在何种条件下启动食品安全风险评估议题,行政主体需要充分收集和分析那些反映不同主体价值判断、风险知识、关注程度、心理情感等方面内容的信息资料。如果直接依据单一的专家知识和信息决定进入危害识别阶段或者由专家代

---

① 参见李良荣:《新闻学导论》,高等教育出版社 1999 年版,第 24 页。
② 这里的行政主体包括卫生部等国家行政机关,也包括经国家法律规范授权实施风险评估的专家委员会和风险评估中心。

替公众决定风险议题,那么在正当性或科学性上都会受到质疑。在危害识别、危害描述、暴露评估和风险特征描述等阶段,行政主体则需要收集更多客观、准确的科学方法和科学数据方面的信息,并对这些信息进行加工处理和交流探讨,得出科学的风险评估结论。缺少科学、实用、准确的食品安全风险评估信息,风险评估结论的科学性将无从谈起。而食品安全风险评估参与阶段则更加依赖于信息的透明和公开。评估参与的目的、方式、内容均离不开信息的运行。由此可见,信息贯穿于食品安全风险评估的每个阶段,完整、客观、及时、实用的高质量的信息能在很大程度上保证食品安全风险评估制度的有效运转,使风险评估更加科学、合理,从而为风险管理和风险交流提供可靠的前提。

(二)有利于实现公民的知情权、参与权和自主选择权,保障评估结果的可接受性

知情权一词源于英文"right to know",有时也被译为"了解权""知悉权"。一般认为它是自然人、法人及其他社会组织依法享有的知悉、获取、了解与法律赋予该主体的权利相关的各种信息的自由和权利。知情权既可以用于私法领域,如消费者对商品情况的知悉等,也可以用于公法领域。[①] 笔者所指的知情权主要是指,公民了解、获取、知悉国家公权力机关以及公共事业单位的各种信息的权利,与公民知情权相对应的,是行政主体及其工作人员的告知义务。知情权的客体是知情权赖以存在的载体和权利所指向的对象,是知情权主体应当知道的信息,在此即食品安全风险评估的有关信息。知情权的实现与满足依赖公共信息拥有者的公开,然而,在现实中食品生产经营者为逃避监管牟取非法利益,往往不主动公开食品安全问题,政府收集和公开相关风险信息的能力和动力也常有不足,导致的后果要么是食品安全事件的损害结果被严重扩大,要么就是人们对某一食品行业产生恐慌,更为严重的则是公众会对政府完全失去信任。所以,在各种信息资源中,行政主体作为最大的信息搜集者、生产者和发布者,不能把这些信息据为己有。食品安全风险评估信息是社会的共同财富。行政主体负有向公众公开信息的义务,是信息公开的义务主体,公众则是信息公开和知情权的权

---

① 参见杨海坤:《宪法基本权利新论》,北京大学出版社2004年版,第153页。

利主体。公众有权知悉食品安全风险评估中的有关信息,行政主体履行信息公开义务的同时,也是满足公众知情权的客观要求。

公众及时、准确地知悉食品安全风险评估的信息不仅有利于公众知情权的充分实现,而且它们在享有知情权的基础上才可能更有效、更理性地运用自身的知识和已掌握的信息参与到食品安全风险评估的过程之中,比如,贯穿于整个食品安全风险评估阶段的评估参与,其必要条件便是参与者对食品安全风险有所了解。公众参与的前提是信息公开,是知情权的实现。公众在获取食品安全风险评估相关信息之后,才谈得上在食品安全风险评估中充分、平等地发言、讨论、参与。由此可见,如果食品安全风险评估中的信息运行正常,公众实现了知情权和参与权,那么,一方面由于解决了公众与食品生产经营企业之间就食品安全风险评估信息不对称的问题,公众可以更理性的分析自己的行为,主动科学地选择安全的食品,规避食品安全的风险,实现自主选择的权利,从而有利于实现食品安全风险评估的终极目标——预防食品安全事故,保障食品安全;另一方面,由于公众也是食品安全风险评估信息的主要来源之一和交流对象之一,因此,知情权和参与权的实现,既有利于整合不同主体现有的关于食品安全风险的知识,整合食品安全风险双重属性——客观意义的属性和社会建构意义的属性——所对应的知识和资料,从而得到更充分的食品安全风险评估信息,还有利于解决食品安全风险评估过程中的价值冲突问题。因为信息的高效运行有利于揭示包括专家、生产经营者、消费者在内的各类参与者的价值偏爱,增强食品安全风险评估中各类角色之间的理解,减少或缓解参与者之间的敌意和极端的态度,产生新的观点或思路,发现新的风险问题,有助于建立共识和妥协以及获得相对公平和优化的风险评估结论等。[1]

综上所述,信息是食品安全风险评估的神经,它贯穿于整个食品安全风险评估的过程,引导决定食品安全风险评估的规模、走向、方法、结论。分析食品安全风险评估中的信息对于实现科学合理的风险评估和风险规制,无疑具有重要的意义。

---

[1] See Fiorino D. J., Citizen Participation and Environmental Risk: A Survey of Institutional Mechanisms, Science, *Technology and Human Values*, Vol. 15, No. 2, 1990, pp. 226—243.

二、食品安全风险评估信息的分类

（1）依据食品安全风险评估的结构程序，可以将食品安全风险评估信息分为预评估阶段的信息、危害识别阶段的信息、危害特征描述阶段的信息、暴露评估阶段的信息、风险特征描述阶段的信息和评估参与阶段的信息。这是以食品安全风险评估工作的时间轴为标准，对食品安全风险评估信息进行的分类，以便对信息的运行有一个时间概念上的客观完整的认识。事实上每个阶段的信息本身可能都包含着信息产生、发送、传递、接受、处理的全过程。这六个阶段的信息有其独特的内容和性质要求，比如，传统的食品安全风险评估结构中的信息（危害识别阶段的信息、危害特征描述阶段的信息、暴露评估阶段的信息、风险特征描述阶段的信息）更强调信息的客观、科学，信息和资料更多的是以专家知识的形式存在，而笔者所主张的食品安全风险评估还包含预评估阶段的信息和评估参与阶段的信息。该阶段的信息则更强调信息的价值偏好，包含了更多社会、心理和文化方面的信息。

（2）依据食品安全风险评估信息的来源，可以将食品安全风险评估信息分为外部来源的信息和内部来源的信息。这里对内外的区分，主要是以行政主体的视角来判断的。外部来源的信息主要包括：事故单位和医疗机构的报告；生产经营者的信息披露和报告；社会公众的举报，比如，《食品安全法》第 10 条明确规定，任何组织或者个人有权举报食品生产经营中违反本法的行为。第 14 条规定，国务院卫生行政部门通过食品安全风险监测或者接到举报发现食品可能存在安全隐患的，应当立即组织进行检验和食品安全风险评估。另外，消费者的投诉也是发现问题的重要信息来源之一。这些信息不仅能成为食品安全风险评估的重要信息来源，也可以成为食品安全风险监管的重要依据之一。内部来源的信息主要包括：其一，来自行政主体日常行政调查的食品安全风险评估信息，主要是抽查、检测等形式，比如，《食品安全法》第 77 条规定，县级以上质量监督、工商行政管理、食品药品监督管理部门履行各自食品安全监督管理职责，有权进入生产经营场所实施现场检查，对生产经营的食品进行抽样检验，查阅、复制有关合同、票据、账簿以及其他有关资料等等。其二，食品安全风险评估监测信息。根据《食品安全法实施条例》第 9 条、第 10 条和第 11 条的规定，食品安全风险监测工作由省级以上人民政府卫生行政部门会同同级质量监督、工商行政管理、食品药品监督管理等部门确定的技术机构承担。风险监测技术机构可以采集样品、收集相关数据,可以进入相关食用农产品种植养殖、食品生产、食品流通或者餐饮服务场所收集信息。根据《食品安全法实施条例》第9条的规定,风险监测技术机构要将监测数据和分析结果,报送省级以上人民政府卫生行政部门和下达监测任务的部门。如果食品安全风险监测分析结果表明可能存在食品安全隐患的,省级人民政府卫生行政部门应当及时将相关信息通报本行政区域设区的市级和县级人民政府及其卫生行政部门。卫生部应当收集、汇总食品安全风险监测数据和分析结果,并向质监总局、工商总局和国家食品药品监督管理局以及商务部、工业和信息化部等部门通报。其三,食品安全风险评估的建议。根据《食品安全法实施条例》第13条的规定,农业部、质监总局、工商总局和国家食品药品监督管理局等有关部门,依照《食品安全法》向卫生部提出食品安全风险评估建议,应当提供风险的来源和性质、相关检验数据和结论、风险涉及范围及其他有关信息和资料。县级以上地方农业行政、质量监督、工商行政管理、食品药品监督管理等有关部门,应当协助收集上述食品安全风险评估信息和资料。其四,风险信息的通报。按照《食品安全法》第4条的规定,卫生部承担食品安全综合协调职责,负责食品安全风险评估、食品安全标准制定、食品安全信息公布、食品检验机构的资质认定条件和检验规范的制定,组织查处食品安全重大事故。所以,卫生部应当充分收集、占有相关信息。农业部、质监总局、工商总局和国家食品药品监督管理局等有关部门获知有关食品安全风险信息后,均应立即向卫生部通报。其五,进出口食品的风险信息通报。《食品安全法》第64条规定,境外发生的食品安全事件可能对我国境内造成影响,或在进口食品中发现严重食品安全问题的,国家出入境检验检疫部门应及时采取风险预警或者控制措施,并向卫生部、农业部、工商总局和食品药品监督管理局通报。接到通报的部门应当及时采取相应措施。《食品安全法》第69条规定,国家出入境检验检疫部门应当收集、汇总进出口食品安全信息,并及时通报相关部门、机构和企业,等等。综上所述,由于信息来源渠道是多元的,由此,必须保证各种信息来源渠道的畅通无阻,否则食品安全风险评估的信息将会不完整,不充分,在此基础上的食品安全风险评估也将不完整、不科学、不可靠。

（3）依据食品安全风险评估中风险的属性，可以将食品安全风险评估的信息分为客观物理性意义上的信息和社会建构意义上的信息。食品安全风险具有双重属性，其不仅仅是一种客观的物理性存在，也是一种社会的、心理的和文化的建构。如 2004 年 2 月 2 日，中央电视台《每周质量报告》曝光了少数重庆火锅企业在底料中掺入石蜡的内幕，节目播出后，消费者谈"火锅"色变，火锅消费锐减，使得重庆火锅产业一度面临生存危机。① 这些食品安全事件后的连锁反应都表明食品安全风险具有心理和社会属性，它会被公众或社会所建构，从而产生社会放大效应。欧盟《统一食品安全法》在序言中提到"我们认识到，在一些情况下仅仅依靠风险评估不能提供所有信息，而这些信息是风险管理作出决定时的依据。在特定条件下，其他相关因素应当合理的考虑进来，其中包括社会、经济、传统、道德以及环境等因素和控制的可行性"。所以，道德的维度、政治的维度以及心理的维度，对于评价食品安全风险的否定性后果同样重要。② 食品安全风险评估中客观物理性意义上的信息又可以分为化学危害物风险评估的信息、生物危害物风险评估的信息和物理危害物风险评估的信息，这些信息能够判断、识别、分析、解释食品安全风险的物质性消极后果。而社会建构意义上的信息则主要是食品安全风险评估中不同主体基于道德、政治、心理、文化等因素所表示出来的包含一定价值判断的信息。这些信息可以提供体现不同主体价值偏好和世界观的建议或方法，可以反映出食品安全风险的非物质性消极后果。如果某一食品安全风险具有社会和政治上的模糊性，而风险评估信息仅局限于描述客观物理性意义上的内容，其结果会受到公众质疑。客观物理性意义上的信息和社会建构意义上的信息，既保证了风险评估结果的科学性又保证了风险评估结果的可接受性，只是在不同的风险评估阶段，这两类信息的功能有强弱之分，但不能因此而在二者之中有所偏向。

---

① 参见周应恒：《现代食品安全与管理》，经济管理出版社 2008 年版，第 240 页。
② See Stephen Breyer, *Breaking the Vicious Circle: Toward Effective Risk Regulation*, Harvard Press, 1993, pp. 23—28.

第二节　食品安全风险评估信息制度之类型

特定的食品安全风险信息的运行使食品安全风险评估工作得以启动,并且,由于不同信息的推动,食品安全风险评估工作得以持续进行、不断深入,最后由于信息的有效利用和管理,使得食品安全风险评估获得科学结论从而为食品安全风险管理提供依据。可见,实施食品安全风险评估在一定程度上可以看成是对食品安全信息的收集、加工、传递和利用。因此,相对应的,食品安全风险评估信息的收集,要求建立广泛的食品安全风险评估信息之收集制度;食品安全风险评估信息的加工和利用,要求建立科学的食品安全风险评估信息之分析和审查制度;食品安全风险评估信息的传递,要求建立不同主体间的食品安全风险评估信息之传递制度。由于行政主体和行政相对人是行政法律关系的重要参与者,以行政主体的行为的适用与效力作用的对象的范围为标准,可以分为内部行为和外部行为。由此,食品安全风险评估信息的传递从行政主体的角度出发,在空间上可以分为信息在行政主体之间的内部传递和信息在行政主体与行政相对人之间的外部传递。依据行政主体之间的不同关系,内部传递又可以分为行政主体上下级之间的信息传递,主要体现为信息的报告制度和督促关系,以及同级行政主体之间的信息运行,主要体现为信息的通知制度和部门沟通协调;而外部传递则主要是行政主体与行政相对人之间的双向交流,对应着信息公开、交流制度和信息反馈制度。现代行政法治要求行政主体对自己作出的行政行为承担相应的法律后果(有利的或不利的),而且,为了保障食品安全风险评估信息的收集、加工、利用、传递等过程的高效运行,也需要建立食品安全风险评估信息之监督、考核和检查制度。食品安全风险评估信息的上述制度并不是建立在虚无的理论或纯粹的精神基础之上的空中楼阁,而是需要建立食品安全风险评估信息之支撑制度,用以保障或支撑以上信息制度建立和完善。为此,笔者认为食品安全风险评估信息制度的类型主要包括以下六类。

1. 食品安全风险评估信息的收集制度

信息收集制度是指,行政主体通过各种方式获取食品安全风险评估所需要的信息的制度。信息获取是保证风险评估得以正常运行的基础和前提。信息获取的成功与否,直接关系到整个风险评估工作和信息管理工作的质量。信息的收集渠道是多元的,只有广泛收集其他政府机构、企业、学界、研究者、消费者团体、外国机构或者国际组织等信息,才能作出准确可靠的分析判断。该制度的建立和完善旨在保证食品安全风险评估所需要信息的完整和充分,为评估提供全面客观的信息资源库。

2. 食品安全风险评估信息的分析和审查制度

在收集到众多的食品安全风险评估有关信息后,还有一个分析、审查和筛选的问题。该制度是指,实施食品安全风险评估的有关行政主体对收集到的食品安全风险评估信息进行分析研究,并进行处理,如有需要,可向有关部门核实或向有关技术部门咨询,也可组织专家进行论证和会商的制度。该制度的建立和完善旨在保证风险评估所使用的信息是准确、真实、科学和有效的,从而保证评估结论的科学性。

3. 食品安全风险评估信息的报告或通报制度

该制度是指按法律规范的规定,通过一定形式向食品安全风险评估的有关部门报告或通报其职责范围内的食品安全风险信息,并建立食品安全风险信息共享平台的制度。该制度旨在建立食品安全风险信息的通报和共享机制,在行政主体内部实现信息的高效运行,提高信息资源的利用率。

4. 食品安全风险评估信息的公布、交流制度

该制度是指行政主体、食品安全风险评估专家、与食品安全风险有利害关系人、对食品安全风险感兴趣的人,通过协谈、深思、交换意见和证据,对相互关心的食品安全风险评估中的问题进行反省和交流等信息交换,并试图相互说服对方的沟通过程。该过程中各主体都不是消极的信息接受者,而是信息的反馈者和行动的参与者,信息的公布和交流是一个互动的过程。

5. 食品安全风险评估信息的监督、考核和检查制度

该项制度主要内容是行政主体应组织食品安全风险评估信息管理情况的监督检查工作,不定期对各部门、各单位的食品安全风险评估信息的收集、分析、报告、通报、公布等情况进行考核和评议,如有必要,可以追究信息管理的责任,反之,可以予以一定的奖励。

6. 食品安全风险评估信息的支撑制度

该制度的内容主要是用以保障或支撑以上信息制度建立和完善所需要涉及技术、人员、资金、平台、设备等方面的制度安排。

由于食品安全风险评估是一个综合、复杂和动态的过程。由此,不能单纯地从某一个角度采用静止的态度看食品安全风险评估信息的运行状况和它的表现形式,需要全面考察信息在实践中的运行状况,发现其不足并提出相应的改善措施,这样才能更好地发挥信息在食品安全风险评估中的巨大作用。由此,鉴于食品安全风险评估信息的重要作用,需要建立相应的法律制度来保障信息内容和运行的质量,以下将考察国外食品安全风险评估信息制度。

第三节 国外食品安全风险评估信息制度之评析

随着世界各国相继爆发食品安全事件,各国将政策的焦点逐渐转向食品安全风险评估制度,在食品安全风险评估信息运行方面积累了较为成熟经验,对我国具有一定借鉴意义。

欧盟是世界上食品安全水平最高的地区之一。为了应对食品安全风险问题,提高监管和控制食品安全风险的能力,欧洲议会与理事会于2002年1月28日颁布了《统一食品安全法》。该法规明确规定了食品安全风险评估制度,即第二章第一节第6条规定,为了完成高水平的人类生命健康的保护的目标,食品法应当建立在风险分析的基础上,除非这样与措施的性质和情况不相适应。此外,欧盟还通过了许多决定,它们与《统一食品安全法》一起调整和规范食品风险评估信息。这主要体现为以下五个方面:

1. 欧盟在食品安全风险评估信息的管理主体方面的经验

依据《统一食品安全法》,欧盟正式建立了欧洲食品安全局,作为食品安全风险评估信息的重要的管理机构。在行政上,欧洲食品安全局独立于作为食品安全风险管理者的欧盟委员会和成员国,其不隶属于任何欧盟管理机构。当然,作为欧盟的一个机构,欧洲食品安全局依然要接受欧洲议会的监督,因为,至少其经费由欧洲议会提供。它在行政上的独立性,被学者们称为食品安全风险评估与食品安全风险管理的分离。这是欧盟食品安全风险监管制度的一个重要特色。① 《统一食品安全法》第24条规定,欧洲食品安全局由管理委员会、执行主任、顾问论坛、科学委员会和九个专门的科学小组组成。第22条、第23条规定了食品安全局的使命和任务,其中,有不少内容涉及食品安全风险评估信息制度的规定,如"在直接或间接影响食品与饲料安全的所有领域,管理局应当为欧盟立法和政策提供科学建议和科学技术支持。它应当在这些领域内提供所有事项的独立信息,并就风险进行交流","管理局应当收集和分析数据,对直接或间接影响食品和饲料安全的风险进行特征描述和监控","基于管理局独立性的优点,在它作为咨询点的情况下,安全局应当履行它的任务,保证它所提出的意见和所发布的信息的科学和技术的质量,保证所采取的程序和方法的透明度,并致力于其制定的任务","对于欧盟法律法规和管理局使命范围内的问题为欧盟委员会和成员国提供最好的科学建议;在管理局使命范围内促进和协调统一的风险评估方法的发展;在管理局使命范围内为委员会提供科学技术支持,应要求,对风险评估意见进行解释和评价","在其使命范围内进行科学技术的寻找、收集、整理、分析和总结。在其使命范围内采取措施识别并描述显现的风险;在其使命范围内建立管理组织网络系统,并负责该系统的运行;在其使命范围内,确保公众和利益团体获得迅速、可靠、客观和综合性的信息。在其使命范围内,独立表达其自己的结论和立场",等等。管理局的独立性和向公众宣传的角色意味着它能够在自身的职责范围内自主交流食品安全风险信息,提供客观的、值得信任并容易理解的食品安全风险信息。

2. 欧盟在食品安全风险评估信息的收集制度方面的基本经验

(1) 通过法律规范的形式规定信息收集制度。《统一食品安全法》第33条规定了数据收集制度,即食品安全局应当在其使命范围内调查、收集、整理、分析和总结相关科学和技术数据。特别应当包括以下数据的收集:食品消费和食品消费相关个人风险的暴露、生物风险的流行和发病率、食品和饲料中的污染物、残留物。在数据收集领域包括申请国、第三国家或国际组织机构,食品安全局应当与所有组织保持密切的工作合作。成员国应当采

---

① See Marion Dreyer and Ortwin Renn, *Food Safety Governance:Integrating Science,Precaution and Public Involvement*, Springer-Verlag Berlin Heidelberg GmbH & Co. K,2009, p. 3.

取必要的措施使它们收集到的有关的数据传达给食品安全局。食品安全局应当向成员国和委员会提出适当的建议,该建议能够提高其收到和分析的数据的可比性,并在欧盟水平上促进联合。在本法生效的一年范围内,委员会应当在食品安全局的使命范围内,公开体现欧盟水平的数据收集的详细目录。

(2) 规定了收集公众的观点和意见的方式。欧洲食品安全局利用网络、出版物、展览和会议等方式,收集公众的观点和意见。在食品安全风险评估过程的初级阶段,也就是欧洲食品安全局的科学专家或成员刚开始制定科学意见时,为了能够为科学意见提供最佳的方法和最佳的数据,欧洲食品安全局通常就一个特定科学主题,向公众寻求信息、数据和观点。

(3) 建立了快速交换食品安全风险信息的机制。这一机制就是欧盟食品和饲料快速预警系统(RASFF)。根据欧盟《统一食品安全法》第50条第1款和第2款的规定,为了通报产生于食品和饲料并对人类健康产生直接或间接风险,快速预警系统以网络的形式建立,它应当包括成员国、委员会和食品安全局。成员国、委员会和食品安全局应当分别指定一个联系点作为网络工作的一员。委员会对网络工作的管理负责。如果网络工作的成员有关于严重的直接或间接风险的任何消息,这些消息应当立刻通过预警系统通知欧盟委员会。委员会将信息迅速传达给网络工作的其他成员。食品安全局可以为该通报补充科学和技术信息,以促成成员国采取迅速适当的风险管理行动。根据同条第3款的规定,在不违反其他欧盟法规的情况下,成员国应当通过快速预警系统迅速通知委员会下列事项:为了保护人类健康和采取迅速的行动,它们采取的旨在限制投放市场或强制撤出市场和对食品饲料召回的任何措施;为了防止、限制或强加投放市场的具体条件或食品饲料的最终使用,在自愿的基础上与专业经营者达成任何建议或协议;考虑到对人类健康的直接或间接风险,主管机构在欧盟边界关口对一批、一组或者一张订单的食品或饲料采取拒绝行为。对于成员国的主管机关采取措施的通知应当附上详细解释。适当时,应当补充信息,特别是在改进或撤销通报中的措施的情况下。如果主管机关在欧盟边境关口拒绝一批、一组或一张订单的食品或饲料,委员会应当快速通报欧盟的所有边境关口及产品来源的第三国家。此外,同条第4、5和6款还规定,如果快速预警通报所涉及的食品或饲料已经被分配到第三国家,委员会应当向第三国家提供适当的信息。成员国应当迅速向委员会通知实施的行动或根据收到的通知和快速预警系统传达的补充信息所采取的措施。委员会应当将该信息迅速传达给网络成员。快速预警系统的加入应当向申请国、第三国或国际组织开放,以这些国家或国际组织与委员会的协议为基础,并以协议规定的程序为指导。后者应当以互惠原则为基础,并应包括与适用于欧盟的措施相等的保密措施。显然,通过快速预警系统,欧洲食品安全局成为快速预警系统的信息接受者,能够较快的收到食品的健康和营养风险的监测信息。

(4)建立了收集食品安全风险信息的网络。除了通过快速预警系统的信息交换网络来收集信息之外,欧洲食品安全局内部的咨询论坛、科学委员会或科学小组,以及利益相关者咨询平台等都能为食品安全风险评估提供信息。依据欧盟《统一食品安全法》第27条规定,咨询论坛应当为有关潜在风险信息交流和汇集知识组建一个机制,它应当确保食品安全局和成员国主管机构之间的密切联系。其应当由成员国主管机关的代表所组成,成员国的主管机关应当与食品安全局承担相类似的工作,代表由每个成员国指派,代表可以替换并同时任命,管理委员会成员不可以担任咨询论坛成员。执行主任也可以向咨询论坛进行咨询有关要求的优先性的科学建议。咨询论坛可以由执行主任主持。论坛主席邀请或三分之一以上成员要求召开经常性的会议,一年不少于3次。其操作程序由食品安全局的内部规则具体规定并且应当公开。欧洲食品安全局应当为咨询论坛提供必要的技术和后勤支持,并为其设立秘书处。委员会部门代表可以参加论坛工作。执行主任可以邀请欧盟议会代表和相关主管机关代表参加咨询论坛。成员国主管机关代表在特定情况下也可以参加咨询论坛,这些代表由各成员国指派。

3. 欧盟在食品安全风险评估信息报告或通报制度方面的经验

(1)建立各成员国间的信息交换系统。欧盟建立的欧盟食品和饲料快速预警系统由成员国的食品安全管理部门、欧洲食品安全局和欧盟委员会组成的网络,时刻监测着关于人类健康、动物健康或环境的直接或间接的风险。各成员国是通过一个基于受控网络的信息交换系统(CIRCA-RASFF)来向欧盟食品和饲料快速预警系统(RASFF)发送通报。通过该系统通报的内容包括涉及的国家、产品、公司、检测数据等详细的信息。欧盟食品和饲料快速预警系统包括两类通报:预警通报和信息通报。① 各成员国的国家预警点,负责将各地监督检查机构反馈的信息传向欧盟委员会,并将欧盟委员会的相关信息向地方机构通报。该系统为整个成员国的食品安全主管机构提供有效的信息报告或通报的途径。

(2)建立了食品安全风险评估的科学数据的报告、通报制度。1993年欧共体理事会的第93/5号命令建立了就成员国之间关于食品问题的科学上合作的制度。根据这项制度,成员国中负责食品安全风险评估的机构有义务协助欧洲食品安全局的工作。通过这项科学上的合作制度,成员国会向欧洲食品安全局提供科学数据。由此,科学信息的通报为科学的评估风险作出了贡献。

(3)明确欧洲食品安全局与成员国之间相互报告或通报信息的义务。《统一食品安全法》第33条规定,成员国应当采取必要的措施使它们收集到的有关的数据传达给欧洲食品安全局。欧洲食品安全局应当向成员国和委员会提出适当的建议,该建议能够提高其收到和分析的数据的可比性,并在欧盟水平上促进联合。第34条还规定,如果欧洲食品安全局有信息导致其怀疑出现的严重风险,它应当从成员国、其他欧盟机构和委员会要求附加信息。成员国、相关欧盟机构和委员会应当尽可能快地回复,并将其所拥有的信息传达给欧洲食品安全局。欧洲食品安全局应当使用它收集到的所有信息履行它的使命来识别出现的危机。欧洲食品安全局应当向欧盟议会、委员会和成员国传递针对显现风险所收集到的信息和进行的评估。此外,该法第50条规定,欧洲食品安全局在其使命范围内促进欧洲组织机构的网络的运行。这种网络的目的是为了信息交换、发展和实施共同计划、专业知识的交流和在安全管理局使命范围内的最好实践。特别是通过协调活动促进科学合作框架的建立。这个网络的有效运行促进了信息共享网络平台运行。

4. 欧盟在食品安全风险评估信息的分析和审查制度方面的经验

这主要是指《统一食品安全法》第34条的规定:"食品安全监督管理局

---

① 参见戚亚梅:《欧盟食品和饲料快速预警系统及启示》,载《食品安全》2005年第18期;叶存杰:《基于NET的食品安全预警系统研究》,载《科学技术与工程》2007年第2期;时洪洋、刘仁民:《中外食品安全监管比较及中国食品安全体系建构思考》,载《中国卫生事业管理》2006年第3期。转引自曼绍庆、康俊生、秦玉青、李雪花:《国内外食品安全信息预报预警系统的建设现状》,载《现代食品科技》2007年第12期。

应当为有条不紊地调查、收集、整理和分析信息和数据建立监控程序,从而在其使命范围内识别显现的风险。"为了持续地确保其所提供的食品安全风险评估的科学建议具有最高科学性,欧洲食品安全局内部的专门从事风险评估的科学委员会建立了一种严格的质量保障程序。该程序由四个环节构成:自我评估、内部审查、外部审查、质量管理难度报告。[1] 其中,每个环节都会对评估所依据和运用的信息和数据进行多次审查,以确保所有的科学数据被清楚的描述和参考,从而确保风险评估结论的可靠性。

5. 欧盟在食品安全风险评估信息的交流公布方面的经验

(1) 明确规定欧洲食品安全局的食品安全风险信息交流职责。《统一食品安全法》第 40 条规定了欧洲食品安全局承担风险交流的职责,即欧洲食品安全局应当在其使命范围内主动进行交流,并且不得违反委员会交流风险管理决策的职权。欧洲食品安全局应当确保公众和任何利益团体能够迅速获得客观、可靠、合宜的信息,特别是与其工作有关的结果的信息。为了达到这个目标,欧洲食品安全局应当为公众发展和传播信息材料。欧洲食品安全局应当与委员会和成员国保持紧密的联系,在风险交流过程中促进必要的一致性。在有关公众信息领域,欧洲食品安全局应当确保与成员国的主管机关和其他利益团体保持联系。第 41 条规定,欧洲食品安全局应当确保其拥有的文件能够被广泛查阅。第 42 条规定,欧洲食品安全局应当与消费者代表、生产者代表、加工商和其他利益团体进行有效联系。

(2) 建立了食品安全风险评估信息的透明性原则。欧洲食品安全局确立了透明性的原则,将其内部工作、管理、运行程序及相关信息都进行公开,以获取公众的信任。为确保透明性原则得以真正实现,《统一食品安全法》以及欧洲食品安全局的内部指引规定了多项机制,如《获得文件的决定》。[2] 又如,2005 年 3 月 10 日,欧洲食品安全局的管理委员会规定了一项涉及《执行透明度和保密性要求的决定》。[3] 根据这项决定,管理委员会强调了欧洲

---

[1] 参见 EFSA, Quality assurance,载 http://www.efsa.europa.eu/en/efsahow/quality.htm,2014 年 1 月 6 日访问。

[2] 参见 EFSA, Decision Concerning Access to Documents,载 http://www.efsa.europa.eu/en/keydocs/docs/docsaccess.pdf,2014 年 1 月 6 日访问。

[3] 参见 EFSA, Implementing measures of transparency and confidentiality requirements,载 http://www.efsa.europa.eu/en/keydocs/docs/transparencyimplementation.pdf,2014 年 1 月 6 日访问。

食品安全局尊重透明度原则的方式,特别是通过这类手段,比如,公开管理委员会的会议,公开顾问论坛、科学委员会和科学小组的会议报告。就涉及科学见解的基础性背景而言,包括少数派意见在内的科学见解也公开。对科学见解的所有请求也被公开且记录在一个公共登记之中。

(3)透明性原则的具体实践。除了在规范层面对透明性原则进行了具体规定,欧洲食品安全局的内部机构还积极实践透明性原则,比如,它的顾问论坛一直积极致力于执行透明度原则。在2005年的一次会议上,顾问论坛提出了六个方面的信息公开要求,强调了在欧盟层面,统一的和透明的风险评估实践的重要性。顾问论坛指出,风险评估中的透明度问题直接与不确定信息的沟通问题有关。既然科学的风险评估具有特定的不确定性,那么关于所运用的数据的弱点和优势信息的充分性必须让公众明白。为了让特定的科学见解更为透明,风险评估中所运用的基本假设及涉及的不确定性也必须作为重要的信息被承认,这些信息应当包括在公开的见解之中,从而证明特定的风险评估结果的正当性。顾问论坛还认为,科学小组的主席应当通过例子来说明到目前为止如何解决不确定的信息问题以及在制定科学见解时,考虑确定的信息且如何考虑,而不考虑其他信息的原因。[①]

(4)欧盟还出版科学建议、宣传资料和研究成果,公开发布权益声明,满足公众的信息需求,通过利害关系人资讯平台和讨论会直接与利益相关方进行对话,为公开讨论食品政策提供机会。[②] 欧洲食品安全局一方面建立大规模的网络平台,将其内部管理及运行程序公布于众,促进了欧洲食品安全局各项活动的可视化,使公众可以广泛获取该局信息。另一方面,它鼓励消费者参加有关会议,促进了食品安全风险评估信息的交流反馈。

除欧盟这个区域组织之外,某些主权国家在食品安全风险评估及其信息运行方面,也有值得学习的地方。

比如,通过立法保障食品安全风险评估信息运行,德国的《消费者健康保护和食品安全重组法案》,法国的《公共健康监督与产品安全性控制法》,

---

[①] See Ellen Vos and Frank Wendler, Food Safety Regulation at the EU Level. Vos E. &Wendler, F. (Eds.). *Food Safety Regulation in Europe: A Comparative Institutional Analysis*, Antwerp: Intersentia Press, 2006, pp.103—106.

[②] 参见国家质量监督检验检疫总局编译:《欧盟食品安全法规概述》,中国计量出版社2007年版,第3—4页。

英国从 1984 年开始分别制定了《食品法》《食品安全法》《食品标准法》《食品卫生法》《动物防疫法》等,日本于 2003 年 7 月颁布了《食品安全基本法》。这些法律法规涵盖所有食品类别,涉及从农田到餐桌这整条食物链的各个环节,有效地保障了食品安全风险评估信息的运行。

又如,相对独立且职能分工明确的风险评估机构,有利于信息全面收集、整合、科学分析以及统一发布。而德国设立联邦风险评估研究所(BfR)专门负责风险评估和风险交流。联邦风险评估研究所(BfR)是一个独立于政府的科学评估研究机构,共设 9 个部门,包括行政管理部、风险交流部、科研服务部、生物安全部、化学品安全部、食品安全部、消费品安全部、食品链安全部、实验毒理学等部门。各部门还设立工作组或实验中心,负责风险评估的相关工作[1];法国成立了食品卫生安全署和国家卫生监督所,将分散的评估咨询机构集中起来,专门负责农产食品质量安全监督检查、公众健康状况的动态观察以及相应的风险评估工作。英国成立了食品标准局,该局不隶属于任何政府部门,是独立的食品监督机构。食品标准局的职能就包括向公共当局及公众提供与食品(饲料)有关的建议、信息和协助;获取并审查与食品(饲料)有关的信息,可对食品和食品原料的生产、流通及饲料的生产、流通和使用的任何方面进行检测。美国的联邦政府设立在功能上具有互补和互相依赖的食品安全派出机构,它们与各州和地方政府的相关机构协调互动,形成了一个综合性的、高效的体系,美国的风险分析在团队功能上是独立的,但以经常性、规则性的互动方式开展工作。[2] 日本食品安全委员会从事日本食品安全风险评估和风险交流工作,是由 7 名资深委员组成的全日本食品安全最高权威和决策机构,直接受内阁管辖,独立性强,确保风险评估的公正性。该委员会下设多个专家委员会,各专家委员会权责明确,相互协作。另外,它还有 13 位专家对各种危害实施风险评估,这 13 位专家被分为三个评估专家组,分别对化学物质、生物材料和新食品(转基因

---

[1] Andreas H. & Reiner H., Risk Analysis According to the Federal Institute for Risk Assessment International Symposium Towards a Risk Analysis of Antibiotic Resistance, International Journal of Medical Microbiology, 2006(6), 19—23. 转引自李思:《国内外食品安全风险评估机构的比较》,载《食品工业》2011 年第 10 期。

[2] 参见葛宇、巢强国:《美国食品安全风险分析程序解析》,载《食品与药品》2008 年第 11 期。

食品、新开发食品等)进行风险评估。①

再如,国外食品安全风险评估机构通常都是利用网络、热线、召开或参与各类会议向公众、利益相关方及国外政府、国家组织等传递食品安全风险评估的相关信息及资料,相互讨论交流意见,做到公开、互动,以获取公众的信任。但也有不同之处,如芬兰 EVIRA 风险评估小组以及动物疾病和食品安全研究部的信息则由监管部门和前线执法人员提供。② 德国联邦风险研究评估所 BfR 定期组织专家听证、科学会议及消费者讨论会,公开其评估工作和评估结果,提高风险评估工作的透明度,通过网站公布专家意见和评估结果,使利益相关方和公众及时了解相关信息。另外,BfR 积极寻求以简易的方式与公众展开交流,并向公众提供相关的科学研究成果。BFR 确立了广泛的交流群体。风险交流的群体包括消费者,联邦政府和地区政府,市级、地区级和联邦级的公共机构和消费者组织,以及其他感兴趣的团体、科研机构、国家和国际机构与组织、商会和贸易协会、媒体等等。当通知公众所需的范围较大时,消费者建议中心、产品比较团体、消费者保护组织、食品与农业信息服务部都会成为风险交流的重要主体。③ 日本食品安全委员会依法通过网站、热线和专人信息采集与公众进行风险交流,听取公众的意见与建议,食品安全委员会每周 1 次公开召开委员会议,并在其网站公布会议议程来保证风险评估工作的透明性,食品安全委员会还从各县选拔了 470 名"食品安全监督员",为了更深入了解食品安全事件引起人们关注的程度,监督员通过发放调查问卷及时汇报相关信息,协助各地方组织进行信息交流。委员会除接受风险管理机关的评估委托外,还以情报搜集分析以及国民意见为基础,对选定的问题进行自行评估。④ 2011 年 3 月 11 日东日本大地震导致福岛核电站发生泄漏事故后,日本食品安全委员会迅速作出反应,针对福

---

① 参见王芳、陈松、钱永忠:《发达国家食品安全风险分析制度建立及特点分析》,载《中国牧业通讯》2009 年第 1 期。
② 参见郭宇华:《芬兰风险评估和食品安全教育——芬兰食品安全监管情况介绍之三》,载《中国食品药品监管》2008 年第 8 期。
③ Andreas H. & Reiner H. & Risk Analysis According to the Federal Institute for Risk Assessment International Symposium Towards a Risk Analysis of Antibiotic Resistance, International Journal of Medical Microbiology, 2006(6), pp.19—23. 转引自李思:《国内外食品安全风险评估机构的比较》,载《食品工业》2011 年第 10 期。
④ 参见李思:《国内外食品安全风险评估机构的比较》,载《食品工业》2011 年第 10 期。

岛及周边地区的蔬菜、鲜奶、鱼贝等展开健康影响风险评估。①

此外,诸多国家为了最大可能实现其目标,其信息技术和硬件支持不断增强,建立具有法律地位、科学研究完全独立、经费预算稳定、科研人员和设施一流的风险评估平台和体系。

第四节 我国食品安全风险评估信息制度之现状评析

一、食品安全风险评估信息在食品安全立法中之规定

我国在严重的食品安全危机背景下制定了《食品安全法》,其与《食品安全法实施条例》《食品安全风险评估管理规定(试行)》《食品安全监管信息发布暂行管理办法》等法律规范构成了我国食品安全领域的主要法律规范。这几部法律规范对食品安全风险评估信息制度的规定主要体现在以下几个方面。

(一)规定了食品安全风险评估信息管理主体制度

《食品安全法实施条例》第 2 条规定:"县级以上地方人民政府应当履行食品安全法规定的职责;加强食品安全监督管理能力建设,为食品安全监督管理工作提供保障;建立健全食品安全监督管理部门的协调配合机制,整合、完善食品安全信息网络,实现食品安全信息共享和食品检验等技术资源的共享。"第 11 条规定:"国务院卫生行政部门应当收集、汇总食品安全风险监测数据和分析结果,并向国务院质量监督、工商行政管理和国家食品药品监督管理以及国务院商务、工业和信息化等部门通报。"第 42 条规定:"国家出入境检验检疫部门应当建立信息收集网络,依照食品安全法第六十九条的规定,收集、汇总、通报下列信息……"《食品安全风险评估管理规定(试行)》第 3 条规定:"卫生部负责组织食品安全风险评估工作,成立国家食品安全风险评估专家委员会,并及时将食品安全风险评估结果通报国务院有关部门。国务院有关部门按照有关法律法规和本规定的要求提出食品安全

---

① 参见王怡、宋宗宇:《日本食品安全委员会的运行机制及其对我国的启示》,载《现代日本经济》2011 年第 5 期。

风险评估的建议,并提供有关信息和资料。地方人民政府有关部门应当按照风险所在的环节协助国务院有关部门收集食品安全风险评估有关的信息和资料。"第4条第2款规定:"卫生部确定的食品安全风险评估技术机构负责承担食品安全风险评估相关科学数据、技术信息、检验结果的收集、处理、分析等任务。食品安全风险评估技术机构开展与风险评估相关工作接受国家食品安全风险评估专家委员会的委托和指导。"第6条规定:"国家食品安全风险评估专家委员会依据本规定及国家食品安全风险评估专家委员会章程独立进行风险评估,保证风险评估结果的科学、客观和公正。任何部门不得干预国家食品安全风险评估专家委员会和食品安全风险评估技术机构承担的风险评估相关工作。"通过对相关法条的梳理,可以发现我国食品安全风险评估信息制度中的相关主体及其职责。国务院卫生行政部门负责食品安全风险评估工作,收集、汇总食品安全风险监测数据和分析结果;卫生部确定的食品安全风险评估技术机构负责承担食品安全风险评估相关科学数据、技术信息、检验结果的收集、处理、分析等任务,并受国家食品安全风险评估专家委员会(由卫生部负责组织成立)的委托和指导;国务院有关部门按照有关法律法规的要求提出食品安全风险评估的建议,并提供有关信息和资料;地方人民政府有关部门应当按照风险所在的环节协助国务院有关部门收集食品安全风险评估有关的信息和资料;县级以上地方人民政府负责建立健全食品安全监督管理部门的协调配合机制,整合、完善食品安全信息网络,实现食品安全信息共享和食品检验等技术资源的共享;国家出入境检验检疫部门负责建立信息收集网络,收集、汇总、通报有关出入境食品的相关信息。

(二)规定了食品安全风险评估信息的收集制度和信息来源

《食品安全法》第13条第4款规定:"食品安全风险评估应当运用科学方法,根据食品安全风险监测信息、科学数据以及其他有关信息进行。"第14条规定:"国务院卫生行政部门通过食品安全风险监测或者接到举报发现食品可能存在安全隐患的,应当立即组织进行检验和食品安全风险评估。"第15条规定:"国务院农业行政、质量监督、工商行政管理和国家食品药品监督管理等有关部门应当向国务院卫生行政部门提出食品安全风险评估的建议,并提供有关信息和资料。国务院卫生行政部门应当及时向国务院有关部门通报食品安全风险评估的结果。"第10条规定："任何组织或者个人有权举报食品生产经营中违反本法的行为……对食品安全监督管理工作提出意见和建议。"《食品安全法实施条例》第9条规定："食品安全风险监测工作由省级以上人民政府卫生行政部门会同同级质量监督、工商行政管理、食品药品监督管理等部门确定的技术机构承担。承担食品安全风险监测工作的技术机构应当根据食品安全风险监测计划和监测方案开展监测工作，保证监测数据真实、准确，并按照食品安全风险监测计划和监测方案的要求，将监测数据和分析结果报送省级以上人民政府卫生行政部门和下达监测任务的部门。食品安全风险监测工作人员采集样品、收集相关数据，可以进入相关食用农产品种植养殖、食品生产、食品流通或者餐饮服务场所。采集样品，应当按照市场价格支付费用。"第13条规定："国务院农业行政、质量监督、工商行政管理和国家食品药品监督管理等有关部门依照食品安全法第十五条规定向国务院卫生行政部门提出食品安全风险评估建议，应当提供下列信息和资料……"《食品安全风险评估管理规定（试行）》第5条规定："食品安全风险评估以食品安全风险监测和监督管理信息、科学数据以及其他有关信息为基础，遵循科学、透明和个案处理的原则进行。"第8条规定："国务院有关部门提交《风险评估项目建议书》时，应当向卫生部提供下列信息和资料……"第10条规定："卫生部根据本规定第七条的规定和国家食品安全风险评估专家委员会的建议，确定国家食品安全风险评估计划和优先评估项目。"第12条规定："国家食品安全风险评估专家委员会应当根据评估任务提出风险评估实施方案，报卫生部备案。对于需要进一步补充信息的，可向卫生部提出数据和信息采集方案的建议。"可见，我国进行食品安全风险评估主要依据的信息来源包括：风险监测信息（风险监测的目的就是为食品安全风险评估提供客观数据和信息）、监督管理信息、专家委员会建议、科学数据（基于科学方法得出的数据信息）以及其他有关信息。除此之外，食品安全风险评估信息的法定来源还包括举报、其他相关部门提出评估建议时附带的信息。针对进出口的食品，《食品安全法实施条例》还规定可以收集行业协会、消费者反映的进口食品安全信息，国际组织、境外政府机构发布的食品安全信息、风险预警信息，以及境外行业协会等组织、消费者反映的食品安全信息，但明确规定只针对进口食品或境外组织和个人反映的信息。所以,从总体而言,我国食品安全风险评估信息的法定来源渠道比较单一,虽然强调食品安全风险监测制度的信息来源,但对其他信息来源渠道规定的并不具体,如何保障这些信息来源渠道的畅通和效率亦无明确规定。

(三)规定了食品安全风险评估信息的相关内容

《食品安全法》并未明确规定食品安全风险评估信息的内容,但《食品安全法实施条例》详细规定了风险评估信息的相关内容要求。《食品安全法实施条例》第13条规定:"国务院农业行政、质量监督、工商行政管理和国家食品药品监督管理等有关部门依照食品安全法第十五条规定向国务院卫生行政部门提出食品安全风险评估建议,应当提供下列信息和资料:(一)风险的来源和性质;(二)相关检验数据和结论;(三)风险涉及范围;(四)其他有关信息和资料。县级以上地方农业行政、质量监督、工商行政管理、食品药品监督管理等有关部门应当协助收集前款规定的食品安全风险评估信息和资料。"第42条规定:"国家出入境检验检疫部门应当建立信息收集网络,依照食品安全法第六十九条的规定,收集、汇总、通报下列信息:(一)出入境检验检疫机构对进出口食品实施检验检疫发现的食品安全信息;(二)行业协会、消费者反映的进口食品安全信息;(三)国际组织、境外政府机构发布的食品安全信息、风险预警信息,以及境外行业协会等组织、消费者反映的食品安全信息;(四)其他食品安全信息。接到通报的部门必要时应当采取相应处理措施。食品安全监督管理部门应当及时将获知的涉及进出口食品安全的信息向国家出入境检验检疫部门通报。"《食品安全风险评估管理规定(试行)》第8条也有类似的规定。虽然我国法律规范列举了一些风险评估所需要的信息内容,但可以发现内容中并未明确规定社会建构属性意义上的食品安全风险评估信息,公众的知识、风险对公众的心理影响、对具有象征意义的价值的危害等都不在评估信息的内容要求范围之内。

(四)规定了食品安全风险评估信息的分析、审查制度

对于食品安全风险评估信息的分析和审查制度,《食品安全法》并没有明确规定。《食品安全法实施条例》和《食品安全监管信息发布暂行管理办法》也只是简单规定了在某些环节需要强调食品安全风险评估信息的质量,比如,《食品安全法实施条例》第9条规定:"承担食品安全风险监测工作的

技术机构应当根据食品安全风险监测计划和监测方案开展监测工作,保证监测数据真实、准确。"《食品安全监管信息发布暂行管理办法》第1条规定:"为了规范食品安全监管信息的发布,确保发布信息的及时、客观、科学和准确,保护消费者利益,促进食品产业健康发展,制定本办法。"此外,《食品安全监管信息发布暂行管理办法》也只用一句话表明食品安全风险评估需要对信息进行评估,即第6条规定:"国务院有关部门应当加强食品安全监管信息的科学管理和信息队伍建设,建立食品安全监管信息评估制度,完善食品安全监管信息发布程序。"然而,所有食品安全风险评估的法律规范中都并未明确信息的质量要求是什么,如何实现对信息质量的保证,信息的分析、审查制度如何构建等问题。而且,也都未明确使用过信息的分析、审查制度等概念。

(五) 规定了食品安全风险评估信息的通报或报告制度

《食品安全法实施条例》第2条规定:"县级以上地方人民政府应当……建立健全食品安全监督管理部门的协调配合机制,整合、完善食品安全信息网络,实现食品安全信息共享和食品检验等技术资源的共享。"第11条规定:"国务院卫生行政部门应当收集、汇总食品安全风险监测数据和分析结果,并向国务院质量监督、工商行政管理和国家食品药品监督管理以及国务院商务、工业和信息化等部门通报。"第42条规定:"国家出入境检验检疫部门应当建立信息收集网络,依照食品安全法第六十九条的规定,收集、汇总、通报下列信息……"《食品安全风险评估管理规定(试行)》第3条规定:"卫生部负责组织食品安全风险评估工作,成立国家食品安全风险评估专家委员会,并及时将食品安全风险评估结果通报国务院有关部门。"《食品安全法实施条例》第9条规定:"食品安全风险监测工作由省级以上人民政府卫生行政部门会同同级质量监督、工商行政管理、食品药品监督管理等部门确定的技术机构承担。承担食品安全风险监测工作的技术机构应当根据食品安全风险监测计划和监测方案开展监测工作,保证监测数据真实、准确,并按照食品安全风险监测计划和监测方案的要求,将监测数据和分析结果报送省级以上人民政府卫生行政部门和下达监测任务的部门。"第10条规定:"食品安全风险监测分析结果表明可能存在食品安全隐患的,省、自治区、直辖市人民政府卫生行政部门应当及时将相关信息通报本行政区域设区的市级和县级人民政府及其卫生行政部门。"可见,我国法律规范规定了针对部分来源的食品安全风险评估信息的通报或报告制度,要求建立信息共享制度,但这些规定都非常抽象,信息的通报或报告制度只针对通过部分来源渠道获得的信息,而且还缺乏程序性的规范。

(六)规定了食品安全风险评估信息的发布、交流制度

《食品安全法》第10条规定:"任何组织或者个人有权举报食品生产经营中违反本法的行为,有权向有关部门了解食品安全信息。"第82条规定:"国家建立食品安全信息统一公布制度。下列信息由国务院卫生行政部门统一公布:(一)国家食品安全总体情况;(二)食品安全风险评估信息和食品安全风险警示信息;(三)重大食品安全事故及其处理信息;(四)其他重要的食品安全信息和国务院确定的需要统一公布的信息……食品安全监督管理部门公布信息,应当做到准确、及时、客观。"《食品安全法实施条例》第4条规定:"食品安全监督管理部门应当依照食品安全法和本条例的规定公布食品安全信息,为公众咨询、投诉、举报提供方便;任何组织和个人有权向有关部门了解食品安全信息。"第49条规定:"国务院卫生行政部门应当根据疾病信息和监督管理信息等,对发现的添加或者可能添加到食品中的非食品用化学物质和其他可能危害人体健康的物质的名录及检测方法予以公布;国务院质量监督、工商行政管理和国家食品药品监督管理部门应当采取相应的监督管理措施。"第52条规定:"食品安全监督管理部门依照食品安全法第八十二条规定公布信息,应当同时对有关食品可能产生的危害进行解释、说明。"《食品安全风险评估管理规定(试行)》第18条规定:"卫生部应当依法向社会公布食品安全风险评估结果。风险评估结果由国家食品安全风险评估专家委员会负责解释。"《食品安全监管信息发布暂行管理办法》第8条规定:"国务院有关部门可以根据食品安全监管信息发布的目的确定信息发布的形式。发布的食品安全信息应当包括来源、分析评价依据、结论等基本内容,其中发布食品监督检查(含抽检)信息还应包括产品名称、生产企业、产品批号以及存在食品安全问题的具体项目等内容。"以上法律规范的规定表明,任何组织和个人享有食品安全风险评估信息的知情权,行政主体有义务向公众公布食品安全风险评估的信息并为公众提供方便,但并未从法律角度为公众、专家和行政主体之间进行风险评估信息交流和协

商提供一个常规性、规范性的平台。现有法律规范更多的是强调行政主体公布并解释说明风险评估信息,公众有权了解信息,但对公众如何了解,有哪些渠道,以及公众了解信息后如何反馈信息和行政主体如何回应反馈信息等内容都没有作出明确规定,无法为行政主体与公众之间的信息互动提供法律保障。

(七) 规定了食品安全风险评估信息的硬件保障和支持制度

《食品安全法实施条例》第 2 条规定:"……建立健全食品安全监督管理部门的协调配合机制,整合、完善食品安全信息网络,实现食品安全信息共享和食品检验等技术资源的共享。"第 42 条规定:"国家出入境检验检疫部门应当建立信息收集网络。"《食品安全监管信息发布暂行管理办法》第 6 条规定:"国务院有关部门应当加强食品安全监管信息的科学管理和信息队伍建设,建立食品安全监管信息评估制度,完善食品安全监管信息发布程序。"[1]《食品安全法》并未特别规定信息的硬件保障和支持制度。现有法律规范也只是强调要建立信息网络和加强信息的科学管理和信息队伍建设,对所需资金的来源、管理、运用,设备和技术支撑的开发和维护,人员构成和培养以及如何构建该项制度并没有详细规定。

二、食品安全风险评估信息制度现状之评析

1. 食品安全风险评估信息运行取得的成绩

随着在规范层面,《食品安全法》《食品安全法实施条例》以及《食品安全风险评估管理规定(试行)》的相继实施,可以发现我国食品安全风险评估制度已经初步成型,我国食品安全风险评估信息制度的运行实践取得了不少成绩。如中国检验检疫科学研究院于 2005 年 4 月正式组建国家食品安全信息中心,机构设在中国检科院食品安全研究所,主要负责:对国内外食品安全领域最新信息进行收集、整理与风险分析,并报送质检总局;信息追踪,对国内外食品安全领域最新法律法规、标准、市场准入制度以及应对

---

[1] 《食品安全监管信息发布暂行管理办法》第 3 条规定:"本办法所指的食品安全监管信息是国务院有关部门在食品及其原料种植、养殖、生产加工、运输、贮存、销售、检验检疫等监督管理过程中获得的涉及人体健康的信息,主要包括:……(二) 食品安全监测评估信息。通过有计划地监测获得的反映我国食品安全现状的信息……"

措施等进行追踪,跟踪研究国际上食品安全检测技术的最新进展,跟踪国际上食品毒理学的研究进展,研究、评估新发现的毒物、致癌物对我国食品生产、消费的影响;跟踪研究食品安全的潜在热点问题,对我国食品安全领域存在的风险进行预警并提出应对措施;收集日常的关于食源性危害的信息和数据资料,进行长期的监测、分析与数据积累,根据突发的食品安全事件以及食品安全的热点问题,开展食品安全风险分析、风险评估与风险管理;建设中国食品安全资源数据库及国家食品安全信息中心门户网站,其中,中国食品安全资源数据库已建成并不断充实完善,该数据库包括食品安全限量方法、中国食品安全检测机构、中国食品安全人才资源、中国食品企业诚信资源、食品安全事件等版块。公众从数据库中可以查到食品中各类危害物的限量及检测方法、国内国际标准、国内外相关法律法规等信息,国家食品安全信息中心网站是中心的门户网站,其采用开放性平台,共享国内外最新的食品资讯、法律法规、检验检疫技术等信息。

又如,2009 年 11 月,依据相关法律规范的规定,卫生部成立了食品安全风险评估专家委员会。该委员会由 42 位有关领域专家组成,主要负责承担国家食品安全风险评估工作,参与制订与食品安全风险评估相关的监测和评估计划,拟定国家食品安全风险评估的技术规则,解释食品安全风险评估结果,开展食品安全风险评估交流,并承担卫生部委托的其他风险评估相关任务。[1] 但直到 2011 年 10 月 13 日作为负责食品安全风险评估的国家级技术机构的食品安全风险评估中心才正式挂牌成立。国家食品安全风险评估中心建立理事会,是评估中心的决策监督机构。食品安全风险评估中心的业务技术部门包括风险评估、风险监测、风险交流、风险预警、食品安全标准、数据/信息分析等单元,同时设立国家食品安全风险评估专家委员会秘书处和食品安全国家标准审评委员会秘书处。评估中心职责中与风险评估信息运行有关的内容主要集中在:具体承担食品安全风险评估相关科学数据、技术信息、检验结果的收集、处理、分析等任务,向国家食品安全风险评估专家委员会提交风险评估分析结果,经其确认后形成评估报告报卫生部,由卫生部负责依法统一向社会发布;承担风险监测相关技术工作,参与研究

---

[1] 参见戴伟、吴勇卫、隋海霞:《论中国食品安全风险监测和评估工作的形势和任务》,载《中国食品卫生杂志》2010 年第 1 期。

提出监测计划;汇总分析监测信息;研究分析食品安全风险趋势和规律,向有关部门提出风险预警建议;开展食品安全知识的宣传普及工作,做好与媒体和公众的沟通交流;等等。评估中心的成立填补了我国长期以来缺乏食品安全风险评估专业技术机构的空白。这些机构的设置和成立在一定程度上有利于行政主体全面、科学地收集、整理和分析食品安全风险评估所需要的信息。

除了建立和完善食品安全风险评估相关机构并强化对信息运行的保障之外,由于监测信息是评估的信息来源之一,因此,构建食品安全监测网络系统是行政机关多年来不懈努力的方向。[1] 中国自2010年起全面实施了国家食品安全风险监测计划,截至2012年6月11日,全国共设置食品安全风险监测点1196个,覆盖了100%的省份、73%的地市和25%的县(区),我国食品安全风险监测体系已初步建立:包括食品污染物和常见食源性疾病致病因素监测的规划、检测和数据收集、分析机制。我国还启动了食品安全风险监测能力建设试点项目,组织研究并及时公布食品中非法添加物和易滥用食品添加剂"黑名单"6批,涉及非法添加物64种、易滥用食品添加剂22种。[2]

2. 食品安全风险评估信息运行的不足

虽然我国食品安全风险评估取得很大进步,但也应当清醒地认识到,《食品安全法》所规定的风险评估是因2008年9月11日曝光的"三鹿毒奶粉事件"而催生的。[3] 可以这样认为,食品安全风险评估制度是立法者的应急之作,它是一个早产儿。通过对现行有关涉及食品安全风险评估法律规范的分析,会发现信息制度依然存在一些不足或难点,这无疑是一个重大缺憾。因为缺乏食品安全信息制度的保障,是难以实现法律所赋予食品安全风险评估制度的预期功能的。面对近几年食品安全领域内依旧频繁爆发食

---

[1] 参见陈君石:《危险性评估与食品安全》,载《中国食品卫生杂志》2003年第1期;参见刘俊华、王菁、刘文:《我国食品安全监督管理体系建设研究》,载《世界标准化与质量管理》2003年第5期;参见刘秀梅:《食源性疾病监控技术的研究》,载《中国食品卫生杂志》2004年第1期;参见王红育、李颖:《对食品安全及保障体系建设的思考》,载《中国食物与营养》2004年第9期;参见唐晓纯:《食品安全预警体系框架构建研究》,载《食品科学》2005年第12期。

[2] 参见富子梅:《三问食品安全:政府监管如何零漏洞企业怎样得人心》,载http://www.china.com.cn/news/2012-06/12/content_25627916.htm,2014年6月12日访问。

[3] 参见杨小敏:《我国食品安全风险评估模式之改革》,载《浙江学刊》2012年第2期。

品安全事故的现状,非常有必要对食品安全风险评估信息制度进行反思。

（1）食品安全风险评估信息管理主体制度的不足。一方面,风险评估机构的独立性较弱且工作被动。我国的食品安全风险评估机构尚未完全独立,仍依附于食品安全风险监管机构之下,食品安全风险评估的启动是由国务院卫生行政部门决定[①],是国务院卫生行政部门根据掌握的信息提交食品安全风险评估专家委员会进行的。食品安全风险评估专家委员会事实上无法进行卫生部职权框架之外的评估工作,工作十分被动,主动的食品安全风险评估工作尚未系统启动,很多时候是在食品安全事故发生之后才进行评估。至于风险评估中心,由于其成立较晚,其实际的运行状况和功能发挥还有待时间和实践的检验。另一方面,我国食品安全风险评估机构虽然设立了相关的职能部门,如卫生部依法设立的食品安全风险评估技术机构负责风险评估工作数据、相关信息的收集,但与国外相比,我国食品安全风险评估机构的职能部门设置十分单薄;相关法律和法规对风险评估中信息工作的具体展开、内部的分工以及职能部门职权与职责的规定也不明确,缺乏可操作性。这些不利于应对风险评估信息工作的复杂性,进而不利于我国食品安全风险评估工作的有效进行,影响食品安全风险评估工作的效率。[②]

（2）食品安全风险评估信息收集制度的不足。信息收集的物质基础薄弱,收集的途径和方式有限,严重制约了我国行政主体和评估专家采集信息的能力,这主要表现在:首先,由于受人力、技术条件的限制,行政主体仅具备基本的信息监测和收集能力,与开展较高水平的风险评估和风险交流的信息要求还有一定差距,如食品安全风险监测的目的是为食品安全风险评估提供客观数据,但目前对食品污染物和食源性疾病致病因素监测的范围较小、内容较少,对国外的食品安全动态信息缺乏系统跟踪,监测对食品安全风险评估的指导作用尚未充分发挥,相关部门的监测信息没有被有效利

---

① 《食品安全法》第14条规定:"国务院卫生行政部门通过食品安全风险监测或者接到举报发现食品可能存在安全隐患的,应当立即组织进行检验和食品安全风险评估。"虽然从表面上看公众可以通过举报的方式来参与风险议题的形成,但事实上,对于公众的举报是否被接受,是由卫生部门来决定的。

② 参见李思:《国内外食品安全风险评估机构的比较》,载《食品工业》2011年第10期。

用,信息不够全面,支持作用发挥不够①,比如,早在2007年在外国已发现食用中国出口的饲料动物患急性肾衰死亡案例,实际上这种饲料中已加有"三聚氰胺",如果即时进行食品和乳制品的监测和前瞻性评估,可能会即时修订食用乳的标准,不会出现在"乳与乳制品标准中"没有"三聚氰胺"检测项目、检测报告合格但有毒有害物质不被检出的现象。其次,食品安全风险权威的检验机构很少,而国家级的检验机构不仅承担着大量的食品卫生鉴定、调查、检测和管理任务,还要为其他食品卫生监督检验机构提供技术指导和专门的培训,这就导致了食品风险检测的时间过长,信息的采集时间过长或者不及时采集或披露等情况的出现。再次,关键的检测技术和检测设备落后,检测的范围和能力也很有限,不能全面而准确地反应食品安全风险的整体质量状况,比如,在农畜、小餐饮等行业,非规模化生产的比重还非常大,食品安全信息还难以收集,部分安全问题还难以得到有效的控制,例如,从奶农那里收购来的几公斤源奶,或者收购来的几公斤鸭蛋,抑或几张桌子的早点摊位,这些食品安全信息经常缺失在小农业、小作坊式的非企业化生产中。最后,缺乏接受消费者信息反馈和投诉的专业机构,也没有建立完善的公众信息反馈收集和处理机制,不利于风险评估工作的开展。这使得行政主体监管和评估专家开展评估缺乏必要的信息来源和数据来源,风险评估的结果也难以达到预期的效果。

(3)食品安全风险评估信息通报或报告制度的不足。我国对食品安全风险评估信息通报或报告制度进行规定的法律规范缺乏程序性的细致规定,导致实际操作标准不一。而且,在实践中,食品安全风险评估信息资源分散,没有形成全国互通的信息网络体系,食品安全的相关资源无法实现共享,不能满足政府决策部门、生产者和消费者对食品安全信息的需求。现有涉及食品安全信息由不同部门归口管理或者由不同单位负责进行信息采集和资源开发,虽然各部门有一些监测和检测机构,做了大量监测和检测工作,但标准不统一,方法不规范,资源采集与体系建设存在交叉重复等问题,不仅在部门间,而且在部门内部也存在严重的资源分割,缺乏统一协调的信息服务管理机构。食品安全信息没能形成跨部门的统一收集共享分析体

---

① 参见戴伟、吴勇卫、隋海霞:《论中国食品安全风险监测和评估工作的形势和任务》,载《中国食品卫生杂志》2010年第1期。

系,没有统一机构协调食品安全相关信息的通报、预报和处置,政府主管部门对潜伏的危机信息掌握不及时、不全面,导致在危机酝酿阶段政府监管部门无能为力。① 因此,我国缺乏系统性、专业化、规范化的信息集成和共享机制。

(4)食品安全风险评估信息分析和审查制度的不足。食品安全风险评估信息在收集之后,还需要分析和审查,以保证后续风险评估过程中使用的信息是准确、真实、科学、有效的,从而保证评估结论的科学性。由此,该制度需要专门的人员依据一定的标准对收集到的信息进行分析研究,必要时还需要借助专家知识。然而,由于我国法律规范中对该制度规定极少,实践中行政主体在收集到信息之后并不明了什么样的信息是高质量的信息,应该依据什么标准对信息进行审查和筛选,由此,要么不加分辨,要么凭经验和直觉筛选信息,从而导致信息的大量堆积,影响评估的效率,或者会导致评估数据和评估结果缺少可信度。

(5)食品安全风险评估信息公开、交流制度的不足。目前的食品安全风险信息的发布与公开制度存在着诸多的问题,以至于食品安全风险监管工作困难重重。

一方面,行政主体在发布食品安全风险评估或者风险规制的信息时有时候存在缺位的现象,有时候为了隐瞒真相避免恐慌,对相关的食品安全风险信息避而不谈,有时候因为其自身食品安全风险信息获得的不及时或者信息发布的程序太复杂等原因,对相关的食品安全信息或者评估信息推延发布或者不予发布。比如,有些职能部门网站对于食品安全风险评估信息的公布普遍落后,公众无法获得全面、完整的食品安全信息。中国社会科学院发布的《2010 年中国政府透明度年度报告》显示指出大部分政府网站没有食品安全风险信息,特别是在对全国 43 个较大的市的调查后发现,食品生产企业的信用信息公开程度还不到四分之一,46.5% 的政府网站食品安全信息至少一年没有更新,更不用说食品安全风险评估信息了,相关栏目或者整个网站都处于"休眠"状态。这份报告直截了当地指出了食品安全风险

---

① 参见晏绍庆、康俊生、秦玉青、李雪花:《国内外食品安全信息预报预警系统的建设现状》,载《现代食品科技》2007 年第 12 期。

信息已经成为地方政府透明度的短板。① 但由于食品安全信息和人们的利益有直接相关性,和人类的生理需求、安全需求这两个最基本心理需求密切相关,因此,政府在食品安全信息传播中起着非常重要的作用。如果食品安全信息公布不够科学、及时,就会出现信息真空,会造成消费者不必要的恐慌,也很难引导公众理性面对食品安全风险。如以黄曲霉素事件为例,乳品龙头出问题引起的眼球效果远高于黄曲霉素本身,因此,来自国家农业部、疾控中心营养与食品安全所等权威机构专家指出乳制品中完全不出现黄曲霉毒素 M1 污染是不可能的,能做的是如何抓住关键控制点,主动地排除它,使之控制在保护消费者健康的水平上,这被认为是专家转移视线和帮企业推卸责任。恐慌情绪代替了合理评估黄曲霉素的危害,专家们呼吁的反思全国散户养殖模式亦未得到重视。而这种恐慌情绪未得到及时纠正的后果是使公众成为了"惊弓之鸟"。2012 年,网上再曝与黄曲霉素相关的普洱茶致癌说,某微博博主称普洱茶含有大量的黄曲霉素,喝普洱茶是得癌症最快的方法。一石激起千层浪,曾被世人追捧的养生普洱茶,一夜间被冠上了"致癌"的称号,再次引发公众的讨论与担忧。"谈到致癌物不谈剂量,都是在耍流氓。"知名营养师顾中一一语道破传言的软肋,"所有食物中的黄曲霉毒素浓度极低,总量不超过 20ppb(微克/升),人体因为摄入食物导致癌症的可能性微乎其微。"② 又如,在食品添加剂事件走入公众视野后,大部分消费者认为凡是食品添加剂都是毒药,将政府引导的打击非法使用和滥用食品添加剂行为理解为抵制所有添加剂。而事实上,食品添加剂在提高食品稳定性等方面有很大的作用,是食品工业当中不可或缺的一类物质。③ 所以,现实表明目前我国公众缺乏权威而正确的食品安全知识获取平台,我国还没有形成一套完全透明化、公开化的食品安全风险信息披露机制,公众的参与性不高,公众了解和获取相关的食品安全风险信息的途径和渠道缺乏,风险的分析程序和评估结果不透明。公众只是被动地接受食品安全风险监管和评估的事后信息,无法对整个评估过程进行监督和评论,更谈不上认同

---

① 参见唐芬:《试论完善我国食品安全信息公开制度的紧迫性》,载《产业研究》2011 年 7 月第 1 期。

② 参见杨海洋:《食品安全需建立风险交流平台》,载 http://intl.ce.cn/qqss/201203/22/t20120322_23179396.shtml,2014 年 6 月 28 日访问。

③ 同上。

和接受了。

另一方面,我国法律规范对食品安全风险评估信息交流制度规定极少,对交流的方式、针对的群体、内容、平台、程序以及其他保障等内容并未做明确规定,使得实践中食品安全风险评估信息交流陷入单向度、操作难、效率低的困境。比如,目前我国食品安全风险评估信息交流方式主要是单向的、由内向外的、自上而下的,公众往往被排除在风险评估信息交流之外。行政主体在食品安全风险评估信息交流过程中往往忽略了同样十分重要的"由外向内"的信息交流过程,通过"由外向内"的信息交流,行政主体可以从公众、行业协会或者新闻媒体那里获得一些与食品安全风险相关的信息及意见,来作为其风险评估的基础,从而保证其风险评估结果的科学性和民主性。但我国的消费者和生产者尚未成为风险交流的稳定性主体,对食品安全风险评估参与不足,他们仅仅是被动地接受食品安全风险信息。由于缺乏促进他们主动参与对食品安全风险评估全过程进行监督和评议的激励机制,也缺乏深入的和系统的对受众需求的分析,因此,公众无法对整个食品安全风险评估过程进行监督和评论,更谈不上接受和认同了。近些年来,虽然我国在食品安全风险问题的处理和评估过程中,也逐渐地吸收了相关企业和非政府团体的参与,如食品安全风险标准的制定过程中吸收相关的利益相关者加入、标准草案和评估议题的形成在网上征求意见等,但从总体而言,缺乏常规性、规范性的交流平台,并没有形成经常性的、程序性的、双向性的信息交流机制,来让利益相关者表达其意见。

(6)食品安全风险评估信息监督、考核和检查制度的不足。食品安全风险评估信息监督、考核和检查制度要求行政主体对食品安全风险评估信息管理的情况进行监督检查,不定期对各部门、各单位的食品安全风险评估信息的收集、分析、报告、通报、公布等情况进行考核和评议,但实践中该项制度并未落实,如在2010年8月的湖南金浩茶油事件中,在金浩茶油含有致癌物质的新闻被报道出来之前,政府的质量监督管理部门其实早在2010年3月就通过抽检查出了金浩茶油含有有害物质超标的结果,但政府的相关部门却在之后的半年多时间里,迟迟未向消费者披露有关的食品安全风险信息。那么未有任何公开表态的质检总局在此次事件中是否也需要承担一定的责任?外界有众多的疑问。在事件被报道出来之后,湖南省质监局依然在试图推脱自己的责任,不是声称已经向上级汇报了有关情况,自己并无权公开相关信息,就是声称曾经已经多次责令相关企业公开相关信息了。① 对于诸如此类事件中,政府相关部门不公开或者推迟公开食品安全风险信息的情况,政府及其相关的负责人应当承担何种责任,我国现行法律没有作出明确的规定。由于没有相关的责任追究机制,这就为政府部门及其主要负责人在责任追究的法律规避上制造了条件,这也导致了一系列的食品安全事件的屡屡出现。这仅仅是食品安全信息公开方面的实例。虽然只是冰山一角,但也足以窥见一斑。总之,我国对于食品安全风险信息收集、分析和通报或报告环节的监督、考核和检查则还处于空白。

(7) 食品安全风险评估信息硬件支持制度的不足。这主要体现为:一是食品安全信息交流平台建设迟缓。比如,在省级食品安全信息交流平台中,新疆、青海、宁夏、河南等省没有开通食品安全信息网,而有的省份,如山东省是以食品药品监督管理局网站作为食品安全信息网,市级和县级的食品安全信息交流平台就更谈不上建立了。又如,食品安全信息交流平台建立只是组合而不是整合,现在建立的食品安全信息交流平台只是简单地把每个监督部门的食品安全信息进行汇总,而没有进一步的分析和利用。再如,网络的利用情况并不是很好,网络交流平台滞后性,网络平台动态数据更新缓慢甚至不更新,导致网络平台的优势没有凸现出来,如网络平台可以实现消费者对信息的反馈和交流,而目前建立的食品安全信息交流平台几乎没有反馈机制。② 二是缺乏协调统一的食品安全信息共享平台,信息整合能力不足。有些特别的食品安全风险信息,如"疯牛病"和"禽流感"等只有在某些特定的条件下才能获得,对于这些食品安全风险信息也只能通过信息共享的形式才能获得,但在现实生活中,由于各个部门利益的分割,在食品安全风险信息的收集和传导上存在着障碍,造成甲地曝光、乙地畅销的现象,严重影响我国食品安全风险评估信息的正常、有效运转,这也说明了在我国目前的食品安全风险评估信息共享方面确实存在着不充分的问题。

---

① 参见胡笑红:《湖南质监局称曾向质检总局汇报金浩茶油问题》,载 http://china.huanqiu.com/roll/2010-09/1085845.html,2014 年 6 月 1 日访问。
② 参见李磊、周昇昇:《中国食品安全信息交流平台的建立现状分析》,载《食品工业》2011 年第 12 期。

除此之外,食品安全风险评估信息的有效运行还需要借助一些先进技术和设备,然而我国的资金投入却明显不足,技术和设备落后,人员少且配备上缺乏多学科专家和专业技术人员。"十五"期间,科技部投资 1.5 亿,设立《食品安全技术重大专项》,但与发达国家相比,我国的投入仍然不足。①

第五节　我国食品安全风险评估信息制度之完善

"制度的绩效是制度获得人们信任的最主要途径。制度的绩效越高,那么制度就越能获得人们的信任。"②因此,要重塑公众对食品安全风险评估的信任,就要提高风险评估制度的绩效,建立合适的综合性信息保障制度将有利于这一目标的实现。解决信息运行制度中的不足和问题,需要政府的干预,需要加强食品安全风险评估信息管理和综合利用,构建部门之间信息互联互通的共享平台,实现与公众之间的信息交流,这也是改变目前食品安全风险监管领域中马后炮式监管的必由之路。

一、信息管理主体制度之完善

在风险评估机关上存在着两种类型:一个是英国型或一体型,由同一个机关同时实施风险评估和风险管理;另一个是法国型或分离型,即由不同的机关分别实施风险评估和风险管理。是一体型好还是分离型好,取决于各国自身的状况。美国学者布雷耶大法官依据自身多年的行政执法经验得知,要打破风险规制的恶性循环,成立一个新的独立的有权限的有威望的行政组织是应有之道。③ 笔者认为,独立是为了保证科学,权限是为了保证效率,威望是为了保证得到信任。食品安全风险评估信息管理主体的相对独立使其能在自身的职权范围内自主交流,能提供客观的、值得信赖并容易理解的信息。因此,应首先从法律规范的角度保证我国食品安全风险评估信

---

① 参见周胜林、吕继红:《食品安全信息传播的功能与规律》,载《当地传播》2008 年第 9 期。
② See Ortwin Renn, *Risk Governance: Coping with Uncertainty in a Complex World*, London: Earthscan Press, 2008, p.255.
③ See Stephen Breyer, *Breaking the Vicious Circle: Toward Effective Risk Regulation*, Harvard Press, 1993, pp. 59—63.

息管理主体的独立性并明确各相关主体之间(如国务院卫生行政部门、食品安全风险评估专家委员会、食品安全风险评估中心等部门)在信息方面的职能分工和责任承担,并对各主体自身内部机构的设立、管理、职能、权限、运行程序进行适当的公开,以体现工作的透明度,获取公众的信任。与此同时,整合现有我国食品安全风险评估的信息资源,风险评估信息主体应该相对独立、集中,有利于信息的充分完整、相互印证,将已知风险的信息与未知风险的信息有机结合起来,改变过去侧重于对已知风险信息加强收集、分析和管理的模式,强调对未知风险信息的研究与分析,改变过去被动进行食品安全风险评估的模式,强调主动认真做好风险评估数据信息收集、处理和分析等工作,主动研究分析食品安全风险趋势和规律,全面开展食品安全风险交流,主动利用科学数据和监管信息进行风险评估。其实,在有条件的省级或市级地方或者具有能力的机构可以设立食品安全风险评估分中心,协助收集相关食品安全风险信息,并承担其他风险评估的任务。

二、信息收集制度之完善

信息收集是风险评估关键的第一步,而生产、市场、消费等许多环节都是信息收集的关键步骤,总体而言,信息收集制度可以从以下几个方面予以完善。

(一) 健全并疏通信息收集渠道

这主要体现为六个方面:

1. 督促生产经营者主动披露食品安全风险信息

从广义上讲,信息披露是指为了克服生产者和消费者之间的信息不对称,由生产厂商或第三方(包括政府和中介组织等)自愿或者强制性地将食品生产、加工、运输和包装过程的信息提供给消费者的过程,目的是让消费者能根据所提供的信息,根据自己的支付能力作出是否购买的选择。这里主要针对的是诱导、督促生产经营者自己自愿将信息提供给公众,其内容除了一些常规性的产品标示信息之外,主要是企业在生产、加工、运输和包装等过程中动态检验监测信息的披露。[1] 因为生产经营者或者行业协会往往

---

[1] 参见周应恒:《现代食品安全与管理》,经济管理出版社2008年版,第239页。

对本食品行业的数据信息、危险食品信息等比行政主体和评估专家更为了解,由此,针对生产经营者或者行业协会为了追求其自身利益最大化而规避信息披露的问题,行政主体需要构建促使被监管者说真话的激励相容机制,促使其向市场提供真实有效的信息。

2. 激励公众提供食品安全风险信息

因为公众也是经济人,在维护自己的权利时也要考虑成本收益,尤其是在对抗实力强大的企业时,所以政府也要建立利益驱动机制。各相关部门可以在制度上建立食品安全举报的绿色通道,以降低消费者的维权成本,甚至可以建立有奖举报制度,设立专项奖励资金,依靠制度明确规范奖励费用的来源、奖励标准的设定等内容,切实落实对举报人的奖励,保护举报人的合法权益。更重要的是,要鼓励并保护生产经营单位内部人员的告发,内部告发有时是获取重要或重大信息的重要途径,国外诸多重大食品安全事故多由内部人士告发而得以披露。因为企业的内部做法只有在较为明显地显露于外时,才会为外人所知晓。而内部人士却早已知晓业务流程和"商业秘密",只是囿于切身利益而不敢告发。我国仅有对举报和奖励的笼统规定,缺乏对这些内部人士的特殊保护。鉴于内部人士的告发虽然可能维护重要的公益,但也可能会破坏企业的内部团结、泄露企业的商业秘密,所以内部告发应有一套规则去规范和保护。在国外,例如,英国、美国、日本等国以专门法律对内部告发进行保护,并努力在公共利益、企业利益、个人利益等之间进行协调。[①] 此外,行政主体既可以通过与各种实验室、学术和研究机构、公共利益组织等订立合作协议或合同等方式定期获取食品安全风险信息,也可以鼓励这些组织机构以出版相应期刊、发表实验测试或调查数据、研究结果等方式向其提供信息。

3. 提高食品安全风险评估信息的监测能力

食品安全风险监测是指,行政主体系统地收集、整理、分析和解释与食品安全相关危害因素的检验、监督和调查数据并向相关方面通报的过程。风险监测的对象是食品污染物、食品中的有害因素(物理、化学、生物因素)和食源性疾病,开展风险监测可以实现主动收集、分析食品中已知和未知污

---

① 参见王贵松:《食品安全信息决定监管成败》,载 http://www.sinoss.net/2011/0822/35600.html,2014 年 2 月 18 日访问。

染物以及其他有害因素的检测、检验和流行病学信息。国务院卫生行政部门、农业、质检、工商等部门依据各自的职责,开展了大量食品安全监测工作,但在监测范围的覆盖性、内容的针对性、结果的综合可利用性、信息沟通的时效性等方面都存在不足,由此,应进一步利用和发挥各相关部门监测资源的作用,大力提高全国食品安全风险信息的监测能力。[①] 首先,可考虑借助卫生部、农业部、质检总局现有的监测网点和系统,完善建立覆盖全国各市县并逐步扩展到农村的食品安全风险监测网络。其次,将监测和信息收集工作延伸到食品生产、流通和消费的各个环节,开展污染源的追踪调查,对高风险食品原料、配料和食品添加剂开展主动监测。食品区别于工业产品的生产过程,一般总是以农田作为生产的源头,以人作为消费终点,质量因素环环相扣,任何环节出现偏差,都可能造成安全问题。安全监测与风险评估必须从源头的信息(如农副产品生长的土壤、空气、水源、肥料,畜禽类产品的饲料和兽药等)开始收集。"苏丹红鸭蛋""瘦肉精猪肉"等事件所暴露出来的食品安全问题最终都来源于畜禽的饲料。又如,"三鹿奶粉"事件,奶厂向奶农或收购站收购牛奶时,有意或无意地忽略了源奶的质量信息,信息的缺失导致了厂家对安全风险评估的失误,造成严重质量事故。食品安全风险监测信息的收集应是以对食品安全全过程信息的掌握为基础,涉及农业、养殖、加工、运输、包装销售多环节,需要农业、食品、流通多个领域的合作监测。[②] 再次,制定国家食品安全风险监测计划和省级食品安全风险监测方案,组织专家研究确定有关收集的方式、重点内容和收集机制等,通过系统性监测,努力收集食品安全风险信息,将风险遏制在萌芽状态。最后,行政主体可从公共安全的角度,根据食品安全可能导致的后果,提出食品安全风险监测和风险评估的范围,强制性地要求市场销售的某种特征的食品,都必须进行安全监测和风险评估。例如,对农药使用过量的农产品、对转基因食品、对某种添加剂使用过量的食品、某种曾发生过食用后不良反应的食品,这些产品由于其潜在的危害还不为人知,有必要进行监测和风险评估。

---

① 参见戴伟、吴勇卫、隋海霞:《论中国食品安全风险监测和评估工作的形势和任务》,载《中国食品卫生杂志》2010年第1期。
② 参见叶平:《关于食品安全信息与风险监测评估的探讨》,载《中国质量技术监督》2009年第5期。

行政主体提出强制性的监测和评估要求,是为了更早地发现安全问题,避免发生重大的食品安全事故。①

4. 保证日常检测信息的获取

检测是信息来源的主要途径,对原料和半成品的检测,能够获取大量数据,对数据加工整理,能收集出关于最终食品质量和安全的重要信息。检测数据是食品原料、生产加工过程、运输以及市场销售等环节中内部自我监控和外部监督检查的重要依据,更是支撑风险评估制度的基石。由此,行政主体应保证检测数据的完整、真实、可靠。一方面,随着食品品种的日益丰富及食品中安全卫生指标限量值的逐步降低,对检测技术提出了更高的要求,检验检测应向高技术化、速测化、便携化以及信息共享迈进。而我国目前的食品检测机构的检测范围和能力差别很大,且分属农业、质量技术监督、卫生等多个行业,风险检测的效率、效能、准确性不高,例如,关于乳制品中三聚氰胺含量的检测,其毒副作用的研究在卫生医疗检测机构,其产品含量的检测一般在质量技术监督行业的检测机构,如何确定其安全限值,需要两类检测机构的共同协作,获取大量数据,既不能超出现有的生产技术条件,又不能导致不良的安全后果。所以,行政主体应在科学的检测质量保证体系上与时俱进,加强检测技术储备和人员储备,一般可以委托专业的检测或科研机构从事该工作,也可以建立非盈利的、公益性的食品安全检测机构,委托这样的专业机构开展具体的技术工作。② 另一方面,由于每个阶段的检测数据的侧重点是不一样的,因此,对食品安全风险评估需要收集食品在生产过程中多个阶段的多次检测的信息,不能仅依靠某个阶段或某个部门的检测信息就对食品安全风险妄下结论,行政主体需要将这些食品安全风险信息收集、归纳、汇总,经过科学的研究分析,才能为风险评估提供支持。

5. 关注舆情监测工作

通过监测媒体报道、互联网信息、公众反映等及时发现舆论热点,行政主体可以掌握舆情走势,进行分析研判。对于新闻媒体反映的食品安全问题,行政主体需要及时调查处理,并通过适当方式公开处理结果,对不实和

---

① 参见叶平:《关于食品安全信息与风险监测评估的探讨》,载《中国质量技术监督》2009年第5期。

② 同上。

错误报道,要及时予以澄清。

6. 充分利用利害关系人咨询平台或听证会

利害关系人咨询平台的建设已经在食品安全风险评估基本原则的完善机制中有所介绍,此处再次提出利害关系人咨询平台或听证会,充分表明其具有保障协商性原则得以实现的制度价值之外,还能拓宽食品安全风险评估信息的收集渠道,帮助评估主体从各类利害关系人那里获得关于特定科学问题的信息、数据和观点的过程,这对于提高风险评估结论的科学性、清楚性和完整性至关重要。

(二)提高信息收集能力

食品安全风险信息的来源多种多样,在疏通和扩充信息来源的同时,行政主体也需要提高自己的信息采集能力,才能充分利用这些信息来源,以便获取更多高质量的信息。实际上,现代信息技术的快速发展为行政主体提供了多种信息获取手段,合理而全面地利用这些手段,能够快速获取各种信息,为食品安全风险评估提供动态实时的信息支持。行政主体可以考虑设置专门的信息收集窗口,负责广泛收集、分析那些生产经营者披露、公众举报、告发、学术和研究机构或公共利益组织或其他组织反映的与食品安全风险评估直接相关的信息。它还可以联络本级政府的具体职能机构、地方的食品安全监管机构、研究机构、国际组织等,广泛而迅速地收集和互通有关信息。收集信息主体的相对集中,有利于将各种渠道来源的信息进行相对集中,有利于信息的充分完整、相互印证,进而使相关主体作出准确的分析判断,为食品安全监管提供事实依据。它还可以在信息收集窗口设置专门的食品安全电话,接收信息、提供咨询。此外,可以设置专门的食品安全监督员。虽然《食品安全法》中并未规定食品卫生监督员这一制度,但在现实中,鉴于食品安全的严峻形势,不少地方还是设立了食品卫生监督员,持证上岗,甚至还提供培训,聘请的人员动辄数百人,五花八门,有的甚至还聘请小学生。人数多、范围广,有它的优势,但也给信息的分析判断带来困难,也加大了信息的管理成本。① 由此,为了有效发挥食品安全监督员的功用,需要规范食品安全监督员的制度,对担任食品安全监督员的条件提出一定的

---

① 参见王贵松:《食品安全信息决定监管成败》,载 http://www.sinoss.net/2011/0822/35600.html,2014 年 6 月 18 日访问。

要求,如一定的年龄、一定的资质(要具备一定的专业知识,而不是普通的消费者)以及对食品安全的关心等。此外,还需要明确担任食品安全监督员的程序,其工作的职责范围和对其的保障措施等内容。

(三) 坚持收集信息的质量原则

为保证食品安全风险评估所获取的信息的质量,各行政主体在收集信息时应努力遵循以下原则的指引。

1. 准确性原则

即要求行政主体所收集到的食品安全风险评估信息要真实、可靠。这是信息收集工作的最基本要求,为了达到这样的要求,信息收集者就必须对收集到的信息反复核实,不断检验,力求把误差减少到最低限度。同时,要尽量减少所收集信息中的虚假信息和模糊信息,否则,会造成评估结果很大的误差,使评估结果失去科学性。

2. 全面性原则

即要求行政主体所收集到的食品安全风险评估信息要广泛,全面完整。只有广泛、全面的收集信息,才能完整的反映食品安全风险的各个方面,为风险评估结果的正确性和可接受性提供基础。事实上,一次就收集到绝对全面和完整的信息是很困难的,由此,信息收集是一个不间断的过程,但一般情况下,主要的评估信息不能有遗漏和疏忽。

3. 时效性原则

信息的利用价值取决于该信息是否能及时地提供,即它的时效性。食品安全风险评估信息只有及时、迅速地提供给食品安全风险评估的实施者才能有效地发挥作用,同时,信息是一个动态的不断变化的系统,这也要求信息的获取和收集要适应信息的动态变化要求,要保证更新后的信息能及时得到获知和反馈,为风险评估提供动态的最新的信息支撑基础。

三、信息分析和审查制度之完善

当下是信息爆炸的自媒体社会,为了避免为追求食品安全领域的"信息对称"而造成食品安全风险评估"信息堆成"的局面,行政主体在收集到食品安全风险评估信息后,还需要对这些数据、资料等信息进行筛选、整理、分析、研究和处理,如有需要还可以咨询相关专家和部门。通过对食品安全风险评估信息的分析，才能够获得系统的和科学的信息，才能增强风险评估结论的确定性和可靠性。食品安全风险评估信息分析和审查系统的输入端是"信息源"，输出端是"评析信息"。科学的评析标准和模型是保证食品安全风险信息分析和审查的权威性和一致性的基本保证，专家咨询和论证则是食品安全风险评估信息分析和审查制度的辅助支持机制。

（一）建立食品安全风险评估信息的分析和审查机制

《食品安全法实施条例》第 11 条规定："国务院卫生行政部门应当收集、汇总食品安全风险监测数据和分析结果，并向国务院质量监督、工商行政管理和国家食品药品监督管理以及国务院商务、工业和信息化等部门通报。"《食品安全风险评估管理规定（试行）》第 4 条规定："卫生部确定的食品安全风险评估技术机构负责承担食品安全风险评估相关科学数据、技术信息、检验结果的收集、处理、分析等任务。"《食品安全监管信息发布暂行管理办法》第 6 条规定："国务院有关部门应当加强食品安全监管信息的科学管理和信息队伍建设，建立食品安全监管信息评估制度，完善食品安全监管信息发布程序。"由此可见，国务院有关部门应建立食品安全风险信息的评估制度，卫生部确定的食品安全风险评估技术机构——即食品安全风险评估中心，负责综合性的食品安全风险评估信息的分析和审查，其可在各个部门提交的信息的基础上，组织相关的专家进行论证和会商，结合对普通公众、行业协会和媒体的信息征集情况，根据风险信息自身的特征，对风险信息进行整体的评估。其余的职能部门，如农业行政部门、质量技术监督部门、工商行政管理部门、食品药品监督管理部门等则可以设立信息分析和审查小组，在其职责范围内对本部门收集和汇总的信息进行初次的评估、分析和审查。值得注意的是，各部门在进行风险评估信息的分析和审查时应保持标准和程序上的一致，过程的公开透明，由此，需要法律法规对该制度进行明确具体的规定，规范各有关部门的分析和审查行为。此外，参与信息分析和审查的专家成员应确保其有较高水平的科学能力和专业知识，同时应当体现学科上和地理上的分布多样性。分析审查过程中每个参与人员都有平等的发言权，少数派的意见也将被记录在案，而且每个成员都应公开表明不存在违反他们独立性和公正性的直接或间接利益，以确保其是根据公共利益来对信息进行分析和审查的。

(二) 食品安全风险评估信息分析和审查应考虑的要素

卫生行政、农业行政、质量技术监督、工商行政管理、食品药品监督管理等职能部门在对其职责范围内的科学数据和信息进行分析、审查时应遵循科学的评析标准,坚持考虑与信息质量相关的重要因素,排除不当因素的干扰。一般而言,通常应考虑以下几个因素。

第一,合理性。即产生食品安全风险评估信息的程序、措施、方法或模型与其应用的程度是一致的、合理的。具体而言,行政主体主要应考虑:产生食品安全风险评估信息的研究之目的与其最初设计之目的是一致的、合理的吗?产生食品安全风险评估信息的程序、措施、方法或模式与正确的科学理论或公认的方法是否一致,一致性程度如何?食品安全风险评估信息与现有的科学或经济理论和事件相比较而言是怎样的?食品安全风险评估信息产生或获取过程中使用的假设、方程和数学描述在科学上和技术上是否具有合理性?如果食品安全风险评估信息的产生或获取会涉及调查,那么该问卷调查或其他的调查手段是否已经得到验证?在调查过程中是否考虑并检查了潜在错误的可能性?食品安全风险评估信息的有关结论与所使用的数据如何形成内部的一致性?

第二,适用性和效用性。即产生或获取食品安全风险评估信息中涉及的理论、方法、数据等与它们的使用目的之关联程度如何。具体而言,行政主体主要应考虑:食品安全风险评估信息的研究中所使用的科学或经济理论对于打算使用的信息分析方法而言,如何证明其是有效的或可适用?食品安全风险评估信息研究的目的和成果与原打算使用的信息分析方法如何相关?在食品安全风险评估信息产生或获取的过程中使用专业的模型是否有效?食品安全风险评估信息的研究与现有的利益如何相关联?如果在一个食品安全风险评估的调查中,当调查完成后但之前的调查条件可能已经改变,这种情况下产生或获取的食品安全风险评估信息是否仍然适用?抽样调查中的特定抽样人口与产生或获取某种食品安全风险评估信息有关吗?如何考虑抽样样本中敏感人群对食品安全风险评估信息结论的影响?

第三,清晰度和完整性。即产生信息所使用的数据、假设、方法等的清晰程度和完整性程度。具体而言,行政主体主要应考虑:食品安全风险评估信息是否清楚、完整地描述了科学或经济基础理论和使用的分析方法,程度如何?信息产生过程中的主要假设、参数值、措施和局限性是否被描述出来,程度如何?如果产生或获取食品安全风险评估信息的过程中使用了新的或替代的理论或方法,那么如何清楚的解释这些理论或方法并强调它们与公认的理论和方法之间的差异?食品安全风险评估信息是否有完整的数据集(包括元数据)?产生或获取食品安全风险评估信息的过程中是否涉及保密的问题,从而限制了那些本可以访问到的完整的数据集?食品安全风险评估信息的产生和获取如果需要借助模型,那么在建模的过程中,模型参数的定义和单位应当如何确定?是否清楚完整地记录了应用该模型的程序?如何提供足够的、可得的运行模型的计算机代码信息?对产生或获取食品安全风险评估信息的研究或调查设计的描述是否清晰完整?有关食品安全风险评估数据的质量保证和质量控制程序是否被清晰地记录下来?有关部门或公众是否可以访问有关食品安全风险评估数据的质量保证和质量控制程序?

第四,不确定性和可变性。即产生或获取食品安全风险评估信息的程序、方法、措施或模型中的不确定性和可变性(定量和定性)被评估和记述的程度。具体而言,行政主体主要应考虑:食品安全风险评估信息所涉及的统计技术和模型参数有多大的不确定性和可变性?不确定性和变异性能在多大程度上影响那些由数据和其他研究工具推导出的有关食品安全风险评估信息的结论?食品安全风险评估信息研究的设计中有什么潜在的错误和偏见?

第五,评价和审查。即对食品安全风险评估信息所涉及的资料或程序、措施、方法、模型进行独立验证、确认和同行评审。具体而言,行政主体主要应考虑:对有关食品安全风险评估信息的研究方法和成果的核实与验证的独立程度如何?在有关食品安全风险评估信息的研究方法和成果中是否使用了独立的同行评审?审查的结论对食品安全风险评估信息的研究是否有影响?同样的程序、方法或模型是否被用于相似的研究,那么该信息的研究结果与其他相关研究的结果一致吗?

四、信息报告或通报制度之完善

由于信息的整合度、利用率还依赖于监管机构间的畅通性、信息传递中的准确性、主动通报信息的积极性,由此,卫生行政、农业行政、质量技术监督、工商行政管理、食品药品监督管理等部门还应对职责范围内的收集到的食品安全风险信息进行整理,形成共享的资源数据库,并加强沟通、密切配合。因为不同部门、不同层级所掌握的信息是不同的,所以需要建立食品安全监管机构的信息联络体制。这可以在各个食品安全监管机构中设置专门的信息联络机构,由该机构负责汇总本部门已确定的与食品安全风险评估有关的信息,并与本部门的上下级、其他食品安全监管机构保持信息沟通(包括夜间和节假日),交换食品安全信息。专门化的联络体制将有利于信息报告或通报的准确和快捷。① 此外,建立并完善各部门间的信息共享网络平台。《食品安全法实施条例》明确要求建立健全内部信息沟通与共享机制②,但遗憾的是,我国目前仅仅关注的是国家出入境检验检疫部门的信息收集网络,该网络除了收集食品安全信息,也负有汇总、通报食品安全信息的职责。由此,我们可以将出入境检验检疫部门的信息网络扩展到针对非出入境食品的领域,即在卫生行政、农业行政、质量技术监督、工商行政管理、食品药品监督管理等部门间搭建信息共享网络平台,各部门都是该网络平台的一个信息基点,各部门将收集来的经过分析和审查后的信息汇集到信息网络上,供该平台的其他组成部门共享,进而形成综合一体的、高效便捷的信息系统,形成食品安全风险监管的合力。

五、信息公布和交流制度之完善

建立有效的食品安全风险评估信息交流制度,让各方充分地了解食品安全风险评估的现状,包括风险的不确定性以及评估结果的局限性等,从传统的单向信息交流模式向互动性的信息交流模式的转变,可以增进利益相关各方之间的理解和合作,使评估结果和风险决策更加的科学、民主和有效。

1. 建立一套完全透明公开的食品安全风险评估信息发布机制

随着信息时代的到来和信息网络的普及,知情权已经成为公民的一项基本权利,知情权是食品安全风险信息披露的权利基础,但食品安全风险评

---

① 参见王贵松:《食品安全信息决定监管成败》,载 http://www.sinoss.net/2011/0822/35600.html,2014 年 6 月 18 日访问。
② 《食品安全法实施条例》第 2 条规定:建立健全食品安全监督管理部门的协调配合机制,整合、完善食品安全信息网络,实现食品安全信息共享和食品检验等技术资源的共享。

估领域的公民知情权并没有很明确的法律规定和保障,行政主体对食品安全风险评估信息的披露存在着很大的自由裁量权[1],因此,为了保证公民及时准确地获取相关的食品安全风险信息,保障公民的知情权,行政主体应建立信息发布机制。(1)扩大信息公布渠道。建立不同形式的食品安全风险信息发布的方式,满足不同层次的消费者的需求。如在集贸市场或者大型超市等人流密集的地方建立不合格食品名单告示窗,设立电话查询系统及食品质量监测网络等多种信息披露手段,从而有效地实现消费者对风险信息的知情权,保证不同层次的消费者对风险信息的认知。[2] 又如,可以通过广播公告、网络、现场访问或者免费的电话热线等方式来公布风险评估的信息和结果,使公众及时获取可靠的信息,专家则可以通过座谈会等形式向政府机关和公众代表定期的通报有关食品安全风险评估的进程和建议措施等。(2)规范信息公布标准和内容。通过法律规范明确信息公布的主体、时间、内容和对象,并保证整个过程的透明。值得一提的是,如果公布的内容是高度概括的,令人费解的,公众无法吸收交流带来的信息,那么这样的风险交流就是无效益的。因此,食品安全风险评估机构在进行风险公布时必须注意内容形式的简易。行政主体具有根据相关法律、法规、行业标准对产品、商品进行检验的能力,即能对产品、商品所蕴含的高端信息进行剖析、解码。在这一层面上,行政主体和厂家、商家有着可共享的信息平台,从厂家、商家所提供的产品、商品中解析出的数据,能够被有效地解读。厂家、商家所提供的待测样品和行政主体所掌控的参照标准可以在同一技术层面上达成互动,实现信息的有效沟通。在另一个层面上,行政主体应该具备将高端信息编译为普通消费者易于接受和理解的低端信息的能力,将复杂的技术参数转译为具有可读性的认证标识。在普通消费者的认知水平上,为其提供便于掌握的辨别方法,以简化消费者判断、选择的过程。[3] (3)完善信息公布的责任追究,做到责任明确,违责必究。

---

[1] 参见赵丹宇:《食品安全危险性信息交流模式的探讨》,载《中国食品卫生杂志》2008年第20卷第6期。
[2] 参见李红:《我国政府食品安全信息披露障碍及对策》,载《农业经济》2011年第9期。
[3] 参见索珊珊:《食品安全与政府"信息桥"角色的扮演——政府对食品安全危机的处理模式》,载《南京社会科学》2004年第11期。

2. 建立信息反馈机制

美国传播学奠基人施拉姆曾提出了传播的循环模式的概念。循环模式与单向传播模式划清界限,强调在信源与目的地(传者与受者)之间,只有在其共同的经验范围之内才真正有所谓传播,因为只有在这范围内的信号才能为传受两者所共享。传受双方在编码、解释、译码和传递、接受讯息时,是相互作用、相互影响的。传播信息、分享信息和反映信息的过程是往复循环、持续不断的。在施拉姆提出的传播的循环模式中,不仅设置有反馈并且突出反馈的双向性,表明任何传播活动都应具有的双向性。反馈是一种强有力的工具,如果不存在反馈,或者迟迟才作出反馈,或反馈是微弱的话,那么,这种局面就会引起传播者的疑惑和不安,并会使传播对象感到失望,有时在传播对象中会产生对立情绪。① 所以,在信息交流的过程中,一定要注意信息反馈机制的建立。一方面,行政主体公布信息后,要为信息接受者——公众提供反馈信息的渠道,如电话热线、网络论坛、问卷调查等,主动了解公众对食品安全风险评估信息的反映和需求。另一方面,行政主体还应对公众的信息反馈作出再次反馈,应及时向公众反馈其对公众反馈信息的协商评价结果。再次反馈的内容包括行政主体在协商过程中所收集到的公众主要关注的问题、评论和意见的数量以及它对这些评论和意见的处理结果、对重要评论和意见加以拒绝的理由等。

3. 组织有针对性的协商交流

信息交流协商关系到政府、学术界、食品行业、媒体和消费者之间对食品安全风险评估信息的及时、准确、透明地相互沟通,有利于实现食品安全风险评估信息的资源互享,最大限度地使用食品安全风险评估信息资源,提高政府风险管理效率,加大政府食品安全风险评估工作的透明度。比如,注重多向的信息交流模式,可以采用网站论坛等以网络技术为支撑的非会议的形式的交流,也可以定期召开咨询会议或者专家会议等会议,邀请公众参与并与公众进行互动,与利害关系人之间开展听证会,并允许利害关系人与行政主体和专家之间展开对话。在协商交流过程中,不同主体的利益或观点都得到充分的代表并且参与者有平等的机会来进行发言,整个参与过程

---

① 参见施拉姆·波特:《传播学概论》,陈亮译,新华出版社1984年版,第98页。

是透明的和公开的,以确保关于特定问题的信息能到达适当的主体。

六、信息纠错制度之建立

行政主体还可以为受传播的食品安全风险评估信息影响的人提供寻求和获取信息修正机会,即如果一个人认为行政主体传播的食品安全风险评估信息可能不符合法律规范要求,不符合信息质量的指引或者存在不当或错误等,可以向行政主体提出更正信息的要求。提出更正要求需要提供的资料信息包括提出申诉的个人或组织的名称和联系信息、原因、纠正的建议说明等。行政主体在收到请求后,应组织对该请求进行分析讨论,并在一定的期限内给予答复,如果拒绝更正请求,应向申请者说明理由,申请者还可以申请复议一次,如果请求被批准,行政主体则应当采取适当的纠正行为,并将决定告知请求者,同时向公众公开纠正后的信息。纠正的信息越多,越说明该行政主体对信息质量的保障工作存在不足,将会影响该主体的公信力,所以建立食品安全风险评估信息纠错制度既可以为公众参与信息管理提供一种渠道,也从侧面督促行政主体在食品安全风险评估信息的运行中更加注重信息的质量问题。

七、信息监督、考核和检查制度之完善

建立食品安全风险评估信息监督、考核和检查制度,明确食品安全信息管理主体及其职责,不定期对各部门、各单位的食品安全风险评估信息的收集、分析、报告、通报、公布等情况进行考核和评议;制定信息资源管理手册,介绍信息管理程序和政策,包括信息收集、信息安全、数据标准、信息质量以及考核和评议标准等,以确保信息管理工作的透明度和重复性;建立健全食品安全风险信息管理责任制,各地、各部门要建立、健全相应的工作制度和工作程序,分工明确,责任到人,如有必要,可以追究信息管理的行政责任,如造成严重后果、违反刑法规定的,亦可以追究刑事责任,反之,可以对考核和评议中连续多次获得优秀的部门予以一定的奖励。

八、信息硬件支持制度之完善

行政主体需要加强食品安全风险评估中信息收集、提供、传递、评估、发

布、反馈的技术支撑能力,建立以互联网平台为支撑基础的国家级食品安全风险评估数据和信息的网络服务系统和技术平台,该体系平台包括[①]:

(1) 信息数据收集和分析平台。

(2) 专业数据库平台。需要涵盖:利用物联网技术、溯源技术、防伪技术、条码技术、云计算技术等建设的食品及食品添加剂生产达标的生产监管信息系统,食品及食品添加剂品牌真伪认证、来源追溯、过程追踪、责任追查及召回销毁的流通监管信息系统,对食品生产商、经营商和餐饮服务商进行信用评价、守信激励、失信惩戒的食品经营者信用监管信息系统[②],食品企业注册认证数据库,食品安全标准数据库,食品相关政策法规数据库,食品安全限量指标数据库,食品安全专家信息数据库等等。

(3) 信息交流服务平台。食品安全风险信息交流平台就是构建以网络、媒体、报纸等为支撑,以解决食品安全风险信息不对称为主要目的,充分利用统计分析技术、计算机技术、通讯技术、网络技术、数据库技术等现代高新技术手段,完成风险交流机制,遵循风险分析框架,实现跨地域、跨学科、跨部门全方位的食品安全数据信息共享与服务,制定和完善科学数据共享政策、法规与标准体系,进一步提高食品安全数据的积累,增强食品安全数据资源的二次开发能力,并形成能够针对重大食品安全问题和突发事件的解决,挖掘所需要的知识,形成具有特色的食品安全体系[③],能够使消费者可以从中获得准确、及时、全面、透明的食品安全信息。

(4) 信息共享服务平台。信息共享的意义在于最大限度的利用有效的信息资源,不同渠道获得的信息可以在一个共同的平台上进行管理、分析,且各食品安全管理部门能在同一食品安全数据管理框架下实现信息互通,根据各自不同的需求,进行有针对性的分析研究,从而最大限度地避免重复投资而造成的资源浪费。实现信息资源共享的三个基本条件是数据、技术

---

① 参见李磊、周昇昇:《中国食品安全信息交流平台的建立现状分析》,载《食品工业》2011年第12期。
② 参见姚培硕:《中国将建食品安全风险监测和评估信息系统》,载 http://www.chinanews.com/jk/2012/05-16/3892900.shtml,2014年6月12日访问。
③ 参见陈宏:《浅议食品安全信息网络系统的建立》,载《中国新技术新产品》2009年第9期。

支撑和共享的标准。[1]

（5）信息发布平台。向社会发布食品安全风险评估信息和监管信息，发布政策法规、食品科普知识、食品检测等各项信息，受理食品事件的投诉、反馈，组织食品安全讨论，展开食品安全市场调查等，从而营造放心消费环境，引导、教育和增强食品生产企业和消费者的食品安全意识，促进市场自律，实现政府与公众的互动。一个完善的食品安全风险信息发布机制，要求食品安全风险信息发布做到准确、及时、公正、客观畅通，从而增强行政主体发布食品安全风险评估信息的主动性、时效性、准确性，保障公众的知情权和监督权，保护消费者利益，促进食品产业健康发展。[2]

（6）信息查询和反馈平台。为了提高消费者的食品安全意识，选择安全的食品和健康的消费方式，食品安全风险评估信息查询平台将为消费者提供相关查询，同时通过在线提问、免费热线、调查与评估等方式获取公众对披露信息的意见、反应，通过综合评价，以评价报道的方式予以公开，保证信息的适用性。[3]

此外，行政主体还需要保证食品安全风险评估领域的经费投入，加大对评估中心和重点实验室经费投入，尤其加强对中西部地区的经费支持力度。与此同时，应加快提高信息人才队伍的素质和能力，制定信息人才发展计划，吸引国内外高级人才参与食品安全风险评估工作，加强现有信息人才的培训，充分利用欧美国家开展食品安全风险评估的经验，加快提升信息人才队伍的工作水平。

---

[1] 参见李磊、周昇昇：《中国食品安全信息交流平台的建立现状分析》，载《食品工业》2011年第12期。

[2] 参见林晶：《完善食品安全信息公开制度的建议》，载《中国医药导报》2010年第7期。

[3] 参见李磊、周昇昇：《中国食品安全信息交流平台的建立现状分析》，载《食品工业》2011年第12期。

第四章 食品安全风险评估之公众参与制度

自20世纪90年代以来,公众参与食品安全风险评估已经成为世界许多国家的发展趋势,公众在风险评估中的作用受到越来越多的学者的重视。虽然我国学者也日益注重评估过程中的公众参与,但诸多的客观和主观因素却严重影响并阻碍了我国公众参与食品安全风险评估的进程。从《食品安全法》及《食品安全法实施条例》看,并无公众参与食品安全风险评估的明文规定,且仔细审视规范内容,也无法推导出容许公众参与的隐含意思。[①] 但是,从我国食品安全风险评估制度运行的现实情况来看,有必要引入公众参与制度,使风险评估结果更具有说服力和可接受性。因此,为了推动我国公众更好地参与食品安全风险评估,实现食品安全风险决策的科学化和民主化,对食品安全风险评估公众参与机制的研究,无疑具有重要意义。本章主要从以下几个方面展开对食品安全风险评估中公众参与制度的研究:一是食品安全风险评估中公众参与的基本理论,从公众参与制度之目的、公众参与之主体、公众参与之途径、实现公众参与之保障四个方面界定食品安全风险评估中公众参与的内涵;二是对食品安全风险评估中公众参与的必要性及

---

① 参见曾娜、郑晓琴:《转基因食品风险规制:制度模式及改进方向》,载《科技与法律》2011年第3期。

可行性进行深入分析；三是展示了我国食品安全风险评估公众参与四个方面的不足；四是提出构建我国食品安全风险评估公众参与制度的建议。

第一节 食品安全风险评估中公众参与之基本理论

一、食品安全风险评估制度之路径选择

德国著名社会学家乌尔里希·贝克断言，现代社会即为风险社会，并指出了风险评估工作的极端重要性。既然风险评估如此重要，那么在关乎人民身体健康和生命安全的食品安全领域，风险评估更是重中之重。因此，在《食品安全法》及其《食品安全法实施条例》中，很多条款都涉及风险评估，内容涵盖了评估管理、评估机制及其构成、评估对象、评估方法和意义，以及食品监管机构、安全标准、新原料、食品添加剂与风险评估的关系，甚至风险评估的结果，不仅是"制定、修改食品安全标准和对食品安全实施监督管理的科学依据"[①]，也是发布食品安全风险警示的重要依据。这都意味着，食品安全风险评估在食品安全法律上的极端重要意义。但就目前情形来看，我国现行的食品安全风险评估制度的研究和实践大多都是从行政主体（例如，卫生行政部门）和专家的角度来开展的。这可以从《食品安全法》的相关条款见其端倪。例如，《食品安全法》第13条规定："国家建立食品安全风险评估制度，对食品、食品添加剂中生物性、化学性和物理性危害进行风险评估。国务院卫生行政部门负责组织食品安全风险评估工作，成立由医学、农业、食品、营养等方面的专家组成的食品安全风险评估专家委员会进行食品安全风险评估。对农药、肥料、生长调节剂、兽药、饲料和饲料添加剂等的安全性评估，应当有食品安全风险评估专家委员会的专家参加。食品安全风险评估应当运用科学方法，根据食品安全风险监测信息、科学数据以及其他有关信息进行。"又如，该法第23条规定："食品安全国家标准应当经食品安全国家标准审评委员会审查通过。食品安全国家标准审评委员会由

---

① 例如，《食品安全法》第16条规定：食品安全风险评估结果是制定、修订食品安全标准和对食品安全实施监督管理的科学依据。

医学、农业、食品、营养等方面的专家以及国务院有关部门的代表组成。"①换言之,我国在食品安全风险评估中施行的是行政部门主导下的专家治理模式。

可以说,行政部门主导下的专家治理模式是将行政部门有关食品安全风险评估决定的决策建立在科学和专家知识基础上,这是对过去以行政官员为主体的决策模式的否定,体现了食品安全风险评估领域中决策机制的转变。但进一步,我们要问,为什么我国现行的食品安全风险评估制度单单崇尚行政部门主导下的专家治理模式,而没有将公众参与作为一项重要的制度列入研究领域或者立法视野?对于它的回答能够厘清专家治理模式和公众参与制度的利弊关系,使得我们在充分认识到专家治理模式与国际接轨的必要性之同时,也能考虑到公众参与制度的设计可以为食品安全增添新的行动指南,进而健全食品安全风险评估机制,为保障公众(同时,也是我们自己的)健康和生命安全努力。

无论我们是否愿意看到,绝对的食品安全是不现实的。事实上,世界上的任何事物在某种程度上都是有害的,关键是多大剂量才会对人体健康构成侵害。早在16世纪中期,德国化学家帕拉塞尔苏斯(Philippus)就郑重宣告:"所有物质都是毒物,没有一种物质不是没有毒性的。正确的剂量是用以区分一种物质是毒药还是补品的标准。"②比如,即使是婴儿食用的辅助食品也不能要求绝对安全。根据国家标准《婴幼儿谷类辅助食物》(GB10769-2010)规定,以大米、小麦、黑米等原料的婴儿辅食,里面污染物

---

① 而对于公众参与的笼统规定,只有《食品安全法实施条例》第4条规定:"食品安全监督管理部门应当依照食品安全法和本条例的规定公布食品安全信息,为公众咨询、投诉、举报提供方便;任何组织和个人有权向有关部门了解食品安全信息。"该条款只是规定了公众了解信息的权利,而并没有规定公众参与风险评估以及其他涉及食品安全活动的权利,况且,单就获取食品安全信息的规定而言,规定的方式不明确、途径、程序也不具体,效力不确定,极其缺少可操作性。因此,在当下或者未来,必须充实公众参与的内容,建立健全公众参与制度。鉴于食品安全风险评估的重要性,可先从食品安全风险评估中设计公众参与制度,以渐进的方式逐渐铺展开来,使公众参与从"食品安全风险评估"这个点辐射到食品安全工作的整个"面",增加公众在参与食品安全工作中具体享有的知情权、得到通知权、批评建议权、评论权、辩论权、获得记录权等等的规定,使公众参与在整个食品安全工作中占据一席之地,同时明确负责食品安全的相关部门在信息披露、公众意见收集、保障公众参与等方面的义务。

② See John W. Finley, Susan F. Robinson and David J. Armstrong, *Food Safety Assessment*, Oxford University Press, 1992, p.13.

限量规定是,在添加藻类的婴幼儿谷类辅助食物中无机砷不超过 0.3 毫克/公斤,其他婴儿辅食中无机砷的限量为 0.2 毫克/公斤。而《食品中污染物限量》规定,大米中的无机砷限量是 0.15 毫克/公斤,面粉 0.1 毫克/公斤,杂粮 0.2 毫克/公斤。而无机砷显然是一种剧毒物质。为了说明这一点,食品安全风险评估过程通常都要求具备危害识别、危害描述、暴露评估和风险描述四个明显不同阶段[1],并据此把危害(导致损害的可能)与风险(损害发生的几率)区分开来,并设定相当的食品安全标准。[2] 以上措施都指向一个方向,就是必须评估食品安全风险,以有效地寻找化解食品安全风险之途径,进而维护消费者的身体健康和生命安全。那么,选择何种制度路径?世界上很多国家的食品法制度中都设计了专家治理模式,为什么专家们能够把握食品安全风险评估之要旨,并提交令人信服的食品风险评估结果?分析其原因,无外乎以下两种:一是食品是否安全,是否存有风险,须来自科学证据,一般来说,这需要大量专家共同努力;二是食品风险认知存有差异,不同主体对风险的接受程度不同,需要专家(一般是中立的专家)的评估意见作出"决定";三是食品知识和风险信息的专业化,需要"术业有专攻"的专家的评估意见。

客观地说,食品安全风险评估所要求的专家治理模式在很多方面都具有优势,这也是我国《食品安全法》秉承这一思路的原因。但是在现实生活中,出现的许多食品安全风险甚至危机,尽管专家的风险评估操作过程和方法都没有多大问题,但他们的风险评估结论,为何有时公众"并不买账"?这其中的原因相当复杂,除了风险信息不对称、专家理性与公众理性之间存在差距等外,当评估食品风险的专家因自身某些因素(如成为食品企业的利益

---

[1] 例如,我国卫生部根据《食品安全法》及其《实施条例》制定的《食品安全风险评估管理规定(试行)》第 13 条规定:"国家食品安全风险评估专家委员会按照风险评估实施方案,遵循危害识别、危害特征描述、暴露评估和风险特征描述的结构化程序开展风险评估。"

[2] 参见彭飞荣:《食品安全风险评估中专家治理模式的重构》,载《甘肃政法学院学报》2009 年第 11 期。

代言人或者行政部门既定政策的佐证者①、滥用专家评估权等）导致公众对科学和专家的不信任危机时，情况更加糟糕。再加上，专家在进行风险评估时依赖数据发挥作用，但所谓的专家数据，通常是政府或相关部门透过某些手段"人为"筛选来的统计样本作出来的，未必可靠，尤其是近年来国内大量的统计材料和数据存在的"水分"，证实了"科学"评估的弊端。再者，由于价值选择的问题，专家的食品安全风险评估也会卷入到某种价值冲突之中，等等。②

上述问题的存在，根本原因在于食品安全风险是客观存在还是主观建构的，还是两者都是？进一步来讲，如何保证食品安全风险评估的有效、可靠？在这个问题上，在专家治理模式"关上门的时候"，公众参与制度为食品安全风险评估"打开了一扇窗"。一般来说，专家治理模式认为风险是客观存在的不确定性，它不以人的主观意志为转移，是可以预测的，在对风险事故进行观察的基础上，专家可以用统计方法对这种不确定性加以定义并测度其大小。在公众看来，食品安全风险的特点不是一些简单的"客观事实"，而是一系列的价值判断，风险并不是独立于人的存在。③ 正如乌尔里希·贝克所言，科学"确认了风险"，民众"感受了风险"。④ 诚然，在一个现代社会中，将保障食品安全的相关措施完全基于专家的理性，无视公众的经验或直觉是相当困难的。这是因为，国家对食品安全的努力是回应社会公众的需求，企图利用冷冰冰的数字来限制民众需求的做法是不尽正确的——专家评估了风险，而公众要毫无条件地接受这种"被评估过的风险"——谁愿意把自己的健康与生命，交给一个与自己素不相识、甚至还可能觉得有点不可靠的专家呢？

正因为此，完全秉承专家治理理念的食品安全风险评估是片面的，在卫生部制定的《食品安全风险评估管理规定（试行）》中，通篇21条没有提到

---

① 《食品安全法》第13条第2款和第3款规定，国务院卫生行政部门负责组织食品安全风险评估工作，成立由医学、农业、食品、营养等方面的专家组成的食品安全风险评估专家委员会进行食品安全风险评估。对农药、肥料、生长调节剂、兽药、饲料和饲料添加剂等的安全性评估，应当有食品安全风险评估专家委员会的专家参加。根据这一条款，卫生行政部门应当聘任专家参与食品安全评估工作，而专家有义务为卫生行政部门的风险评估工作提供知识和建议，当然也暗含着专家为其决策提供合法性确证的义务。

② 参见彭飞荣：《食品安全风险评估中专家治理模式的重构》，载《甘肃政法学院学报》2009年第11期。

③ 参见戚建刚：《风险认知模式及其行政法制之意蕴》，载《法学研究》2009年第5期。

④ 参见〔德〕乌尔里希·贝克：《风险社会——通往另一个现代的路上》，汪浩译，台湾巨流图书公司2004年版，第63页。

"公众参与"的字句,让人费解。尽管食品安全风险评估涉及高度的科技背景,倾向于反映专家的意见而不是民主价值,以至于限制了公众参与机制的引入,然而,由于食品安全风险的相对性及风险评估内在的不确定性,加之专家决策所固有的缺陷,决定了公众参与应成为食品安全风险评估制度的当然组成部分。① 这也呼吁我们必须在食品安全风险评估中对公众参与进行必要的制度设计。由于国内对专家治理模式的研究较多,但对公众参与的研究过少,本部分就对公众参与制度进行探讨和初步的设计。

二、食品安全风险评估中公众参与制度之内涵

虽然公众参与在理论上至今没有精确定义,但这并不影响我们对它进行探究。因为,从目前学术界对于公众参与概念的界定来看,对其核心内涵已达成共识——即"公民有目的的参与和政府管理有关的一系列活动"②。在该共识之下,其内涵有广义和狭义之分。狭义上的公众参与仅指公民的政治参与,即由公民直接或者间接选举公共权力机构及其领导人的过程;广义的公众参与还包括所有关于公共利益、公共事务等方面的参与③,例如,国内较早涉足公众参与研究的俞可平教授认为:"公众参与就是公民试图影响公共政策和公民生活的一切活动,包括投票、竞选、公决、结社、请愿、集会、抗议、游行、示威、反抗、宣传、动员、串联、检举、对话、辩论、协商、游说、听证、上访等。作为政治学家,俞教授理解的公众参与范围非常广泛,从民主选举到民主决策,从民主管理到公民街头行动。"④具体到食品安全风险评估过程中,公众参与主要是指公众与专家运用各自所掌握的关于风险的事实和价值知识的交涉、反思和选择的过程。一般来说,公众参与应该包含四个要素:第一,公众参与所欲达成的目的;第二,公众参与活动类型;第三,参与者;第四,与公众参与相关的"目标组织"(targeted governmental enti-

---

① 参见曾娜:《食品安全风险评估中的公众参与研究》,载《宪政与行政法治评论》(第5卷),中国人民大学出版社2011年版,第170页。
② See Mary Grisez Kweit & Robert W. Kweit, *Implementing, Citizen Participation in a Bureaucratic Society: A Contingency Approach*, Praeger, 1981, p.31.
③ 参见胡建华:《公民参与:促进民主发展的新形式》,载《求实》2005年第27期。
④ 参见贾西津主编:《中国公民参与——案例与模式》,社会科学文献出版社2008年版,代序。

ties)。① 那么,对于食品安全风险评估中的公众参与制度,相应地,其制度设计应包括:一是公众参与制度所欲之目的;二是公众参与之主体;三是公众参与之途径;四是实现公众参与之保障。

(一)在食品安全风险评估中设计公众参与制度的目的

在行政法领域,公众参与是通过不同方式贯彻政治程序的一套方法和哲学,就其本质而言,它强调的是程序的改变而非问题的解决,以及对民主发展的推动和权力的再分配。② 但在食品安全风险评估中,公众参与并非仅仅着眼于程序的合法,而更在意问题的解决。我们不难理解,公众的风险知识具有优越性,而在评估手段之确定方面,专家的风险知识具有优势。如若食品安全风险评估的决策权单单掌握在专家手中,由于他们所掌握的数据极有可能是不准确和不完整的,因而他们所作出的风险评结果未必精确和可靠。而为防止专家借口专业判断而恣意作为,避免走向所谓的技术统治,这时就有必要引入公共参与制度。通过与消费者的风险沟通和利益协调来弥补专家模式的不足,构建专家与民众之间的信任机制,进而保证评估结果的正确和有效,以最终保护人民的生命健康和安全。这是在食品安全风险评估中设计公众参与的出发点。结合食品安全目标之实现,在食品安全风险评估中设计公众参与制度的目的,无外乎两点,一是公众参与在于减少利益集团或行政机关因操纵风险评估而导致的危害,弥补专家受"从属性偏见"的影响而产生的不足;二是通过参与风险评估,使公众能正确认识风险,增进公众对于风险评估结果的支持和接受。但需要明确的是,公众参与是必要的。然而,过度迎合公众的意见③也会导致食品安全风险评估效果的失

---

① 参见徐文星、刘晓琴:《21世纪行政法背景下的公众参与》,载《法律科学》2007年第1期。
② 同上。
③ 有关公众参与的食品安全风险评估的局限性,多有学者论述,例如,有学者认为,一方面是风险评估的特性,导致过度的公民参与不可取,原因在与风险评估的重点在科学,而风险管理的重点在政策,就公众的能力而言,相比较以科技知识为支撑的风险评估,风险管理主要依赖政治及价值判断,为公众参与提供的空间更大。另一方面是公众专业知识的欠缺。为判断食品与不良健康影响之间的因果关系,必然涉及深奥的专业知识的运用,即便是科学家,有时都难以作出判断,更何况一般大众。基于以上考虑,公众参与风险评估并不是越多越好,不同于一般的政策判断领域,食品安全风险评估主要还是一个科学命题,由此,决定了风险评估首先且主要地建立在对科学事实理解的基础上。这意味着引入公众参与时,应特别深究公众参与食品安全风险评估的原有,把握其内在的限制。参见曾娜:《食品安全风险评估中的公众参与研究》,载《宪政与行政法治评论》(第5卷),中国人民大学出版社2011年版,第174—175页。

效。为平衡专家理性和公众直觉之间的关系,公众参与食品安全风险评估的空间不仅较为有限,且有其特殊性。有限性在于,考虑到食品安全风险评估的专业复杂程度和公众素质,对于纯粹的技术问题,并不适合公民投票或协商解决,应尊重专家判断。因此,公众参与主要局限在以下议题:风险评估程序是否符合法律规定,专家的假设是否基于保障公众健康的立场,风险评估结果是否建立在科学证据及理性推理基础上,专家是否具有代表性、有无受到利益集团的不当影响,等等。就特殊性而言,为弥补专家知识的局限性,有必要创造一个意见的自由竞争市场,通过引入各种诸如同行评审、同级评审等辩论机制,"真理越辩越明",公众可以得到各种不同的甚至截然相反的意见,有助于公众正确认识风险。①

(二)食品安全风险评估中公众参与的主体

依前所述,我国现行的食品安全风险评估制度的研究大多是从专家治理角度来研究,而对于作为行政相对人的利益相关者,特别是普通公众的研究很少,食品安全风险评估仅仅依靠政府及其聘请的专家的单方面的力量是不够的,必须强化和构建社会多元利益者参与的食品安全风险治理和评估机制,有效的利用消费者、新闻媒体、行业协会等,形成立体的社会监督机制,建立一个消费者普遍参与、行业协会专业支持、新闻媒体舆论监督的食品安全风险评估体系,充分发挥各个利益相对方的优势,加强食品安全风险的有效评估。要想充分的发挥公众参与评估的作用,就必须首先明确需要参与食品安全风险评估的主体,即食品安全风险评估的利益相关者。需要注意的是,我们对利益相关者的确定不能局限于社会生活中的群体化的公众(组织),要强化个体化的公民的参与。虽然在许多实际情况下,群体化的公众(组织)是参与食品安全风险评估活动的主力军,但我们不能保证群体化的公众(组织)参与评估是否涉及某些集团的利益,是不是为某些利益集团"背书",但由于个体化的公民处于食品安全的末端,是食品是否安全的最直接体验者,只有将个体化的公民也"有分量地"纳入到其中,才能为食品安全风险评估工作提供"第一手信息"和最广泛的监督。

西方经济学理论中将利益相关者界定为与客户有一定利益关系的个体

---

① 参见曾娜:《我国食品安全风险评估机制的问题探析》,载《昆明学院学报》2010年第5期。

或者组织群体,这种个体或组织群体有可能是客户内部的,也有可能是客户外部的。① 将利益相关者引入食品安全风险领域,根据在食品安全风险评估信息传递过程中发挥的作用的不同,可以将风险评估的社会参与个体分为普通公众(消费者)、行业协会和新闻媒体等,为了研究的方便,这里我们只讨论这三个主体的参与。②

1. 普通公众(消费者)的参与

食品安全风险最大的利益相关者就是普通公众,即食品的消费者。消费者对食品安全的信息比政府和专家要敏感得多,并且由于消费者的群体庞大,无论是在食品安全风险信息的发现阶段,还是在食品安全风险评估议题的形成阶段,无论是对专家的评估结果的监督还是政府依据评估结果作出行政决策的监督方面都具有积极的作用。消费者作为食品安全风险的亲历者,可以将其所掌握的食品安全风险信息传达给专家,从而扩大了专家风险评估所依据的数据基础,降低评估的不确定性,也能提高政府决策的科学性和民主性。同时,消费者处于食品安全风险信息传递的第一环节,其提供的信息的真实性和可靠性较高,消费者可以将自己掌握的信息传递给新闻媒体,通过新闻媒体来引发社会各界和政府的关注,可以及早发现食品安全风险的存在,降低食品安全评估的成本。食品消费者不仅仅是食品安全风险最大的利益相关者,也是食品安全风险最普遍的监督人员,要使公众普遍的监督能力与政府的行业监管能力实现有效嫁接,就需要完善社会多元参与的食品安全风险治理机制。食品安全风险评估领域引入一定程度的公众参与,以便使整个食品安全的风险评估工作可以更直接地处于公众的普遍监督之下。

2. 行业协会的参与

行业协会是"一种主要由会员自发成立的会员制的,在市场中开展活动的、以行业为标志的、非营利性的、非政府的、互益性的组织"③。在我国通

---

① 参见方升、周敏:《基于利益相关者视角下的我国食品安全问题探析》,载《江苏商论》2008年第8期。
② 事实上,若要保证所有受影响的利益都能够在食品安全风险评估过程中得到代表,首要问题就是判断哪些利益应该获得代表,提供这种代表的方式有哪些,这就是公众参与代表的遴选问题。鉴于《食品安全法》及其《实施条例》只是对消费者、新闻媒体和行业协会进行了粗浅的规定,笔者试就上述三种主体进行阐释。
③ 参见贾西津、沈恒超、胡文安等:《转型时期的行业协会:角色、功能与管理体制》,社会科学文献出版社2004年版,第13页。

常注册成为社会团体,有着代表、沟通、协调、监督、公证、统计、研究、服务这八项职能。行业协会在我国的食品安全风险评估过程中承担着以下几种角色:其一是我国《食品安全法》第7条规定,即"食品行业协会应当加强行业自律,引导食品生产经营者依法生产经营,推动行业诚信建设,宣传、普及食品安全知识。"食品行业协会处在食品行业之中,由于这种行业属性,其所掌握的食品行业信息比政府和普通公众有可能更多更全,食品行业协会可以通过对其本行业的基本情况的统计、分析和结果的发布,研究食品行业发展过程中存在的种种问题,并且可以通过各种方式将信息传递给政府、食品企业和社会各界,从而为食品安全风险评估提供相关的科学数据和技术信息等。其二是《食品安全法》规定在制订国家食品安全风险监测计划时,应当征求行业协会、国家食品标准审评委员会和食品安全风险评估专家委员会的意见。这就说明了食品行业协会有参与我国食品安全标准的制定和风险监测的权利。其三是在制定国家食品安全标准的时候,食品行业协会可以依据其研究功能和专业优势参与到食品安全的标准的制定过程中,也可以在食品安全标准的执行过程中发挥其监督作用。① 最后当食品安全事件出现的时候,食品行业协会应当代表本行业的利益,一方面做好公众的危机公关,避免出现恐慌;另一方面要加强与消费者或者市场的沟通和交流,向食品安全风险评估委员会提供相关信息帮助其开展风险评估工作。

综上所述,食品行业协会对内承担着为本协会成员服务,制定相关的行业标准和组织会员培训,以提升行业竞争力的角色;对外是作为食品行业的代表与政府进行沟通,为行业协会谋取合法权益,在整个食品安全风险评估与决策过程中承担着上传下达的角色。但是,从我国目前发生的众多食品安全事件中可以看到,只要食品行业内的一个企业发生问题,就有可能对整个食品行业带来毁灭性的打击,从而导致整个食品行业的一蹶不振,在这个过程中,行业协会的上通下达的作用并没有得到充分的发挥。

3. 新闻媒体的参与

无论是普通公民还是行业协会在参与食品安全风险评估的过程中,一定程度上都会依赖于新闻媒体的力量,新闻媒体是消费者和行业协会参与

---

① 参见贾西津、沈恒超、胡文安等:《转型时期的行业协会:角色、功能与管理体制》,社会科学文献出版社2004年版,第13页。

食品安全风险评估的媒介和工具。同时,新闻媒体自身也是风险评估与风险监管的监督主体。新闻媒体的职能通常就在于食品安全风险评估的宣传和监督两方面。我国《食品安全法》对新闻媒体开展食品安全法律法规以及食品安全标准的宣传做了法律规定,在食品安全风险评估过程中,新闻媒体一方面要表达普通公众的利益诉求,另一方面还要对消费者所反映的食品安全问题加以曝光和报道。新闻媒体对于消费者关注的话题有着十分灵敏的嗅觉,因而,它们很容易发现公众高度关注的食品安全问题,对公共舆论的发展起着导向作用,当新闻媒体关注某一食品安全问题时,不仅普通公众、政府部门会注意,评估专家也自然会注意,这样就为评估数据及信息的收集缩短了时间,提高了评估信息传递的效率。

(三)食品安全风险评估中公众参与之途径

公众参与有着多种的表现形式:听证、公共评论、建议、批评、游说等都是传统的公众参与形式。在广义上,公众参与甚至包括教育、资讯、复审、反馈、互动、对话等方式。就食品安全风险评估领域而言,前文探讨了"谁参与"的问题,那么现在分析"以哪种形式参与——是仅仅信息的分享抑或更深层次的协商"以及"公众将扮演何种角色——咨询、顾问还是掌握决定权的决策者",甚至"行政机关将扮演何种角色——伙伴、旁观者还是领导者"。

由于食品安全风险评估上的科学证明被附加了价值因素,因而专家与民意之间的价值共识也就成了风险沟通中的重要内容。为达成共识,公众参与是一项重要途径。一方面,立法机关或行政机关可以通过动员、引导等形式来支持公众参与食品安全风险评估;另一方面行政机关或者立法机构应当保证基于风险评估结果上的食品安全政策或立法程序的公开透明,鼓励公众参与。比如,行政机关制定食品安全法规的相关信息、文件和发表的评论,须以各种方式公布,并考虑公众的评议;食品安全风险评估委员会召开正式或非正式的专家咨询、论证会议时,公众可以通过宣传单、互联网等多种方式获取其内容。为了保证整个评估过程中公众参与的有效实现,需要满足一定的条件:评估中的各类角色需要平等地、全面地、负责任地交换意见和观点;在既定的时间内,大多数参与者都认为食品安全风险评估结论是可以接受的,对于不同的意见,将来可以继续思考;与所评估的食品安全风险相联系的视角、观点、学科背景等具有多元性;在评估过程中,不同主体的利益或观点都得到充分的代表并且参与者有平等的机会来进行发言;参与者对食品安全风险都有所了解;整个参与过程是透明的和公开的等。[1]

公众参与的途径可以有很多,但为了确保公众参与能发挥实质上的作用,公众意见须对食品安全风险评估报告形成一定的约束力[2],否则,走过场式的公众参与便成为"皇帝的新装",公众也逐渐会丧失参与的热情。然而,如何确定食品安全风险评估中公众参与的效力?鉴于在《环境影响评价法》《环境影响评价公众参与暂行办法》中已有相关的法律规定,我们可以加以参考。例如,《环境影响评价法》第11条指出,(行政机关)应当认真考虑有关单位、专家和公众对环境影响报告书草案的意见,并应当在报送审查的环境影响报告书中附具对意见采纳或者不采纳的说明。在《环境影响评价公众参与暂行办法》第12条就公众参与的形式进行了规定,要求建设单位或者其委托的环境影响评价机构应当在发布信息公告、公开环境影响报告书的简本后,采取调查公众意见、咨询专家意见、座谈会、论证会、听证会等形式,公开征求公众意见。第18条规定,公众认为建设单位或者其委托的环境影响评价机构对公众意见未采纳且未附具说明的,或者对公众意见未采纳的理由说明不成立的,可以向负责审批或者重新审核的环境保护行政主管部门反映,并附具明确具体的书面意见。负责审批或者重新审核的环境保护行政主管部门认为必要时,可以对公众意见进行核实。通过环境影响评价对公众参与效力的规定,我们可以分析,针对公众就食品安全风险评估议题或评估程序所提出的意见,有关机构虽然不承担全部或部分采纳的法律义务,但必须予以积极回应,在认真斟酌公众意见的基础上提出相应的处理意见,甚至明确说明理由,决不能把公众参与当做一种可有可无的过场。

(四) 食品安全风险评估中公众参与之保障

保障最根本的是制度建设。我国《宪法》第2条第3款规定:"人民依照法律规定,通过各种途径和形式,管理国家事务,管理经济和文化事务,管理社会事务。"这是公众参与食品安全风险评估工作的宪法根据。但是,由于各

---

[1] See K. L. Blackstock, G. J. Kelly and B. L. Horsey, Developing and Applying a Framework to Evaluate Participatory Research for Sustainability, *Ecological Economics*, No. 4, Vol. 60, pp. 726—742.

[2] 参见曾娜:《食品安全风险评估中的公众参与研究》,载《宪政与行政法治评论》(第5卷),中国人民大学出版社2011年版,第179页。

种原因,公众参与渠道不顺畅,保证参与实施的相应的法律法规不健全。虽然很多相应的制度和法律规范都已出台,但依据都是非常模糊,致使许多公众参与以非制度化的形式出现,使得公众参与具有较大的随意性,缺乏制度性和程序性保障。这种制度和法律法规的缺失主要体现在:公共危机管理中的公众参与缺少程序制度的保障;公众参与主体地位不明确,使得公众参与公共危机管理活动处于混乱状态;公众参与公共危机管理缺乏制度保障和法律依据。在实际生活中,这种现状已成为制约公众发挥参与能力的一大瓶颈,导致公众参与兴趣减退。在这样的一个现状里,我们谈论食品安全风险评估中公众参与的保障,就需要从最基本的、最根本的做起。

首当其冲的就是信息公开制度的建立与完善,在源头上完善食品信息公开制度,保障公众的知情权。虽然《中华人民共和国政府信息公开条例》(以下简称《信息公开条例》)在 2008 年就开始颁布实施,我国在信息公开具体实施方面也取得了长足的进步,在政府的各个机关、机构中,行政公开起码在字面上已经逐渐成了工作的中心,但在信息公开的法律化、制度化进程中,也存在一些不容乐观的事实。由于我国信息公开制度处于起步阶段,尚不完善,信息公开并没有深入每一个政府机构之骨髓。目前基于管理信息的需要而提倡的信息公开与民众基于对个人生命健康的保护的需要而提出的信息公开显然是有明显区别的,形似而实非。因此,在食品安全风险评估中,公众参与的健康发展必然要以信息公开为基础和前提。

其次是在法律层面完善公众参与食品安全风险评估的权利、组织形式及参与程序。公众明了相关的风险评估信息仅仅是参与食品安全风险评估的第一步。接下来,就需要充实公众参与权的内容,不仅要明示公众可以参与到食品安全风险评估中来,具体在参与过程中具有怎样的权利也需要明确。一般来说,公众参与食品安全风险评估需要享有知情权、得到通知权、批评建议权和评论权、辩论权、获得记录(或材料)权,甚至获得误工补偿等权利。只有通过详细列举的方式一一告知参与的具体权利,才能让公众更好地参与到食品安全风险评估中来。同时,通过公众参与权的确定,也能够在另一方面明确食品安全风险评估主体在信息披露、公众意见收集、保障公众参与等方面的义务。信息的获取、权利的明确为公众参与的可能奠定了基础,如何保证其实质上的参与,落脚点在于组织形式和程序。因此,应当明确食品安全风险评估议题的确定前,应举行论证会、听证会或者采取其他形式,征求利益相关者的消费者、行业协会、新闻媒体等公众对议题的意见,明确公众申请参加风险评估议题的程序,包括如何申请、向何机构申请、申请的期限、批复的期限、参会的地点、参会的步骤、发言的顺序(时间)、会议的主题、应注意的事项、对评估议题不满意的表达途径等等。此外,还需要规定,没有公众参与以及公众参与不充分(例如,走过场的公众参与)的评估议题或评估结论不得被采用。在组织形式和程序的规定方面,应加强公民参与食品安全风险评估法律效力的强制性规定,迫使食品安全风险评估主体主动和公众沟通,实现公众参与程序上的合法和实质上的"正义"。

最后是明确公众参与食品安全风险评估的效力以及救济途径。为了避免公众参与不足或者参与过度,就必须对公众参与食品安全风险评估的效力进行规范。一方面,明确在何种情形下公众意见须被采纳,不被采纳必须说明理由,并附在评估议题或评估报告的相关文件中。即食品安全风险评估过程中所有的具有代表性的公众意见都要求被写入其中。虽然评估议题的形成或评估报告的撰写由多数人决定,但不能决定必然忽略少数人的看法,尤其是在关乎身体健康和安全的食品安全问题中。因此,少数人的看法也应在议题或报告中得到体现(体现的方式可以在议题或报告的附件中进行说明)。另一方面,评估议题或报告的形成,不能完全依靠公众参与。众所周知,专家具有更专业的风险知识,因此,应当在价值判断中多考虑公众的感受,而在评估的技巧和科学手段中应多参考专家的看法,不能因噎废食。公众对于没有将自己的利益或观点纳入评估议题或报告中的情形、以及评估主体没有正当理由不允许利益相关者参与到食品安全风险评估中的情形,可以申请复议或进行诉讼救济。司法救济的权利是终极权利,在食品安全风险评估中必须得到贯彻和执行。不能不规定对食品安全相关行政行为的司法审查,而只作出对直接责任人员"依法给予行政处分"的决定。如若缺乏为公众参与提供保障的司法审查机制,那么即使公民参与权规定的多么完善、公众参与程序规范的多么完美,在实践中都很难形成对公众参与的有力支持,最终使食品安全风险评估中的公众参与流于形式。让人欣喜的是,2012年8月31日,全国人大常委会通过了《关于修改〈中华人民共和国民事诉讼法〉的决定》,增加了关于"公益诉讼"的规定:对污染环境、侵害众多消费者合法权益等损害社会公共利益的行为,法律规定的机关和有关组织可以向人民法院提起诉讼。① 可以看出,国家在救济方面所作出的努力。

第二节 食品安全风险评估中公众参与之必要性及可行性

在食品安全风险评估过程中,公众参与主要是指作为利益相关者的普通消费者、行业协会和新闻媒体等主体参与到评估中,与评估专家通过价值冲突,然后价值选择,最后达成价值共识的过程。公众参与制度的功能主要体现在以下方面:一是公众参与到以行政部门为主导的专家治理模式中,可以形成对行政机关的持续性监督和能动性控制;二是公众作为食品的消费者,可以提供更多的优质信息,从而为行政机关的行政决策和对食品安全的参与管理提供有效保障;三是可以防止食品安全"话语权"的过度集中甚至垄断;四是可以体现程序价值,培育公民在食品安全风险评估领域的"公民精神";五是公众参与最基本也是最重要的是"教育作用",公众参与可以成为一种自我表达和进行辩论的制度,公民在辩论和参与中增强了公民的责任感和"公民美德"②。可见,在食品安全风险评估中引入公众参与是如此"美好",那么,我们来分析公众参与食品安全风险评估的必要性和可行性。

一、公众参与食品安全风险评估之必要性分析

对于公民参与食品安全风险评估的必要性,在前面已有论述。概括起来,以下几个原因要求公众须参与到食品安全风险评估中来,即食品安全风险的相对性、食品安全风险的不确定性和专家的有限理性③的需要以及平衡各种相关者利益冲突的必要。换言之,食品安全风险的相对性和不确定性需要公众参与以增进公众对于评估结果的可接受性;食品安全风险评估中

---

① 参见陈菲、崔清新:《民诉法修正案获通过增加公益诉讼规定》,载 http://news.sina.com.cn/c/2012-08-31/110525075439.s html,2014 年 6 月 31 日访问。
② 参见徐文星、刘晓琴:《21 世纪行政法背景下的公众参与》,载《法律科学》2007 年第 1 期。
③ 参见曾娜:《食品安全风险评估中的公众参与研究》,载《宪政与行政法治评论》(第 5 卷),中国人民大学出版社 2011 年版,第 171—172 页。

专家决策的有限理性需要引入公众参与来加以整合,以增强相互信任,培育公民的关于食品安全风险知识的素养;各种相关者利益冲突需要公众参与的引入,进而平衡各种利益,实现公众健康和安全的最大化效益。

(一)食品安全风险的相对性和不确定性需要公众参与以增进公众对于评估结果的可接受性

一方面,食品安全风险具有相对性。承前所述,食品安全风险并不是一个绝对命题,而是一个程度问题。既然所谓的绝对安全并不存在,也就是"零风险"是不可能的,那么我们就需要确定什么情况下风险是可以接受的。《食品安全法》第99条将"食品安全"定义为"食品无毒、无害,符合应当有的营养要求,对人体健康不造成任何急性、亚急性或者慢性危害",也就是说,在此范围内,食品即是(相对)安全的。不过,具体到特定食品可接受风险临界值的确定,还有赖于专家的专业判断。从理论上讲,可接受风险值应建立在排他性的科学论证之基础上,诸如文化的、价值的、技术的等因素都应不予以考虑。也就是,它是纯粹基于科学论证的而不是价值妥协的产物。尽管在理论上可能存在纯粹科学上的评估,然而,在现实中这一点很难做到。例如,2010年6月1日起我国施行的乳品安全国家标准,将生乳的菌落总数从2003年的每毫升50万下调到200万。根据专家起草组组长的意见,放宽菌落数是为了兼顾行业情况,保障散户奶农的利益,是各方利益协调后的产物。[①] 2010年乳品安全国家标准建立在食品安全风险评估基础上,它对可接受风险值的调整,明显受到了社会价值的制约,而就相互竞争的社会价值作出选择,专家并不比公众更有正当性。

另一方面,食品安全风险具有不确定性。受科学自身的不确定性影响,以科学知识为基础的风险评估自然也具有不确定性。可以说,风险评估最大的争议即是不确定性,以至于经过风险评估过程的结论并不是纯粹客观、中立的量化推理,而是一种掺杂价值选择的构建过程。以英国疯牛病为例,有关风险接受值的争议,根本是政治、经济、法律和科学间妥协的游戏。[②] 对风险评估不确定性的讨论,国外许多学者对此作出了很深的研究:如格兰特

---

① 参见朱红军:《炮打乳业新国标》,载《南方周末》2010年6月4日。
② 参见廖义铭:《从理性到反思——后现代时期行政法基本理念之转型》,台湾大学政治学研究所博士研究生论文,2005年。

强调公众与政府、科学共同体进行平等的交流,共同参与科技评价的作用和意义;哈贝马斯对公共生活中实现"话语的民主和自由"高度重视,认为"任何有语言和行为能力的社会成员都应有权对涉及公众利益的问题自由发表意见"。① 在食品安全风险评估中,由于不确定性的存在,其安全与否常常取决于科技的未知之中。我们在具体分析食品安全风险的不确定性时,则来自于资料及所选择的危害物质和模型两个方面②:"风险评估之进行往往只能游走在几种不同科学上的合理可能性推论中,并被迫在替代性模型或输入资讯之间依循科学政策之运作模式加以选择。"③通过以上分析,我们不难看出,食品安全风险具有的天然的相对性和不确定性,导致仅靠评估专家作出的决策,很难被公众理解和接受。因此,必须依靠公众参与。只有让公众参与食品安全风险评估,才能够使公众正确认识到风险的存在及发展,增进公众对于评估结果的可接受性,因为公众参与的过程"是说服而非强制,决策也是在公民及其代表的公共讨论中形成的,它就比较容易获得广泛的政治支持,并能够比较顺利地推动遵守执行"④。

(二) 食品安全风险评估中专家决策的有限理性需要引入公众参与来加以整合

食品安全事件不同于一般的突发事件,食品安全事件的不确定性、与人类健康的息息相关性及高度的专业性和科学性导致了专家在评估过程中的主导作用。美国学者史蒂芬·布雷耶大法官就认为,公众对风险的普遍误解导致风险规制议程的随意性,即规制的不连贯,打破风险规制中的"恶性循环"的办法就是创设一个新的中央政府规制组织,该组织由著名的科学家和其他领域的专家控制和组成,独立于国会和行政部门,对涉及风险规制的不同行政机构拥有监督权并有权解释相互的管辖权争议,以改善公众对政府风险规制过程和决定的信任。⑤ 他反对在风险评估方面实行民主,强调政

---

① 参见[德]哈贝马斯:《交往行动理论》(第一卷),洪佩郁译,重庆出版社1994年版,第67页。转引自:彭建华等:《农业科技管理》2010年第3期。
② 参见宋怿:《食品风险分析理论与实践》,中国标准出版社2005年版,第74页。
③ 参见牛惠之:《生物科技之风险议题之省思——兼论GMO与基因治疗之科技风险管理与规范体系》,载《东吴大学法律学报》2003年第1期。
④ 参见肖巍:《风险社会中的协商机制》,载《学术界》2007年第2期。
⑤ See William Jennings and Penelope Mercurio-Jennings,'Review', *The Journal of Rise and Insurance*, No. 3, Vol. 63, 1996, pp. 548—549.

府在风险评估中应更注重成本—收益分析,为此最大的发挥评估专家的作用和功能。第一届国家食品安全风险评估专家委员会主任陈君石也认为,风险评估是"纯粹专家行为,不受任何政治、经济、文化、生活和饮食习惯影响,评估结果放之四海皆准"①。对于以上看法,笔者不甚赞同。一方面,我国目前的食品安全风险评估是在专家所掌握的科学知识的基础上进行的,相对科学技术的不断发展和科学知识的不断增进,参与评估的专家的专业知识总有一定的局限性,其所作的评估结果也就会存在某种不足或者可以说是在有限理性的情况下所作出来的,与现实情况总会出现一定的差距。另一方面,参与评估的部分专家在评估时可能会存在机会主义的行为倾向,这导致其会过于关注科研成果或者所涉及的个人利益,从而影响了评估结果的客观性和可靠性。即使不考虑评估专家被利益集团左右的情况发生,专家在进行风险评估时,因为知识结构、专业背景以及价值偏好等原因,也会经常出现分歧,尤其是在新的科学技术诞生或者新食品安全问题出现的时候。事实上,在一定的范围内,科学与技术并不是绝对客观,而是社会发展、文化建构、政治调控、经济建设等一系列因素相互影响、相互作用的产物。这再次表明,在一定时期内,专家的理性判断是有限的。为了摆脱专家依赖型模式的弊端,缩小普通公众与专家之间的不信任,公众参与食品安全的风险评估是必要的,这也有助于整合专家的风险判断与公众的风险认知,提升政府决策的民主性和正确性。②

(三)食品安全风险评估引入公众参与可以平衡各种利益冲突

在科学判断的基础上,食品安全风险评估过程交织着包括政府与专家之间、专家与专家之间、普通公众之间以及政府与民众之间等各种利益和价值偏好,评估结果是某种形式上的妥协。公众参与的引入,首先,有利于减少风险评估的过程和结果受到利益集团或者行政机关的操纵,弥补专家受到"从属性偏见"的影响而得出不科学、不理性的结论;其次,可以消除来自企业和政府对专家判断的过度影响,增强专家判断的权威性和独立性,也增加了评估工作的透明性和公开性,这样就可以使整个风险评估工作直接地

---

① 参见陈君石:《食品安全中的风险分析》,载《医学研究杂志》2009年第9期。
② 参见彭建华、张鸿、喻春莲、郑林用:《转基因食品评价公众参与机制研究》,载《农业科技管理》2010年第3期。

处在公民的监督之下;最后,公众参与可以为政府、专家和民众、行业协会和新闻媒体等利益相关者之间提供一个直接、互动的良性沟通环境,使得政府、专家和公众共同发现利益冲突的解决方法,协调各利益方的利益。

二、公众参与食品安全风险评估之可行性分析

在前面,我们论述了公众参与食品安全风险评估的重要性及其必要性。那么,公众参与是否可行? 笔者认为,在我国当前情境下,同是科学性、专业性、技术性极强的环境影响评价公众参与为食品安全风险评估中公众参与的引入提供了范本,具有重大借鉴意义。此外,无论我们如何质疑,公众当然具有一定参与风险评估的专业知识以及参与风险评估的技术能力。况且,如果我们在现在或未来不在食品安全风险评估中引入公众参与制度,那么,我们永远都无法提高公民的参与意识,更无法提高公众对食品安全风险评估的专业知识和能力。再者,国内外对于公众参与食品安全风险评估的研究已经具备了相当程度的理论基础。从理论(理论研究具备一定基础)和实践(类似领域已经引进了公民参与制度)以及公民能力(公民具有一定的专业知识)等各方面分析,公众参与食品安全风险评估是可行的。

(一) 环境影响评价公众参与为食品安全风险评估中公众参与的引入提供了范本

在环境保护领域,"公众参与原则"源于20世纪60年代以来日益高涨的环保浪潮和对环境问题的深层认识。由于受传统的主流经济学的影响,以前认为环境保护是一种公共产品,公共产品只能由政府提供,形成环境保护靠政府的片面认识,从而把公众参与排斥在环境保护领域之外。随着环境危机的日益加重,人们意识到同市场一样,政府也会有失灵的时候。同时,由于环境问题本身的特点,决定着环境危机的解决必须依靠政府与广大民众的倾力合作。我国环境影响评价中的公众参与起步稍晚。1991年,我国在亚洲银行提供赠款的环境影响评价培训项目中首次提出公众参与问题。发展到今天,我国的公众参与环境影响评价制度取得了一定的进展。

在环境影响评价中推行公众参与对我国环境保护影响深远,也得到立法确立并不断完善。2003年《环境影响评价法》颁布实施,完善了我国环境影响评价中的公众参与制度,并对公众参与的范围、内容、程序和时间都作

出相应规定。2006年3月18日正式颁行的《环境影响评价公众参与暂行办法》更详尽细致的规范了公众参与环境影响评价,公众参与环境影响评价变的切实可行。随着社会的进步,公众参与环境影响评价的不足也开始显现,但较之食品安全风险评估中公众参与无门的情况要好了很多。究其根本,立法上的缺失使其缺乏法律依据,加之具体制度、渠道、手段方面的捉襟见肘,使得公共参与食品风险评估难以实现。环境影响评价中公众参与的先进经验,可为推进公众参与食品安全风险评估的过程提供良好借鉴。①

在这里我们可以看一下国内首个环境影响评价中公众参与的案例,分析其实际情况,对食品安全风险评估中公众参与有很大借鉴意义。2005年4月13日,由国家环保总局主办的"圆明园整治工程环境影响听证会"召开,共邀请行政管理部门代表13人,公民个人代表47人(其中3人是院士、10人具有教授或高级工程师职称),社会团体代表13人,共计73人。这是自《环境影响评价法》实施以来,依法召开的首个听证会,引起了海内外各界的关注。第一,圆明园遗址公园的定位问题。圆明园遗址公园应以什么功能为主?是以进行爱国主义教育为主还是以旅游、娱乐为主?第二,北京普遍缺水的情况下,我们应该如何介入是否需要恢复山形水系,是否要搞1800亩水面,保持1.2—1.5米的水深开设游船等水上娱乐项目?第三,防渗工程、铺膜是否唯一的或者最佳的选择?对土壤和地下水生态是否有影响?第四,湖边湖底铺膜对水生生态与周边陆生生态能否造成影响,影响的程度和范围如何?第五,作为国家级文物保护单位和历史文化遗产在这一特定的地域范围内,是否应该进行人工铺膜,让旧日的水景园重现迤逦的风光?共有三十名公众代表进行了发言。公众代表发言的顺序,基本是随机的。其观点事前并不为主办方所知晓,因此,排布很不均匀。国家环保总局举办的这次圆明园整治工程环境影响听证会,示范意义大于实践意义。听证会采取了公开的听证形式,但是在很多细节上仍然有很多欠缺。首先,在听证代表的选择上,普通公众代表虽然获得了参与的机会,但参与的程度非常有限,代表中大部分都是知识分子(包括院士、教授、研究员等),很大程度上剥夺了普通民众的发言权。其次,听证中问题过多,听证内容和观点不集中,

---

① 参见王致民:《食品安全突发事件处理中的公众参与机制研究》,载《法治与社会》2012年第1期。

应该专事专议。再次,很多代表本身准备也不充足,很多代表都是即兴发言,发言依据不足,很多没有调查资料等作为支撑。没有人拿出更多令人信服的依据和统计数据,导致观点陈述没有很强的说服力。当然这一听证会具有开创意义,对于公民参与做了第一次制度性尝试。此后,国家环保总局发布了《环境影响评价公众参与暂行办法》,反映出公民参与受到了政府的重视。①

在《环境影响评价法》《环境影响评价公众参与暂行办法》中,规定了环境影响评价中公众参与的法律依据。我们可以看出,同是专业性、技术性较强的环境保护领域,是可以实行公众参与制度的。共 5 章 40 条的《环境影响评价公众参与暂行办法》明确了公众参与的一般要求、公众参与的组织形式以及公众参与的效力等等。这为其他领域,尤其是食品安全风险评估是否可以引入公众参与制度以及该制度是否可行有效提供了借鉴和范本。

(二)虽然公众不是专家,但具有一定的参与风险评估的专业知识

面对食品安全风险所带来的巨大挑战,行政主体采取积极主动的方式来应对和规制风险。② 事前运用风险评估这种方式,可以帮助行政主体确定食品风险的规制顺序并做好危及资源的配置工作。传统的观点认为科技争议应留给技术专家和科学家决定,并对公众参与抱有警惕③,认为公众普遍缺乏认知风险的专业能力,偏重于关注风险的类型及程序,却忽略了风险发生的可能性及潜在的收益。因此,在科技领域引入公众参与将会抑制合理规制的发展。因此,食品安全风险评估一般都表现为纯科学或者纯技术性的问题,科学知识的运用可以说是贯穿于食品安全风险评估的每一个阶段,因此,行政主体比较重视评估专家在食品安全风险评估过程中的地位和作用也是可以理解的。但是,正是因为行政主体的这种重视导致了评估专家话语权的极度膨胀,严重削弱了利益相关者对食品安全风险评估事务的参与权和决定权,一定程度上削弱了公众参与的积极性。食品安全风险评估

---

① 参见杨振宏:《当代中国政府转型中的公民参与问题研究》,苏州大学博士学位论文,2010年。

② 参见张晓杰、孙萍:《公众参与科技决策的理论依据和现实动因》,载《科技管理研究》2008年第 2 期。

③ See Gene Rowe & Lynn J. Frewer, Public Participation Method: A Framework for Evaluation, Science, Technology &Human Values, 2000, 25(1), p.5.

的专业性和技术性不应当作为否定公众参与的理由,因为"专家在面临新科学技术时,往往多注重科技的贡献性而忽略其副作用,或者故意隐瞒其副作用,以至于人们在开始使用科技时,就已经为风险埋下了发作的种子。"①以第一届农业转基因生物安全委员会为例,58名专家中2/3是转基因科学家,里面涉及的多人是正在申请专利和申请通过者,环保和食品安全方面的成员非常少,只有几个人。② 这样的人员组成既无法保证风险评估结果的客观公正性,也因不能体现多元化意见而缺乏代表性。另外,评估专家在进行食品安全风险评估时往往都是更多地考虑到食品生产企业所能达到的技术水平,而很少考虑或者没有真正的考虑到普通消费者所能接受或者承受的风险程度。最重要的是,尽管食品安全风险评估需要运用大量的科学证据和依据,但这些科学依据却并不都是客观中立的技术判断,有很多都是掺杂着各种价值冲突。总之,由于食品安全风险评估的本身存在着被操纵的可能性,而食品安全又关系到每一个普通公众的健康,因此,食品安全风险评估的专业性和技术性不应当作为否认公众参与的理由。

而公众对于涉及自身健康的相关问题,是积累一定知识的。随着我国公民受教育程度的提高,使得高学历者比例越来越高。而且,在当今市场经济环境下,即便是普通民众,其法治观念也普遍较高,他们通过电视、网络、书籍、报刊等一系列传媒工具获得风险知识,这就为公众参与创造了足够的知识基础。例如,2012年5月底以来,一个非食品安全专家自发制作的"中国求生手册"应用蹿红网络,该应用简单明了地将有毒食品排列起来,登在榜上,并不断更新,及时将有毒食品信息推送全国。据德国之声电台网站报道,这一服务5月24日上线,仅仅三天就有超过20万人次的下载,迅速冲上某知名品牌应用商店中国区免费下载总榜第一。③ 可见公民对于食品安全的重视,从另外一个方面也反映出公众具有一定的食品安全风险知识。需要说明的是,公众的食品安全风险知识与专家的风险知识有明显的差异,公众的风险知识在价值判断上具有明显的优越性,而专家的风险知识在技术理性上具有较强的优势。公众的风险知识主要建立在经验和直觉的基础

---

① 参见陈家刚:《风险社会与协商民主》,载《马克思主义与现实》2006年第3期。
② 参见刘鉴强:《转基因稻米:13亿人主粮后的利益悬疑》,载《南方周末》2004年12月9日。
③ 参见顾展旭:《"中国求生手册"网上蹿红》,载《广州日报》2012年5月30日。

上。他们通过相似的经历、联想、图像、感情等获得这种知识。① 因此,在食品安全风险评估价值目标的选择和定位上,公众通过参与并运用自己的风险知识来实现价值合理性。而对于具体食品安全风险评估的技术性、手段性问题,一般倾向于专家的风险知识。

(三) 对于公众参与食品安全风险评估的研究已经具备了相当程度的理论基础

根据雪利·阿恩斯坦的观点,与公众拥有的最终决策权大小相对应,公众参与呈现八个梯度,从小到大依次排列为:操纵、治疗、告知、咨询、安抚、合作、授权与民众控制。其中,处于阶梯最底层的操纵和治疗,可以被理解为"无参与",其真实的目的不是让公众参与决策,而是让权力持有者去教育或治疗公众。处于阶梯中间的告知、咨询和安抚是一种象征性参与。通过告知,公众可以知悉相关信息,是朝向有效的公众参与的第一步,不过,该阶段强调的是从官员到公众的单向信息流动,公众没有协商的权利,也没有机会影响决策。咨询能使权利持有者了解公众的关注和意见,但如果停留在这一层次,公众参与仅仅是一个门面仪式,无法影响最终的决策。安抚是一种高层次的象征参与,尽管决定权仍留给权力持有者,但公众对决策开始有一定程度的影响力。处在阶梯顶端的合作、授权和民众控制,反映了公众决策权的不断增长。通过合作,公众和权力持有者可以进行协商,事实上在两者之间重新分配了权力。授权和民众控制则使公众获得主要的决策权或完全的管理权。② 当需要判断哪一程度的公众参与最适合时,必须联系具体情况,一般地说,相比较主要基于价值判断的决定,以知识为基础的决定,比如,技术风险评估,公众参与的程度更低。③ 了解公众参与梯度理论,有助于我们从总体上确定食品安全风险评估中的公众参与程度。例如,有学者根据公众参与梯度理论,认为空洞的公众参与是没有意义的,故可以将操纵和治疗排除在外;授权和民众控制适合于充满价值和政策导向因素的公共领

---

① 参见戚建刚:《风险规制过程合法性之证成——以公众和专家的风险知识运用为视角》,载《法商研究》2009 年第 5 期。
② See Sherry R. Arnstein, A Ladder of Citizen Participation, *American Planning Association*, 35(4),1969,pp. 216—224.
③ See Gene Rowe & Lynn J. Frewer, Public Participation Methods: A Framework for Evaluation, Science, Technology & Human Values, 25(1), 2000, p.6.

域,对于主要建立在科学证据基础上的食品安全风险评估并不合适,因此,将公众参与的层次界定在中间梯度较为可行。首先,告知是公众参与的第一步,是后续的咨询协商的前提。其次,通过咨询,可以了解公众意见,为专家评估提供有用的信息,还可以弥补专家知识的有限性。最后,可以将安抚和合作理解为一种协商参与形式,公众可以与专家就风险评估事项共同协商以及对专家的风险评估意见进行审查,对最终的风险评估结果具有一定程度的影响力。其中,前两个层次定位在以获取信息为目的,后一层次以推动风险评估结果的可接受性为目的。未来我国在食品安全风险评估环节引入公众参与时,首先需要确定的是公众参与的具体情况,然后,再根据风险评估事项的影响范围、影响程度和社会关注度以及科技不确定性等因素,决定将公众参与的程度定位在告知、咨询还是协商参与层次,以达到最好的公众参与效果。[①]

以上是学者将公众参与阶梯理论引入到食品安全风险评估中的研究成果,此外也有公众参与的"参与广度"与"参与深度"[②]在食品安全风险评估中的引入,等等。可以说,在发达国家,公众参与已经成为行政法的核心价值之一,而发展中国家也致力于该制度的引进和移植,等等。对于食品安全风险评估,欧盟成立欧洲食品安全局进行风险评估和风险交流,以及美国的多方监测评估系统等等,在理论上都为我国在食品安全风险评估中引入公众参与制度提供了借鉴和潜在的参考可能。

第三节 我国食品安全风险评估中公众参与存在之问题

我国的食品安全风险评估工作刚刚起步,虽然成立了食品安全风险评估委员会,聘请相关专业的专家开展了多项风险评估工作,保证了评估工作的顺利进行,但我国政府对食品安全风险评估的公众参与方面显然还重视不够,在风险议题的形成过程、公民参与评估的程序设置以及公众与评估专

[①] 参见曾娜:《食品安全风险评估中的公众参与研究》,载《宪政与行政法治评论》(第5卷),中国人民大学出版社2011年版,第175—176页。

[②] 参见徐文星、刘晓琴:《21世纪行政法背景下的公众参与》,载《法律科学》2007年第1期。

一、保证公众参与食品安全风险评估之制度不健全

公众参与食品安全风险评估，需要构建健全的制度来保障整个评估工作的开展与实施，现阶段我国的食品安全风险评估还处在起步阶段，还没有形成专门的立法和专门的程序来指导公众进行专门的食品安全风险评估，一些评估具有很大的随意性和自发性，只是基于专家的理性判断或者行政部门的政策要求作出的。随着公民参与意识的增强，公众开始更多地关注与其自身利益相关的食品安全风险评估领域，然而，他们参与评估的制度还很不健全[1]，具体表现在公民对参与风险评估的途径不了解、公民参与的渠道不通畅和参与的方式不明确几个方面。其中，最重要的一点是公众参与食品安全风险评估缺乏相应的法律制度保障。法律制度是公众参与食品安全风险评估的最基本也是最有力的保证。但在我国《食品安全法》及《食品安全法实施条例》中，这样的规定是乏力和苍白的：

在《食品安全法》中涉及"公众"字样的有四处，即：第1条"为保证食品安全，保障公众身体健康和生命安全，制定本法"；第3条"食品生产经营者应当依照法律、法规和食品安全标准从事生产经营活动，对社会和公众负责，保证食品安全，接受社会监督，承担社会责任"；第18条"制定食品安全标准，应当以保障公众身体健康为宗旨，做到科学合理、安全可靠"；第26条"食品安全标准应当供公众免费查阅"。对于"新闻媒体"的规定有一处，即第8条第2款："新闻媒体应当开展食品安全法律、法规以及食品安全标准和知识的公益宣传，并对违反本法的行为进行舆论监督。"对于"行业协会"的规定有三处，即第7条"食品行业协会应当加强行业自律，引导食品生产经营者依法生产经营，推动行业诚信建设，宣传、普及食品安全知识"；第54条第2款"食品安全监督管理部门或者承担食品检验职责的机构、食品行业协会、消费者协会不得以广告或者其他形式向消费者推荐食品"；第61条第2款"食品行业协会等组织、消费者需要委托食品检验机构对食品进行检验的，应当委托符合本法规定的食品检验机构进行"。

---

[1] 参见王锡锌：《食品安全事件频发凸显监管体制缺陷》，载《党政干部文摘》2007年第1期。

在《食品安全法实施条例》中涉及"公众"字样的条款有两处,第3条第2款"食品生产经营者对其生产经营的食品安全负责,对社会和公众负责,承担社会责任";第4条"食品安全监督管理部门应当依照食品安全法和本条例的规定公布食品安全信息,为公众咨询、投诉、举报提供方便;任何组织和个人有权向有关部门了解食品安全信息"。《食品安全法实施条例》没有有关新闻媒体的规定,对行业协会的规定有三处,即第16条第1款"国务院卫生行政部门应当选择具备相应技术能力的单位起草食品安全国家标准草案。提倡由研究机构、教育机构、学术团体、行业协会等单位,共同起草食品安全国家标准草案"。第19条第3款"食品生产经营者、食品行业协会发现食品安全标准在执行过程中存在问题的,应当立即向食品安全监督管理部门报告"。第42条"国家出入境检验检疫部门应当建立信息收集网络,依照食品安全法第六十九条的规定,收集、汇总、通报下列信息:(一)出入境检验检疫机构对进出口食品实施检验检疫发现的食品安全信息;(二)行业协会、消费者反映的进口食品安全信息;(三)国际组织、境外政府机构发布的食品安全信息、风险预警信息,以及境外行业协会等组织、消费者反映的食品安全信息;(四)其他食品安全信息。"

在《食品安全风险评估管理规定(试行)》中涉及"公众"字样的有一处,即:第16条"发生下列情形之一的,卫生部可以要求国家食品安全风险评估专家委员会立即研究分析,对需要开展风险评估的事项,国家食品安全风险评估专家委员会应当立即成立临时工作组,制订应急评估方案。(一)处理重大食品安全事故需要的;(二)公众高度关注的食品安全问题需要尽快解答的;(三)国务院有关部门监督管理工作需要并提出应急评估建议的;(四)处理与食品安全相关的国际贸易争端需要的"。在《规定(试行)》中没有关于新闻媒体和行业协会的相关规定。

从条文中,我们可以看出公众在整个食品安全工作中所处的地位。三部法律规范,对于公众参与的规定限定在公众可以免费查阅食品安全标准,食品安全监管部门为公众咨询、投诉、举报提供方便以及公众高度关注的食品安全问题,卫生部可以要求进行食品安全风险评估。显而易见,不仅上述条款对公众参与的规定过少,而且太过笼统而缺乏操作,只是将公众作为食品安全信息沟通与信息传播的作用加以"说明"。事实上,上述规定是将公众排除在食品安全风险评估工作之外的。此外,上述法律规范对于作为利益相关者的普通公众、行业协会和新闻媒体的法律地位的规定并不明确,甚至于根本就没有赋予这些利益相关者相应的法律地位,使得公众参与风险评估的民主程序难以得到实施,同时,法律规范也没有鼓励公众广泛参与风险评估的激励机制,使得公众参与风险评估缺乏相应的积极性。

  此外,公众参与机制不健全,参与的渠道不通畅,参与的方式规定不明确等问题也表现得比较明显。虽然现阶段公众的参与意识越来越高,但是如果没有保障机制、信息机制和制度机制的支持,参与意识在实践活动中也难以转化为实际的参与行为。[1] 目前我国不论是在食品安全风险评估的制度方面,还是在信息传播机制方面都存在着很大的问题,使得一些利益相关者想要参与评估过程,却由于缺乏相应的参与渠道而不得不放弃,这主要表现在:首先,《食品安全法》虽然规定普通公众有权向有关部门了解食品安全的监管和评估信息,但有关部门是谁,是食品的生产经营者还是食品的监管部门或者食品安全风险评估委员会,具体的规定并不明确。其次,可以了解的监管信息和评估信息具体是什么,规定的也不明确。如果所了解的内容涉及商业秘密或者国家秘密予以回绝后又当如何救济也未明确规定。再次,作为利益相关者的普通公众要了解食品安全的监管和评估信息要以何种方式进行,是以直接抄录信息资料,还是以复印、拷贝、摄像等方式进行,规定的也不明确。最后,普通公众对食品安全监管和评估工作提出意见和建议的方式和途径规定的也不明确。虽然我国《宪法》规定公民有向国家机关及其工作人员的各项工作提出意见和建议,帮助其改进工作的权利[2],但是立法上对食品安全的监管和评估提出意见和建议的途径和方式规定的不明确,极大地约束了公众对公众的监督和批评权,不利于食品安全风险评估工作的开展和改进,也不利于行政机关风险监管责任的履行。

---

  [1] 参见唐刚:《论食品安全保障的公众参与方式及完善》,载《法制与经济》2010年4月第236期。

  [2] 《中华人民共和国宪法》第41条规定:中华人民共和国公民对于任何国家机关和国家工作人员,有提出批评和建议的权利;对于任何国家机关和国家工作人员的违法失职行为,有向有关国家机关提出申诉、控告或者检举的权利,但是不得捏造或者歪曲事实进行诬告陷害。对于公民的申诉、控告或者检举,有关国家机关必须查清事实,负责处理。任何人不得压制和打击报复。由于国家机关和国家工作人员侵犯公民权利而受到损失的人,有依照法律规定取得赔偿的权利。

二、公众被排除在风险评估议题形成过程之外

所谓的食品安全风险评估议题,就是行政主体对确定会构成或者可能构成食品安全风险的问题的有限规制。它是行政主体分配资源进行风险评估和管理以及制定安全标准的重要前提。① 食品安全风险评估议题的形成是对某一食品安全风险的解释和选择,是一个充满价值冲突的过程,这个价值冲突不仅仅指评估专家之间的冲突,行政主体及其聘请的专家、普通公众、食品的生产者和经营者、行业协会及新闻媒体对于可能会构成食品安全风险的问题通常都持有不同的观点。比如,对于食物中的人造添加剂,作为利益相关者的消费者来说,由于其自身与食品密不可分的关系,他们通常会认为所有的添加剂都会构成风险,因而会要求行政主体和相关的评估专家对添加剂进行评估,而食品的生产者和经营者则出于自身的经济利益会认为某些人造的食物添加剂是无害的,无需对其进行评估。在这样一个充满价值冲突且关系到普通公众切身利益的过程中,行政机关往往将利益相关者,特别是普通公众排除在评估议题的形成过程之外。例如,我国《食品安全风险评估管理规定(试行)》的第 7 条规定:"有下列情形之一的,由卫生部审核同意后向国家食品安全风险评估专家委员会下达食品安全风险评估任务:(一) 为制订或修订食品安全国家标准提供科学依据需要进行风险评估的;(二) 通过食品安全风险监测或者接到举报发现食品可能存在安全隐患的,在组织进行检验后认为需要进行食品安全风险评估的;(三) 国务院有关部门按照《中华人民共和国食品安全法实施条例》第十二条要求提出食品安全风险评估的建议,并按规定提出《风险评估项目建议书》;(四) 卫生部根据法律法规的规定认为需要进行风险评估的其他情形。"我们可以从条文中看出,评估议题的形成或评估任务的下达,主要来自于行政主体的要求。即使规定了"口袋"条款,"卫生部根据法律法规的规定认为需要进行风险评估的其他情形",这个"其他情形"并没有其他相关法律的规定,也没有专项提出公众参与的规定。

通常一项完整的风险评估要花费大量的时间、精力和经费,需要多个领

---

① 参见戚建刚:《我国食品安全风险规制模式之转型》,载《法学研究》2011 年第 1 期。

域内的专家共同来完成,而风险评估议题的形成就是整个风险评估过程的第一步,决定是否有必要对某一食品相关的危害因素进行风险评估主要取决于该危害因素对人体健康的危害程度、涉及人群范围以及产生的社会经济影响等因素,确定是否有必要开展风险评估是风险管理者与风险评估者反复决策的过程。在这个过程中,普通公众往往处于边缘的地位,无论是在食品安全风险议程的设置阶段,还是在食品安全的风险评估阶段,普通公众都是处在被动接受和服从的位置。虽然有些法律规范也规定公众有权对评估专家的评估结果和行政主体制定的食品安全标准进行相关的评论,行政主体和评估专家也有义务向公众公布风险决策和评估结果,但是,对于公众的这些评论,行政主体和评估专家是否接受,对于不接受的评估专家是否需要向公众说明理由则法律并没有具体的规定,这些都属于行政主体自由裁量权的范围,也就是说普通公众的评论对行政主体和评估专家并没有强制约束力,普通公众始终都是处在边缘的位置。

三、行政主体与公众之间实施单向沟通风险信息

风险沟通在本质上属于一种信息传递、交流的方式。有学者认为,风险沟通是在风险环境中不同利益群体之间及时、公开地传递风险的危害程度、风险的重要性或意义以及风险控制的决策与行动。[①] 有研究认为,风险沟通是一个及时的信息交换与公开意见互动的过程。[②] 还有人认为,风险沟通的目的在于政策利害关系人之间能够相互了解彼此的立场,及时解决公害纷争,公正制定彼此都能接受的管制标准。[③] 所有这些研究无一例外地把风险沟通的主要原则界定为"及时公开"。实际上,当危机真正来临之时,单凭有关部门及时公开相关风险信息远远不够,大量信息在短时间内的集中公开与披露有时还会起到反向的作用,造成更大的社会质疑和恐慌。因此,在进行风险沟通时,主动发布信息并根据公众的反应适当调整沟通的内容与形

---

① See Covello V. T., Sandman P. M., Slovic, P., *Risk Communication, Risk Statics, and Risk Comparisons: A Manual for Plant Mangers*, Washington, D. C: Chemical Manufactures Association, 1988, pp. 44—45.

② See National Research Council, *Florida Fresh-market Vegetable Production: Integrated Pest Management*, Alternative Agriculture, Washington, DC: National Academy Press, 1989, pp. 336—349.

③ 参见丘昌泰:《公害社区风险沟通之问题与对策》,载台湾《法商学报》1999年第34期。

式尤为关键。① 在此需指出的是:在风险沟通中,"及时"和"主动"的原则是在强调沟通各方"地位平等"下的一种动态平衡。因此,实现风险沟通需要处理好及时、主动与平等三条原则之间的关系。具体到食品安全风险评估领域,食品安全风险沟通是指行政主体、食品安全风险评估专家通过一定的平台,如媒体、会议或者互联网等,与利益相关者对有关食品安全风险评估的信息进行交流和传播的活动。它一般具有告知功能,即告诉利益相关者相关的食品安全风险知识,增进消费者对食品风险和风险评估的认识,从而使原本不知道风险存在或者不接受风险存在的人接受风险。通过风险沟通可以帮助评估专家对食品安全风险议题的形成提供准确和充分的讨论。因此,它也必须遵循公开、主动和及时的原则。

  在当前,我国食品安全风险评估过程中,因为没有公众参与的规定,行政主体与公众、专家与公众的沟通有限,即使有沟通,也是单向的告知。据掌握的材料可以发现,我国的食品安全评估中心自2011年10月挂牌成立以来,针对食品安全风险监测与预警、评估、交流和食品安全标准等内容,不定期开展公众开放活动,截至2012年8月,总共开展过三期。2012年6月15日,其举办了首次开放日活动,国家食品安全风险评估中心通过展览演示、科普讲座、现场答疑、微博访谈、实验室参观等形式,面向公众开放,听取公众对中心工作的意见和建议,向公众讲解食品安全国家标准和食品安全风险评估的相关知识,并就"添加剂""地沟油"等公众关心的问题,现场答疑释惑,专家们还就食品安全国家标准修订情况、食品安全风险评估的过程和步骤等,向公众进行了讲解。② 6月20日,国家食品安全风险评估中心第二期开放日接待了30多名公众,有关专家对食品安全问题进行热点答疑。③ 7月31日,国家食品安全风险评估中心举办了第三期开放日活动,主题是"食品安全标准面对面"开放日活动,为了做好开放日活动,国家食品安全风险评估中心于7月23日拟发了公告,来自媒体、食品企业、行业协会、高等

---

① 参见张乐、童星:《风险沟通:风险治理的关键环节——日本核危机一周年祭》,载《探索与争鸣》2012年第4期。
② 参见胡浩:《国家食品安全风险评估中心举办开放日专家释疑"添加剂""地沟油"问题》,载http://news.xinhuanet.com/politics/2012-06/15/c_112227703.htm,2014年6月15日访问。
③ 参见张梅:《国家食品安全风险评估中心举行开放日答疑热点话题》,载http://info.tjkx.com/detail/929451.htm,2014年6月21日访问。

院校等机构的代表和公众70余人报名参加了活动。开放日活动现场,食品风险评估中心严卫星研究员首先讲解了我国食品安全国家标准体系概况:制定标准的原则是以保证公众身体健康为宗旨,做到符合科学合理、公开透明、安全可靠、兼顾本国国情。要结合我国居民膳食结构的特点,以食品安全风险评估为科学基础,并充分借鉴国际食品安全标准的研究成果。严卫星强调,食品安全风险的实质是"概率事件",食品安全没有零风险,国家食品安全风险监管的任务,不是消除危害,而是将风险控制在可接受的范围内。目前国际上对食品安全监管模式的共识是强调过程监管,食品安全标准作为食品管理体系的一环,对保障食品安全发挥着重要的作用,但不能夸大标准的作用,唯有食品安全监管实现全过程、无缝隙衔接,食品安全问题才能得到有效解决。① 可以看出,由于公众参与机制的缺失,而公众参与又是如此重要,国家食品安全风险评估中心只能采取非制度化的、不定期的公众开放日活动,让公众参与到食品安全风险评估工作中来。但是,分析上述材料,这样的沟通渠道一方面人员参与少,不足以代表"公众";另一方面,即使参与,了解的也只是泛泛的工作概况,根本无法开展实质上的参与。由于制度的缺失,目前公众参与只是停留在了解、观摩其工作开展情况,这依然是信息的单向流动,不足以代表食品安全风险评估机制中双向信息流动的开始。

四、公众与行政主体之间存在食品安全风险信息不对称情形

我国的食品安全风险信息具有极端复杂性和多样性的特点,我国当前食品安全风险评估中,信息不对称的情形相当严重。公众(利益相关者)是直接食品消费者,掌握的是最现实的食品安全信息(致病或安全与否的信息),而行政主体及专家掌握着相当权威的食品安全技术信息(致病或安全的潜在可能的信息)。

这种信息不对称导致在食品安全风险评估过程中,行政主体、评估专家、利益相关者都以自己占有的信息为基础进行危害识别、危害描述、暴露

---

① 参见中华人民共和国卫生部:《国家食品安全风险评估中心举办"食品安全标准面对面"开放日活动》,载 http://www.moh.gov.cn/publicfiles/business/htmlfiles/wsb/pzsdwgdt/201207/55528.htm,2014年8月1日访问。

评估和风险描述。在这样一个信息不对称的环境中,如果各方信息虽然占有不同,但评估议题能够集中在某几个关键点上,那么食品安全风险评估还可以进行下去;但是,如果信息存在根本的"质"上的不对称,甚至某些信息完全是对立的、相反的,食品安全风险评估过程难以达成一致意见,那么食品安全风险评估的整个进程就会因为信息真伪的求证而变得缓慢甚至效率低下,贻误评估报告的形成期限,最终导致行政决策的失效。

此外,我国目前的食品安全风险信息由行政主体来统一发布,但是从2008年的"三鹿毒奶粉事件"所暴露的食品安全信息公开问题可以看出,由行政主体来统一发布食品安全风险信息的做法是失败的,这不仅是由于一些食品生产经营者存在隐瞒食品安全事故信息的现象,在很大程度上是因为行政主体处于部门利益和自身利益出发而没有及时全面地公布信息或者公布的信息严重不对称。这是因为,一方面行政主体比公众和媒体拥有更多的第一手风险资料,他们对风险评估的技术性也更强;另一方面,行政主体和专家系统因具有公权力而明显处于优势地位。这种"优越性"容易导致管理者忽视沟通对象的实际要求。这种单方面的信息公布形式的不对称性不仅延迟了应对食品风险的最佳时机,还耽误了食品安全风险评估的进程。

第四节 构建我国食品安全风险评估公众参与制度之建议

显然,在法律上而言,公众参与食品安全风险评估的保障相对是较少的。在实践中,由于风险评估的专业性和行政主体对于评估专家的依赖性,导致公众参与评估过程的难度进一步增加。由此,作为与食品安全息息相关的普通公众更需要得到法律的特殊关照,才有可能在风险评估议题的形成和评估过程中发挥其应有的作用。[1] 具体而言,应该进行以下几个方面的制度改革,来保证公众的参与。

---

[1] 参见于芳:《政府危机管理预警机制的构建与完善》,载《云南行政学院学报》2006年第4期。

一、构建食品安全风险评估的信息平台

"对食品安全相关信息的收集是非常复杂的,因为污染事件有可能发生在食品供应链的任何阶段,从生产、加工到运输和准备。此外,相关的信息可能被很大一个范围的非政府主体所掌握,从食品科学家、种植者、餐厅、医疗服务机构到学校甚至消费者。"[1]因此,在食品安全风险评估中,行政主体必须注重公众本身具备的各种优势,通过构建食品安全风险评估的信息平台来发挥公众的优势。在评估专家进行食品安全风险评估的过程中,大致存在着两种信息:即食品安全信息和风险评估信息,行政主体应建立起食品安全的信息平台,与利益相关者,特别是普通公众进行互动交流和发布相关的风险信息。这种互动交流可以通过电话或者网络等多种渠道,借助网络论坛、QQ 群、微博、手机等新媒体传播平台,普通公众可以不受组织化的权威媒体的把关限制,将个体所感知到的风险告知他人,共享风险信息与风险知识,达成风险共识,从而达到将风险问题化、公共化的目的。这种风险共识聚焦于风险对食品安全所构成的威胁上,具有广泛的动员潜能,而网络技术传播的便捷性和低成本性优势则又使得这种动员潜能能够在短时间内迅速转化为公众的集体行动,对决策者形成强大的社会舆论压力。[2] 这不仅可以确保普通消费者、生产经营者、行业协会和新闻媒体等利益相关者获得与其自身相关的风险信息,还可以在强大的社会舆论压力下提高专家评估的民主性与科学性。只有在一个各种各样的观点进行激烈交锋的平台里,才能将食品安全风险评估中的确定性因素和不确定性因素、不同的利益冲突以及不同观点的利弊都呈现出来,为行政主体及公众提供更多的政策选择,这就需要建立一个多元观点自由竞争的平台。但是,我国目前还没有统一的食品安全风险信息交流平台,构建这样的一种信息平台,不仅可以统一地接受公众的任何与食品安全风险评估有关的情况反映或者举报信息,行政主体还可以避免各个单独的部门在发布信息或者信息传播过程中出现的矛

---

[1] See Stephanie Tai, Comparing Approaches Towards Governing Scientific Advisory Bodies on Food Safety in the United States and the European Union, *Wisconsin Law Review*, 2010, p.628.

[2] 参见尹瑛:《冲突性环境事件中公众参与的新媒体实践——对北京六里屯和广州番禺居民反建垃圾焚烧厂事件的比较分析》,载《浙江传媒学院学报》2011 年第 3 期。

盾或者冲突,这在一定程度上保证了行政主体的公信力。

在这方面,欧盟的经验值得我们学习:欧洲食品安全局通过与各成员国、欧盟委员会和专业科学家的合作,委托其他专业机构进行必要的科学研究,开放、透明地开展工作。在专家科学建议支持和共享风险评估数据的基础上,确保公众能够获得及时、可靠、客观、正确的食品信息。利用网络、出版物、展览和会议等公共信息交流方式,收集公众的观点和意见,出版科学建议、宣传资料和研究成果,公开发布权威声明。① 欧洲食品安全局专门制定了《获得文件的决定》(Decision Concerning Access to Documents),不仅统筹考虑了何谓"文档"②,而且对"第三方"③获取文档的各种情形进行了规范。该文件规定欧洲食品安全局应给公众最大限度地开放其起草的、收到的或者占有的文档,这些文档关乎欧洲食品安全局的职责及其为该职责的履行所开展的所有活动。此外,欧洲食品安全局专门规定了其文档向公众开放的"例外",让公众知晓,包括:(1)根据欧盟法律,属于个人隐私的事项。(2)商业秘密。(3)为了维护自由的科学的辩论、保证专家独立不受外来影响,欧盟食品机构相关决策之初步决议的内部形成过程。当然,这个例外可以由欧盟法律或者欧洲食品安全局的领导决定或者根据公众的迫切需求,适时向公众公开或披露。(4)欧盟及其食品安全机构的公共利益、国际关系或者经济利益。对于以上例外,如公众申请公开,欧洲食品安全局必须认真对待每一份申请,如涉及第三方的"文档",欧洲食品安全局必须咨询其所有者。同时,欧盟任意一个成员国都可以申请对涉及其自身利益信息的保密,但必须得到更高级别机构的同意。如果一个"文档"中部分内容是"例外"的,其不例外的部分应当公开。欧洲食品安全局对于公开"例外"的文档,公众并非完全不可以查阅,而是规定了获取访问权限的程序。首先,申请访问非公开文档的当事人应向欧洲食品安全局主任递交详细的书面申请(或者电子格式),以使得欧洲食品安全局确定申请者意图访问何种文档,如果访问申请不够具体,欧洲食品安全局应告知并帮助当事人将申请描述

---

① 参见蒋祎等:《借鉴与完善:中国食品安全风险评估制度》,载《特区经济》2011年12月。
② 根据《获得文件的规定》,"文档"指关乎欧洲食品安全局任务和职责的任何内容,无论其通过何种介质储存(纸质、电子、音频、图像或视频)。
③ 根据《获得文件的规定》,"第三方"是指欧洲食品安全局外的任何自然人或法人,包括欧盟成员国,其他社会或非社会机构以及其他国家。

清楚,例如,提供关于访问申请的相关信息;然后,欧洲食品安全局应适时对当事人的访问申请进行回应,如收到申请,应及时对申请发送回执。欧洲食品安全局应在一个月内告知当事人是否可以获得访问文档的权限,如不符合访问要求,必须说明理由。如果当事人申请访问的文档数量过多或者篇幅过长,可以再增加半个月的时限。在规定时限内,欧洲食品安全局如没有答复,视为默认拒绝访问,当事人有权向欧盟特派员投诉或者向法院提起诉讼。如果访问被欧洲食品安全局明示拒绝,欧洲食品安全局应该详细阐释拒绝的原因,并告知当事人救济的权利和途径。此外,欧洲食品安全局规定当事人查阅复印20页内的文档是免费的,但超过20页以上的文档,应缴纳相应的工本费。① 以上是欧盟关于如何获取有关食品安全风险信息的相关文档材料的规定,欧洲食品安全局在公开为原则的前提下,对如何获取非公开材料进行程序和实质上的规定,使公众获取有关自己关心的食品的安全信息更具有操作性。这也为我们构建食品安全风险评估信息平台提供了范本和榜样。

二、拓展公众参与风险评估之渠道

公众参与对食品安全的风险评估具有十分重要的意义,它可以为专家评估提供更多的信息来源,还可以提高评估结果的民主性,基于此,在食品安全风险评估的过程中,行政主体应重视风险领域的对话空间及平台的构建。根据公开、平等、广泛和便利的公众参与原则构建平台,争取实现所有的利益相关方都可以平等地参与评估过程,促进不同的利益主体之间的对话、协商和辩论,从而达到专家、行政主体和普通公众在广泛参与、知情基础之上的认同。具体来说公众参与的渠道可以从以下几方面来构建。

(1)建立并逐步完善我国的风险交流制度,通过公开透明的方式开展风险交流工作。食品安全风险评估委员会作为我国的风险评估机构,应当在保持独立科学的评估的基础上,确保各利益相关方,特别是普通公众能够获得及时、客观、可靠及正确的风险信息和评估信息,逐步完善风险交流制度,比如,风险评估委员会可以定期通过专家会议、公众听证以及消费者讨

---

① 参见《获得文件的规定》。

论会等方式,向普通公众、行业协会成员以及新闻媒体等公开食品风险评估的工作和评估的结果,积极寻求以简易的方式与普通公众进行风险评估过程的交流。通过这种全面的风险交流,一方面可以使风险评估机构及早地发现潜在的健康风险并可以及时地通知行政主体和公众;另一方面通过这种交流制度,参与交流的各相关方可以对风险评估的过程及结果进行充分的讨论,从而可以在专家和各利益相关方之间建立起足够的信任。

(2) 建立公私合作的风险监测网络,为风险评估提供依据。我国食品安全风险信息现状呈现出极端复杂性和多样性,不仅普通公众与食品生产经营者之间存在信息不对称,相关的行政主体与食品生产经营者之间也存在信息不对称,不仅普通公众与相关行政主体之间存在信息不对称,食品生产经营者之间也存在信息不对称。① 此外,专家之间也存在信息不对称的问题。现行的行政主体主导的专家治理模式中,食品安全风险信息由行政机关来统一公布,风险监测制度的建立、风险监测计划和方案的制订和实施、风险监测技术机构的确定等等,都透露着国家或政府占支配地位的特征。② 而从2008年的"三鹿毒奶粉"事件及2010年的"金浩茶油"事件中所暴露出的信息公开问题来看,由行政机关统一公布食品安全风险信息被证明是失败的:一方面,相关食品生产经营企业存在隐瞒信息的情况;另一方面,行政主体出于多种因素的考虑,也没有及时和全面公布信息。由此,我们需要采取一种新的公私合作的食品安全风险检测网络。它是指除了行政机关有职权或职责公布食品风险信息之外,还需要通过法定的方式来规定食品生产经营企业必须向行政主体定期报告并提供潜在的对健康具有影响的食品安全风险信息。更为重要的是,普通公众、食品生产经营企业的同行和专家、新闻媒体等享有通过互联网、报纸等各种平台或渠道发布食品安全风险信息的权利。这种多主体的食品安全风险信息监测网络既能够制约行政主体不及时、不全面公开信息的情况,也能够获得良好的治理效果。作为风险评估的重要一环,风险监测制度也应该向多元主体共治的方向发展,而不仅仅

---

① 参见戚建刚:《我国食品安全风险规制模式之转型》,载《法学研究》2011年第1期。
② 参见沈岿:《风险评估的行政法治问题——以食品安全监管领域为例》,载《浙江学刊》2011年第3期。

局限于行政主体确定的专门风险监测技术机构。① 法律上应当要求食品、食品添加剂或食品相关产品生产企业建立和完善食品安全风险的自我监测,这也是食品生产者"承担社会责任"原则的体现;应当鼓励企业除自我风险监测以外、对本行业领域内的食品安全进行风险监测,鼓励科研机构、非政府组织甚至有专门知识的个人进行风险监测。具体而言,可以通过一些具体的渠道来实现这种风险监测,比如,调查一些特殊敏感的或被接触的团体或个人的观点;举行由相关的利益团体代表或公众代表组成的听证会;设计由跨学科的大量的专家组成的协商程序等。通过这样一些渠道或者方法可以使不同主体的关注、观点和偏好等都能够揭示出来。当这些主体出于各自的食品安全价值偏好,融入到风险监测网络之中,就更有利于发现食品安全隐患,促进风险评估议程和优先次序的合理确定,使其免受特定价值偏好的过分影响。

(3)构建由多元主体组成的风险评估协调委员会制度。公众参与意味着不能让极少数的专家垄断所有话语权,而要求让更多的利益相关者了解食品安全风险评估的有关情况,并参与决策咨询过程。只有在一个各种各样的观点进行激烈交锋的社会氛围里,才能将食品安全风险评估中的确定性因素和不确定性因素、不同的利益冲突以及不同观点的利害关系呈现出来,为行政主体及公众提供更多的政策选择,这就需要建立一个多元观点自由竞争的平台。我们可以吸收多元主体参与评估工作,构建食品安全风险评估的协调委员会,这个委员会可以由以下几部分来构成:一是由国务院卫生行政部门聘请的来自于食品、营养、毒理、医学及农业等方面的专家;二是一些普通的消费者的代表,这些代表既可以是个体的消费者代表,也可以是消费者组织的代表;三是一些与食品安全风险利益相关的食品生产企业;四是行政机关的工作人员或者国务院卫生行政部门的代表等;五是普通公众或者新闻媒体的代表。根据成员类型不同,该协调委员会可以成立四个小组:专家小组,由消费者代表和感兴趣的人士代表组成的公众小组,企业界代表小组,以及行政机关成员组成的组织、领导、协调和监督小组。②

(4)成立专门的风险评估专家咨询组,拓展专家与公众之间达成共识

---

① 参见杨雪冬:《全球化、风险社会与复合治理》,载《马克思主义与现实》2004年第4期。
② 对于这些小组的行政法上的权利和义务,笔者在导论部分已经作了阐述,在此不再赘述。

的渠道。因为食品安全风险评估具有很大程度上的不确定性,所以,行政主体不能完全按照某一个或者某一领域的专家的判断和评估结果来进行风险决策。他们必须要了解食品安全风险的真相和事实才能作出科学的决策,由此,行政主体必须成立专门的专家咨询组,吸收不同领域、不同年龄阶层的专家加入,通过组织不同形式的专家研讨会和听证会来实现这一目的,为了实现这些形式的研讨会和听证会发挥真正的效果,行政主体应当邀请不同学科背景或者对评估结果持不同意见的专家组成一个专家咨询组来进行讨论,对于讨论的过程应当通过新闻媒体或者报纸等形式向公众公开。当然,如果所涉及的食品安全问题比较复杂,在讨论的过程中,还可以临时追加公众代表加入咨询组,参与讨论。① 通过成立风险评估的专家咨询组,不仅可以提高专家评估结果的准确性,还可以促进专家与民众之间的沟通,提高民众对评估结果的可接受度。

三、构建全过程的与双向的风险沟通制度

食品安全风险沟通制度贯穿于食品安全风险议题的形成、食品安全标准的制定以及食品安全风险评估的每一个环节,但是,我国现行的风险沟通制度是一种单向的、自上而下的沟通,风险沟通以及信息的发布权都主要集中在行政主体,公众完全是被动的服从者和接受者,由此,我们要在行政主体、评估专家、普通公众、生产企业者及新闻媒体之间构建一种平等的、开放的、互动的沟通方式,实现食品安全风险信息的交流通畅,通过这种双向开放的风险沟通方式,就可以在行政主体、评估专家、普通公众之间展开对话,实现公众与行政主体之间有关风险信息的共享,保障了公众的知情权。这一制度中的沟通并不仅仅是行政主体对食品安全风险信息的引导和告知,而且是行政主体通过风险交流来重塑行政主体与公众之间互信机制的表现。通过这种制度的构建可以确保行政主体与利害关系人之间形成一种战略伙伴关系而不是命令者与服从者的关系。

食品安全风险评估若要实现信息传播由单向变成双向,需要增加公众的"实质性"参与,由被动应急转变为主动引导。具体来说,要做好以下几方

---

① 参见吕亚荣:《食品安全管制中的政府责任及策略》,载《公共行政》2006年第10期。

面的工作:

其一,发布与解释。应该通过各种渠道在恰当的时间发布食品安全风险的消息。这些消息通过新闻媒体的发布和有效传播,会快速缓解公众的风险焦虑感和社会恐慌情绪。信息的发布远不是风险沟通的全部。还要根据公众、媒体和其他组织的反应和反馈意见,对风险进行解释,包括解释风险的来源、风险的类型、波及的范围和防范措施、措施行动和社会动员的意义。行政主体和评估专家不仅自己先要了解食品安全风险发生发展的机理和风险评估的过程,使用通俗易懂的语言、图标、流程图等,清晰说明风险的源头和潜在的危害,提供风险评估和处置措施的标准和方法,还要阐明风险评估和治理所固有的不确定性,给后续的工作留有余地。

其二,倾听与回应。行政机关和专家不能一厢情愿、"单向式"地发出风险信号,不顾公众的承受程度和实际关心的风险议题。当公众感到恐惧、愤怒和被忽视时,通常会对风险沟通产生抗拒心理。因此,行政主体和专家耐心倾听公众的心声非常必要,可以通过热线电话、新闻直播访谈、微博互动、在网络上的公共论坛、座谈会、咨询会及时沟通等方式,获取直接利益群体和非直接利益群体对风险事件的认知和评价,以及他们最迫切、最关心的议题。除了倾听群众的呼声,还要对他们的要求给予不同程度的回应和反馈。某些食品安全风险的社会性后果之所以非常严重,重要原因之一就是行政主体一味指责公众和媒体对风险的"无知",无根据地干涉媒体的报道,甚至对暂时无法解答的问题保持长时间的沉默。真正的沟通,要求行政主体及时对新闻媒体的报道需求作出回应,特别是民意代表(舆情领袖)的质疑和问询,对那些不能马上解决和答复的问题认真记录在案,并在适当的机会逐一解答。

其三,参与式协调。要走出风险沟通的困境,除了在制度上设置适当的、专业的信息平台之外,最重要的是在风险沟通与风险评估程序中引入公众参与的整合网络。这一多元互动的行动与信息网络,除了能秉持程序正义外,更能增加公众对数据来源的信任,强化透明度,并持续地增强公众的参与能力。[①] 在个体层次上,公众要有参与影响政策的机会,从而增进对食

[①] See Slovic Paul, *The Perception of Risk*, Earthscan Publications Ltd., London and Sterling, VA, 2000, pp. 220—231.

品安全风险的自我学习和理解。在结构层次上,发展出对话、平权的风险沟通机制,通过与新闻媒体的合作,将突发食品安全事件转化为社会学习、对话和价值判断的过程。这样,公众中的各种声音都能进入政策竞技场内加以讨论,而非仅仅是汇集公众意见或网民呼声。这种尊重公民权利的决策机制,就是将风险问题置于舆论监督的公共讨论的空间,由公民社会中的代表共同参与政策决定。而风险沟通的协调方式则是各种立场对于"风险"意义的重构:在对话中逐步统一各方对风险的认识,统一政府和专家系统内部的风险评估,统一新闻媒体与官方风险话语的口径,在承认专家和普通公众在风险感知上存在差异的同时,统一全社会的风险意识。在治理中赋权不是流于形式的空话,应该在适当的条件下赋予媒体和公众以充分的信任,让风险的制造者与风险的承受者有机会面对面地接触和对话。[①] 根据以上分析,双向的风险沟通制度[②],大致包括这样几个环节:

(1) 公告。根据一定数量的利害关系人和公众的请求,行政主体准备制定食品安全国家标准或形成食品安全风险评估议题时,应当通过行政主体的公报、网站或媒体向利害关系人或公众公告,以便利害关系人、普通公众代表、新闻媒体等主体能够参与。

(2) 行政主体内部成立协商委员会,并确定一个召集者。召集者通常是由行政主体内部的法制机制工作人员来担任。协商委员会由行政主体工作人员、相关企业代表、普通消费者代表、专家代表、对食品安全风险感兴趣的人士代表,包括媒体界人士代表、观察员或评论员代表等组成。

(3) 协商。协商委员会的成员事先规定一些协商规则,如期限、日程等,并确定争议的焦点或者主要问题。虽然通常是由召集者和行政主体工作人员设计风险议题或者确定协商基调,但利害关系人和普通公众代表等有权提出建议,也有权提出独立的风险议题。协商委员会的成员是平等的,每一成员都有相同的权利和义务。协商委员会成员之间通过充分的说理和沟通,形成食品安全风险议题草案或食品安全标准草案。

---

① 参见张乐、童星:《风险沟通:风险治理的关键环节——日本核危机一周年祭》,载《探索与争鸣》2012 年第 4 期。

② See Lawrence Susskind&Gerard MeMahon, The Theory and Practice of Negotiated Rulemaking, 3 Yale Journal Regulation, 1985, pp. 133—164.

（4）评论。行政主体将协商委员会形成的关于风险议题或食品安全标准的草案在媒体上公告，接受更广泛的公众的评论。行政主体也有义务向公众公开协商委员会的陈述和证词。

（5）形成正式的议题、安全标准和评估报告。行政主体将公众的评论或意见分类和整理，返回给协商委员会，协商委员会根据评论意见对草案进行修改，行政主体最终确定风险议题或安全标准。当然，如果风险议题或安全标准的争论比较激烈，行政机关会将经由协商委员会修改后的草案再一次接受公众评论，经过反复评论与修改，最终形成正式议题或安全标准。

四、完善激励机制

为了使作为利益相关者的普通公众、行业协会和新闻媒体等对食品安全风险评估问题有足够的积极性，必须建立一套针对公众参与主体的激励机制。[①] 这种激励机制要覆盖普通消费者、行业协会及新闻媒体等各个社会参与主体，目的在于为各个参与主体提供便利，调动其参与的积极性。要完善食品安全风险评估的激励机制，就必须做好以下几方面的工作。

一是加强公众参与食品安全风险评估的宣传和教育。行政主体、行业协会和新闻媒体应该加强宣传教育，提高公众的参与意识。理想的公众参与并不是让公众"走个形式"或在早已确定的结论中进行投票而已。相反，公众参与的重要价值在于通过参与制度不断提高公众在食品安全风险评估领域的识别能力、衡量能力、判断能力以及公众美德，深化公众的思考能力；在于通过各方提出建议和意见，权衡各方面的论据和论点，进而表明自己的信念和立场，促进相互间的交流和沟通。[②]

二是确保公众参与评估的激励效应，切实保障公众利益，实现公众的话语权和利益表达权，增强社会参与激励的宣传教育和示范效应。作为理性的人，如果公众参与耗时耗力而又体现不出参与的价值，那么，公众自然不会主动参与到风险评估中来。为了激励更多更广泛的公众参与，首先，要明确公众参与的效力，即公众在食品安全风险评估工作中的意见、建议会被充

[①] 参见赖林梅、吴文婧：《食品安全：政府与社会责任机制的建构》，载《农产品加工·学刊》2008年第1期。

[②] 参见徐文星、刘晓琴：《21世纪行政法背景下的公众参与》，载《法律科学》2007年第1期。

分的重视,甚至写入评估报告,作为决策的佐证材料。其次,要开发公众的参与意识,增强公众表达自己意愿的能力。公众参与的兴起与整个社会政治、经济、社会环境的变迁和法律政治理论的发展密不可分。由于我国历史上长期受威权型管理模式的影响,离公众参与较远,使得培养公众的公民权利、参与意识任重而道远,因此,必须采取自上而下式的主动推动。在这方面,国家食品安全风险评估中心也在尝试进行努力。例如,2012年7月31日,国家食品安全风险评估中心举办第三期开放日活动时拟发的公告,公告内容如下:为更好地传播科学知识,满足公众信息需求,我中心拟定于7月31日上午在潘家园工作区举办第三期开放日活动。现将相关事宜公告如下:(1)活动安排。时间安排:7月31日上午8:30—9:00签到、发放资料;11:30活动结束。活动主题:"食品安全标准面对面"。活动内容:我中心专家分别解读食品安全国家标准体系概况、食品添加剂标准、食品污染物标准以及预包装食品营养标签通则;专家与公众的互动交流。(2)邀请公众参加。我中心邀请公众参加开放日活动,自本日起凡身体健康、年龄18周岁以上的公民均可报名。本次活动预计邀请40—50名公众,对于受邀人员,我们会根据您报名表中提供的联系方式与您取得联系,未受邀的公众将在后续的开放日活动中优先邀请。如果您关注食品安全,希望对我国的食品安全标准有更深入的了解,请于2012年7月27日12:00之前下载报名表,填写报名信息并发送至 foodstd@ sina. com。[①] 对于公众参与的宣传教育可以多频次、高频率地开展,这样公众在不知不觉中就具有了食品安全的相关风险知识,进而能够更有效地参加到食品安全风险评估中来。再次,对于在食品安全风险评估中,表现突出的公众,应该给予物质和精神上的奖励,形成一种氛围,进而达到一定的示范效应。

三是完善行业协会的建设,加强新闻媒体的监督力度。行政主体要重视行业协会,并且使其职能得到充分发挥,既要发挥其在食品行业内的监督作用,又要发挥其在行政主体和消费者之间的桥梁作用。行业协会不仅要通过提供真实的数据来帮助政府和评估专家进行食品安全风险的评估,还要及时地向消费者提供食品安全风险的信息以减少食品信息不对称所带来

[①] 参见国家食品安全风险评估中心:《关于邀请公众参加第三期开放日活动的公告》,载 http://www.chinafoodsafety.net/newslist/newslist.jsp,2014年8月16日访问。

的一系列食品安全问题。在食品安全风险评估过程中要充分发挥各个参与主体的优势,加强各个参与主体的协作,建立健全消费者普遍监督、行业协会专业支持、新闻媒体宣传教育和食品行业自主管制的立体监督体系,形成有机融合、良性互动的食品安全风险评估激励机制。① 此外,公众参与就其本质而言就是体制外的弱势群体通过表达与行动争取进入体制内,并与决策者分享决策权力的过程,它是对权力资源的一种再分配。② 鉴于此,就要对权力运行的成本进行考虑,也就是在参与成本上给予公民一定资助,公众参与所增加的成本是多方面的,既包括复印资料、食宿费用、误工等有形支出,也包括时间问题而带来的无形支出。我们还需要考虑到公众参与的时间、费用成本问题。虽然食品问题关乎每个人的生命健康和安危,但由于公众参与可能会耗费其大量时间和费用,而基于理性人的假设,一般人面对上述困难时,会理性地避免此类活动的参加。针对这种情况,我们需要考虑,一方面通过法律制度的设计对公众所花费的时间和费用上的损失进行适当补偿;另一方面是通过一定的灵活方式,缩短公民的参与成本。例如,适当安排风险评估会议地址、核销一定的差旅费用、利用新兴的诸如微博等网络手段,减少时间和费用的要求,这也可以作为激励公民参与食品安全风险评估的手段。

五、完善公众参与食品安全风险评估之程序制度

构建公众参与机制,不仅要求公众在对行政主体根据风险评估结果作出决策时有召开听证会的权利,而且也要求利益相关者都有参与食品安全风险评估的知情权、批评权、检举权等,如何保证在评估过程中听取除行政主体和专家以外的公众意见,对食品安全风险评估取得积极效果具有重要作用。因为我国当前对利益相关者参与评估的程序规定并没明确,公众没有具体的参与风险评估的程序安排,所以对于我国当前的公众参与程序制度有必要加以构建或者完善。普通消费者、行业协会代表和新闻媒体等主

---

① 参见詹承豫、刘星宇:《食品安全突发事件预警机制中的社会参与机制》,载《山东社会科学》2011 年第 5 期。

② Eisinger P. K., The Conditions of Protest Behavior in American Cities, *The American Political Science Review*, 67(1), 1973, pp.11—28.

体应当享有法定的权利要求行政主体依法启动食品安全风险评估议题的形成、国家安全标准之制定、风险之评估、风险之沟通以及风险之管理等程序,该特定的行政机关应当依法对公众提出的申请作出相应的处理,如果申请人对食品安全风险规制机关的处理决定不服,可以依法请求法律救济的规制体系。① 这种程序制度的构建可以在一定程度上有效地制约行政主体或者评估专家在食品安全风险评估各个环节过程中的迟延作为或者不作为的违法行为。这种程序制度的构建主要包括以下几个主要的步骤:一是提出启动风险评估的申请。普通消费者、行业协会代表或者新闻媒体代表等利益相关方可以根据自身亲历或者掌握的食品安全风险信息,依法向国务院卫生行政部门或者相关的其他负责评估工作的部门以书面的形式提出要求启动食品安全风险评估程序的申请。二是行政主体的受理与审查。国务院卫生行政部门或者相关的其他负责评估工作的部门应根据申请人的书面申请,通过与申请人进行风险的沟通与交流或者亲自调查风险的存在等方式,进行审查并决定是否受理,在审查的过程中行政机关还可以要求申请人提供进一步的风险证据或者事实材料信息。三是行政主体作出是否启动风险评估的决定。经过审查申请人提供的申请材料,行政机关认为有必要启动评估程序的,应当作出书面的启动评估程序的决定,反之,行政主体认为不符合启动风险评估程序的申请不予批准,但要对申请人说明理由。最后也是最重要的步骤就是申请的救济。如果申请人对行政主体不予启动风险评估程序的决定不服,可以在一定的期限内向人民法院提起行政诉讼。在风险评估工作结束,行政主体依据评估结果作出风险决策之后,公众还可以通过网络或者新闻媒体等形式定期向行政机关反馈风险管理措施的有效性即合理性,供行政主体修改或者反思。② 在这方面,欧洲食品安全局的经验可供我们借鉴:

众所周知,欧洲食品安全局的成立的主要目的是提供独立整合的科学意见,让欧盟决策单位面对食物链直接与间接相关问题及潜在风险能作出适当的决定,从而给欧洲公民提供安全高品质的食物。欧洲食品安全局成立,也对当时逐渐消失的消费者信心,提供了实质的保证。以公开为前提的

---

① 参见戚建刚:《我国食品安全风险规制模式之转型》,载《法学研究》2011 年第 1 期。
② 参见阮兴文:《论食品安全监管公众参与机制》,载《理论月刊》2009 年第 123 期。

食品安全风险评估为欧洲食品安全局赢得了公众的支持,那么如何使公众充分参与到食品安全风险评估中来呢?我们知道,欧洲食品安全局的科学委员会(Scientific Committee)和科学小组(Scientific Panels)负责食品安全评估的工作。委员会和小组成员均是经公开遴选的专家,且具有风险评估的经验和学术工作成果。委员和组员是由理事会指派,每三年一任。科学委员会委员的工作有:(1)负责提供局长特定领域的风险评估,并提出策略性的建议;(2)协调各会员国内外的专家及研究团体;(3)提供科学小组间事务协调方面的协助。科学委员会的成员是由科学小组的主席们加上六位独立的科学家所组成的。科学小组是由专家们依所需工作所组成的,主要负责风险评估。在欧盟,专门就利益相关者参与食品安全风险评估进行了详细规定,出台了《利益相关者协商平台的若干规定》(Stakeholder Consultative Platform: Terms of Reference),对其任务、组成、会议负责人、会议形式、工作方法以及经费来源等给予了详细规定。

在第一部分职责和任务(Mandate and Tasks)里,规定利益相关者协商平台(以下简称"协商平台")是由欧盟范围内从食品供应链上的利益相关者以及关注欧洲食品安全局职责的积极公民,特别是食品和饲料安全、营养、动物健康和福利、检验检疫等方面的人员所组成的。该平台将通过与利益相关者的定期对话和交流机制,来帮助欧洲食品安全局处理它与利益相关者的关系以及辅助制定相关的政策。它可以就涉及欧洲食品安全局工作的一般性问题以及对利益相关者有所影响的重大问题,向欧洲食品安全局主任提供建议,具体如下:(1)对欧洲食品安全局的工作方案和年度管理计划发表看法;(2)对欧洲食品安全局的利益相关者年度工作计划发表看法;(3)就欧洲食品安全局对利益相关者实施相关政策的有效性进行反馈;(4)就利益相关者当前或将来可能出现对某个食品问题的关心以及对可能出现或正在发展的风险的重点问题,向欧洲食品安全局警醒;(5)就风险评估的方法,包括协商的议题以及组织协商的最好方式向欧洲食品安全局提建议;(6)在技术层面提供相关信息,并展开合作;(7)为协商平台的任期设定工作目标;(8)就欧洲食品安全局如何与不同目标群体进行沟通提建议。

在第二部分协商平台之构成(Composition of the Platform)里,欧洲食品安全局规定了平台的组成,包括:协商平台的成员应当能够充分代表欧盟各国,并满足以下条件:(1)须是利益相关者,包括以下几类,一是代表消费者利益的消费者协会或非政府组织;二是代表生产者利益的初加工企业和种植者以及农民;三是代表加工者利益的食品企业;四是贸易和餐饮业(包括批发、零售、酒店、餐厅等);五是涉及卫生医疗、动物保护和环境保护的非政府组织。(2)须是代表欧盟成员国大多数利益的组织,至少能够代表欧盟60%以上的人口。(3)须是成立至少五年以上的组织。(4)须是经欧洲食品安全局授权的合法组织。(5)须是能代表欧洲食品安全局相当涉及领域的组织,能胜任自己的工作,并在其所代表的领域里发挥重要作用,具有显著的专业知识和技术能力。

需要注意的是,协商平台应当平衡考虑以上类别,注意均衡参与主体的代表性,避免出现利益相关者的重复。为了便于讨论,发挥协商平台的效用,利益相关者(组织)参与的总数不得超过 24 个。参加协商平台的人员代表的组织而非个人,根据利益相关者的分类情况,欧洲食品安全局可以允许某一类的利益相关者多名代表参会。但是欧洲食品安全局的工作人员、管理委员会、咨询小组、科学小组等不得成为协商平台的成员。除非为了保证正确及时的信息交流以及会务保障的需要,由秘书处向协商平台派遣工作人员提供帮助。

欧洲食品安全局管理委员会根据公正、公平、公开的原则,对利益相关者协商平台的若干规定和协商平台的成员资格进行定期审核和更新。为了保证最大限度的公开透明,协商平台的成员将通向社会公示的方法征求意见,并遴选参与协商的成员。出于履职的需要,负责人及其副职应该保证一致、公正和独立地进行工作。

第三部分是关于协商平台负责人(Chair)之规定,协商平台负责人由参与协商的利益相关者指定,并在参与人中产生。协商平台负责人由参会人员的简单多数表决产生,任期不超过 3 年,可以连选连任。两名副职按照相同的程序产生,并与负责人同期任命,也可以连选连任。两位副主席将按照相同的步骤,遵循同样的程序,同期任命。负责人及其副职在履行其职责时,应确保其完整性,公正性和独立性的任何权益。负责人及副职的产生由参与者以个人身份选举。

第四部分是关于会议的有关规定(Meetings)。协商平台应平均每年召开三次会议,如果需要,可以临时召集会议,会议在帕尔马进行。会议的结果应予以公示,并向欧洲食品安全局管理委员会报告。参会人员应勤勉工作。如发现敷衍者或应付了事者,由欧洲食品安全局辞退。其他组织或个人(包括非欧盟成员国的组织及代表)也可以以观察员的身份出席会议,需要在欧洲食品安全局的网站上进行注册登记。登记后的观察员可以应邀参加会议并参加讨论。但在开会前,经过协商平台负责人与欧洲食品安全局的商议,欧洲食品安全局可以签署同意观察员参会讨论的文件。

协商平台并不排除其他形式的交流,例如,公众咨询、科学技术会议、座谈会、主题讨论或任何其他双方讨论的临时会议。欧洲食品安全局可以自发的也可以根据协商平台的建议成立协商平台工作小组。工作小组的成立应履行一定的职责,并遵循机构水平设置的原则。

第五部分是工作方法(Working Methods)。协商平台是一个咨询小组,其建议并不必然约束欧洲食品安全局的决策,也不影响欧洲食品安全局主任的决定。协商平台不能代表欧洲食品安全局作任何决定,其作出的言论,也不代表(更不能解释为代表)欧洲食品安全局的官方意见。在与协商平台负责人及其副职的密切配合下,欧洲食品安全局秘书处为协商平台起草议程草案,并作会议记录。此外,为保证协商平台顺利、高效完成工作,秘书处也参与相关文件和摘要的发放。在协商平台上发放的任何文件以及会议记录,都能成为欧洲食品安全局管理委员会的信息来源。协商平台工作议程、文件、会议记录以及其他相关信息将会在欧洲食品安全局网站上公布,欧洲食品安全局负责上述信息在网站上的定期更新。

第六部分是经费支持(Funding)。参与协商平台的利益相关者所需经费由其代表的利益组织承担。但在特殊情况下,欧洲食品安全局将会资助一些利益相关者参加到协商平台中来。这些利益相关者是欧盟成员国的相关组织,包括非政府组织、商业或企业组织,并且,它们参与协商平台的最主要目的是为了保护消费者的健康和安全。对于需要经费支持的组织,欧洲食品安全局将会组织人员逐个对其进行评估,并要求其做相应的记录文件。

欧洲食品安全局对于非欧盟成员国的相关组织或人员参加到协商平台提供了《观察员指南》(Guidelines for Observers),在第一部分注册和认证

(Registration and Accreditation)里,欧洲食品安全局表示对公众参与食品安全风险评估的欢迎,并指出,欧洲食品安全局欢迎观察员参与到在帕尔马举行的科学委员会和科学小组的全体大会中来。观察者如参加大会,需要通过欧洲食品安全局网站注册,并说明他们的价值偏好。任何参与大会的观察者在参与大会前,都必须通过认证,以明确他们所代表的组织或个人的利益。为此,申请成为观察者的人员需要填写注册表,至少在会议召开30天前,将表格邮寄到欧洲食品安全局的邮箱。一般来说,申请人必须提供当前与欧洲食品安全局的食品安全风险评估议题相关的活动,以及他们的特定利益。相关的利益需求将系统地向会议参与者公开。认证请求还将包括观察者对相关要求的正式承诺,遵守会议纪律,不得通过任何方式影响会议参与者的判断,不得对会议内容进行记录(手写、录音或录像),禁止在会议的任何时候游说参与者。在第二部分确认观察员参会资格(Confirmation of Attendance/Non-attendance)中,欧洲食品安全局要求,至少在食品安全风险评估会议召开10天前,确定每一个观察员的参会资格。同时,告知观察员关于会议地点及相关内容的具体信息。根据观察者的先后申请顺序安排会议场地和座位,每场会议最多安排十个观察员。欧洲食品安全局不会给观察员提供参会的差旅费和生活费。食品安全风险评估会议的主持人和科学小组的成员最迟在会议召开的一周前向观察员公布。在第三部分会议须知(Code of Conduct During and After Attendance)中,开会前,观察员将被要求不得将他们在会场得到的任何机密文件向公众公开或用于商业目的。观察员将被告知滥用参加会议的科学家的名字可能会导致对个人权利的侵犯。在会上,任何专家的发言不代表欧洲食品安全局的意见。专家们将会被要求报告在会前、会中、会后影响他们言论的事项。违反上述规则,观察者将被要求离开会场,会议记录应记载离开原因。在第四部分提问的机会(Opportunity for Questions)中,食品安全风险评估会主持人将在观察员参与会议后,在特定的会期,允许观察员提问若干问题。主持人和科学小组成员将在至少一周前知晓观察员提问的大致内容。在第五部分结束语(Concluding Remarks)中规定,观察者的名字将会在会议记录中记载,欧洲食品安全局只允许以食品安全风险评估会议的目的使用观察者的姓名。①

总之,食品安全风险评估仅仅依靠政府及其聘请的专家的单方面的力量是不够的,必须强化和构建社会多元利益者参与的食品安全风险治理和评估机制,有效的利用消费者、新闻媒体、行业协会等,形成立体的风险评估机制,建立一个消费者普遍参与、行业协会专业支持、新闻媒体舆论监督的食品安全风险评估体系,充分发挥各个利益相对方的优势,加强食品安全风险的有效评估。

---

① See EFSA: Guidelines for Observers, pp. 1—2.

第五章 食品安全风险评估专家制度

现代行政管理越来越依赖于科学研究和专家学者的专长作为查明事实的依据,特别是在环境和公共卫生(public health)领域。[①] 食品安全风险评估必须建立在科学证据的基础之上,必须借助独立客观的专业指导和意见。因此,专家在食品安全风险评估中便扮演了不可或缺的角色。我国食品安全风险评估中的专家既包括以法律规范形式确定的行政主体内部的专职科学顾问专家成员,也包括行政主体外部的其他同行专家。二者本应合力保障并促进食品安全风险评估的科学性和权威性,但是,我们不得不承认,目前食品安全风险评估在科学绩效方面并未获得公众的高度肯定。现实中食品安全风险评估专家的困境突出表现为公众对各类专家普遍表示不信任,同行专家对科学顾问专家成员的科学建议和风险评估结论表示质疑并提出诘难,而科学顾问专家成员和行政主体对此却漠然视之。以至于食品安全风险评估缺少科学上的卓越性和情感上的可接受性,无法取得公众的信任,极大地削弱了食品安全风险管理的科学性和有效性。我国有关食品安全风险的现行行政法制度已经无法有效治理食品安全风险评估的专家主体及其行为,基于

[①] 参见洪延青:《藏匿于科学之后? 规制、科学和同行评审间关系之初探》,载《中外法学》2012 年第 3 期。

此,本章将着重从六个方面对食品安全风险评估专家制度加以论述:一是分析食品安全风险评估过程中专家的功能;二是对我国食品安全风险评估中的专家进行类型划分;三是从具体的食品安全风险评估实例出发,描述和提炼我国食品安全风险评估专家合法性危机之突出表现;四是主要从现行法律制度的角度,深入分析导致这种合法性危机的原因;五是对国外食品安全风险评估专家制度的经验总结;六是提出具体的食品安全法制改革建议。

第一节 食品安全风险评估专家之功能

谁是专家?什么是专家?"expert"这一词,首次出现是在法语中,用以描述在审判过程中提供证据用以辨伪的证人。[①] 在这一背景中,"expert"与它的词源根"experience"的关系是十分明显的。这些真伪的检测者具有相关的专业知识,通过这些专业知识,他们能够将真实的脚本和伪造的脚本区分开来。食品安全风险评估的专家便是指,在食品安全风险评估过程中,对食品安全领域的某一门学问有专业研究,拥有知识化、技术化的食品安全知识或者掌握食品安全风险评估的分析论证方法及工具的人。在很大程度上,食品安全风险评估专家是在科学理性和工具理性的指导下对食品安全风险"是什么"进行事实研究的人,是"技术理性符号的人格体现"。[②] 专家在食品安全风险评估中扮演着重要的角色。具体而言,食品安全风险评估中专家的功能定位主要体现在以下三个方面。

(1)食品安全风险评估专家有利于提高食品安全风险评估及管理的科学性。所谓科学评估,就是食品安全风险评估的科学化,是指食品安全风险评估在科学理论的指导下,按照科学的评估程序,运用科学的技术、评估方法对食品安全风险进行评估。科学的食品安全风险评估是需要科

---

① Steve Fuller, The Constitutively Social Character of Expertise, in Evan Selinger & Robert P. Crease, *The Philosophy of Expertise*, Columbia University Press, 2006, p.342.
② 王锡锌:《我国公共决策专家咨询制度的悖论及其克服——以美国〈联邦咨询委员会法〉为借鉴》,载《法商研究》2007年第2期。

学证据证明的,是相对于依靠经验进行风险评估而言的。随着科学和技术的高速发展,学科的细分在不断加速,食品安全风险监管主体不可能对食品安全风险涉及的所有技术领域都有充分的了解、深刻的认识和足够的判断能力。虽然近些年来我国行政主体的专业化程度和道德程度正在不断的提升,食品安全风险规制的工作人员大多具有医药学、化学、生物学、法学和管理学等相关的知识背景,并积累了较为丰富的管理经验,但食品安全风险评估有极强的技术性和专业性,会涉及诸如传染病学、细菌学、微生物学、医学、食品工程、食品检测、检验检疫、标准、计量、毒理学、病理学、营养学、动植物学等领域的专业知识和技术。与此同时,食品安全领域的科学正在发展,新的情况经常出现,涉及食品安全的研究往往既是不确定的,也是有争议的。因此,食品安全风险监管主体对这种需要具有高度专业性的食品安全风险评估极有可能产生隔膜或者陌生感从而无力从事这种专业而复杂的工作。然而,我们在面对层出不穷的食品安全事件时,往往又急切地要求食品安全风险监管主体对食品安全风险问题作出及时的、科学的判断。所以,当食品安全风险监管主体尝试弥补自身有限的知识经验和公众迫切的现实需求之间的差距时,他们便会依赖于相关领域的专家意见,希望依靠"智囊团""思想库"这样的"外脑"来寻求科学建议,集成各领域专家学者的智慧,以确保食品安全风险评估的正确性和科学性。"专家"有能力、也有使命指导人类到达沙漠的绿洲。[1] 食品安全风险评估专家可能来自高等院校,研究机构以及企业。他们具有更为丰富的专业技能、经验和学识。他们可以对食品安全风险评估中的科学技术前沿问题加以把握,以其直觉、创造力和对问题的敏感把握,针对一系列可能的选择,作出整体上的评判。[2] 食品安全风险评估专家的义务就是对食品安全风险评估中的科学问题进行研究和讨论,为行政主体提供有关食品安全风险的科学证据和可能的技术选项的建议,行政机关根据专家提供的科学证据和建议作出科学而理性的决策。因此,食品安全风险评估专家能为食品安全风险评估提供相关知识,是提升食品安全风险评估和治理效能

---

[1] 参见刘小枫:《刺猬的温顺》,载《书屋》2001年第2期,第3页。
[2] 参见宋华琳:《转型时期中国行政程序立法的几点思考》,载《中国行政管理》2008年第9期。

的"研究员""科学顾问""智囊团",有利于增强食品安全风险评估及管理的科学性。

(2)食品安全风险评估专家有利于提高食品安全风险评估及管理的民主性。全球挑战与治理中心成员,罗格斯大学(Rutgers University)政治科学教授 Frank Fischer 在《协商民主政治中的专家意见:促进参与研究》中指出,产生协商民主的关键是公民的畅谈能力。在许多民主讨论中都可以验证这样一个结论:参与者的理性与自身逻辑能力的训练呈现出高度一致性。① 公民与专家之间的认识能力和理性逻辑能力之间存在差距,专家的理性逻辑能力是普通公民无法比拟的,而普通公民民主参与食品安全风险评估的有效性相对较低,所以,与公众的直接参与相比,实践中食品安全风险评估更多的是专家的参与。食品安全风险评估专家来源于普通公众却又不同于普通公众,同时兼具普通公众和专家的双重身份。专家本身是公众的组成部分,在很大程度上代表公众的利益,专家参与食品安全风险评估反映了其作为普通公众的一分子所应享有的民主参与权利,拓宽了公众参与的途径,"更重要的是通过倡导,强化了公民参与的意识,借由彼此的合作改变社会不公正现象"②。但与此同时,专家是公众中具有较高文化素养和专业技能的成员,在表达民意、维护知情权、话语权等方面有独特的优势,有专家参与的民主才是更科学的民主。因此,专家参与食品安全风险评估是公共参与的重要形式,而平等参与又构成了社会政治民主的"关键"因素③,所以,食品安全风险评估专家有利于提高食品安全风险评估的民主性。

(3)食品安全风险评估专家有利于增强食品安全风险评估行为的正当性。所谓正当性,是指"有很好的理由认为某一政治秩序是恰当的、正义的。一个正当的秩序应该得到普遍认同"④。从传统上看,行政机关及其行政行

---

① See Frank Fischer, Professional Expertise in a Deliberative Democracy: Facilitating Participatory Inquiry, *The Good Society*, Vol. 13, No. 1, 2004, p. 21.
② 唐大伟:《智库对国防政策的参与与影响》,南华大学 2003 年版,第 34 页。
③ 〔美〕卡尔·科恩:《论民主》,聂崇信、朱秀贤译,商务印书馆 1988 年版,第 11 页。
④ "Legitimacy means that there are good arguments for a political order's claim to be recognized as right and just; a legitimate order deserves recognition." see Jürgen Habermas, *Communication and the Evolution of Society*, Oxford: Polity Press, 1979, p. 178.

为的正当性除了来自其作为议会或者国会,以及民选首脑的执行机关的身份,依赖于法院的司法审查之外,还可以来自于其专业能力(expertise)。随着行政国家的崛起,传统的正当性理论面临挑战。行政法学转而提倡透明行政(transparency)、公众参与(participation)以及合作治理(collaboration)等新兴的行政法价值,认为新时期的行政模式,还必须遵循上述价值,才具备正当性。① 由上可知,食品安全风险评估中的专家参与既能增强食品安全风险监管主体对食品安全风险相关科学、理论、技术的掌握能力,实现科学的、专业的监管,又能体现"公众参与""合作治理"等新兴的行政法价值,使食品安全风险评估过程得以接受公众的审视,使食品安全风险评估中原先被行政机关所忽略的,或者分散的、收集成本高昂但又相关的信息,得以纳入食品安全风险评估行为②,所以,不论是传统行政法理论对正当性的理解,还是现代行政法价值的体现,食品安全风险评估专家参与有利于增强食品安全风险评估行为的正当性基础。

综上所述,专家在风险评估中通常承担着相关食品安全风险知识的提供者、为行政机关的食品安全风险评估和决策的合法性和正当性进行求证的角色。③ 虽然不可否认,食品安全风险监管主体向专家寻求知识和技术帮助会直接增加食品安全风险决策成本,但这种增加比起没有专家参与的低成本决策失误带来的巨大损失还是很小的,实际上,在食品安全风险评估中借助于专家力量是一种通过增加较小的内部成本来避免可能的较大的外部成本增加的理性行为。④ 所以,在食品安全风险评估中引入专家参与,有利于通过强化"理性"和"民主",使人们对食品安全风险评估结论和决策产生认同感,增强其正当性、合法性。食品安全风险评估专家的有效参与对食品安全风险评估发挥着积极的作用与影响。⑤

---

① 转引自洪延青:《藏匿于科学之后?规制、科学和同行评审间关系之初探》,载《中外法学》2012年第3期。
② 同上书。
③ 参见戚建刚:《我国食品安全风险规制模式之转型》,载《法学研究》2011年第1期。
④ 参见冯清华:《政府专家咨询制度研究》,西南政法大学硕士学位论文,2008年。
⑤ 参见郝战红:《立法过程中专家咨询制度的多维面相》,载《法学杂志》2012年第2期。

第二节 食品安全风险评估专家之类型

依据专家在食品安全风险评估相关法律制度中的法律地位和权利义务的不同,可以将我国食品安全风险评估中的专家分为以法律规范形式明确规定的行政主体内部的专职科学顾问专家(以下简称法定的内部专职科学顾问专家)和行政主体外部的其他同行专家(以下简称其他专家)这两大类型。

一、法定的内部专职科学顾问专家

食品安全风险评估中法定的内部专职科学顾问专家是指,依据食品安全相关法律法规或其他规范性文件成立的专门为食品安全风险评估提供科学意见和建议的专家人员,其制度功能是增强食品安全风险评估结论的科学性,进而保障食品安全风险管理决策的合法性。专职科学顾问专家的成员组成、职权职责、任免程序等都是由食品安全风险评估法律规范严格规定的。

在我国,依据《食品安全法》《食品安全法实施条例》)和《食品安全风险评估管理规定(试行)》等法律规范的规定,我国的食品安全风险评估科学顾问专家是指国家食品安全风险评估专家委员会委员[1]以及接受国家食品安全风险评估专家委员会委托和指导的国家食品安全风险评估专业技术机构——国家食品安全风险评估中心的专家成员。[2]

(一)食品安全风险评估专家委员会委员

根据《食品安全法》第 13 条的规定,卫生部于 2009 年 11 月组建了第一届国家食品安全风险评估专家委员会。第一届风险评估专家委员会由 42 名[3]专家组成,是在有关部门、科研机构和大专院校推荐的专家中,按照多学科组成、代表性和独立评估等原则评选产生的,并向社会进行了公示。食品

---

[1] 参见《食品安全法》第 13 条。
[2] 参见《食品安全风险评估管理规定(试行)》第 4 条。
[3] 中华人民共和国卫生部:《卫生部办公厅关于成立第一届国家食品安全风险评估专家委员会的通知》,载 http://www.moh.gov.cn/publicfiles/business/htmlfiles/mohwsjdj/s3594/200911/44735.htm,2014 年 1 月 23 日访问。

安全风险评估专家委员会的主要职责包括,承担国家食品安全风险评估工作,参与制订与食品安全风险评估相关的监测和评估计划,拟定国家食品安全风险评估的技术规则,解释食品安全风险评估结果,开展食品安全风险评估交流,并承担卫生部委托的其他风险评估相关任务。

(二) 国家食品安全风险评估中心专家从业人员

食品安全风险评估中心是负责食品安全风险评估的国家级技术机构,承担国家食品安全风险评估、监测、预警、交流和食品安全标准等技术支持工作。食品安全风险评估中心根据其职责要求设置职能部门、风险评估业务部门、食品安全标准部门和技术支持部门四个单元,业务部门包括风险监测与预警、风险评估、风险交流、应急与监督技术、实验室、食品安全标准等部门,同时设立国家食品安全风险评估专家委员会秘书处和食品安全国家标准审评委员会秘书处。在食品安全风险评估中心从事评估相关业务工作的专家技术人员是我们此处所讨论的食品安全风险评估法定的内部专职科学顾问专家之一。2012年9月26日,食品安全风险评估中心还成立了国际顾问专家委员会,聘请了7位外籍专家,分别是:澳大利亚—新西兰食品安全标准局首席科学家,产品安全标准部主管,保罗·布伦特博士(Paul Brent);欧洲食品安全局执行主任,凯瑟琳·卡特琳娜女士(Catherine Geslain-Lanéelle);联合国粮农组织、世界卫生组织食品法典委员会副主席、加拿大卫生部食品局局长,赛缪尔·戈弗雷博士(Samuel Godefroy);美国食品安全和应用营养研究中心主任、美国马里兰大学营养和食品科学系教授,孟江洪博士;国际食品安全顾问、原世界卫生组织食品安全和人畜共患病资深科学家、全球环境监测食品项目负责人,吉罗德·莫亚博士(Gerald Moy);爱尔兰都柏林大学公共卫生及人口学系副教授、都柏林大学行为和健康研究中心主任,帕里克·华尔博士(Patrick Wall);联合国粮农组织/世界卫生组织农药残留组成员、日本农林水产省技术总干事/首席科学家,山田由纪子(Yukiko Yamada)博士。国际顾问专家委员会的主要任务,一是将食品安全工作的有益经验带入中国,并从国际视角为我们今后的工作提出意见和建议;二是将充分发挥技术指导作用,积极参与我国食品安全工作,为中国食品安全水平的提升和食品风险评估中心的发展当好参谋与智库;三是帮助食品风险评估中心培养一批高水平专业人才;四是架起对外合作交流的桥梁和纽带。①

食品安全风险评估专家委员会与食品安全风险评估中心二者是边成立边完善,已逐步在中国食品安全风险评估领域发挥核心作用,并取得了一定的成绩,这与食品安全风险评估专家委员会委员与食品安全风险评估中心专家的努力工作密切相关。

二、其他专家

食品安全风险规制中所运用的科学知识来源具有多样性。现实中,在法定的内部专职科学顾问之外还存在着大量拥有食品安全知识和技术的专家学者,他们只是没有通过法定的渠道和程序成为内部专职科学顾问,但这并不能抹杀这些同行专家在食品安全的各自领域内的专业性、科学性和权威性。食品安全风险评估的其他专家主要是与法定的内部专职科学顾问相区分的类型,是指法定的内部专职科学顾问之外拥有专业知识化、技术化的食品安全知识或者掌握食品安全风险评估的分析论证方法及工具的人,主要包括未进入科学顾问组织的同行专家,他们可以来自高等院校、各种独立或私人资助的研究机构以及相关企业等。

将食品安全风险评估专家划分为法定的内部专职科学顾问专家与其他专家,有利于清晰认识各类专家在食品安全风险评估中不同的权利和义务,深刻分析各类专家在食品安全风险评估中不同的危机表现形式及其背后的原因,从而在食品安全法制层面给予不同的制度回应和法律规范,避免将二者混为一谈所带来的缺乏针对性、空洞无物、泛泛而谈等不足。

但需要注意的是,这种专家类型的划分并不是绝对的、不变的,因为法定的内部专职科学顾问专家和其他同行专家之间是可以通过法定的程序予以角色转换的。例如,经过遴选,外部的同行专家可能会成为下一届的专家委员会成员或受聘于食品安全风险评估中心。而由于辞职或任职期届满,专家委员会成员或食品安全风险评估中心的人员会退出专家科学顾问组织而转变为外部的同行专家。

---

① 风险交流部:《国家食品安全风险评估中心国际顾问专家委员会成立》,载 http://www.chinafoodsafety.net/newslist/newslist.jsp? anniu = media&actType = News&id = 1392,2014 年 1 月 18 日访问。

第三节　食品安全风险评估专家合法性危机之突出表现

现实中食品安全风险评估专家权威正不断受到挑战,其已经无法为食品安全风险评估的合法性进行有效求证。人们对食品安全风险评估建议的客观性、科学性持严重的怀疑态度,专家被公众调侃称为"砖家",食品安全风险评估专家已经陷入了信任危机的泥潭之中。如同"市场失灵"和"政府失灵"一样,食品安全风险评估的专家也存在失灵的现象,相关实例不胜枚举。

一、法定的内部专职科学顾问专家合法性危机之突出表现

经验观察表明,我国食品安全风险评估法定的内部专职科学顾问专家的合法性危机,既体现在他们对特定食品实施风险评估的情形之中;也表现在社会公众需要他们积极对某一食品实施风险评估时,而他们却不作为或迟延作为的情形之中;还表现在面对同行专家的不同异议,社会公众无所适从时,而他们却沉默不语或无法给予有力抗辩的情形之中。对于前一种情形,可以称为"作为行为"中的合法性危机,对于后两种情形,可以称为"不作为行为"中的合法性危机。以下分别加以论述。

（一）作为行为中的合法性危机

尽管到目前为止我国食品安全风险评估法定的内部专职科学顾问专家从事的食品安全风险评估实例并不多,然而,从这些为数不多的风险评估实例中,就不难发现,他们已经陷入了合法性危机,突出表现为社会公众和同行专家对科学顾问作出的风险评估结论持怀疑和不信任的态度,而对制度的信任是人们服从该制度的心理基础,也是制度具有生命力的动力机制。[①] 因而,缺乏公众信任的食品安全风险评估法定的内部专职科学顾问专家自然不会得到公众的支持,法定的内部专职科学顾问中的专家也被戏称为"砖家"。有时,甚至连行政机关自身也不得不采纳法定的内部专职科学顾问专

[①] See Peters E. and Slovic P., The Springs of Action: Affective and Analytical Information Processing in Choice, *Pers. Soc. Psychol. Bull*, Vol.26, 2000, pp.1465—1475.

家所作出的风险评估结论。

比如,针对一些人大代表和学者对我国全民食盐强制加碘策略的科学性的质疑①,2010 年 4 月 7 日,卫生部致函国家食品安全风险评估专家委员会,要求对膳食中碘对健康的影响进行评估,2010 年 5 月 14 日国家食品安全风险评估委员会经专家科学评估后发表《中国食盐加碘和居民碘营养状况的风险评估》的报告。该报告的基本结论是,继续实施食盐加碘策略对于提高包括沿海地区在内的大部分地区居民的碘营养状况十分必要。② 2010 年 7 月,卫生部依据该风险评估报告,作出由于我国居民碘缺乏的健康风险大于碘过量的健康风险而继续实施食盐强制加碘策略的决策。应当指出,《中国食盐加碘和居民碘营养状况的风险评估》是我国食品安全风险评估委员会首次就重大食品安全问题的潜在风险作出评估。然而,该风险评估报告一出炉,就遭到不少同行专家和社会公众的强烈质疑与反对,有学者甚至认为该风险评估报告是"一场魔术",而卫生部以及食品安全风险评估科学顾问中的专家是"魔术师"。③ 然而,值得玩味的是,对于它的科学性,虽然卫生部并没有直接质疑,但却以实际行动对其打折扣。2011 年 8 月 31 日,卫生部发布《食用盐碘含量》标准,规定从 2012 年 3 月 15 日起,食盐碘含量将不再"一刀切",各地可以根据当地人群实际碘营养水平,在规定范围内浮动添加。④ 显然,《食用盐碘含量》标准的修改从反面证明了此前国家食品安全风险评估委员会发布的风险评估报告的科学性之不足。

又如,作为 2010 年我国食品安全重大议题之一的面粉增白剂存废之争(化学物质过氧化苯甲酰、过氧化钙的俗称),终因卫生部于 2010 年 12 月 14 日就撤销食品添加剂过氧化苯甲酰、过氧化钙公开征求意见,而暂告停歇。卫生部于公开征求意见过程中发布《关于拟撤销食品添加剂过氧化苯甲酰和过氧化钙的相关情况》,以权威的官方信息,宣布了国内外关于在面

---

① 参见陈鸣等:《碘盐致病疑云》,载《南都周刊》2009 年 7 月 31 日。
② 参见中华人民共和国卫生部:《中国食盐加碘和居民碘营养状况的风险评估》,载 http://www.moh.gov.cn/publicfiles/business/htmlfiles/mohjbyfkzj/s5874/201007/48104.htm,2014 年 1 月 18 日访问。
③ 参见慕盛学:《〈中国食盐加碘和居民碘营养状况的风险评估〉里的 10 个魔术》,载 http://forum.book.sina.com.cn/thread-3922548-1-1.html,2014 年 1 月 19 日访问。
④ 参见吴鹏:《食盐碘量标准将浮动各地可据人群水平浮动添加》,载 http://www.foodmate.net/news/guonei/2011/09/191674.html,2014 年 1 月 20 日访问。

粉中使用过氧化苯甲酰的安全限量标准，以及在此限量下使用的安全性，这是具有科学意义的风险评估结论。① 它是卫生部依据食品安全风险评估专家的意见所作出的结论。然而，就是这样一种具有科学意义上的风险评估结论，一方面，它同样受到同行专家和社会公众的批评与质疑，中国粮食行业协会小麦分会会长王瑞元甚至喊出："增白剂的问题不取消对我来说死不瞑目"②；另一方面，卫生部的决策也不完全依据该评估结论。既然是具有科学性的风险评估结论，那么就应当作为卫生部决策的依据③，既然在面粉中使用安全限量之内的过氧化苯甲酰不会对人体带来健康风险，那么卫生部就应当作出坚持在面粉中可以使用安全限量之内的过氧化苯甲酰的决定，然而，卫生部却作出了一年过渡期后彻底废除面粉添加剂的决定。④

再如，2012年11月19日因21世纪网报道，第三方检测显示酒鬼酒中的塑化剂含量超标高达260%，从而引起社会公众强烈恐慌。两天之后，国家质检总局、卫生部和国家食品安全风险评估中心有关负责同志告诉新华社记者，"国家食品安全风险评估中心根据国际通用风险评估方法和欧洲食品安全局推荐的人体可以耐受摄入量，以媒体报道的酒鬼酒中塑化剂含量为1.08mg/kg计算，按照我国人均预期寿命，每天饮用1斤，其中的塑化剂不会对健康造成损害。"⑤显然，这一意见属于科学意义上的对酒鬼酒中安全限量的塑化剂的风险评估结论，理应受到社会公众和同行专家的尊重。然而，社会公众和同行专家对此并不接受。这既表现为酒鬼酒的股票在复牌当日就因遭股民大量抛售而跌停，殃及整个白酒行业板块，也表现为该结论正日益受到社会公众和专家学者的诘难。⑥ 这是因为，2011年6月卫生

---

① 参见沈岿：《风险评估的行政法治问题——以食品安全监管领域为例》，载《浙江学刊》2011年第3期。
② 参见中央电视台《经济半小时》：《面粉增白剂存废藏利益博弈关键人物态度转弯》，载 http://news.hexun.com/2010-10-23/125227168_5.html，2014年1月23日访问。
③ 《食品安全法》第16条规定，食品安全风险评估结果是制定、修订食品安全标准和对食品安全实施监督管理的科学依据。
④ 2011年3月1日，卫生部等6部门作出《关于撤销食品添加剂过氧化苯甲酰、过氧化钙的公告》（2011第4号），规定从2011年5月1日起，禁止在面粉生产中添加过氧化苯甲酰、过氧化钙。
⑤ 参见陈强等：《质检总局公布酒鬼酒塑化剂检测结果》，载 http://finance.sina.com.cn/consume/gfp，2014年1月23日访问。
⑥ 参见窦媛媛：《媒体四问白酒塑化剂：塑料桶装白酒能不能喝》，载 http://news.sina.com.cn/c/2012-11-22/150725639315.shtml，2014年1月23日访问。

部签发的551号文件《卫生部办公厅官员通报食品及食品添加剂中邻苯二甲酸酯类物质最大残留量的函》规定塑化剂的最大残留量为 0.3 mg/kg,卫生部的这份文件中所规定的限量值是基于风险评估的结果①,可是,国家食品安全风险评估中心的负责人却认为超过该文件规定最大残留量近 3 倍的酒鬼酒,每天饮用 1 斤也不会对人健康带来损害,这显然与卫生部之前所规定的限量值直接违背。而据新浪网的一份题为《白酒塑化剂事件是否对你有影响?》的调查,从国家食品安全风险评估中心发布评估意见之后的 3 天内,就有近三万人参与其中。对于四个选项(担心影响健康,将逐渐戒酒并劝告身边亲友;无所谓,身体已经被苏丹红地沟油等练得百毒不侵;不受影响,而且中国是酒文化,饮酒量无法自己控制;相信权威部门,每天饮用白酒不超过 1 斤就没问题),参与调查者的投赞成票比例分别是:54.7%、33.1%、6.3%和 5.9%。② 也就是说,参与调查的社会公众极为不信任国家食品安全风险评估中心发布的评估意见。

(二)不作为行为中的合法性危机

除了在上述三起典型的食品安全风险评估实例中,可以发现我国食品安全风险评估法定的内部专职科学顾问专家存在"作为行为"中的合法性危机之外,在实践中,其合法性危机还表现在"不作为行为"之中。这里又表现为两个方面:

(1)对公众的风险评估需求不作为或迟延作为。对于一些危害性在科学上存在争议的食品没有给出权威性的评估意见,对于一些事关社会公众重大健康风险的食品,我国食品安全风险评估法定的内部专职科学顾问专家迟迟未实施风险评估,由此所带来的负面后果毋庸置疑。比如,在科学界,对于转基因食品安全的风险,一直存在广泛的争议以及许多不确定性,诸如,它们对生命结构改变后的连锁反应不确定;导致食物链潜在风险不确定;污染、增殖、扩散及其清除途径不确定等。③ 可是,一些转基因食品生产企业基于巨大的商业利益考虑,与部分"科学家"和"官员"合谋,一方面发

---

① 参见陈强等:《质检总局公布酒鬼酒塑化剂检测结果》,载 http://finance.sina.com.cn/consume/gfp,2014 年 1 月 23 日访问。

② 参见新浪调查:《白酒塑化剂事件是否对你有影响?》,载 http://survey.news.sina.com.cn/result/74373.html?f=1,2014 年 1 月 24 日访问。

③ 参见沈孝宙主编:《转基因之争》,化学工业出版社 2008 年版,第 49—70 页。

布转基因食品对人体不存在健康风险的评估报告,另一方面则大量种植和销售非法的转基因作物和食品。2011年4月28日《每日经济新闻》①、4月29日的《华夏时报》②《经济观察网》③《中国新闻网》④以及《中国经营网》⑤等媒体均作了详细披露。这些媒体报道所揭示的问题着实让社会公众担心,其中,有两个问题值得深究:一是因农业部抽检不合格,从而遭到"封杀"的超级玉米品种,都是经国家农作物品种审定委员会审定通过的"合格"产品,比如,"登海605""登海662"等。二是在安全性未加以明确之前,违法的转基因食物已进入多地多个品种的儿童食物的成分表中,比如,惠氏"S-26爱儿素婴儿配方豆粉"、伊利"胡萝卜营养米粉"、含有转基因水稻Bt63成分的米饭等等。而这两个问题都指向对转基因作物或食品的风险评估。换言之,如果对这些转基因作物或食品,我国食品安全风险评估科学顾问事先能作出客观、中立的科学的评估,那么就不会产生一系列可能侵害社会公众及公共利益的后果。可是,我国食品安全风险评估科学顾问专家对此一直沉默不语。

又如,在2008年9月三鹿问题奶粉被全面披露之前的3个月,在国家质检总局食品生产监督司网站上,就有消费者投诉婴儿食用三鹿奶粉后患肾结石的情况。然而,我国的食品安全风险评估科学顾问专家并没有启动对三鹿问题奶粉的风险评估。由于对三鹿问题奶粉没有进行风险评估,因而无法确切掌握三鹿问题奶粉的社会危害性,也就没有采取及时和有效的防范措施。等到卫生部组织调查组对三鹿集团奶粉进行深入调查时,已经是9月中旬了,错过了治理三鹿奶粉危机事件的关键三个月。这不仅在客

---

① 参见李泽民:《中国密集调研转基因生物安全 东北已现非法转基因作物》,载http://finance.jrj.com.cn/industry/2011/04/2906559855090.shtml,2014年1月19日访问。

② 参见董悦:《超级玉米遭农业部封杀 登海种业全年业绩或受损》,载http://finance.jrj.com.cn/industry/2011/04/2906559855090-4.shtml,2014年1月19日访问。

③ 参见董悦:《27个玉米品种被农业部限令年内退出 孟山都、登海榜上有名》,载http://finance.jrj.com.cn/industry/2011/04/2906559855090-3.shtml,2014年1月19日。

④ 参见董悦:《违法转基因食物已进入多地儿童食物链》,载http://finance.jrj.com.cn/industry/2011/04/2906559855090-2.shtml,2014年1月19日。

⑤ 参见董悦:《中国转基因专家的背景和中立性遭受严重质疑》,载http://finance.jrj.com.cn/industry/2011/04/2906559855090-1.shtml,2014年1月19日。

观上加速了三鹿奶粉集团的灭亡,也扩大了消费者的损害。① 再如,前述酒鬼酒,甚至是整个白酒行业中的塑化剂事件。由于在2011年5、6月间,我国台湾地区发生因塑化剂而引发的重大食品安全危机,波及数百家厂商、千余项产品,岛内民众更是一度谈"塑"色变。在这样一种背景下,2011年6月中国酒业协会因获知白酒产品中含有塑化剂有关信息,就要求相关企业查清白酒中的塑化剂产生来源,当年12月又发布通知要求白酒企业进一步提高食品安全意识,2012年4月协会再次强调严控白酒产品塑化剂含量。②从理论上讲,既然我国台湾地区发生了塑化剂事件,而我国大陆的酒业协会也已经反复强调查清和严控相关白酒企业中的塑化剂,那么我国的食品安全风险评估科学顾问专家应当有所作为,积极主动地对白酒的塑化剂安全限量进行风险评估,然而,他们一直无所作为,直到2012年11月19日21世纪网报道之后,才匆匆发表意见。可是,社会公众已经对他们的意见持不信任态度,同时,我国整个白酒产业的股票价值也受到重创。其他的事关社会公众重大健康风险的食品,比如,食品中的反式脂肪酸、镉的膳食暴露等,食品安全风险评估科学顾问至今也迟迟未给出明确的科学评估建议。

(2)对同行专家的不同异议不作为或迟延作为。面对同行专家的各种异议,食品安全风险领域更需要科学的、权威的声音,食品安全风险评估法定的内部专职科学顾问专家却"两耳不闻窗外事",往往对此沉默不语或无法给予有力、有理地抗辩,出现"你说你的,我做我的,毫无影响"的局面,使社会公众沉溺于各种专业、复杂的食品安全风险评估科学意见之中而无所适从。无论是面粉增白剂存废之争,还是乳品新国标之争,抑或是食品添加剂安全限量之争,等等,都能看到活跃在媒体和网络上的各同行专家针锋相对的意见和言论,媒体的相关报道铺天盖地,但是却始终不见或事隔很久才见科学顾问专家针对各意见交锋点发表官方权威的说理或抗辩。例如,白酒塑化剂事件发生后,消费者首先看到的是非权威机构出具的塑化剂超标260%的报告。紧接着,你方唱罢我登场,"非人为添加说""行业潜规则说"

---

① See Shumei Chen, Sham or Shame: Rethinking the China's Milk Power Scandal from a Legal Perspective, *Journal of Risk Research*, No. 6, Vol. 12, 2009, pp. 725—747.
② 参见李耳:《致命危机:酒鬼酒塑化剂超标260%》,载http://www.21cbh.com/HTML/2012-11-19/wNMzA3XzU2NDcwNA.html,2014年1月23日访问。

"对外隐瞒说""股价阴谋说"等纷纷亮相,但在真相澄清的黄金时间里,消费者始终没有得到可信服的专家意见。① 于是,在关乎身体健康和生命安全的食品安全领域,社会公众抱着"宁可信其有,不可信其无"的想法,自然会出现一些盲目或非理性的行为,科学顾问专家的最终评估结论难免会受到公众的抵制。

二、其他同行专家合法性危机之突出表现

经验观察表明,食品安全风险评估其他同行专家的合法性危机既表现为某些专家为迎合公众的情绪而盲目发表不负责任的食品安全风险言论,造成公众对科学顾问的评估建议或科学的食品安全风险知识的误解;又表现为同行专家对食品安全风险评估的科学解释被社会公众误读成"没良心""伪科普",科学声音"被失语",专家群体的科学性遭质疑。以下分别加以论述。

(1) 盲目发表不负责任的言论。专家本应考虑到自己的身份和作用而谨言慎行,但实践中,某些同行专家妄下结论或发表不负责任的言论造成了社会公众和媒体对食品安全风险评估科学顾问的评估建议或科学的食品安全风险知识的误解,严重影响食品安全风险评估的科学性和可接受性。例如,对食品添加剂的风险评估。在食品添加剂事件走入公众视野后,大部分消费者认为凡是食品添加剂都是毒药,对食品添加剂的恐惧,已经变成"固有的成见",对添加剂避之唯恐不及,在这种情绪的影响下,公众都将政府引导的打击非法使用和滥用食品添加剂行为错误理解为抵制所有添加剂。2012 年 4 月卫生部发布了一则公告,内容是卫生部对拟撤销 38 种食品添加剂"征求意见"。该消息一出,消费者拍手称快,新闻报道中采访的各种"专家",也纷纷表达赞成,某教授称:"添加剂毕竟不是正常食物,所以越少越好。"事实上,"拟撤销 38 种食品添加剂"的消息,并不能说明某专家对食品添加剂"越少越好"的看法。"拟撤销 38 种食品添加剂"是 2012 年 1 月"卫生部征求 55 种食品添加剂技术必要性和安全性"的后续消息。在经过征求意见、专家讨论后,55 种待讨论的添加剂,剩下 38 种再次征求意见。也就是说,在本次征求意见的过程中,第二轮拟被撤销的食品添加剂种类,比第一

---

① 参见王心禾:《专家称三"聚氰胺无毒"惹风波 评估权利被滥用?》,载 http://info.food. hc360.com/2012/12/190840678206-all.shtml#m1,2014 年 2 月 19 日访问。

轮减少了17种,这17种被认为在技术必要性和安全必要性的评估后,可以被保留。因此,所谓"专家"对食品添加剂越少越好的看法,只不过是迎合公众的情绪,卫生部的公告,完全没有显示要大量删减食品添加剂目录的信息。① 公众的恐慌影响了专家在食品安全风险评估领域的客观判断,使本该是基于事实的科学判断附加上了受情绪影响的价值判断。专家的非理性看法助长了民众的非理性情绪,专家的恐慌情绪代替了合理评估食品添加剂的危害,将会严重影响食品添加剂评估的公正性和中立性。而事实上,食品添加剂在提高食品稳定性等方面有很大的作用,安全、合理地使用食品添加剂,是现代食品工业的需要,也是现代人生活的必需。只要按照食品添加剂使用标准正确规范地使用食品添加剂,是不会出现任何食品安全问题的。

又如,2012年12月9日晚,网友"水晶皇"在博客上公布了53度飞天茅台香港送检的检测结果,茅台酒检出塑化剂含量3.3g/L,这个数据比中国酒业协会此前引用的国家标准高了120%。报告甫一公布,立即引起轩然大波。同年12月12日,茅台酒官方在贵阳召开媒体见面会,回应各方质疑。北京大学卫生学院教授李可基在会上称,塑化剂的影响并没有在人身上得到验证,塑化剂是相对安全的物质。李可基还表示,三聚氰胺基本是无毒的物质,成人继续喝下去不会损害人体。他解释的理由是,人类几百万年都没有灭绝,说明人类的排毒、解毒能力实际上是非常强大的。过去一百多年间,各种各样的有毒有害物质,如铅、砷、汞、二恶英等等这些物质都是几十倍、上百倍地在增加,但人的寿命在过去一百多年中也增加了一倍。"所以各种有毒有害的物质我们基本上都应付掉了。"李可基的观点经媒体报道后立刻遭到炮轰,其为何登上茅台酒新闻发布会、有无收取代言费也被公众质疑。该事件的结果是:几天后,李可基再次面对媒体向公众道歉。②

(2)专家解释被误读,科学声音"被失语"。在食品安全高度敏感时期,专家的任何言论都可能成为扔到水里的一块大石头,激起巨大涟漪。食品安全风险评估同行专家发出的科学声音往往遭遇"被失语",专家的澄清误读成了"没良心""伪科普",似乎专家们非得加入批判企业、批判食品安全

---

① 参见胡展奋等:《决不宽恕:中国食品安全事件十年》,载《新民周刊》2012年第16期。
② 参见王心禾:《专家称"三聚氰胺无毒"惹风波 评估权利被滥用?》,载http://info.food.hc360.com/2012/12/190840678206-all.shtml#m1,2014年2月19日访问。

风险评估科学顾问、批判食品安全监管部门的队伍之中,才会被社会公众认为是正义之师、科学之音。

例如,2008年9月11日三鹿作为三聚氰胺毒奶粉的始作俑者,被新华网曝光,社会哗然。公众接二连三地发现,三聚氰胺在我们的生活中简直是无孔不入,先是奶制品,然后是某品牌鸡蛋、某品牌馒头、动物内脏,更有饲料和宠物食品也查出了问题,有些奶茶和果粉也存疑⋯⋯此时,内蒙古奶协常务理事金海指出,三聚氰胺事件为什么会发生,根本原因还是之前乳业标准太高了。标准稍低一点,总比没奶喝要强吧。如果我们的检测标准明天就向国外看齐,那80%的牛奶得倒掉,甚至还会有七成奶牛散养户杀掉奶牛,民族奶业要完蛋,有钱人可以喝国外牛奶,普通老百姓就会喝不上牛奶。① 该言论被民众认为是推卸责任之举,是顶着奶协理事的帽子制造恐慌。

又如,2012年工业明胶事件爆发后,一位资深食品安全专家告诉《中国经济周刊》,实际上,使用工业明胶的"大头儿"是食品领域,糖果、饮料、肉皮冻、水晶肠、肉罐头、小笼包⋯⋯只要工业明胶能够冒充食用明胶,那么所有使用食用明胶的产品都有可能遭到"污染"。② 工业明胶从未如此受人瞩目,因它而掀起的一场"瘟疫",蔓延至医药、保健品、食品、化妆品等众多领域,工业明胶事件是中国近十年来继"大头娃娃""三聚氰胺"、"瘦肉精"事件后最为严重的一次食品、药品安全事件。民间通俗地将这起丑闻概括为"从皮鞋到胶囊","从皮鞋到酸奶",无数行业和品牌因它受创。眼下,围绕这件事引发的调查、追责与反思仍在持续发酵。在此次事件中,2012年4月19日,卫生部全国合理用药监测系统专家孙忠实在做客人民网强国论坛时说,一天吃六个胶囊,一天三次、一次两个,没有吃掉多少铬。所以,要冷静,不要恐慌,不要把药用空心胶囊铬超标说成很大的危害。专家的言论引起了广泛的争议。科学理性地分析,自然界中铬主要以三价铬和六价铬的形式存在,动植物体内也确实均含有微量铬,其中,三价铬参与糖和脂肪的代谢,是人体必需的微量元素;六价铬是有害元素。铬的金属形式通过消化道

---

① 参见裴晓兰:《内蒙古奶协常务理事否认生乳标准降低危害安全》,载 http://news.sina.com.cn/c/2011-6-27/023022709626.shyml,2014年9月14日访问。

② 参见李妍、苏琳:《专家称食品领域才是使用工业明胶大头儿》,载 http://www.foodmate.net/news/guonei/2012/05/205157.html,2014年9月14日访问。

吸收率很低。考虑到人们在一定时限内摄入铬超标胶囊剂量有限,因此,即便胶囊含有六价铬也不可能导致急性中毒的发生。① 但类似孙忠实那样的专家的"辟谣"方式除了带来公众的愤怒与对专家集体的不信任外,于化解恐慌根本无济于事。对于其原话,不少群众提出了质疑,他们认为:即便重金属"含量"超标上百倍也没必要恐慌,是在鼓励企业继续使用这样的工业明胶,还是在庇护这些道德败坏的企业?

再如,2011年12月蒙牛"黄曲霉素事件"。国家质量监督检验检疫总局2011年12月24日对外发出《关于公布2011年17类产品质量国家监督抽查结果的公告》,根据检测结果,蒙牛乳业(眉山)有限公司生产的一批次产品被检出黄曲霉毒素M1超标140%。黄曲霉毒素M1的危害主要表现在致癌性和致突变性,对人及动物肝脏组织有破坏作用,可导致肝癌甚至死亡,所以黄曲霉毒素在1993年就被世界卫生组织(WHO)的癌症研究机构划定为I类致癌物,很多国家已经对牛奶和乳制品中的黄曲霉毒素M1含量有了明确的限量标准,而我国乳制品生产的大企业却超标140%,引起了公众对乳制品安全问题的新恐慌。② 对此,2012年农业部副部长高鸿宾在两会期间公开表示不赞成媒体对"致癌牛奶"等的过度炒作。此言一出,立即遭到网民围攻。公众希望能够吃到安全放心的食品,是出于生存本能的一种底线要求。经历种种乳品安全事故,国内的消费者已经杯弓蛇影、草木皆兵。乳品龙头出问题引起的眼球效果远高于黄曲霉素本身,因此来自国家农业部、疾控中心营养与食品安全所等权威机构专家被公众认为是转移视线和帮企业推卸责任。恐慌情绪代替了合理评估黄曲霉素的危害,专家们呼吁的反思全国散户养殖模式亦未得到重视。

近日,中国青年报社会调查中心通过中国网和新浪网对2186人进行的一项调查显示,59.2%的人直言专家学者在自己心目中的权威性有所下降,56.7%的人表示现在自己对社会热点问题的看法不受专家影响,其中,29.6%的人表示自己会直接排斥专家观点。③ 中国青年报的另一项调查显

---

① 参见胡展奋等:《决不宽恕:中国食品安全事件十年》,载《新民周刊》2012年第16期。
② 参见赖静妮:《蒙牛"黄曲霉素事件"回顾》,载 http://med.39.net/a/201215/1875772.html,2014年9月14日访问。
③ 参见陈英凤:《"专家"何以成"砖家"?》,载 http://theory.people.com.cn/GB/14780774.html,2014年9月8日访问。

示:39.5%的人认为专家言论只是一家之言,仅供参考;31.9%的人觉得专家言论需要根据情况判断辨别;20.4%的人认为专家言论根本不值得相信;仅有6.5%的人认为专家是社会权威,值得信赖。① 这些调查在一定程度上表明,风险评估中专家的权威性正受到公众质疑与批评,整个食品安全风险评估专家群体正面临着失语的风险。我们不得不承认,我国食品安全风险评估正面临一种尴尬的现实:一方面,为消除食品安全风险评估过程中的不确定性,确保食品安全风险评估的科学性,行政主体和公众的确需要一些具有专业知识背景的权威人士来解惑释疑;另一方面,调侃专家为"砖家"已然成了一种风尚,专家的言论不再受到民众的信任。专家这个本该是公众的指明灯、社会利益的看护人的群体,声望和公信力却频频遭到质疑,这样的局面着实让人唏嘘。②

第四节 食品安全风险评估专家合法性危机之原因分析

以上分析表明,我国食品安全风险评估专家已经陷入了合法性危机,并且,不论这种合法性危机的表现形态是什么,最为严重的是社会公众对整个食品安全风险评估专家群体持不信任的态度,这当然是专家群体的悲哀,那么它们为何会陷入合法性危机。纵观在实践中所暴露出的问题,可以将其中的原因归纳为以下几方面。

一、法定的内部专职科学顾问专家合法性危机之原因分析

1. 科学顾问专家缺乏科学上的卓越性

专家权威是一种建立在科学理性基础上异于传统强制性的知识话语权。③ 正是由于缺乏科学上的卓越性,才使我国食品安全风险评估科学顾问专家权威的根基受到动摇,社会公众难以信任他们能够作出科学的风险评

---

① 参见第三只眼睛:《是"专家"还是"砖家"——乳品新国标之争透支了消费者信任》,载 http://enlifeservice.blog.163.com/blog/static/182483053201164115545859/,2014年9月8日访问。
② 参见郑钦:《是什么让专家成了"砖家"?》,载 http://news.xinhuanet.com/xhfk/2011-04/23/c_121338968.htm,2014年9月8日访问。
③ 参见徐文新:《专家、利益集团与公共参与》,载《法律科学》2012年第3期。

估结论或者他们自身能够对社会需求作出积极的回应。那么我国的食品安全风险评估科学顾问专家为何会缺乏科学上的卓越性？一些学者[①]更多的将其中的原因归咎于食品安全风险问题在客观上的复杂性和食品安全风险评估科学自身的局限性。"任何参与为风险决策提供信息的科学家都不会对事实的不确定性感到意外。认识数据的局限性是基本的科学训练。"[②]然而,笔者认为,这一原因是包括欧盟及美国在内的世界各国食品安全风险评估科学顾问专家都普遍存在的,而科学的食品安全风险评估科学顾问专家法律制度的一个重要目的就是尽可能化解这种因复杂性和局限性所带来的难题,于是才对食品安全风险评估科学顾问专家的卓越性提出严格、甚至是苛刻的要求。由此,从法制建设角度而言,我们需要从我国现行的规范食品安全风险评估科学顾问专家的法律制度层面来分析导致他们缺乏科学上的卓越性的具体原因。

(1) 缺乏一整套严格和公正的程序制度来招聘和遴选最高水准的科学专家。常识表明,专家要获得他人的信任,基本前提是他们能够独立提供卓越的科学建议,而这依赖于一套公正和科学的遴选制度,而在现实中,对于我国食品安全风险评估科学顾问成员的招聘和遴选程序及其所需具备的科学上的条件,《食品安全法》及其实施条例、《食品安全风险评估管理规定（试行）》都没有作出规定。对于作为食品安全风险评估专家委员会的专家的条件,《国家食品安全风险评估专家委员会章程》第13条作了规定。其中,涉及科学上的条件的是三项:即从事专业技术工作,具有副高级以上专业职称（副高级职称者需具有博士学位）,年龄在65岁以下（院士除外）,身体健康;具体从事食品安全风险评估工作,或者从事与食品安全风险评估相关的工作;业务水平突出,在国内相关专业领域具有较高的学术威望,或者具备丰富的工作经验。[③] 对于食品安全风险评估中心的专家的条件,现有法

---

① 参见章剑锋:《食品安全问题何以无解——专访国家食品安全风险评估专家委员会主任委员陈君石院士》,载《南风窗》2010年第17期。
② 〔英〕费斯科霍夫等:《人类可接受风险》,王红漫译,北京大学出版社2009年版,第20—21页。
③ 其他两项是:拥护党的路线、方针、政策,具有较强的社会责任感,遵纪守法,具有严谨、科学、端正的工作作风和较强的敬业精神;严格遵守委员会章程,能够按时参加委员会组织的各项活动,承担并完成委员会交付的各项任务。

律规范及其卫生部的规范性都没有作出规定。而对于这些专家的招聘和遴选程序,依然缺乏法律规范依据。这就表明行政机关在遴选和聘请科学顾问专家方面,实际上存在着非常大的自由裁量空间。例如,关于我国第一届国家食品安全风险评估专家委员会的成员组成,在卫生部官方网页上只能看到专家委员会的成立决定、拟入选以及最终确定入选名单的公示通知,对于专家的选择标准、程序、方式等问题仅有一句话,即:"第一届风险评估专家委员会是在有关部门、科研机构和大专院校推荐的专家中,按照多学科组成、代表性和独立评估等原则产生的,并向社会进行了公示。"①

(2) 缺乏一整套严格的质量保障程序来确保科学顾问专家所作出的风险评估结论具有可靠性。基于食品安全风险本身的复杂性以及科学顾问专家知识的局限性,为确保科学顾问专家所作出的评估结论经得起同行专家和社会公众的诘难和质疑,就需要一整套严格的质量保障程序来确保科学顾问的评估结论是权威和可靠的。对于这样一种质量保障程序,我国现行法律规范却处于空白状态。而在食品安全风险评估科学顾问法制比较发达的地区,则存在该制度。② 例如,欧洲食品安全局的四阶段质量保障程序:自我评估、内部审查、外部审查和质量管理年度报告。

(3) 缺乏完整和高效的食品安全风险信息和数据交换网络体系来有效地支撑科学顾问专家开展高质量的风险评估工作。因为食品安全风险评估科学顾问专家不能在真空中从事食品安全风险评估工作,它们不能是一个"孤岛",而卓越的食品安全风险评估工作更加需要大量精确的信息和专业化的科学知识与数据,所以在法律上需要安排一种确保科学顾问开展高质量的风险评估工作的支撑体系,也就是完整和高效的食品安全风险信息和数据交换网络体系。然而,对于这样一种支撑体系,我国现行相关法律规范并没有作出较为科学的规定。《食品安全法》及其实施条例,对此未加以规定,《国家食品安全风险评估专家委员会章程》则根本没有提及。唯一的依据是《食品安全风险评估管理规定(试行)》第 8 条和第 4 条的规定。根据

---

① 参见中华人民共和国卫生部:《卫生部成立第一届国家食品安全风险评估专家委员会》,载 http://www.moh.gov.cn/publicfiles/business/htmlfiles/zt09070801/s7653/200912/44966.htm,2014年1月18日访问。

② 参见 EFSA, Quality assurance, 载 http://www.efsa.europa.eu/en/efsahow/quality.htm,2014年1月6日访问。

第 8 条第 1 款的规定,食品安全风险评估专家委员会无权收集需要评估的食品的风险信息和数据,而是由卫生部来提供,即卫生部根据食品安全风险评估的需要组织收集有关信息和资料。可是,卫生部如何收集信息和资料呢?于是,根据第 4 条的规定,由卫生部确定的食品安全风险评估技术机构负责承担食品安全风险评估相关科学数据、技术信息、检验结果的收集、处理、分析等任务。那么,其他国家行政机关又如何提供信息和数据呢?根据第 8 条第 2 款的规定,国务院有关部门和县级以上地方农业行政、质量监督、工商行政管理、食品药品监督管理等有关部门应当协助收集前款规定的食品安全风险评估信息和资料。通过分析这些条款,可以发现目前支撑我国食品安全风险评估科学顾问开展高质量的风险评估的信息网络体系是十分脆弱的。理由在于:一是将大量的食品安全风险信息源排除在该体系之外。我国的现实情况是,主要的食品安全风险评估信息和数据存在于食品生产和经营企业,各类行业协会,以及农村和乡镇。按照现行的网络体系,这些最重要的食品安全风险信息源却被排除在外。二是虽然规定了国务院有关部门和县级以上地方政府有关部门应当协助卫生部收集信息,但这些部门到底有哪些,它们通过什么途径协助,不协助的法律后果是什么,协助的期限是多少等问题,则没有规定。三是虽然规定了由卫生部确定的食品安全风险评估技术机构负责承担食品安全风险评估相关科学数据和技术信息的收集,但现行的食品安全风险评估技术机构在人员、编制、经费等方面都存在不足,比如,它只是一个事业单位,只有总共 200 多个编制,目前全国只有一家等。至于,它如何与其他中央和地方相关食品安全风险监管机关沟通和联络,如何获得这些机关的协助等重要问题,现行法律都没有规定。

2. 科学顾问专家缺乏科学上的独立性

专家的本质特点是价值中立,确保专家能够忠实于公共利益,在不受外部影响的情况下来实施食品安全风险评估的独立性制度,是实现其科学上的卓越性和声誉的最重要手段,同时,也是赢得社会公众和其他同行的信任的重要因素。《食品安全风险评估管理规定(试行)》第 6 条规定:"国家食品安全风险评估专家委员会依据本规定及国家食品安全风险评估专家委员会章程独立进行风险评估,保证风险评估结果的科学、客观和公正。任何部门不得干预国家食品安全风险评估专家委员会和食品安全风险评估技术机构承担的风险评估相关工作。"《国家食品安全风险评估专家委员会章程》第 19 条规定:"专家委员会根据卫生部下达的风险评估任务,按照相应程序独立开展风险评估工作。"由此可见,我国有关食品安全风险评估的法律规范及其他规范性文件已经明确了专家独立、客观、公正地进行风险评估的基本原则。然而,这些原则性的规定根本无法为食品安全风险评估工作的独立开展提供强有力的和可以操作的保障。在现实中,缺乏独立性保障的食品安全风险评估科学顾问专家成员,既可能被政府潜在的权力运行规则所牵制,被公众称为"傀儡"专家,也有可能为利益集团所俘获而成为利益集团的代言人,成为被管制者借以捕获管制者的工具。① 具体而言,我国食品安全风险评估科学顾问专家存在依附性的情形主要体现在以下两个方面。

(1)对行政机关的依附。虽然我国的食品安全法已经明确规定食品安全风险评估工作由食品安全风险评估专家委员会来开展,但是它仍然是附属于国务院相关部门的专业性评估组织,专家由行政主体聘请。如 2009 年 11 月成立的第一届食品安全风险评估专家委员会,真实的情况是 42 名委员中绝大多数来自国家部委下属机构,且经费及评估事项均由行政机关决定,致使专家委员会在很大程度上依附于行政机关。尽管对来自各个领域的 42 名专家的名单向公众进行了公示,但是公示的内容却仅仅有专家的名字及专家的工作单位,甚至连各个专家最擅长哪方面的研究都没有明确的规定,更不用说明确规定专家委员会的成员的产生方式了,这让公众如何判断这些评估专家是否符合对食品安全风险进行评估的具体要求?依据其提供的评估建议而作出的风险决策如何让公众来接受和服从?因此,虽然我国第一届国家食品安全风险评估专家委员会主任委员陈君石认为,风险评估是"纯专家行为,不受任何政治、经济、文化、生活和饮食习惯影响,评估结果放之四海皆准"②。但是,这一叙述在实务中这却是很难做到的。虽然从理论上而言,让食品安全风险评估科学顾问专家依附行政机关的初衷正是为了科学决策,但是行政机关的决策思维和使命与科学顾问专家的工作思维和使命并不一致,有时甚至完全相反。面对强大的行政权力,科学顾问专家往

---

① 参见王锡锌、章永乐:《专家、大众与知识的运用——行政规则制定过程的一个分析框架》,载《中国社会科学》2003 年第 3 期。
② 参见陈君石:《食品安全中的风险分析》,载《医学研究杂志》2009 年第 9 期。

往丧失独立性,他们被人称作"御用专家",科学也就变成了政治的工具。

(2)缺乏保障科学顾问专家忠实于公共利益和客观的科学事实的具体制度。尽管《食品安全风险评估管理规定(试行)》第 7、10、12 条等条款使得食品安全风险评估科学顾问专家依附于行政机关,然而,依附于行政机关并不必然导致科学顾问专家一定不能忠实于科学事实[①],可是,如果缺乏保障科学顾问专家忠实于科学事实的具体制度,那么根本无法实现客观、公正和独立。这是因为,食品安全风险评估科学顾问成员的中立性本身只是一个假设,他们具有经济人动机,在评估过程中也会有自利取向。依据公共理论选择逻辑,由于专家行为的灵活性以及自利动机的强烈刺激,当决策结果与专家个体利益或价值偏好具有联系时,他们的行为实际上也是尽可能地利用自己的一切资源去获取自身效用的最大化,而不是其声称的服务于最大限度地增进公共利益。[②] 然而,对于此类保障科学顾问专家忠实于科学事实和公共利益的制度,我国现行的法律规范没有作出规定。虽然《国家食品安全风险评估专家委员会章程》在第 15 条[③]和第 17 条第(四)项[④]有所规定,但是这些规定极为原则,缺乏可操作性,比如,如何认定"可能与自身利益相关的风险评估工作"中的"利益",由谁来认定,以及通过何种程序认定等,都没有规定。

3. 科学顾问专家的活动缺乏公开透明性

我国食品安全风险评估科学顾问专家的评估结论若要获得社会公众和同行专家的信任与支持,则还需要遵循公开和透明的法律规则。这是因为,如果他们的活动是不为人所知的或者在很大程度上不为公众所知,那么就很难让他们的活动对公众负责,公众也难以监督他们的行为,公众自然不会信任他们的活动。这正如有学者所指出的:"通过公开的决策程序,将使原本黑盒子式的政策形成过程处于大众舆论监督的阳光下,降低了行政官僚

---

① 如果行政机关与科学顾问的目标追求是一致的,即都忠于科学事实——虽然,这种一致性的概率比较小。

② 参见钱再见、李金霞:《论科学决策中的专家失灵及其责任机制构建》,载《理论探讨》2006 年第 4 期。

③ 即专家委员会委员应当主动回避可能与自身利益相关的风险评估工作。

④ 即专家委员会委员存在以下情形之一的,经专家委员会报请卫生部批准,按照有关程序终止其委员资格:……(四)以专家委员会委员名义从事相关商业活动或在公共场合发表有悖于专家委员会决议的言论。

图利自我或他人的可能,强化了责任监督机制,增进了民众对于政府的信赖。"①尽管这一观点主要针对行政机关而言,然而同样适用于我国的食品安全风险评估科学顾问专家的行为,特别是当前他们严重依附于行政机关的情形之下。可是,现行的关于食品安全风险评估科学顾问专家的法律规范对此仅作了极为有限的规定,即《食品安全风险评估管理规定(试行)》第18条规定,卫生部应当依法向社会公布食品安全风险评估结果。此外,通过对食品安全风险评估中心网站公开的仅有的3份食品安全风险评估报告——《食品中丙烯酰胺的危险性评估》《中国食盐加碘和居民碘营养状况的风险评估》《苏丹红危险性评估报告》②——的分析和梳理可以发现,对于每一项食品安全风险评估科学建议的目标和适用范围的信息;参与食品安全风险评估的专家名单(除《中国食盐加碘和居民碘营养状况的风险评估》注明了专家组和工作组名单);评估的议程和时间;关于科学建议的会议纪要、少数派成员的意见,这些科学建议被拒绝或修改的理由等信息均未涉及,也没有公开;对于某一食品安全风险作出评估建议时,所使用的任何既定的指南、数据质量标准、默认假设、决定标准以及对于任何偏离既定规定的做法的理由等的信息,用以识别相关数据和其他信息的方法,作出科学建议所依据的数据来源信息,适用或排除某些数据的标准的信息等公开较少且不全面和完整;对于作出科学建议时所涉及的不确定性和差异性的信息以及对其进行解释说明的信息等并未一同公开。显然,我国的食品安全风险评估科学顾问专家的行为依然主要是黑盒子式活动,离全过程的透明和公开还有非常遥远的距离。

4. 科学顾问专家与同行专家之间的意见缺乏沟通和分歧解决机制

实践中,行政主体决定对某项食品安全进行风险评估或发生某件具体的食品安全事件之后,当科学顾问专家在埋头进行食品安全风险评估工作的同时,各类其他的同行专家往往活跃在各大报刊、杂志、论坛和网络之上,他们大肆发表着自己的看法意见,或对科学顾问专家的评估工作发起诘难,

---

① See Marshall J. Breger, *Government Accoutibility in the Twenty-First Century*, 57 U. PITT. L. REV, 1996, pp. 425—428.

② 参见国家食品安全风险评估中心:《风险评估报告》,载 http://www.chinafoodsafety.net/newslist/newslist.jsp? anniu = Denger_Cri_1,2014 年 1 月 24 日访问。

或在民间形成各自的阵营与持不同意见的专家群体展开针锋相对的对峙,而行政主体或其科学顾问专家对此却反应迟钝或毫无回应,二者之间缺乏有效的互动,食品安全风险评估的科学性和权威性受到质疑。这与我国缺乏科学顾问专家与同行专家之间的意见沟通和分歧解决的制度规范和机制构建密切相关。我国《食品安全法》《食品安全法实施条例》《食品安全风险评估管理规定(试行)》《国家食品安全风险评估专家委员会章程》等相关法律规范和文件并没有对科学顾问专家与同行专家之间意见的交流或分歧解决机制作出规定。其实,科学顾问专家与同行专家之间的意见交流和分歧解决并非强调结果的唯一性、一致性,重点是相互交流、相互讨论、相互质疑解惑的过程,这个过程不仅让科学顾问专家和同行专家之间建立了信任关系,还让社会公众明了各专家意见的根据和优劣,对评估结论的科学性和权威性有相对正确的判断,不再由各种各样的所谓"专家意见"摆布或随波逐流。欧盟食品安全风险评估程序中的外部复审就为科学顾问专家与外部的专家同行提供了一种交流平台,外部同行专家可以对科学顾问的评估结论提出建议,科学顾问专家需要对外部同行专家的意见予以考虑和回应。

5. 科学顾问专家缺乏责任追究机制

由于食品安全风险评估专职科学顾问专家的特殊地位和我国行政救济法律制度的缺陷,暂时还无法对科学顾问专家因其提供的科学建议或作出的评估结论造成严重不利后果而追究其法律责任,食品安全风险评估中一直缺乏对科学顾问专家的责任追究机制,科学顾问专家的评估行为缺乏法律监督。

二、其他同行专家合法性危机之原因分析

1. 同行专家的个人素质参差不齐

我国从事食品安全问题研究的人数众多,如何确定某个学者或从业人员是相关领域的专家并非易事,专家并非仅仅只需长期的、专门的训练而具备扎实的相关专业知识和专业技术即可,还应该具有职业道德和专业信仰。① 由于缺乏相应的考察标准和评价指标,在专家队伍中不乏那些顶着专家、教授、主任的头衔却对食品安全风险缺乏深入研究的滥竽充数之人,或

---

① 徐文新:《专家、利益集团与公共参与》,载《法律科学》2012年第3期。

者由于个人经历和能力的差距造成专家人员整体素质上的参差不齐,以至于影响专家对某个食品安全风险评估的看法的深刻程度和科学程度。

2. 部分同行专家越位

所谓专家就是具备某个领域的专门知识的人员。换言之,食品安全风险评估专家并非圣人,也非上帝,他们在其他领域也是外行。尽管食品安全风险评估专家在专业知识上处于优势地位,但其并不占有全部知识,而那些过于自信的专家常常对超乎自身知识限度的问题发表意见。他们往往不承认,甚至认识不到自己会超越自己的技术专长并根据近似直观的判断提出食品安全风险评估建议。"专家由专业领域向非专业领域的突进,不仅模糊了科学和政策决定之间的界限,也放弃了自身的中立立场,背离了增强理性的使命。"①除了逾越专业领域对其他领域进行评价和判断之外,许多专家还越位对价值性问题作出了评判。一般而言,价值判断和事实判断的区分也决定了专家只能对事实问题发表专业意见。我们通常认为,专家的知识优势在于对事实和技术问题的分析。但在很多情况下,食品安全风险评估专家在进行评估或论证时都试图超越大众知识和经验判断,以更为中立和理性的方式处理食品安全风险评估过程中的事实问题,但由于食品安全风险的双重属性,食品安全风险所反映的这些事实问题却往往暗含着预设价值判断的结论,因而并不能完全纳入技术判断的范畴。因此,呈现在食品安全风险评估专家面前的事实和价值问题,并没有一个明确的边界。这也是导致他们经常"越界"的重要原因。不幸的是,专家对自身的专业知识的迷信及其潜在的"过度自信"心态,往往会诱发各种"越界"的冲动。② 专家越位发表的不当言论会影响社会公众对食品安全风险问题的正确看法,影响社会公众对科学顾问评估建议的信任度。

3. 部分同行专家缺乏独立性

现实中,食品安全风险评估同行专家同样既可能被政府潜在的权力运行规则所牵制,也有可能为利益集团所俘获而成为利益集团的代言人,从而造成食品安全风险评估专家的角色的错位,影响了自身科学言论的科学性

---

① 冯清华:《政府专家咨询制度研究》,西南政法大学硕士学位论文,2008年。
② 参见王锡锌:《我国公共决策专家咨询制度的悖论及其克服——以美国〈联邦咨询委员会法〉借鉴》,载《法商研究》2007年第2期。

和权威性。一方面,同行专家虽然不像专职科学顾问那样归属于食品安全风险监管主体,但在某些政府部门的高压态度下,专家仍可能对行政主体趋炎附势,丧失了独立的立场,变得唯唯诺诺,成为行政主体维护部门利益的"说客"或"论证者"。另一方面,由于专家公开发表的言论一般来说会对食品业以及相关行业产生巨大影响,所以受影响的食品行业经常会通过各种途径和方式来试图左右专家和媒体发表的言论。企业集团一般通过给专家施予利益等方式影响专家咨询意见,如专家拥有企业的股份,或被企业聘为独立董事,或被聘为机构的科学委员等职务,或者直接贿赂。例如,2012年,中国转基因专家的背景在网上曝光,因其中多数人身份与赞助推进"转基因商业化"的洛克菲勒基金和转基因巨头孟山均有千丝万缕的关系,广大网友对其能否保持科学的中立性表示严重怀疑。根据网络曝光的名单,推进转基因水稻商业化的"急先锋"张启发教授,其实验室最大的合作伙伴是美国孟山都公司,同时兼任"美国洛克菲勒基金会水稻生物技术国际合作计划科学顾问委员会"委员和"孟山都奖学金评定委员会"主任。此外,转基因的推行者郭三堆、贾士荣、黄季焜、吴孔明等科学家均在曝光之列,中国转基因专家的中立性遭受严重质疑。[①] 此外,专家开展自己的食品安全研究活动或者证明自己在食品安全研究方面的学术成就时往往需要大量的时间和财力,在我国现行的体制下,仅仅依靠国家的自然科学基金、国家重大科技项目等纵向项目经费,是不足以支撑其进行相关方面的研究的,而且除了少数知名的科研机构和专家外,其他许多的专家是很难有机会染指这些纵向项目的,所以这些专家从事食品安全风险研究的经费大多数是来自相关企业或组织的支持。基于这种支持,评估专家的身上就出现了利益捆绑和利益冲突,当这些食品生产企业出现风险制造危机时,这些专家就有可能站在这些利益企业的立场上说话和评估。这样得出的评估结果是不可能保证其独立性、中立性和公正性的。这种利益冲突也使得公众对专家在评估过程所占立场产生了很大的怀疑。试想"吃人嘴软",沦为特殊利益集团的代言者,公众是无法期待专家向社会发出具有独立性、客观性和科学性的意见的。这样的专家已丧失了作为专家所需要的"独立人格",沦为一些权贵和

[①] 参见安邦咨询:《中国转基因专家的背景和中立性遭受严重质疑》,载http://www.cb.com.cn/1634427/20110419/201051.html,2014年1月8日访问。

富豪实现某种不正当目的的一种工具,丧失了基本的道德底线。比如,几年前,一些媒体与专家热炒油炸方便面有害物质致癌的新闻,实则是某企业为其即将面市的非油炸产品的一次恶意炒作。①

4. 对同行专家缺乏监督和责任追究

言论自由是公民的基本权利,但权利的行使也是有边界的。专家应该对其所发表的言论和作出的行为负责,但实践中,我们常能看到食品安全监管部门、食品企业被问责、被罚款,但还没听说过哪位专家因其公开发表的科学意见存在不妥而被追究任何责任,当不愿意承担责任或者无需承担责任成为根深蒂固的组织文化时,那么专家还有什么"不敢说"?不负责任的"专家意见",不仅透支了社会的专业权威,也损害了整个评估的公信力,但其往往并未承担不利后果。

第五节 欧盟和美国食品安全风险评估科学顾问行政法治理之经验

20世纪90年代以来,欧盟和美国也发生了一系列与食品安全有关的危机(比如,肇端于英国的"疯牛病"事件②)造成了公众对欧盟和美国的食品及相应的监管法律制度的不信任。为了恢复公众的信任,欧盟和美国食品安全风险监管法律制度(主要是行政法律制度)不断进行改革和创新,最终赢得了包括社会公众在内的多方主体对欧盟和美国食品安全风险评估科学性的肯定。这就在很大程度上表明了,欧盟和美国食品安全风险监管的法律制度(主要是行政法制度)在规范食品安全风险评估的专家活动方面已经积累了许多行之有效的经验。那么,欧盟和美国食品安全风险监管的法律制度(主要是行政法制度)是如何治理食品安全风险评估的专家以便有效克服食品安全风险监管法律制度设计中的难题从而取得各方信任的?下文中,笔者将对之展开论述,以期为我国食品安全风险评估专家法律制度的完

---

① 参见胡展奋等:《决不宽恕:中国食品安全事件十年》,载《新民周刊》2012年第16期。
② E. Vos, EU Food Safety Regulation in the Aftermath of the BSE Crisis, *Journal of Consumer Policy*, 23(3), 2000, pp.227—255.

善提供知识养料。

一、科学顾问专家成员之遴选制度

虽然不同国家和地区对食品安全风险评估的科学顾问专家具有不同的称谓,比如,在美国,食品安全风险评估的科学顾问是食品咨询委员会[1]和食品与药品管理局的科学委员会[2](就此文而言,食品咨询委员会是更为相关的委员会,因为相比较而言,它特别关注食品安全),那么其科学顾问专家便是食品咨询委员会和食品与药品管理局的科学委员会的专家委员。在欧盟,食品安全风险评估的科学顾问是欧洲食品安全局的科学委员会和科学小组[3],那么其科学顾问专家便是科学委员会和科学小组的专家成员。但他们都应当具有相似的制度功能,即增强食品安全风险评估结论的科学性,进而保障食品安全风险管理决策的合法性。欧盟和美国的食品安全风险监管法律制度的改革者意识到,科学设计食品安全风险评估科学委员会和科学小组专家成员的遴选制度对于确保同行专家和公众对他们的信任至关重要。

欧盟通过《统一食品安全法》以及欧洲食品安全局所制定的两个内部指引——《关于协助欧洲食品安全局的科学工作的科学委员会、科学小组和外部专家的成员的选择决定》(以下简称《成员的选择决定》)[4]与《关于科学委员会、科学小组以及它们的工作团体的建立和运作决定》(以下简称《建立和运作决定》)[5]——将科学顾问专家成员的遴选法制化。综合这两个指引的内容以及《统一食品安全法》的相关条款[6],对于科学委员会和科学小组成员的遴选法律制度的主要内容包括以下四个方面。

1. 适格的候选人的评价标准

根据《成员的选择决定》第5条第1款的规定,欧洲食品安全局为适格

---

[1] See 21 C.F.R. § 14.100(g)(2)(ii) (2009).
[2] See 21 C.F.R. § 14.100(a)(2) (2009).
[3] 参见欧盟《统一食品安全法》第28条。
[4] 参见 EFSA, Decision of the Executive Director Concerning the Selection of Members of the Scientific Committee, Scientific Panels and External Experts, 载 http://www.efsa.europa.eu/en/keydocs/docs/expertselection.pdf,2014年2月2日访问。
[5] 参见 EFSA, Decision Concerning the Establishment and Operations of the Scientific Committee and Panels,载 http://www.efsa.europa.eu/en/keydocs/docs/paneloperation.pdf,2014年2月2日访问。
[6] 主要是第28条。

的候选人所设定的评价标准共有 7 项：一是与科学委员会或科学小组的职责范围相关的具有从事与食品和饲料安全相联系的科学的风险评估或提供科学建议的经验。二是在与科学委员会或科学小组的职责所涵盖的区域相关的一个或多个领域内具有公认的科学上的卓越性。三是最好是在与科学委员会或科学小组的职责所涵盖的区域内具有从事同行的科学审查的工作经验并发表相关的论著。四是具有分析复杂的信息和材料的能力以及准备草案性的科学建议和报告的能力。五是具有跨学科的，最好是国际化背景的专业经验。六是具有管理与科学问题相关的项目的经历。七是具有成熟的沟通技巧。显然，这 7 项标准主要涉及纯粹的科学能力，特别是与科学委员会或科学小组的职责相关的科学能力。需要指出的是，在欧洲食品安全局适用这 7 项标准之前，它①需要对这些标准的含义及权重达成一致意见。根据《成员的选择决定》第 5 条第 2 款的规定，上述 7 项标准中的前 3 项的权重系数最高。

2. 遴选程序

根据《统一食品安全法》第 28 条与《成员的选择决定》第 2 条至第 9 条的规定，遴选科学委员会和科学小组成员的程序依次分为六个阶段。

一是发布公告。它是指欧洲食品安全局在欧盟的官方杂志、自身的网站以及欧盟的主流科学期刊上发布关于遴选科学委员会和科学小组成员的公告。公告应当载明选择标准。为了使公告为尽可能多的人所了解，欧盟食品安全管理不仅应当在为科学专家经常阅览的其他媒体上宣传该公告，而且还应当要求其咨询论坛和联络点的成员以适当的方式通知成员国、学术机构和其他主体。

二是对申请人的申请的有效性进行形式上审查。欧洲食品安全局的人力资源部负责在形式上审查每一个申请人的申请的有效性。如果申请人在公告规定的期限内提交了申请，那么该申请就是有效的。人力资源部将审查的结果报告给欧洲食品安全局中的评价小组，评价小组应当复审并确认这一结果。评价小组的会议纪要应当载明其作出有效或无效决定的内容并简要说明理由。

---

① 具体指食品安全局中的评价小组。该小组的成员由食品安全局中的代表不同部门且具有较深资历的工作人员组成，并由食品安全局的执行主任任命。

三是对适格的候选人进行实质上的评价。这项职责由食品安全局的评价小组负责。评价小组所依据的评价标准就是《成员的选择决定》第 5 条第 1 款所规定的 7 项标准。为了确保评价的客观和公正，评价小组运用了一些技术手段和方法。比如，一种分级的评分网格制度。该评分网格是依据前述 7 项标准所制定，分值从"0"到"5"，每一项标准被赋予不同的分值，然后，将之与候选人的条件比照，以便对候选人进行打分。又如，评价小组指定足够多的评价人员对候选人进行打分。这些评价人员由欧洲食品安全局中的资深科学工作人员组成。对每一个候选人，评价小组安排两名评价人员对其打分。由此，每一个候选人将得到两份分数，对于最终的分数，评价人员将协商一致解决。如果协商不成，评价小组将重新指定评价人员再次打分。再如，评价小组会设定基础分值。如果候选人所得的分值超出基础分值，那么就成为科学委员会或科学小组的适格成员的入围人员。

四是对欧洲食品安全局的评价的外部复审。为了确保欧洲食品安全局以一种一致的方式对所有适格的候选人加以评价和打分，欧洲食品安全局还需要履行外部复审程序。三名独立的外部专家来实施外部复审，他们负责重新审查欧洲食品安全局对适格的候选人加以评价和打分的内部评价程序。虽然欧洲食品安全局的执行主任有权选择外部专家，但他必须基于这样一些标准：国际公认的科学专业知识和经验；对欧洲食品安全局及其科学工作程序具有相当的了解；已经提交并审查通过了年度的利益声明；当前没有参与或申请参与欧洲食品安全局的任何科学活动。值得注意的是，外部独立专家的复审对象并不是所有的适格的候选人，而是所有适格的候选人中的至少 10% 的样本。这样做是出于效率的考虑。外部专家在对样本进行复审之前，他们需要作出利益申明，表明不存在与样本中的候选人具有直接利害关系。外部专家所使用的复审标准与方法与欧洲食品安全局的评价小组所使用的标准和方法相同。外部专家对样本中的候选人所打的分数将与评价小组对这些候选人所打的分数作比较。如果这两个分数基本一致，复审就通过。如果两个分数之间存在差异[①]，那么外部专家、评价小组的成员

[①] 这里的"差异"的含义是指，与基础分值相比，两次所打分数会影响相应的候选人的任职。换言之，如果两次所打分数虽然不同，但与基础分值相比，都不会影响相应的候选人的任职，那么就不存在"差异"。

以及对相关的候选人作出第一次打分的评价人员就需要对产生的差异说明理由并记录原因。如果这种差异的情形超出了样本的20%,那么欧洲食品安全局的内部评价程序与外部的复审程序将使用经协商一致后的打分标准。由此,外部专家将重新作出其复审。对于每一次重新复审,欧洲食品安全局都会提供给外部专家至少10%的全部候选人的新样本。为了确保外部复审程序公正,欧洲食品安全局的执行主任都允许外部观察人员参加外部专家的会议并有权获得他们的文件。但是,这些外部观察人员不能影响外部专家的复审并对所获得的信息赋有保密的义务。

五是确定最佳候选人的入围名单。通过外部的复审程序之后,欧洲食品安全局的评价小组将确定科学委员会和科学小组的最佳候选人的入围名单。此时,评价小组还需要履行一项重要职责,即需要根据欧洲食品安全局的识别和处理潜在的利益冲突的规则,审查超出基础分值之上的候选人的利益的年度声明。候选人的任何潜在的利益冲突程度将成为其是否进一步被评价小组考虑的理由。如果利益声明与欧洲食品安全局的相关规则相符合,那么评价小组将指出,当他们已经被任命为科学委员会或科学小组的成员后,每一个候选人是否适合担任主席或副主席角色的情况。需要指出的是,只要所得的分数超出基础分值,候选人都应当包括在入围名单之内。至于候选人的具体职位,则依据在评价程序中所得的分数来确定。为了能够选择最佳的候选人,欧洲食品安全局应当将入围的候选人名单交由它的咨询论坛来评论。当然,有时也会遇到入围人数少于一个科学委员会或科学小组的法定最少人数的情况,此时,欧洲食品安全局的评价小组会建议执行主任再次发起公告程序,并选择候选人。

六是从入围名单中任命候选人。在听取咨询论坛的建议之后,评价小组会向执行主任提供一份关于拟任命候选人以及拟任命的理由的报告。评价小组提出拟任命候选人时应当考虑五方面的因素:入围名单中的候选人所期望得到的职位;相关的科学小组或科学委员会所要求的专业知识。这一点与候选人对欧洲食品安全局的活动的适应性以及候选人在科学委员会或科学小组的广泛的领域内能够作出的潜在贡献特别有联系,此外还要考虑广博的英语语言知识、候选人的国籍和性别和咨询论坛的成员的建议。接着,执行主任应当审查评价小组所提交的报告,经过审查,执行主任向食品安全局的管理委员会提出一份关于专家将被任命为相关的科学小组或科学委员会的成员的建议。管理委员会最终任命专家担任科学委员会或科学小组的正式成员。然而,根据《建立和运作决定》第1条第2款的规定,管理委员会应当确保适当的地域平衡和性别比例,并反映欧盟境内的科学问题和方法的多样性。这表明,欧洲食品安全局对专家的信任不仅仅涉及专家自身的专业能力和经验,也涉及政治上的考虑,至少就地理上分布而言。需要指出的是,那些虽然进入入围名单,但没有被正式任命为科学委员会或科学小组成员的候选人则将被建议进入候补名单。欧洲食品安全局将与候补名单中的专家保持联系,他们有可能被选为外部复审中的科学专家。

3. 科学委员会或科学小组专家成员的更新程序

根据《建立和运作决定》第5条的规定,当出现科学委员会或科学小组成员辞退、辞职或需要增加新成员的情形时,欧洲食品安全局应当在候补名单中选择新成员。需要履行的程序是,欧洲食品安全局的执行主任向管理委员会提出建议,管理委员会在征求科学小组的主席的意见的基础之上加以批准。如果候补名单中没有包括所要求的特定成员,那么执行主任可以决定专门发起一个公告,以选择符合条件的候选人。需要注意的是,欧洲食品安全局重新选择候选人时,同样需要遵循前文已经阐述的《成员的选择决定》第2条到第9条所规定的遴选程序。这体现了欧洲食品安全局在遴选科学委员会或科学小组成员时在程序上的一致性。当然,为确保履行职责上的完整性,重新产生的成员将继续实施前任所没有完成的任务。

4. 与遴选相关的候选人的信息的保障

有效保障科学委员会和科学小组的候选人的所有个人信息是欧洲食品安全监管法律施加给欧洲食品安全局的一项重要职责。根据《成员的选择决定》第11条的规定,欧洲食品安全局应当依据欧洲议会和欧盟理事会于2000年12月18日所颁布的第45/2001号规章,来处理科学委员会和科学小组的候选人的所有个人信息。根据第45/2001号规章第2条(d)项的规定,欧洲食品安全局的执行主任作为具体的管理者来处理与候选人的选择程序相关的个人信息。处理信息的唯一目的是为科学委员会和科学小组成员的选择程序服务。并非任何主体都能获得候选人的信息,只有欧洲食品安全局的评价小组成员、人力资源部(负责支持选择程序的人)、欧洲食品安全局的内部评价者、外部独立的评价者、欧洲食品安全局的咨询论坛成员、欧洲食品安全局的管理委员会和执行主体以及其他根据欧盟法的规定负有监督或监察职责的欧盟机构——欧洲审计法院、欧洲数据保护监督员,欧洲反欺诈办公室和欧盟委员会的内部审计机构——才有权获得。显然,候选人有权获得他们的信息,他们也有权更新或修改他们的信息。如果候选人认为自身的信息受到侵犯,那么他们有权诉诸欧洲数据保护监督员,以寻求保护。

美国对食品咨询委员会和食品与药品管理局的科学委员会的成员的选择程序和标准以及职责,委员会的运行规则等也通过相关法律规范和内部指南作出了规定。根据相关规章的规定,食品咨询委员会和食品与药品管理局的科学委员会的成员由不同领域的人组成,包括科学的专业领域、企业和消费者团体。[1] 而且,食品与药品管理局强调咨询委员会的征求提名应确保妇女、少数人群团体、残疾人在该食品咨询委员会中具有充分的代表,因此鼓励从这些团体中提名适格的候选人。[2] 委员会一年开四次会议,成员则每四年更换一次。[3]

就食品安全而言,食品与药品管理局目前有三种类型的建议委员会成员职务[4],这些职务被食品与药品管理局描述为"院士/医生""消费者""企业"。[5] 所有这些类型的职务,食品与药品管理局的规章规定了不同的提名程序、责任和限制。[6] 首先,院士和医生成员是委员会中具有投票权的

---

[1] 21 C.F.R. § 14.80(a)(1) (2009); see also FDA, Questions and Answers Regarding Advisory Committee Membership, supra note 62.

[2] FDA, Applying for Membership, 载 http://www.fda.gov/AdvisoryCommittees/AboutAdvisoryCommittees/CommitteeMembership/Applying forMembership/default.htm,2014年4月14日访问。

[3] FDA, Questions and Answers Regarding Advisory Committee Membership, 载 http://www.fda.gov/AdvisoryCommittees/AboutAdvisoryCommittees/ CommitteeMembership/ucm117646.htm,2010年4月14日访问; see also 21 C.F.R. § 14.80 (2009).

[4] 21 C.F.R. § 14.84 (2009) (描述了投票成员的选择程序); 21 C.F.R. § 14.84(c) (2009) (描述了代表消费者利益的不具有投票的成员的选择程序); 21 C.F.R. § 14.84(d) (2009) (描述了代表企业利益的不具有投票权的成员的选择程序)。

[5] FDA, Membership Types, 载 http://www.fda.gov/AdvisoryCommittees/ AboutAdvisoryCommittees/CommitteeMembership/MembershipTypes/default.htm,2014年1月6日访问。(也列举了第四种类型,"病人代表",如果在医药背景下。)

[6] 参见 21 C.F.R. § 14.84(c) (描述了消费者成员的选择程序); id. § 14.84(d) (描述了企业成员的选择程序); id. § 14.86(a), (c) (2009) (描述了所有不具有投票权的代表消费者和企业的一般利益的成员的职责)。

成员。① 这些成员是根据联邦登记上所公布的一般的提名程序所产生的。②这些成员被认为在向他们所咨询的事项上是专家。③ 在征选院士和医生成员时,食品与药品管理局的网页上要求个体的提名者是各自领域内在技术上合适的专家……具有解释复杂数据的经历……能够分析详细的科学数据并理解这些科学数据对公共健康的意义。④ 从这些提名中,行政人员为食品建议委员会选择成员。⑤ 其次,对于消费者成员而言,食品与药品管理局网页上也描述了其三种角色:代表消费者观点,担任与其他消费者和消费者组织的联系工作,就影响消费者的科学事项提供知识上的帮助。消费者代表的选择是根据食品与药品管理局的规章,通过联邦登记上所公布的提名程序来进行的。⑥ 在提名消费者成员时,特别鼓励被消费者事务办公室(the Office of Consumer Affairs)所指定的消费者组织提名潜在的成员⑦,并提供机会对成员选择进行投票。⑧ 最后,企业代表的选择需要从受影响企业的整体角度来考虑,而不是从任何具体的赞助商、产品或成分角度。⑨ 企业成员的选择程序在某种程度上不同于消费者成员的选择程序。指定的企业组织并没有机会来投票产生企业成员的候选人,相反,企业组织有机会在选择程序的某一环节中表达利益,为了选择一个企业成员,这些企业组织之间可以相互协商与讨论。⑩ 只有当无法选择出一位成员时,食品与药品管理局才可能直接选择一个企业成员。需要注意的是,那些被指定为消费者和企业成员代表的人,他们不像院长/医生,仅仅是食品建议委员会中的不具有投票权

---

① 21 C.F.R. § 14.80(b)(1)(i) (2009)(描述了技术顾问委员会的投票成员,即委员会所关注的事项具有专业知识的人,这一描述符合食品与药品管理局网页上所定义的院士和医生的类型)。相比之下,没有投票权的成员是规章中所规定的代表企业和消费者的成员。Id. § 14.84(c)—(d).

② 21 C.F.R. § 14.82 (2009).

③ 21 C.F.R. § 14.80(b)(1)(i).

④ FDA, Applying for Membership, 载 http://www.fda.gov/AdvisoryCommittees/AboutAdvisoryCommittees/CommitteeMembership/Applying forMembership/default.htm,2014 年 4 月 14 日访问。

⑤ 21 C.F.R. § 14.80(d) (2009).

⑥ 21 C.F.R. § 14.84(c)(1), (3) (2009).

⑦ 21 C.F.R. § 14.84(c)(1), 14.84(c)(3).

⑧ 21 C.F.R. § 14.84(c)(4).

⑨ 21 C.F.R. § 14.86(c)(4).

⑩ 21 C.F.R. § 14.84(d) (2009).

的成员。① 食品与药品管理局网页上所描述的消费者和企业成员是作为具有专业知识或观点的人②,他们对没有专业知识或观点的院士/医生提供知识上的补充。

当前的食品安全咨询委员会成员包括来自广泛领域的科学家,但主要来自于大学。比如,目前的食品建议委员会中具有投票权的一位成员来自于一个非营利组织、一位成员来自于私立医院,一个成员来自于州政府,一个成员来自于私人咨询组织,而包括一个没有投票权的消费者代表和两个没有投票权的企业代表成员共六个成员来自于大学。③ 当前的食品和药品管理局的科学委员会中具有投票权的一位成员来自于私立医院,一位成员来自于联邦政府,一个成员来自于生物技术公司,两个成员来自于私人食品公司,包括一个没有投票权的消费者代表共七个成员来自于大学。④

二、科学顾问专家成员之利益冲突解决制度

欧盟和美国对于如何确保科学顾问专家成员能够忠实于公共利益,在不受外部利益影响的情况下独立实施风险评估,确保其科学上的卓越性和声誉,从而赢得社会公众和其他主体的信任等问题,都有自己独特的制度安排。

欧盟通过《统一食品安全法》以及欧洲食品安全局所制定的四个内部指引——《关于欧洲食品安全局的独立性和科学决策过程的政策》《关于利益声明的独立和科学决策规则》⑤《关于利益声明的政策》⑥以及《建立和运作

---

① 21 C.F.R. § 14.84(c)—(d); see also id. § 14.80(b)(2).

② FDA, Membership Types, 载 http://www.fda.gov/AdvisoryCommittees/AboutAdvisoryCommittees/CommitteeMembership/MembershipTypes/def ault.htm, 2014 年 1 月 6 日访问。

③ FDA, Roster of the Food Advisory Committee, 载 http://www.fda.gov/AdvisoryCommittees/CommitteesMeetingMaterials/FoodAdvisoryCommi ttee/ucm120672.htm, 2014 年 1 月 20 日访问。

④ FDA, Roster of the Science Board to the Food and Drug Administration, 载 http://www.fda.gov/AdvisoryCommittees/CommitteesMeetingMaterials/ScienceBoardtotheFoodandDrugAdministration/ucm115370.htm, 2014 年 1 月 20 日访问。

⑤ 参见 EFSA, Decision of the Executive Director implementing EFSA's Policy on Independence and Scientific Decision-Making Processes regarding Declarations of Interests, 载 http://www.efsa.europa.eu/en/keydocs/docs/independencerules.pdf, 2014 年 6 月 3 日访问。需要指出的是,该指引于 2012 年 1 月 1 日生效,从而取代了欧洲食品安全局之前的发布《关于利益声明的指导性文件的执行规则》的指引。

⑥ 参见 EFSA, EFSA Policy on Declaration of Interests, 载 http://www.efsa.europa.eu/en/keydocs/docs/doipolicy.pdf, 2014 年 6 月 3 日访问。

决定》①——将科学顾问专家成员的利益冲突解决予以法制化。综合这四个指引的内容以及《统一食品安全法》的相关条款②,欧盟与欧洲食品安全局为解决科学委员会和科学小组成员利益冲突,确保其独立性的制度内容主要体现为两个方面。

1. 建立了一套较为完整的利益声明规则,确保专家成员根据公共利益来独立行动

根据欧盟《统一食品安全法》第 37 条以及《关于利益声明的独立和科学决策规则》和《关于欧洲食品安全局的独立性和科学决策过程的政策》的规定,为保证科学委员会和科学小组的成员在不受任何外部影响下来开展食品安全风险评估活动,他们需要实施两种类型的书面形式的利益声明,即利益的年度声明和利益的特别声明,以及一种类型的利益的口头声明。利益的年度声明的目的是,简明的处理所有可能的与评估独立性有关的利益。这是因为,在一个特定活动的背景下,专家所具有的这些利益可能产生一种潜在的利益冲突。③ 利益的年度声明用以解决科学委员会或科学小组的成员身份,也就是说,某人若要成为科学委员会或科学小组的成员,他的利益的年度声明必须符合欧洲食品安全局的相关规则。如果欧洲食品安全局经过识别发现潜在的利益冲突非常严重,以至于将妨碍该人参加科学委员会或科学小组的大部分会议,那么它就不会考虑该人的成员身份。特别的利益声明与一种或一类特定的主题事项相关,比如,某种食品或食品饲料。成员在利益的年度声明中已经宣告的利益事项需要根据某一会议的议题在利益的特别声明中再次宣告,并就是否与会议议题的任何事项存在利益冲突加以确认。欧洲食品安全局在要求成员参加相关会议之前,会要求他们完成利益的特定声明。在会议召开之前,成员应当完成并反馈他们的利益的特定声明。只有当成员的利益的特定声明得到欧洲食品安全局的批准之

---

① 参见 EFSA, Concerning the establishment and operations of the Scientific Committee, Scientific Panels and of their Working Groups, 载 http://www.efsa.europa.eu/en/keydocs/docs/paneloperation.pdf, 2014 年 6 月 3 日访问。

② 主要是第 37 条。

③ 根据《关于利益声明的独立和科学决策规则》第 1 条第 3 款(b)项的规定,利益冲突是这样一种情形,即考虑到某人在食品安全局中的身份或其与食品安全局合作的关系,该人借助于这种地位来利用他的专业能力来为自身或所属企业谋取某种利益。

后,他们才能参加相关的会议。利益的口头声明是对利益的年度声明和利益的特别声明的补充。在每一次会议开始之前,科学委员会和科学小组的成员应当口头声明可能损害其独立性且与相关会议议题有关,但尚未在利益的年度声明和利益的特定声明中加以声明的利益事项。显然,利益的特定声明和利益的口头声明具有相同的功能,即用以识别已经获得科学委员会或科学小组成员身份的专家,对于某一会议的特定议题,他们是否有权参加以及是否享有投票权。需要指出的是,在这三种利益声明形式中所宣告的任何利益都需要记录在科学委员会和科学小组的会议纪要之中,且都将在欧洲食品安全局的网页上公布,以便供公众和其他专家监督。此外,成员所声明的利益至少每年必须更新一次,或者,当出现新情况时,成员应当主动加以更新。

那么,成员需要对哪些事项作出利益声明呢?从欧洲食品安全局的《关于利益声明的独立和科学决策规则》第 1 条第 4 款的规定来看,利益的年度声明的事项与利益的特定声明事项是一致的,总共包括 10 项,即所有权或其他投资,包括股票;管理机构或类似机构中的会员身份;一个科学顾问机构中的会员身份;职业;特定的或偶尔的咨询;研究经费;知识产权;其他成员身份或联系;以及其他相关利益。值得一提的是,《关于利益声明的独立和科学决策规则》对这 10 个事项又作了相当精细的界定,比如,一个科学顾问的成员是指,他正在参与或已经参与一个科学顾问机构的活动,并且对该科学顾问机构的决策享有投票权,如果该科学顾问机构的活动与欧洲食品安全局的职责范围存在重叠。显然,如此精致定义的目的是便于欧洲食品安全局判断某一成员是否的确存在利益冲突。

进一步而言,欧洲食品安全局[①]如何识别和解决科学委员会与科学小组成员的潜在的利益冲突?这里可以细分为三个问题:一是识别和解决潜在的利益冲突的程序规则是什么?二是如果成员存在违反欧洲食品安全局关于利益冲突规则的情形,那将带来何种法律后果?三是如果成员对欧洲食品安全局的认定不服,具体的救济途径又是什么?

对于第一个问题,《关于利益声明的独立和科学决策规则》第 9 条规定

---

① 具体由食品安全局中支持科学委员会或科学小组工作的单位的负责人来实施审查。

了审查原则,第 10、11 和第 12 条分别规定了对利益的年度声明的审查标准、对利益的特定声明的审查标准和对利益的口头声明的审查标准。就审查原则而言,有两个特色值得一提:一是在任何情况下,某一成员自己不能评价或审查自己所声明的利益事项是否存在利益冲突;二是欧洲食品安全局需要根据它分配给某一成员的任务以及该成员所要求承担的角色来审查该成员所声明的特定的利益事项是否存在利益冲突,也就是说,即使某一成员所声明的某一利益事项属于《关于利益声明的独立和科学决策规则》第 1 条第 4 款所规定的 10 大类型范围之内,也不能自动认为是利益冲突,而是要考虑该利益事项与特定会议中的特定议题的关系以及该成员在会议中的具体角色。这是因为欧洲食品安全局意识到支撑科学成员高质量完成其使命和工作的必要前提是他们的先前的工作经验(包括在不同科学机构中任职的经历),通常而言,某一成员被邀请参加某一会议,他与该会议主题具有一种固有的专业利益,由此,欧洲食品安全局关于利益冲突的规则不是为了禁止或限制某一成员拥有某一需要依法声明的利益,而是以一种透明的和持续的方式来处理在特定情形中的可能产生的利益冲突。就对利益的不同形式的声明的审查标准而言,《关于利益声明的独立和科学决策规则》也作了极为详细的规定,比如,对研究经费的审查标准而言,在利益的年度声明审查中,欧洲食品安全局认为,如果某一专家在提交他的利益声明时的前一年中从与欧洲食品安全局的职责有关的私人企业获得的经费超过他所管理的该年度预算的 25%,那么他所拥有的这种利益就被认为与他成为科学委员会或科学小组的成员身份相冲突,从而导致他不可能成为科学委员会或科学小组的成员。又如,对知识产权的审查标准而言,在利益的特定声明的审查中,食品安全认为,如果某一成员所拥有的知识产权与会议议题中的特定事项存在直接利害关系,且在审查时刻,该利害关系依然存在,那么在该会议就该特定事项讨论、投票时,该成员就不能在场。

对于第二个问题,如果成员存在违反欧洲食品安全局关于利益冲突规则的情形,那将带来多种法律后果。就该成员自身而言,如果欧洲食品安全局认为非常严重,足以达到对其不信任的程度,那么就会取消其成员资格。如果还没有到达对其产生不信任的程度,那么就会限制其参加会议,或剥夺其投票权。就该成员参与作出的有关食品安全风险评估的科学建议的效力而言,欧洲食品安全局的执行主任会邀请欧盟的内部审计机构(the Internal Audit Capability)复审由该成员参与的评估建议,内部审计机构会调查清楚该成员影响该科学建议的程度,并形成一个报告,随后将该报告提交给食品安全局。欧洲食品安全局的执行主任会采取各种措施来处理调查结果,比如,修改评价建议,向公众道歉等。

对于第三个问题,如果成员对欧洲食品安全局的认定不服,那么他有权向欧洲食品安全局提出异议,欧洲食品安全局的执行主任应当将该异议提交给欧洲食品安全局内部的利益冲突委员,该委员会由科学家和法律专家组成,具体负责复审异议的合法性。但从欧洲食品安全局的现有规范来看,它们尚未规定,对欧洲食品安全局的认定不服的,成员有向欧洲法院提起诉讼的权利。

2. 建立了其他一系列规则以确保成员能独立自主的作出决定[①]

如果说利益声明规则的主要功能是,防止科学委员会或科学小组的成员利用属于欧洲食品安全局的身份来为自身及其他利害关系人谋取物质等利益,以便让他们独立于外界,特别是食品与饲料生产企业的影响,那么欧盟委员会与欧洲食品安全局所建立的其他一系列规则,则是进一步从其他层面来保障成员独立的作出决定。它们包括:(1)成员之间禁止职责委任。这是指科学委员会和科学小组的成员是依据其个人的能力而被任命的。因此,他们不应当将他们的职责委任给其他成员或第三方来行使。同时,如果主席无法正常行使其职责,那么副主席将代替其职责。如果主席和副主席都无法正常行使职责,那么由其他与之具有相同资历的成员来担任。(2)集体决策且成员之间享有平等发言权。这是指科学委员会和科学小组集体审议和决定食品安全风险评估的科学建议,每一个成员都具有平等的发言权。没有一位成员能够不合理的影响科学小组或科学委员会的决定,少数派的意见将被记录在案。此外,科学委员会中的成员有独立的责任要求科学委员会和科学小组的主(副)席注意任何带有偏见的意见。主席和副主席无权对成员行使管理权力。(3)禁止负责食品安全风险管理职责的欧

---

① 参见 EFSA, Policy on Independence and Scientific Decision-Making Processes of the European Food Safety Authority, 载 http://www.efsa.europa.eu/en/keydocs/docs/independencepolicy.pdf, 2014年1月6日访问。

盟组织干预科学委员会和科学小组的工作。它们虽然有权派代表参加科学委员会和科学小组的会议,但这些代表没有投票权和发言权,也不能影响成员的工作。(4)欧洲食品安全局负有多项职责以确保成员独立开展食品安全风险评估工作。这些职责诸如,为成员独立开展食品安全风险评估工作提供工资、项目经费和预算保障;欧洲食品安全局中的其他成员也必须实施利益声明,忠实于公共利益履行自身的职责,不得干预科学委员会和科学小组成员的工作等。

美国也通过联邦法律、委员会章程以及内部文件或指引等对科学顾问潜在的利益冲突得解决机制予以法治化。例如,食品与药品管理局的一些要求是用以控制具有投票权的院士/医生成员潜在的偏见。根据食品与药品管理局的规章,在选择成员时,这些成员"具有不同的专业教育、训练和经验,从而委员会能够反映了由充分的科学知识所组成平衡以解决委员会所遇到的问题……"[①]又如,如果有证据表明委员会成员的偏见将妨碍他们提供客观建议的能力时,委员会成员的职务将被解除。[②] 再如,联邦法律中也有关于利益冲突的法律规范用以调整投票成员,如果所参与的事项与这些成员经济利益具有直接的和可预期的影响,那么这些投票成员的参与将受到限制。[③](没有投票权的成员不受制于联邦法律和规章中的利益冲突规定。)[④]然而,这种限制具有大量例外,如果经任命的食品与药品管理官员以书面证明对该成员的需求的权重超过受冲突的利益权重,那么该成员将依然保留在委员会中。[⑤] 的确,公开的事故中涉及在咨询程序中所出现的利益冲突,从而让食品与药品管理局因它的利益冲突程序备受批评。[⑥] 即如果当专家的专业知识具有无可替代性,而且需要其专业知识的程度超过了其存

[①] 21 C.F.R. § 14.80(b)(i) (2009).
[②] 21 C.F.R. § 14.80(f) (2009).
[③] FDA, Applying for Membership, 载 http://www.fda.gov/AdvisoryCommittees/AboutAdvisoryCommittees/CommitteeMembership/ApplyingforMembership/Default.htm, 2014 年 4 月 14 日访问。(潜在的候选人被要求就下列事项提供详细的信息,经济上的股票、职业与研究资等。) 18 U.S.C. § 208(a) (2006).
[④] 21 C.F.R. § 14.80(a)(2) (2009).
[⑤] 18 U.S.C. § 208(b)(3) (2006).
[⑥] Whitt Steineker, Who's Guarding the Henhouse?: Conflicts of Interest and the FDA Advisory Committee Regime, 20 Geo. J. Legal Ethics 935, 2007.

在的"经济利益"时,可以豁免与因利益冲突而造成的回避。[①] 这是美国食品安全风险监管机构解决科学顾问利益冲突,以保证其可以独立作出科学的评估建议的制度方式之一。

三、科学顾问专家成员行为之公开透明制度

欧盟和美国的食品安全风险监管法律制度的改革者深刻明白通过客观、可靠和容易理解的信息的可得性,一种较高程度的公开和透明有助于社会公众、同行专家和利害关系人对食品安全风险评估活动的信任。

欧盟通过《统一食品安全法》以及欧洲食品安全局和科学委员会所制定的三个指引——《关于科学方面的风险评估透明性的指引》《关于欧洲食品安全局实施风险评估的程序方面指引》[②]以及《执行透明度和保密性要求的决定》——将成员活动的公开和透明性问题法制化。综合这三个指引的内容以及《统一食品安全法》的相关条款[③],欧盟与欧洲食品安全局为确保科学委员会和科学小组成员活动体现公开和透明性的制度的内容主要体现为两个方面。

(1)对于与专家成员提供食品安全风险评估科学建议活动有关的主要环节的公开和透明性问题,都予以法制化。专家成员实施食品安全风险评估科学建议活动的全过程都应当体现透明性,而不仅仅是最终的科学建议应当向社会公开。

就公开的内容而言,所涉及的事项非常之多:第一,每一项食品安全风险评估科学建议的目标和适用范围的信息。具体包括:该评估建议的背景以及需要回答的问题;评估建议所针对的对象和范围,比如,被评估的活动、事项或危害,被暴露的人群,对评估范围加以限制的理由等。第二,对某一事项作出评估建议时,所使用的任何既定的指南、数据质量标准、默认假设、决定标准以及对于任何偏离既定规定的做法的理由等的信息。第三,用以

[①] Food and drug Administration, *Guidance for the Public*, FDA Advisory Committe Members, and FDA Staff on Procedures for Determiniing Conflict of Interest and Eligibility for Participation in FDA Advisory Committees. August 2008, p.7.

[②] 参见 EFSA, Transparency in Risk Assessment Carried out by EFSA: Guidance Document of Procedural Aspects, 载 http://www.efsa.europa.eu/en/efsajournal/doc/353.pdf, 2014 年 6 月 14 日访问。

[③] 主要是第 38 条和第 39 条。

识别相关数据和其他信息,包括文献调查的范围和标准的方法。第四,科学委员会和科学小组的议程和时间;关于科学建议的会议纪要,少数派成员的意见;成员的利益声明;欧盟议会、委员会或成员国对科学建议的请求,这些科学建议被拒绝或修改的理由等信息。第五,作出科学建议所依据的数据来源信息,比如,经过同行审查的科技文献、由申请人所提交的数据以及成员国的检测项目与调查中所记录的报告等。第六,适用或排除某些数据的标准的信息。成员应当在科学建议中说明和描述适用或排除数据的标准,对于被排除适用的数据,应当给出理由。① 第七,作出科学建议时所涉及的不确定性和差异性的信息。通常,不确定性因数据限制而产生,比如,人群暴露于某一不安全食品的数据的缺乏、检测体系与所选择的样本的限制等。虽然成员在作出评估建议时不可能识别所有不确定性,但他们应当在科学建议中描述所遇到的不确定性的类型、该种不确定性的影响与重要性,以及使用不确定性时所依据的理由。由于个人或人群在生理状态(比如,性别、年龄、是否怀孕)、生活习惯(比如,饮食习惯、是否吸烟与饮酒)、环境条件(比如,工作环境、气候条件)以及遗传因素等方面存在差异,因而,在食品安全风险评估中会出现差异性。对于这种差异性,成员应当在科学建议中识别和描述对差异性造成最大影响的因素,最好是通过对潜在的数据进行统计分析的方式来识别。需要指出的是,对于上述事项的公开,欧盟食品安全风险监管方面的法律与指引规定欧洲食品安全局、科学委员会和科学小组应当在欧洲食品安全局的官方网站以及重要会议上主动②的和及时的公开。

就公开程度而言,欧盟及欧洲食品安全局对科学成员所提出的要求相当之高。从前述公开和透明的原则中就可以发现,成员所作出的科学评估

---

① 值得一提的是,是否适用还是排除某些数据,成员通常从五个方面加以权衡:设计和解释的力量,比如,是否属于统计上的设计,是否存在潜在的偏见;数据的质量,比如,是否与国际公认的指南相符合;与需要回答的特定问题之间的相关性,比如,人群的暴露评估、地理区域以及所使用的材料或检测组织;数据的充分性,比如,数据的代表性、数据对敏感人群和特定人群的覆盖面;数据的来源,比如,是否属于同行审议的科技文献、科技报道、数据库以及会议摘要等。参见 EFSA, Guidance of the Scientific Committee on Transparency in the Scientific Aspects of Risk Assessments carried out by EFSA,载 http://www.efsa.europa.eu/de/scdocs/doc/1051.pdf,2014 年 6 月 14 日访问。

② 从欧洲食品安全风险监管的法律和指引规定来看,对于公开的事项,欧盟不存在主动公开事项与依申请公开事项之分,而是存在主动公开事项与依法保密事项之分。对于主动公开的要求是,食品安全局应当使用各种媒体和交流工具,以积极的态度来交流和传播需要公开的事项,并且能够满足不同层次的利害关系人、社会公众和合作者的需要。

建议应当具有可理解性,特别是让社会公众所理解,以及具有可复制性,从而能让其他专家来验证。显然,这样一种可理解性和可复制性,对成员活动的公开性提出了非常高的要求。然而,更为重要的是,这种原则体现在成员实施风险评估的各个环节之中。比如,成员在对某一食品安全风险作出定性的评估时,科学建议应当以描述性的方式来表达;而作出定量的评估时,科学建议应当至少部分基于计算和数学模型。在这两种情况下,透明性要求推理、计算或数学模型的每一个要素都具有理解性和可交流性。不仅如此,在定性的风险评估中,由于公众难以理解长的段落,成员就应当对论据加以分段,并对每一段,概括出主要意思。而在定量风险评估中,成员需要对计算公式或数学模型作出解释。为了让其他专家能够检查模型或计算公式的适当性,成员还需要提供详细的信息。同时,不论在定性,还是定量评估之中,欧洲食品安全局在将科学建议公开在其官方网站之前,都应当附上一份"说明性注释"。该注释以非技术性的术语来陈述科学建议,并将科学建议置于相关的背景之中,以便让消费者、媒体和利害关系人更好理解科学建议。

(2)对于透明性与保密性之间的关系,也予以规范化。如何规范成员实施食品安全风险评估、提供科学建议活动的透明性与保密性之间的关系,对欧盟食品安全风险监管法律制度的设计者而言,是一项棘手的任务,因为这直接涉及成员的活动是否值得社会公众的信任。对于该问题,首先,欧盟食品安全风险监管的法律和指引确立了两项重要的原则:一是公开和透明是基本原则,而保密是例外。该项原则的意思是对于与成员实施风险评估、作出科学建议活动有关的信息应当以最大限度公开或让公众获得,而只有在具有正当的法定理由的情况下,最小数量的信息才能被保密。二是即使对于依法应当保密的信息,如果为了保障社会公众健康的需要,该类信息也应当公开。该项原则的意思是,在某些极端情况下,特别是一种食品或饲料将对公众健康带来重大风险时,保密的要求将被解除,社会公众有权及时的获得该类信息。其次,这些法律和指引规定了欧洲食品安全局在评估与成员活动有关的某一信息是否应当保密时所需要考虑的因素:公开是否会给个体或公司带来经济损失或不正当的赢利;公开是否会严重干扰欧洲食品安全局的活动;公开是否会违反现行有效的法律等。再次,这些法律和指引规定了保密的方式。这是指欧洲食品安全局的成员、科学委员会和科学小组的成员、顾问论坛成员以及外部专家都应当签署一份书面声明以表明遵守保密的义务,并且,这种义务一直持续到他们的职责的终止。

美国非常强调食品安全制度建设和食品安全管理的公开性和透明度,通过《行政程序法》《联邦咨询委员会法》和《信息公开法》等一系列程序性法令以及食品安全风险监管主体的内部文件和指引等,美国对食品安全风险评估科学顾问整个评估过程的公开透明性进行了法制化规定。就公开的理由而言,即食品咨询委员会的成本、成员、活动和数量等信息,国会和公众有权知道。① 就公开的内容而言,《联邦咨询委员会法》等②要求食品咨询委员会在审议过程中公开整个会议的内容③,委员会的所有会议必须包括一个开放的环节,在这个开放的环节中,会议纪要和文件记录必须让公众可以获得。④ 就公开的程序和方式而言,食品与药品管理局事先通知要召开食品咨询委员会会议,会议的通知在联邦登记上公布⑤,在委员会会议的开放环节中,任何获得事先通知的感兴趣的主体有权提供信息和观点——要么以口头形式,要么以书面形式。⑥ 会议的公开部分必须至少延续一个小时时间让公众陈述意见。⑦ 因此,公议必须在公众能够进入的地方召开。⑧ 除此之外,根据食品与药品管理局的自己的内部不具有约束力的指南,会议的简要材料也会分发给公众。就公开与保密的关系而言,会议内容一般均应公开,除非涉及某种隐私,而例外适用。如果事先的请求(包括不公开要求的理由)被食品与药品管理局许可,那么会议的部分环节可以不公开。⑨ 不公开

---

① 5 U.S.C. app. § 2(b)(5) (2006).
② 5 U.S.C. app. § 10(b) (2006)(包括阳光法所规定的要求联邦机构的会议公开的要求,5 U.S.C. § 552).
③ 而且,大量的行政救济也要求透明, 21 C.F.R. § 14.7 (2009)。
④ 21 C.F.R. § 14.65(c) (2009)(要求委员的记录根据请求可以获得); id. § 14.70 (2009) (including minutes and transcripts of open portions of meetings as part of the committee record, as well as information considered by the committee).
⑤ Id. § 14.20 (2009).
⑥ FDA, Draft Guidance, The Open Public Hearing: FDA Advisory Committee Meetings 3—4 (2005), 载 http://www.fda.gov/downloads/RegulatoryInformation/Guidances/UCM 125734.pdf, 2014年1月18日访问。
⑦ 21 C.F.R. § 14.29(a) (2009).
⑧ 21 C.F.R. § 14.22(b) (2009).
⑨ 21 C.F.R. § 14.27(b) (2009).

要求的适当理由①包括:内部人事规则与惯例②,商业秘密③,涉及个人的信息,如果公开将会构成对个人隐私的明确的、不正当地侵犯④,调查方法⑤,以及规章或指南的草案,当过早的公开会严重妨碍所提议的机构的行为。⑥一位学者观察,在实践中,食品建议委员会通常将不公开限制于保持商业秘密和委员会成员的隐私的范围。⑦ 但即使会议的部分环节被封闭,透明性要求封闭这些会议环节的理由在联邦登记上公开⑧,并且被封闭的环节必须在范围上受到限制。⑨ 而且,在会议的封闭环节,只有享有投票权的成员和有限数量的其他个体有权参加⑩,没有经过食品与药品管理局的行政秘书和主席的同意,个体无权参加这些封闭环节的会议,否则会被要求强行离开。⑪ 如果行政秘书和主席同意他们参加,那么会议的封闭部分就对所有公众开放。⑫

四、专家间科学意见交流和分歧解决之制度

欧盟食品安全风险监管法律制度的设计者也注意到科学意见交流的重要性以及科学意见出现分歧的可能性,于是通过《统一食品安全法》及其内部指引等法律规范构建了保障专家间科学意见交流和分歧解决的法律制度。首先,遵循评估活动透明公开和协商性原则的要求,实现科学意见的交流。依据《统一食品安全法》的规定,欧洲食品安全局应当在其使命范围内主动进行交流,进行有效联系。在评估过程的初级阶段,也就是欧盟食品安全管理的科学专家或成员刚开始制定科学意见时,为了能够为科学意见提

---

① Id. § 14.27(b)(2)[认为只有当食品与药品管理局认为,不公开的符合 5 U.S.C. 552b(c)(2006)的规定时,会议才可以不公开f]。
② 5 U.S.C. § 552b(c)(2)(2006); 21 C.F.R. § 14.27(b)(3).
③ 5 U.S.C. § 552b(c)(4); 21 C.F.R. § 14.27(b)(3).
④ 5 U.S.C. § 552b(c)(6); 21 C.F.R. § 14.27(b)(3).
⑤ 5 U.S.C. § 552b(c)(7); 21 C.F.R. § 14.27(b)(3).
⑥ 21 C.F.R. § 14.27(b)(3).
⑦ James T. O'Reilly, Advisers and Secrets: The Role of Agency Confidentiality in the Federal Advisory Committee Act, 13 N. Ky. L. Rev. 27, 1986, pp. 48—49.
⑧ 21 C.F.R. § 14.27(b).
⑨ 21 C.F.R. § 14.25(c)(2009).
⑩ 21 C.F.R. § 14.27(c)(1)—(2)(2009).
⑪ 21 C.F.R. § 14.27(c)(3).
⑫ 21 C.F.R. § 14.27(c)(4).

供最佳的方法和最佳的数据,欧洲食品安全局通常就一个特定科学主题,向公众寻求信息、数据和观点;当一项科学意见的草案已经列举出了欧洲食品安全局就一个科学问题的最初主张时,作为一项原则,欧洲食品安全局会开展公众协商,目的是确保科学草案的最后版本具备完整性、正确性和清晰性。① 这里的公众包括:学者、非政府组织、行业协会和所有其他潜在的兴趣和受影响的各方。当然,同行专家学者也在此行列之中,也会参与欧洲食品安全局的协商程序,从而对科学问题或主题提供自己的意见和数据。而且,欧洲食品安全局还运用反馈的方式来保障协商有效性,欧洲食品安全局在它的指引中规定,它会及时向利害关系人反馈协商结果。反馈的报告包括欧洲食品安全局在协商过程中所收集到的评论和意见的数量、概括利害关系人主要关注的问题,以及它对这些评论和意见的处理结果,对重要评论和意见加以拒绝的理由等。② 这样一来,欧洲食品安全局就与外部专家建立了良好的科学意见的互动机制。其次,评估意见的外部审查程序也是科学顾问与专家同行进行交流的机制之一。为了保障评估意见的科学性和可靠性,欧盟设计了一整套严格的质量保障程序,主要包括四个环节:自我评估、内部审查、外部审查和质量管理年度报告。其中,外部审查程序就为科学顾问与外部的专家同行提供了一种交流平台,欧洲食品安全局通过建立外部独立的专家小组来对其内部的质量审查程序加以审查,外部专家小组会提出建议,科学顾问需要对外部同行专家的意见予以考虑和回应。最后,科学意见分歧解决的程序要求。《统一食品安全法》前言在规定欧洲食品安全局的使命时指出,当局的角色是一个独立的科学参考依据,应当采取措施避免科研活动中不同科研机构之间科学意见的分歧,有必要建立一定的程序制度来解决这样的分歧,或者为危机管理人员提供一个科学信息的透明基础。对此,《统一食品安全法》在第 30 条和第 60 条详细规定了解决科学意见分歧的程序性要求。第 30 条规定了解决欧洲食品安全局和与欧洲食品安全局实施相同任务的主管机关之间的科学意见分歧。欧洲食品安全局需要识别分歧的潜在根源,如果欧洲食品安全局识别了分歧的潜在根源,它应当与

---

① 参见杨小敏、戚建刚:《欧盟食品安全风险评估制度的基本原则之评析》,载《北京行政学院学报》2012 年第 3 期。

② 同上。

有问题的机关相联系确保所有相关科学信息能够共享,并识别可能引起争议的科学问题。如果关于科学问题的一个实质性分歧被识别,并且存在问题的主管机关是一个欧盟机构或者是欧盟委员会的科学委员会之一的话,欧洲食品安全局和相关的主管机关有义务去解决分歧或向委员会提交一个共同文件来理清有争议的科学问题,并确认相关数据的不确定性。这个共同文件应当公布。如果关于科学问题的一个实质性分歧被识别,并且存在问题的主管机关是一个成员国内部的主管机关,食品安全局和国家当局有义务进行合作来解决分歧或者准备一个共同文件来理清有争议的科学问题,并确认相关数据的不确定性。这个共同文件应当公布。第60条规定了欧盟成员国之间涉及科学争议的问题的调解程序。在不违背欧盟其他规定应用的前提下,如果一个成员国认为其他成员国在食品安全领域采取的措施和本法相抵触,或者可能对其国内市场运作产生影响,这个成员国应当将相关事项提交委员会,同时委员会将该事项迅速通知相关成员国。两个相关的成员国和委员会应当尽力解决问题。如果不能达成协议,委员会可要求欧洲食品安全局提供任何有关科学争议的建议。请求期限和欧洲食品安全局答复期限应当在委员会和欧洲食品安全局达成的协议中进行规定,并咨询相关的两个成员国。欧盟食品安全监管主体也在现实中践行着法律规范的要求,例如,根据欧盟委员会的要求,食品添加剂和食品营养源添加小组到已被要求提供番茄红素的每日允许摄入量(ADI)的修正值以及欧洲食品安全局(EFSA)和粮农组织/世界卫生组织联合食物添加剂专家委员会(JECFA)之间关于番茄红素的风险评估分歧的声明。该小组的调查结论是:科学意见的分歧并不在于提供给欧洲食品安全局的番茄红素评价数据,而是一个关于一岁龄大鼠的 AST 和 ALT 水平的毒性相关研究解释的分歧。该小组同意 AFC 小组对一岁龄大鼠的研究,以及无毒性反应剂量为 50 毫克/公斤体重。[①]

  如此,欧盟通过相关法律规范和内部文件指引将科学意见的交流和科学建议分歧的解决机制予以法制化,而美国也主要通过各种法令和行政命令中的程序性规定在实现公开、透明和互动、协商的基本原则的同时,保障

[①] 参见 sunny5739:《欧洲食品安全局:对番茄红素风险评估意见分歧的声明》,载 http://www.foodmate.net/news/daodu/2010/07/165902.html,2014 年 2 月 12 日访问。

了食品安全风险评估过程中各种科学意见的交流和互动。例如，行政机关在发表一项风险评估的草案或正式结论之前，要为消费者、利害关系人、同行专家学者提供开展讨论和发表评论的机会，往往通过报纸、网络等媒体或者通过召开听证会等多种途径，征询科学意见、听取民众呼声，允许任何人评价该草案或决议。这样公开、透明、协商的程序性要求，既加强了专家间科学观点和信息的交流，也加强了食品安全监管机构与公众之间的交流。

综上所述，欧盟和美国通过一系列法律规范和各类指引文件，建立了确保专家的科学建议获得社会公众信任的制度，这些法律制度能够为我国食品安全风险评估科学顾问法律制度的完善提供行之有效的经验知识。

第六节 我国食品安全风险评估专家制度之完善

与欧盟及美国的食品安全风险评估专家制度相比，由于我国的食品安全风险评估专家制度起步比较晚，理论研究相当欠缺，积累的经验也相对不足，因而在实践中引发了诸多问题，致使社会公众对该项制度产生了严重的不信任，也极大削弱了行政机关作出食品安全风险管理决策的科学性。以上对我国食品安全风险评估专家合法性危机突出表现及其原因的分析，其实揭示出了我国《食品安全法》以及其他规范食品安全风险评估专家的相关法律规范，既没有考虑对专家的中立性、权威性、透明性的诉求，也没有关注专家知识可能被滥用的机制，其结果将可能是：专家角色的"空洞化"和"符号化"与专家知识滥用同时存在[1]，专家作出的科学建议及科学绩效也会陷入民众的不信任之中。然而，来自欧盟和美国等食品安全风险评估法制比较发达地区的理论与实践的经验都告诉我们，食品安全风险评估的科学顾问专家和同行专家要获得相互的信任以及社会公众的信任，食品安全风险评估专家的法律制度的设计者至少会遇到这样一些难题：如何确保他们所提供的评估建议具有科学上的卓越性？如何确保他们是在一种忠实于公共利益的独立的状态下作出评估意见，或者如何克服他们在经济利益上存在

---

[1] 参见王锡锌：《我国公共决策专家咨询制度的悖论及其克服——以美国〈联邦咨询委员会法〉为借鉴》，载《法商研究》2007年第2期。

的或明或暗的偏见并防止行政机关和其他组织的干涉？如何让他们在透明和公开的条件下提供科学意见？[①] 通过上文的分析可以发现，这些问题恰恰是目前困扰我国食品安全风险评估专家的制度设计者的难题，也是我国的专家出现合法性危机的原因。由此，在适当借鉴和合理改造发达国家和地区的法制经验基础之上[②]，可以提出克服我国食品安全风险评估专家合法性危机之具体的食品安全法制度。

一、设计公正和科学的遴选制度

公正和科学的专家遴选制度是确保科学顾问专家能够作出高质量的风险评估报告，并获得公众和同行专家信任的基础性制度。对于这项制度，我国现行法律规定的相当不足，一些关键的环节缺失。笔者认为，一项完整的公正和科学遴选制度至少应当包括四个环节：

一是适格的候选人的评价标准。适格候选人的评价标准的制定服务于专家的选择，既要考虑这些专家是否具备学位、职称、所在单位性质以及学术成果等硬性标准，又要考虑这些专家应具备的科研道德水平，如学风严谨正派、客观公正、工作积极认真、谨慎负责等等。对此，《国家食品安全风险评估专家委员会章程》第13条规定了5项，笔者认为，这5项标准是不够的，还需要加上两项：即具有跨学科的，具有从事与食品安全风险评估专家委员会的职责所涵盖的区域相关的一个或多个领域内公认的科学上的卓越性，最好是国际化背景的专业经验，以及具有娴熟的食品安全风险评估信息的沟通技巧。

二是遴选程序。对此，我国现行法律规范没有明确规定。笔者认为，它应当包括五个阶段。（1）卫生部运用多种媒体和新闻手段，向全国范围内发布遴选科学顾问的成员的公告。对于推选候选人的具体方式可以考虑由专家自荐或由满足一定数量的其他专家群体或符合一定条件的学术机构推荐相结合。卫生部可以发布《关于推荐国家食品安全风险评估专家的函》，

[①] See Evan Selinger & Robert P. Crease, eds., *The Philosophy of Excpertise*, New York: Columbia University Press, 2006, pp. 1—45. See Jeffrey D. Kovac, Essay, Science, Law, and the Ethics of Expertise, 67 Tenn. L. Rev. 397, 2000, pp. 402—403.

[②] 参见戚建刚、易君：《论欧盟食品安全风险评估科学顾问的行政法治理》，载《浙江学刊》2012年第6期。

从职称、经验、业务能力、年龄、学术水平、评议水平等方面详细规定食品安全风险评估专家的推荐条件。此外,针对我国某些专家资源短缺的食品安全研究领域或学科,在保证国家安全的前提下,可以考虑引进其他国籍、学术水平较高的国际专家。① (2) 卫生部组织专家对申请人的申请的有效性进行形式上的审查。(3) 卫生部组织专家对适格的候选人进行实质上的评价。在这个过程中需要注意保证食品安全风险评估专家构成的均衡和合理。根据美国食品与药品管理局的规章规定,在选择成员时应考虑成员"具有不同的专业教育、训练和经验,从而委员会能够反映是由充分的科学知识所组成的平衡,用以解决委员会所遇到的问题……"②。就我国食品安全风险评估而言,实现专家构成的均衡合理,也必须从知识结构平衡和利益平衡双重角度来设计规则。首先从知识角度而言,专家的选择必须考虑为了解决问题而需要的多重知识,并根据这种多重知识的需求选择专家,以防止知识倾向上的非中立性。如果参与评估的专家仅仅由背景和阅历相似的人组成,那么他们彼此有着共同的知识结构、学术话语和知识重心,往往会形成一些偏执的先见,可能无法对问题的方方面面予以综合考虑,从而得出有失偏颇的结论。基于此在我国食品安全风险评估专家库人员的选择过程中应注意考虑学科分布的均衡,以确保他们的观点和立场具有代表性。此外,理想状态下的专家应该是没有种族、没有政治信仰、没有宗教信仰的中性人。但是,这样的专家并不存在。由于学术谱系、利益冲突、学界恩怨、地缘分布等因素的影响,使得相同领域的不同专家之间的学术观点可能会有很大差异,因此,当行政机构选择专家时,还应注意学术见解的均衡,防止出现"一边倒"现象,有时专家的观点应该具有差异性,甚至要存在极化现象,确保各种对立的观点能够正面交锋,在专家意见的形成过程中,应给持不同观点的专家充分表达的机会,从而使得决策者能够在充分考虑各种因素之后作出正确判断。③ 其次从利益角度看,行政主体对专家的选择必须考虑不同专家的利益立场,尽可能使受决策影响的利益各方都能获得专家代表,从而通过

---

① 参见齐丽丽、司晓悦:《对我国同行评议专家遴选制度的建设》,载《科技与创新》2008年第5期。
② 21 C.F.R. § 14.80(b)(i) (2009).
③ 参见徐文新:《专家、利益集团与公共参与》,载《法律科学》2012年第3期。

专业知识的相互制约而获得平衡。①（4）卫生部确定最佳候选人的入围名单。（5）卫生部从入围名单中任命候选人。

三是科学顾问专家成员的更新程序。对此,《国家食品安全风险评估专家委员会章程》第17条规定了专家委员会委员资格终止的情形,第18条简单规定了专家委员会委员每届任期为五年。笔者认为,这至少需要规定:更新成员的情形,比如,辞退、辞职或任期届满;需要履行的更新程序,比如,食品安全风险评估专家委员会主任向卫生部提出建议,卫生部根据遴选程序选择新成员等步骤。

四是与遴选相关的候选人的身份信息的保障。对此,我国现行法律规范与《国家食品安全风险评估专家委员会章程》都没有规定。笔者认为,这一点对于确保有足够优秀的候选人来参加遴选程序非常重要,因而需要作出规定,比如,有权获得这些候选人的身份信息的主体,这些主体需要遵守的法定义务等。

对于这四个环节,笔者建议卫生部或者食品安全风险评估专家委员会通过发布规范性文件的方式来加以规范。就像欧洲食品安全局通过其两个内部指引、美国通过咨询委员会法和内部章程及指南等来法制化那样。

二、设计精密和完整的利益声明规则和回避制度

设计精密和完整的利益声明规则和专家成员回避制度,有利于确保科学顾问专家成员严格依据公共利益来实施风险评估,不受其他组织的利益和意志的影响。我国《食品安全风险评估管理规定(试行)》虽然规定了科学顾问独立实施风险评估的原则,但由于缺乏具体的制度,该项原则其实难以实现。而在我国目前的食品安全风险评估实践中,行政机关并没有真正注重评估专家的利益冲突问题,笔者认为,在未来,如要较为有效的实现独立性原则,则应该以制度化的方式处理风险评估中专家的利益冲突问题。建立科学和完整的利益声明规则和专家成员回避制度,通过法律规则的方式规定,科学顾问的成员在从事食品安全风险评估活动时承诺与该活动不存在直接或间接的利害关系,否则,该成员的某些权力将受到限制或实行回

---

① 王锡锌:《我国公共决策专家咨询制度的悖论及其克服——以美国〈联邦咨询委员会法〉为借鉴》,载《法商研究》2007年第2期。

避。对于我国的科学顾问的制度设计者而言,利益声明规则可能显得陌生,对于它的功能或许持怀疑态度。然而,从上文对欧洲食品安全局的经验介绍来看,利益声明规定对于确保科学顾问成员的独立性以及获得社会公众和其他国家行政机关的信任非常有效。笔者认为,虽然我国可能并不需要完全照搬欧洲食品安全局的这些利益声明规则,但不能忽视这些规定的功能,由此,可以适当借鉴其中的一些利益声明规则类型,对于确保我国食品安全风险评估科学顾问的独立性是十分有益的。所以在借鉴欧盟和美国的制度规则的基础上,笔者认为可以作出如下制度安排:(1)行政机关应在进行风险评估之前,要求评估的专家提交其从事相关的经济活动的信息,行政机关对评估专家提交的信息负有保密的义务,并利用这些信息来判断进行评估的专家与食品安全的责任企业是否存在利害关系,是否应该在评估中回避,若评估事项与专家个人利益有关或者与专家所在机构利益相关,应该使该类专家回避,并公开专家回避的原因。(2)在特定的情况下,虽然特定专家身上存在利益冲突,但是该专家却是在要评估的领域内非常稀缺,或者其具有的专业知识在评估时无可替代,行政决策部门可以决定对该专家免于回避,但是须对不予回避的理由以及行政机关的利益考量予以公开,接受公众的监督。(3)参加评估的评估专家应当填写承诺书,承诺与食品安全的责任企业没有商业利益,并建立评估专家的信用体系,如有发现专家隐匿商业利益的情况,应当记录在案,并相应的减少对其的聘请,多次有违规的隐匿行为的,行政机关不予聘请其出任评估的专家,直至将其清除出食品安全风险评估的专家库。

此外,建立其他一系列规则以确保专家成员能独立自主的作出决定,形成专家权利与政府决策权之间的制衡结构。我国现有的决策体制虽然强调专家的角色,但其并没有获得"有效行动的空间和能力"。结果是,政府可以在知识和权力这两个方面获得垄断性地位,导致专家其实处在食品安全风险决策体制的边缘,对食品安全风险评估的话语权和影响力受到明显的制度化排挤。[①] 所以要加强对成员能独立自主地作出决定的保障。

[①] 参见王锡锌:《公共决策中的大众、专家与政府——以中国价格决策听证制度为个案的研究视角》,载《中外法学》2006年第4期。

三、设计合理和全面的公开和透明的制度

通过对科学顾问专家成员提供食品安全风险评估科学建议活动有关的主要环节进行公开和透明予以法制化,有利于制约行政机关随意地将评估专家的意见弃之如履,遏制其不尊重科学的评估意见而恣意的作出决定的可能性;有助于对风险评估专家委员会组成、评估技术机构及其专家、评估所依据的数据或信息、评估方法、评估结果等进行必要的社会监督——主要是同行专家的监督和公共监督[①],压缩各种"私下交易"可能存在的空间,遏制专家们被利益集团控制而作出有违科学良知意见的可能性;有助于普通公众获知更多的食品安全风险的信息,提高公众对风险评估的认知度、可接受度和信任感。该项制度的内容至少包括四个方面:

一是首先要破除由卫生部统一来公开食品安全风险评估信息的做法,科学顾问有权在遵守相关保密规定的前提下,自行公开食品安全风险评估信息。现行的食品安全风险评估公开制度仅仅是结果公开,而且由卫生部来公开,作为具体作出风险评估的科学顾问无权自行公开。笔者认为,这种公开制度显然无法满足社会公众和同行专家的知情权,也难以获得它们的信任和支持,我们需要一项合理和全面的食品安全风险评估活动公开和透明的制度。

二是确立卫生部和科学顾问专家公开信息时需要遵循的原则,即全过程都应当体现透明性,而不仅仅是最终的科学建议或结论应当向社会公开;透明和公开的信息具有可理解性(特别是能够为社会公众所理解)和可复制性,从而能让其他专家来验证;当专家被要求在有限的时间内(如,遇到紧急情况时)提供科学建议时,专家应当对科学建议所具有的不确定性作出解释,并对减少不确定性的方案加以描述。

三是规定需要重点公开的事项,比如,每一项食品安全风险评估结果的目标和适用范围的信息,具体而言,该评估结果的背景以及需要回答的问题;评估结果所针对的对象和范围,包括被评估的活动、事项或危害,被暴露的人群,对评估范围加以限制的理由等。又如,对某一事项作出评估结果时,所使用的任何既定的指南、数据质量标准、默认假设、决定标准以及对于

---

① 参见沈岿:《风险评估的行政法治问题——以食品安全监管领域为例》,载《浙江学刊》2011年第3期。

任何偏离既定规定的做法的理由等的信息。再如,用以识别相关数据和其他信息,包括文献调查的范围和标准的方法;科学顾问的议程和时间;关于评估结果的会议纪要,少数派成员的意见等等。需要指出的是,对于上述事项的公开,应当在官方网站以及重要会议上主动的和及时的公开。信息公开要求专家咨询机构建立完善的专家咨询文件档案库和管理机制。

四是要对公开性与保密性之间的关系加以规范化。如何规范食品安全风险评估、提供科学建议活动的透明性与保密性之间的关系,是一项棘手的任务,美国和欧盟都为我们提供了丰富的经验借鉴。首先,需要明确公开和透明是基本原则,而保密是例外。科学顾问所从事的风险评估活动的信息应当以最大限度的被公开或让公众获得,而只有在具有正当的法定理由情况下,最小数量的信息才能被保密。其次,即使对于依法应当保密的信息,如果为了保障社会公众健康的需要,该类信息也应当公开,保密的要求将被解除,社会公众有权及时的获得该类信息。再次,规定某一信息是否应当保密时所需要考虑的因素:比如,公开是否会给个体或公司带来经济损失或不正当的赢利;公开是否会严重干扰科学顾问的活动;公开是否会违反现行有效的法律等。最后,要规定保密的方式,比如,科学顾问的成员应当签署一份书面声明以表明遵守保密的义务,并且,这种义务一直持续到他们的职责的终止。

四、设计独立和公正的外部同行专家评审制度

独立的外部专家评审既有利于提高风险评估建议的科学质量,也有利于科学顾问专家同外部其他专家群体进行科学知识和意见的沟通交流,从而减少外部同行专家对食品安全风险评估最终建议的质疑,增强外部专家对科学顾问专家的信任度。实践中,对某项具体的食品安全风险评估工作,往往是由某些或某方面领域的专家来完成的。风险评估的结果是不是按照普通公众广泛接受的适当方法或者风险标准而得出科学可靠的结论,作为普通公众的消费者以及其他领域的相关专家都是很难回答的。因此,由同一领域内的外部独立的其他专家对食品安全风险评估及其评估的初步结论进行双向的匿名评审是非常有必要的,这有助于我们从专业的角度出发来对待评估过程中可能存在的错误或者瑕疵,并且能够更好地确保评估结论的准确性和可靠性。在我国,同行评审往往只出现在科研项目申请、科研成果评定等方面的立法之中①,尚未被风险监管领域所采纳。无论是在哪个专业领域、处于何种目的进行的食品安全风险评估,都应当考虑同行评审机制,这样做主要是出于对科学、对评估专家的作用及其性质的正确认识。当然引入风险评估的同行评审机制,并不意味着要对权威性的风险评估机构——风险评估专家委员会所作出的全部的评估结果进行同行评审。在程序设计方面,我们可以考虑对某个或某些领域的专家所作的初步评估结果进行外部的同行评审,外部同行专家小组可以提出建议,在同行评审的基础上,再由权威性的风险评估委员会作出最终评估结论。例如,目前法律允许风险评估委员会委托有关技术机构,承担风险评估的具体工作,在规定时限内提交风险评估相关科学数据、技术信息、检验结果的收集、处理和分析的结果,风险评估委员会据此进行风险评估。② 为了避免风险评估委员会的评估受其错误或者瑕疵的结论影响,就可以对风险评估技术机构的初步评估工作进行同行评审。

五、设计主动和高效的交流和争议解决制度

主动和高效的科学意见的交流和争议解决制度有利于增强不同类型专家之间的信任感,有利于理清科学问题,快速和高质量地实施风险评估。对此,我国现行的法律制度规定得相当少。笔者认为,未来的法律制度设计至少应当包括以下几方面的内容。

一是确立食品安全风险评估中协商的基本原则,加强科学意见的交流。我国食品安全风险评估的法律规范缺乏对协商基本原则的明确规定是导致专家间缺乏交流的重要原因之一,所以,需要在食品安全法律规范中确立风险评估的协商性原则并构建保障原则的实施机制,对专家交流予以基础性和原则性的指导。在加强交流协商制度构建的同时,要注意对同行专家质疑作出主动、及时的回应,设计反馈机制以保障协商的有效性。此外,食品安全监管部门及其科学顾问专家应对大量公开发表的研究和同行专家意见保持关注,对外部专家学者或社会公众关注的食品安全风险的科学争议及

---

① 例如《科学技术进步法》第 62 条规定:"确定利用财政性资金设立的科学技术基金项目,应当坚持宏观引导、自主申请、平等竞争、同行评审、择优支持的原则。"

② 参见《食品安全风险评估管理规定(试行)》第 14 条。

时制定或调整评估计划,积极开展评估发表权威声明。

二是设置科学评论委员会,构建科学争议解决机制。美国生物科学界也曾出现过一件轰动一时的"伪科学"案,一位极著名的科学家用经过修改的实验数据做自己的"理论"依据,有人提出质疑后,美国成立了一个包括科学界、法律界及有关人士的专门委员会进行调查,这给了被告极大压力,最终自己承认了错误。① 我们是否也可以借鉴该种方式,成立科学评论委员会或所谓的"科学法庭"来处理有关科学争议的问题。科学评论委员会可以由经某些中立程序挑选出来的一定数量的不相关的科学家、退休的法官(在相关科学方面有一些最低限度的能力)组成,主席由法官担任,有利于科学争辩的展开和公正价值的维护。委员会的职权是相当明确的,议事日程不是由政府部门来确定,这就允许委员会去调查那些政府部门可能还没考虑到的问题。如果食品安全风险评估建议的利害关系人、一定数量的专家团体、科学顾问或政府部门中的一方或双方对食品安全风险评估中的科学问题提出异议或者要求推翻或修改评估建议的,可以向委员会申请将该案件放置于科学轨道上,将其纳入科学争议解决机制。需要注意的是,这里针对的是科学问题的客观事实的争议,而不涉及价值判断的问题,争论点是具体的,而不是抽象的。科学评论委员会也需要设计一定的程序规则,但不必过分的墨守成规,可以制定意见听取程序,遵守提供证据的某些规则,在没有主要障碍的情况下,可以允许使用现有的科学文献和研究结论,专家证人要接受盘问,并且要做会议活动记录,可以有社会公众个体、相关政府部门、行业组织、利害关系人、企业代表等出席,等等。当然,此处对科学评论委员会运行机制的安排只是笔者的一点尝试,还有许多地方需要求证和完善,但关键是希望通过该种机制能促使参与者去探究并向完全相反的观点提出驳斥。科学顾问专家与同行专家之间的意见交流和分歧解决并非强调结果的唯一性、一致性,重点是相互交流、相互讨论、相互质疑解惑的过程,这个过程不仅让科学顾问和同行专家之间建立了信任关系,还让社会公众明了各专家意见的根据和优劣,对评估结论的科学性和权威性有相对正确的判断,不再仍由各种各样的所谓"专家意见"的摆布或随波逐流。

---

① 参见《顾方舟呼吁:建立科学法庭树立科学观念》,载《中国民办科技实业》1994 年第 5 期。

六、设计层次清晰和分明的责任追究和激励制度

激励机制和责任追究制度是食品安全风险评估专家制度运作的动力和制度有效的边界条件。

1. 食品安全风险评估专家的责任追究制度

食品安全风险评估本身通常情况下不会直接设定、变更或废止被监管者的权利义务关系,在行政法理上不属于法律行为。我国食品安全风险评估科学顾问专家是受行政主体委托为行政主体制定和实施食品安全风险管理决策提供科学的评估建议,行政主体依据科学顾问的评估意见作出具有普遍约束力的行政决策,这个决策或者决定从法律上来讲是行政机关所作的行政行为,所以,一来作为主体的科学顾问专家是不具有行政主体的法律地位的,它所作的评估结果或者建议是否在现实生活中被采纳并实施还要取决于行政机关,所以在法律上这些专家并不具有行政主体的地位;二来科学顾问专家所作的评估不属于行政行为的范畴。而依据我国《行政诉讼法》的规定,法院受理的行政案件的范围是行政主体所做的具体行政行为,换言之只有作为行政主体的行政决策机关对外作出的最终决定才可以作为法院司法审查的对象,而法院却不能对科学顾问专家所作的风险评估结果进行司法审查,只能针对行政机关在评估结果基础上所作的行政决定进行审查。这里就引申出一个问题:如果科学顾问专家作出了不适当或者错误的评估,或者科学顾问专家在评估过程中受利益集团或者聘请他们的行政机关的影响而作出了不科学不理性的评估结果,这些评估专家是否要承担责任?如果要承担责任则要承担何种类型的责任?

为了使评估专家能够尽责,保证评估的科学性、中立性,在一定程度上就需要设定评估专家的责任追究制度,明确专家责任能够对专家起到警示的作用。食品安全风险评估专家的责任是指食品安全风险评估专家在食品安全风险评估过程中因违反特定义务而应承担的不利后果。那么食品安全风险评估专家的特定义务是什么呢?根据德国和日本学者的研究,专家从委托人(服务对象)那里得到两种意义上的信赖。其一,信赖专家对于其专门领域的工作具备最低基准的能力保证;其二,信赖专家关于裁量的判断。基于此信赖,专家负有下列义务:第一,高度注意义务。专家因具有异于一

般人之专门知识、技能,具有从事其专门领域的最基本能力,因而对其为服务对象提供的服务须尽到与其专业技术职级相一致的注意义务,该义务相对一般人而言为高度注意义务,但对同一职级的同行业专家而言是"中等偏上"的谨慎、勤勉义务。第二,忠实义务。此义务基于委托人对专家裁量判断的信赖。专家在裁量判断时须忠实于委托人,从委托人利益出发选取最优方案;同时,专家须对其所接触到的有关委托人的隐私、秘密等加以保密。第三,提供正确信息的义务。专家提供的信息,不仅为委托人,也被第三人作为权威信息予以传递和利用。因此,专家负有提供正确信息的义务。[①] 具体到食品安全风险评估的内部科学顾问和外部其他专家,他们在进行食品安全风险评估或者公开发表各人对食品安全风险评估建议时也具有这三项基本义务:高度注意义务、忠实义务和提供正确信息的义务。注意义务强调的是食品安全风险评估的内部科学顾问和外部其他专家在评估的过程中是否存有与其专业技术职务要求不一致的行为瑕疵;专家的忠实义务则着重考察参与评估的专家的职业操守是否存在有污点,如利益相反的行为、不诚实行为、违反信息公开说明义务的行为等;提供正确信息的义务则强调食品安全风险评估专家是否提供了不实或错误的信息。

我们可以依据责任承担的严重性程度不同将食品安全风险评估中的专家责任分为法律责任和一般责任。法律责任是指在食品安全风险评估过程中,专家因违反法定的义务而应承担的不利后果,这一点严格按照法律规范的规定执行即可。专家的一般责任是专家违反义务但危害较轻的责任形式。这种形式的专家责任轻于法律责任,比如,道义责任和专家行业、专家机构内部处分和制裁等。比较可行的方法是可以考虑增设评估专家的声誉责任,主要包括评估专家的评估资格减免或者信用减低等内容,如果食品安全风险评估的专家在食品安全风险评估过程中有偏离科学或者不法的风险评估行为,在专家的资格减免方面就可以对风险评估专家责任人的资格进行减损或免除,在专家的信用度减低方面可以通过信誉评估制度、各种"黑名单"制度等使风险评估机构或者专家个人信用度致损的方法,来使其承担广义上的责任,从而迫使科学顾问和外部同行专家谨慎对待自己的言行。

[①] 参见唐先锋、杨学艺:《专家责任制度中的专家不当行为分析》,载《西南农业大学学报(社会科学版)》2005年第3期。

有几点需要注意的是:(1)有时专家提供的意见与事实不符,如果有证据证明是由于客观条件所限,则不应追究专家的责任。但是如果有证据证明专家应该而且能够尽到注意义务而没有做到,则应追究其责任。(2)由于工作内容专门化,专家意见的影响社会化,专家应具备符合食品安全风险评估事务要求的知识水平和技术水平,不能把个人知识水平的不足作为免责的理由。(3)由于食品安全风险的复杂性和不确定性,应当允许专家意见与事实之间存在轻微差异。①

2. 食品安全风险评估专家的激励机制

食品安全风险评估内部科学顾问专家和外部其他专家参与食品安全风险评估不能仅靠专家的社会责任感,同样需要政府根据需求建立有效的刺激反映模式,激发专家群体被社会认同的自豪感、荣誉感。可以通过对专家评估论证实行效果考核和评估,通过事实结果检验和评估建议方案的质量,对提供优秀评估建议或方案的专家给予经济奖励或者名誉奖励。例如,可以设立"突出贡献专家",该评选活动每年组织一次,该活动的组织目的在于对有重要贡献的食品安全风险研究成果和被采纳并产生重要影响的食品安全风险评估建议给予奖励。还可以设立"食品安全风险评估专家专项基金",专门资助或奖励那些潜心研究食品安全风险问题,对食品安全风险管理有建树、有贡献的成果和人员。还可以将提供必要的出国或赴外地考察、交流、学习、培训的机会作为对专家的激励方式之一,这种方式还能提高专家素质,促进食品安全风险评估专家的培养和发展。

科学是一件客观、严肃的事情,容不得半点主观意向及虚假,否则后果不堪设想。应当指出,以上六项制度是克服我国食品安全风险评估专家合法性危机的主要制度,其他制度,比如,专家的经费保障制度(保证遴选经费、专家报酬、评估费用等有关财政投入的独立,)、科学顾问专家的集体决策且成员之间享有平等发言权制度、专家专业化和职业道德、专业信仰的培养制度等,都能在一定程度上发挥相应的功能,可以说,通过这些制度的有效运作,我国的食品安全风险评估专家将走出合法性危机,从而获得社会公众的高度信任,也能为食品安全风险管理决策提供充分的科学保障。

---

① 参见冯清华:《政府专家咨询制度研究》,西南政法法学硕士学位论文,2008年。

第六章　食品安全风险评估物质保障制度

食品安全是全过程的安全,食品安全风险评估是一个系统工程,而对于任何一项系统工程的展开,物质要素与非物质要素的保障都是极为重要的。我国的食品安全风险评估制度尚处于起步阶段,尤其是在物质要素的保障方面相对于其他国家与地区来说还显得过于滞后,因此,分析相关国家与地区的风险评估物质保障要素制度,对于推动和完善我国食品安全风险评估制度具有很大意义。本章围绕食品安全风险评估的物质保障制度着重从以下几个方面展开论述:一是食品安全风险评估物质保障要素的一般理论,主要包括食品安全风险评估保障要素的内涵和种类;二是发达国家和地区食品安全风险评估物质保障制度评析,论述了一些发达国家和地区的食品安全风险评估物质保障的内容并分析了其呈现出的主要特点;三是详细分析了我国食品安全风险评估物质保障中所存在的问题;四是完善我国食品安全风险评估物质保障制度的建议。

第一节　食品安全风险评估物质保障要素之一般理论

一、食品安全风险评估保障要素之内涵

保障要素是保障食品安全风险评估有效性的各种物

质与非物质资源。从本质而言,我国卫生部组织国家食品安全风险评估专家委员会依据《食品安全法》《食品安全法实施条例》《食品安全风险评估管理规定(试行)》的相关规定进行风险评估的活动,是行使行政权力的活动。虽然行政权力是一种具有强制力的力量,但人们往往很少去思考这样一个简单的问题,那就是纯粹的行政权力具有强制力吗?如果没有保障要素,包括食品安全风险评估权力在内的行政权力能实现其目的吗?正如有学者指出的那样"国家机构、官吏、军队、警察、法庭的数量、质量等是体现权力强弱的客观指标,没有相应的财富作保障,法律赋予国家多少权力都是没有意义的"[①]。显然,保障要素对于食品安全风险评估权力的有效实施是一个不可或缺的要素。对于食品安全风险评估保障要素的内涵可以从以下七个方面来理解。

(1) 食品安全风险评估保障要素是指各种物质性的或者非物质性资源。所谓物质性的资源是指客观存在的、能够为食品安全风险评估主体所控制和支配的物质实体与智力财富,既可以是动产也可以是不动产,既可以指有体物也可以指非有体物。如食品安全风险评估主体的办公大楼、信息、各种办公资金、预算、科学技术等。它们具有三方面的法律特征:第一,可支配性。即它们必须是能够为食品安全风险评估主体所控制的。第二,可使用性。即它们能够被食品安全风险评估主体所使用,那些不能被食品安全风险评估主体所使用的物质条件是不能作为其所行使的权力的保障要素的。第三,相对稀缺性。即它们具有一定的价值与使用价值,可以用财富来加以衡量。立法机关不可能为食品安全风险评估主体提供无限制的保障要素。而食品安全风险评估的非物质性资源主要是实施食品安全风险评估的具体的人的人格魅力、社会地位、声望等能对社会公众产生一定影响但非以物质的形式加以表现的资源。美国政治学家罗伯特·达尔曾提出"供政界人士影响他人的资源"清单,其中包括:"个人自己的时间;金钱、信用和财富的享用权;对信息的控制;尊敬或社会地位;拥有的魅力、声望、合法性、守法性;适合担任公职的权利……团结,即作为社会一部分的成员从他人获得支持的能力,由于职业、社会地位、宗教、民族出身或种族血统……选举权、智

---

① 童之伟:《再论法理学的更新》,载《法商研究》1999 年第 2 期。

力、教育,或者还有个人能力水平等方面的相似性,他们把他看成和他们一样。"①这一清单或许能够加深我们对食品安全风险评估保障要素作为一种物质性或非物质性资源的理解。

(2)物质保障要素在食品安全风险评估的保障要素中居于支配地位。尽管食品安全风险评估主体行使与运行权力离不开保障要素,然而在物质与非物质的保障要素中,物质性的保障要素则是占据着支配地位,没有了物质保障要素,非物质保障要素也将失去存在的基础。如果没有起支配作用的物质性资源,仅凭食品安全风险评估主体的个人信誉或者社会地位就难以实现其法定职责。现代民主国家强调食品安全风险评估效率,物质性保障要素则是从根本上保证了食品安全风险评估的效率。

(3)保障要素的使用权归属于食品安全风险评估主体。由于在食品安全风险评估保障要素中占支配地位的物质保障要素本质上是一种物质资源,它们具有价值与使用价值,能够用金钱来衡量,因而,确定物质保障要素使用权的归属问题就非常重要。从法理上讲,虽然包括食品安全风险评估主体在内的所有行使权力的主体的物质保障要素都来源于国家,也就是说,所有权归属于国家(当然最终主要来源于税收),但物质保障要素的使用权则归属于这些具体行使权力的主体。可是,由于食品安全风险评估主体的法律身份是多重的,既有作为民事主体的身份,也有作为行使权力的身份,还有作为国家公务员的身份,因此,笼统指出物质保障要素的使用权归属于食品安全风险评估主体又显得不妥当。需要进一步说明的是,只有当食品安全风险评估主体在履行法律所赋予的职权或职责时,才是物质保障要素使用权的所有者。

(4)物质保障要素是衡量食品安全风险评估能否有实际效果的客观指标。"大凡认真考虑权力分配方案者必可察觉在分权的政府中,司法部门的任务、性质决定该部门对宪法授予的政治权力危害最寡,因其具备的干扰与危害能力最小。行政部门不仅具有荣誉、地位的分配权,而且执掌社会的武力。立法机关不仅掌握财权,且制定公民权利义务的准则。"②美国政治家

---

① See Robert A. Dahl, *Who Governs? Democracy and Power in an American City*, New Haven: Yale University Press, 1961, p.226.
② 〔美〕汉密尔顿等:《联邦党人文集》,程逢如等译,商务印书馆1980年版,第391—392页。

汉密尔顿对立法、行政与司法三权对政治社会影响程度强弱的论断,就是以各机关所掌握或拥有的物质资源为依据之一的。他认为司法机关之所以是分立的三权中最弱的一个,司法人员的任职之所以要固定,最重要的原因是它所控制或掌握的物资资源与立法和行政部门相比要少。汉密尔顿的观点表明了这样一个简单的事实:权力的物质保障要素是决定权力实际效果的一个重要指标。

显然,汉密尔顿的论述有助于我们理解物质保障要素是衡量食品安全风险评估能否具有实际效果的客观指标的观点。其实,各国食品安全风险评估的经验也表明,食品安全风险评估能否具有实际效果与行使主体所控制或拥有的物质财富是有密切关系的。食品安全风险评估主体若要履行食品安全风险评估职责,为社会提供良好的公共产品,必须以一定的物质财富为基础,并且,它所掌握的物质财富的多少与它实施食品安全风险评估的有效性往往是成正比的。

(5)信息资源作为物质保障要素的一种新的形态日益受到关注。在食品安全风险评估的物质保障要素中除了以资金形式存在的以外,还有以其他形式存在的保障要素。在现代食品安全风险评估过程中,信息资源这种形态的物质保障要素正发挥着引人注目的作用。食品安全风险评估主体决策的正确性、有效性在很大程度上是由它所掌握或控制的信息所决定的。一般而言,食品安全风险评估主体所掌握的信息包括各种通话、讲话、调研、快报、简报、汇报、总结及各种文件等。在互联网时代,网络信息已经成为食品安全风险评估主体的信息的重要组成部分。事实上,食品安全风险评估主体开展食品安全风险评估是其所拥有的信息的流动过程。不论是食品安全风险主体识别食品安全危害——识别存在的危害物质并确定其毒性,在可能时对危害物导致不良效果的固有性质进行鉴定,判定某种因素与一定的健康效应(如致癌、中毒等)是否存在因果联系,还是对食品安全危害的描述——研究剂量反应关系,是定性或定量的评价危害对健康产生副作用及其性质的过程,对由剂量反应或已有资料确定的危害从生物学、毒理学、剂量反应关系进行审慎的阐释;抑或,实施暴露评估——主要依据膳食调查和各种食品中化学物质暴露水平计算人体对该种化学物质的暴露量,同时短期急性暴露和长期慢性暴露是不同的,与风险描述——就暴露因素对人群产生健康不良效果的可能性进行估价,是危害确定、危害描述和暴露评估的综合结果,是整个风险评估的核心步骤,都涉及食品安全风险评估主体收集、处理和利用各种信息的过程。由此,信息是食品安全风险评估活动的重要保障。对此,《食品安全风险评估管理规定(试行)》第5条规定,食品安全风险评估以食品安全风险监测和监督管理信息、科学数据以及其他有关信息为基础。

(6)充分发挥物质保障要素的效益能极大提高食品安全风险评估的有效性。效益作为经济学上的概念,表达的是投入与产出、成本与收益的关系,就是以最小的资源消耗取得最大的效果,它也是法赖以建立的基础和归宿。食品安全风险评估的物质保障要素既然作为物质资源,便具有一定的价值与使用价值。在现代社会,它能够用货币来衡量。在资源有限的背景下,食品安全风险评估主体实施风险评估也需要遵循效益原则,即其应当利用最少的物质资源为社会提供最多的产品。事实证明,如果食品安全风险评估主体管理成本增长,机构膨胀,人员臃肿,所控制与掌握的资金、设备利用率很低,不仅会浪费整个社会的资源,也使食品安全风险评估难以实现法律赋予的本初目的,而且还会阻碍整个社会、经济的发展。所以,要提高食品安全风险评估的效益,就必须充分发挥物质保障要素的效能。

(7)控制物质保障要素是确保食品安全风险评估合法和有效的重要环节之一。由于食品安全风险评估物质保障要素具有价值和使用价值,能够量化为货币或物质财富,因而,食品安全风险主体存在滥用或误用的可能性,比如,将物质保障要素用于私人目的,这就会损害食品安全风险评估的有效性,进而削弱其合法性,由此,需要对食品安全风险评估物质保障要素加以制约。那么如何加以制约,则是本章将探讨的问题。

二、食品安全风险评估物质保障要素之基本类型

对食品安全物质保障要素的分类,有助于我们理解其外延。由于食品安全风险评估主体并非是直接的生产或生活资料的创造者,当立法机关通过法定的程序授予其评估食品安全风险的职权时,并不意味着它们当然获得了实现该职能的物质保障要素,诸如相应的资金、物资与设备、技术等等。所以,在现实的食品安全风险评估过程中,食品安全风险评估主体所拥有的

履行食品安全风险评估职能的物质资源只能由其他组织来生产,或者由相关机关发挥自身的主观能动性加以搜集,并经法定的程序分配给它们。实际上,在现代社会,食品安全风险评估主体开展食品安全风险评估的物质资源主要是以货币为媒介、通过国家预算的形式实现的,另外一部分可以国家预算外的形式获得。根据前文对食品安全物质保障要素的内涵分析,可以以保障要素形态为标准,将食品安全风险评估的物质保障要素分为如下形式:法律规范保障要素、组织机构保障要素、经费保障要素、信息保障要素、科学标准保障要素以及相关的技术手段保障要素。以下对这几类要素加以简要阐述。

1. 食品安全风险评估的法律规范保障要素

法律规范是指通过国家的立法机关制定的或者认可的,用以指导、约束人们行为的行为规范的一种。它体现的是代议制机构的意志,行政对法律的服从是权力分立的要求,是对代议制机构意志的执行。法律规范通过发挥自身的指引作用、评价作用、预测作用、教育作用以及强制作用,实现对公民社会与政治国家的调整作用。依法行政是行政主体在宪法、法律和规章赋予的权限内,依据法律和法规的规定,管理国家政治、经济、社会事务和文化教育事业的活动。它要求行政服从法律,确保行政的民主正当性。行政机关各项行政权力的行使,必须以法律的规定为依据,严格按照法律的规定办事,凡是超出法律规定的行为,都不得为之,否则就是违法行为。健全的法律法规体系是有效开展管理活动的前提条件。

就食品安全风险评估而言,法律规范的保障同样是不可或缺的。任何一种法律的制定,最终都是由社会的物质生活条件所决定的。我国《食品安全法》《食品安全法实施条例》及《食品安全风险评估管理规定(试行)》作为规制食品安全风险评估的制度规范,它们的立法目的及调整范围的确定,都是受到我国经济发展状况和全球经济一体化进程的深刻影响。针对近年来我国不断爆发的食品安全危机事件,借鉴吸收境外国家与地区的食品安全风险监测与评估制度对于有效化解食品安全危机,构筑食品安全预防与控制体系具有深远意义。所以《食品安全法》以法律的形式确立了食品安全风险评估制度在我国食品安全管理中的重要地位,是我国食品安全监管体系全面迈向科学监管的重要一步。《食品安全法》在第二章"食品安全风险监测与评估"一章中用了整整 7 个条文来明确规定在我国建立食品安全风险评估机构以开展食品安全风险评估工作。这在立法层面上为我国进行食品安全风险评估奠定了法律基础,极大的推动我国食品安全风险评估工作。随后颁行的《食品安全法实施条例》及《食品安全风险评估管理规定(试行)》与《食品安全法》一起构建了我国食品安全风险评估的法律规范体系,为我国有效应对不断爆发的食品安全危机事件,确保公众健康提供了制度保障。

2. 食品安全风险评估的组织机构保障要素

权力只是抽象的形态,如果离开了行使权力的主体——人,那么权力只能是空洞的。因此,任何一种权力总会以被人、被组织所行使的形式而表现出来。无论对于食品安全行政,还是对于其他领域的行政,机构或组织无疑具有极其重要的作用,其原因就在于组织机构是食品安全风险规制的关键保障因素,是食品安全行政得以开展和运转的前提,也是食品安全行政合法性的前提。徒法不足以自行,食品安全风险评估是一项技术措施,仅依靠制度的确立并不能完成,必须由实体的机构去执行。由此可见,食品安全风险评估机构设置是否完善直接关系到风险评估工作能否有效运行。而国外早已确立食品安全风险评估制度,食品安全风险评估机构的运作也十分成熟、完善,值得我国相关负责部门借鉴。《食品安全法》第 13 条规定:"国家建立食品安全风险评估制度,对食品、食品添加剂中生物性、化学性和物理性危害进行风险评估。国务院卫生行政部门负责组织食品安全风险评估工作,成立由医学、农业、食品、营养等方面的专家组成的食品安全风险评估专家委员会进行食品安全风险评估。对农药、肥料、生长调节剂、兽药、饲料和饲料添加剂等的安全性评估,应当有食品安全风险评估专家委员会的专家参加。食品安全风险评估应当运用科学方法,根据食品安全风险监测信息、科学数据以及其他有关信息进行。"该条为我国食品安全风险评估组织机构的设立与运作提供了法律框架上的支撑。此外,我国建立了食品安全风险评估专家委员会和食品安全风险评估中心作为食品安全风险评估的组织机构,有助于我国食品安全风险评估工作的顺利开展。

3. 食品安全风险评估的经费保障要素

作为系统性工程的食品安全风险评估,不仅需要完善的法律规章、独立的组织机构、充分的技术设备等要素,更重要的是需要充足的财政资金予以保障。对于食品安全风险评估的资金来说,主要来源于政府机关的财政预算。现代社会,行政主体获得行使权力的资源主要是以货币为媒介、通过国家预算的形式实现的。另一部分则是以国家预算外的形式获得。由此可见,依行政主体获得的资金是否经国家的预算管理程序为标准,可将经费分为国家预算内资金和国家预算外资金:前者是国家通过一定的形式和渠道集中起来,并再分配到各种用途上的货币资金;而后者则是指国家机关、事业单位和社会团体为履行或代行政府职能,依据国家法律、法规和具有法律效力的规章而收取、提取和安排使用的未纳入国家预算管理的各种财政性资金。同样,食品安全风险评估的资金也主要是来源于政府的预算,但同时它还以经费的形式表现出来。分析国外食品安全风险评估机构之所以能够有效开展风险评估,进行各项食品毒理学实验,其中一个重要的方面就是政府对之提供充足的资金保障。由此,可以认为这些经费对于食品安全风险评估的有效开展、确保食品安全风险评估结果的科学、客观、有效具有重要的保障作用。

4. 食品安全风险评估的信息保障因素

美国著名行政法学者斯蒂芬·布雷耶(Stephen Breyer)就将信息视为规制政策的命脉或血液。[1] 食品安全风险评估是建立在对食品安全相关数据收集、分析、整理和归纳基础之上的,由此,充分和真实可靠的食品安全风险信息是食品安全风险评估机关进行科学的食品安全风险评估、实施全面的食品安全风险沟通以及作出正确食品安全风险评估建议的依据。现代发达的信息技术、网络技术为食品安全风险评估主体的信息收集和交流提供了有效的联系手段。我们必须利用好这些手段,建立起有效的信息平台和网络,收集不同主体的食品安全风险信息。当然,还要加强与国际组织的交流与合作,充分利用国际食品安全信息资源。对于信息在食品安全风险评估中的重要保障功能,欧盟的食品安全法律规范作出了明确规定。比如,作为专司食品安全风险评估的欧洲食品安全局就负有"在其使命范围内进行科

---

[1] See Stephen Breyer, *Regulation and Its Reform*, Cambridge, Massachusetts: Harvard University Press, 1982, p.109.

学技术的寻找、收集、整理、分析和总结的职责"①。为了确保欧洲食品安全局能作出科学的风险评估建议,欧盟《统一食品安全法》第33条规定了数据收集。根据此条的规定,欧洲食品安全局应当在其使命范围内调查、收集、整理、分析和总结相关科学和技术数据。特别应当包括以下数据的收集:食品消费和食品消费相关个人风险的暴露;生物风险的流行和发病率;食品和饲料中的污染物;残留物。而为了实现上述目标,在数据收集领域包括申请国、第三国家或国际组织机构,欧洲食品安全局应当与所有组织保持密切的工作合作。成员国应当采取必要的措施使它们收集与相关数据传达给欧洲食品安全局。欧洲食品安全局应当向成员国和委员会提出适当的建议,该建议能够提高其收到和分析的数据的可比性,并在欧盟水平上促进联合。

5. 食品安全风险评估的科学标准保障因素

食品从生产、种植、制造到存储、运输直至销售、食用,这是一个类似于"食物链条"的过程,任何一个环节出现安全事故,都可能将其危害带到最后一个环节,而且,食品的安全性并不是在最后一个阶段——消费阶段才产生问题,因而食品安全的规制,特别是风险评估应当过程化,在整个食品供给过程的各个环节都要采取适当措施,以确保消费者食用的安全。从潜在危险到实际损害,有一个逐渐显现的过程。为了实现安全就要设计一个科学合理的"安全阀",阻止显现过程的发生,而食品安全风险评估中的科学标准就是这种"安全阀"。食品安全风险评估科学标准就是指为了保证食品安全,对食品生产经营过程中影响食品安全的各种风险要素以及各关键环节所规定的统一技术要求。其内容主要涉及:食品、食品相关产品中危害人体健康物质的限量规定;食品添加剂的品种、使用范围、用量;专供婴幼儿的主辅食品的营养成分要求;对食品安全、营养有关的标签、标识、说明书的要求;食品生产经营过程的卫生要求;与食品安全有关的质量要求;食品检验方法与规程;等等。对此,我国逐渐建立了食品安全标准体系,其是我国食品安全法律法规体系的重要组成部分,是指以系统科学和标准化原理为指导,按照风险分析的原则和方法,对食品生产、加工和流通(即从农田到餐桌)整个食品链中的食品生产全过程各个环节影响食品安全和质量的关键

---

① 欧盟《统一食品安全法》第23条第5款。

要素及其控制所涉及的全部标准,按其内在联系形成的系统、科学、合理且可行的有机整体。通过实施食品安全标准体系,行政机关能实现对食品安全的有效监控,提升食品安全的整体水平。因此,食品安全标准的体系建设则更为重要。也正由于科学的不确定性和食品安全的可变性特征,食品安全的风险标准也要定期作出新的评估,根据新的科学结论,修改相应的评估标准。

6. 食品安全风险评估的技术手段保障要素

作为保障权力正常、有效行使的要素,技术在当前的执法环境中正发挥着越来越重要的作用。科学技术是推动生产力发展的重要因素与力量,技术不仅仅对于劳动者而言是极为重要的要素,对于权力行使者而言同样是不可或缺的。较之于传统行政而言,当代国家政府与非政府组织面对的不是简单的行政相对人,往往包含了更多的技术因素,检验检疫、病毒评估……这都离不开科学技术的问题。食品安全风险评估的顺利开展离不开技术手段的辅助,可以这样认为:没有了技术手段,现代食品安全风险评估组织机构将难以完成一事。因此,将技术作为保障权力正常运作的要素是极为重要的,加大对技术的保障有助于更好的实现既定的行政目标。

食品安全是全过程的安全,食品安全风险评估涉及食物链的各个环节中的各种危害因素,对于任何一种危害物的评估都要涉及危害物的确定,危害物的定性和定量分析、危害物的毒理学、生物学评估及风险的定性和定量估计等技术环节。这些技术环节包括了生物学、农学、毒理学、统计学、检测技术等众多学科。由此,食品安全风险评估是一个系统工程,需要复杂的技术体系进行支持。食品安全检测技术是食品安全风险评估必不可少的技术手段,大量样本的快速筛选以及对于衡量物质的精确检测对食品安全检测技术提出了很大挑战,也推动着快速检测技术和仪器分析技术的发展。相较于其他的行为而言,食品安全风险评估对于专业技术的需要与依赖更强,因为风险评估中的诸多对象都是专业性极强的物质,包括了黄曲霉毒素、食品添加剂、农药、微生物、特别食品等等,因此,这些物质的检测与评估如果离开了专业技术与设备支持的话根本就无法顺利开展。对于开展食品风险评估的专业组织而言,要不断提高评估与检测水平,充分利用现代信息网络、借助于专业设备,并积极与全球的专业化评估机构开展评估信息的互联互享,不断更新评估与监测数据。

第二节　发达国家食品安全风险评估物质保障制度之评析

一、发达国家食品安全风险评估物质保障制度之概况

前文已经对食品安全风险评估的物质保障要素进行了一般理论上的简要分析,可以发现在食品安全风险评估的运作中,这几种物质保障要素着实发挥着重要作用。从比较行政法学的视角来分析问题,我们可以发现相较于我国食品安全风险评估工作而言,发达国家和地区的食品安全风险评估物质保障已经迈向了法治化、规范化的轨道。因此,分析国外发达国家与地区的食品安全风险评估的物质保障制度对于完善我国食品安全风险评估物质保障制度具有极其重要的作用。

（一）发达国家食品安全风险评估的法律保障要素

1. 美国食品安全风险评估的法律保障

美国的食品质量安全法律法规体系包括《联邦食品、药品和化妆品法令》(FDFCA)、《联邦肉类检验法令》(FMAI)、《禽类产品检验法令》(PPIA)、《蛋产品检验法令》(EPIA)、《食品质量保护法令》和《公共卫生服务法法令》等。2001年"9·11"事件后,美国又相继制定了《动物健康保护法》《公共卫生安全和生物恐怖应对法》,在法律中规定了一系列食品反恐的措施,如建立国内外食品厂商登记制度等。[①] 2009年6月17日,美国众议院能源和商务委员会通过了《2009年食品安全加强法》,2011年1月4日,美国总统奥巴马签署了《食品与药品管理局食品安全现代化法》。这些法案进一步加强了食品及药品管理局(FDA)的执法权力,同时,在食品安全风险监测方面也有所规定。例如,规定食品及药物管理局须在2009年12月31日前评估双酚A的风险,各州逐步禁止食品和饮品容器含有该物质。除此之外,还推行安全计划控制风险。在该法案中还包括推行安全计划以察悉和避免食品风险方面的条文。美国在风险评估的信息获得和发布方面

---

① 参见王铮:《发达国家食品安全法制发展及启示》,载《全球视野理论月刊》2006年第5期。

的立法主要有三类。一是行政程序法,赋予企业、消费者以及其他相关单位和个人有参与食品安全法规制定的权利。二是联邦咨询委员会法规定咨询机构可以为食品安全风险评估主体提供咨询意见和信息,咨询机构的成员应当尽量避免利益冲突,且公众可以对这些咨询机构的结论进行评议。三是信息公开法,为公众提供食品安全相关的公众健康保护的信息和记录。

2. 欧盟食品安全风险评估的法律保障

欧盟食品安全法制定的目的就是建立以预防为主的食品安全基本原则的新的食品安全管理机制。从1997的欧洲委员会发布的"欧盟食品法一般原则"绿皮书到2000年"食品安全白皮书",再到2002年欧盟《统一食品安全法》的诞生,建立了食品安全法的基本原则,其中,风险分析原则、预防原则尤为值得关注。《统一食品安全法》第12条规定:"风险分析为食品安全政策奠定了基础。欧盟必须把它的食品政策建立在二项风险分析的运用之上:风险评估(科学建议和信息分析)、风险管理(管理与控制)和风险交流。"预防原则最早应用在环境保护方面。1992年《里约宣言》里规定:"当面临着严重或不可逆转的破坏时,缺乏科学的确定性不能成为延迟使用有效的措施阻止环境恶化的理由。"《统一食品安全法》中第7条规定,在某些情况下,基于现有信息的评估,认定存在对健康构成有害性结果的可能性,但这种结论尚存在科学的不确定性,在等待进一步的科学信息之前,欧盟有权采取临时性风险管理措施以保证高标准的健康保护。①

值得特别指出的是,欧盟《统一食品安全法》在第3章,规定了欧洲食品安全局,作为专司食品安全风险评估的机构。该法从管理局的使命(第22条)、欧洲食品安全局的任务(第23条)、欧洲食品安全局的机构(第24条)、欧洲食品安全局的管理委员会(第25条)、执行主任(第26条)、咨询平台(第27条)、科学建议(第29条)、科学意见分歧(第30条)、科学和技术支持(第31条)、科学研究(第32条)、数据收集(第33条)、显现风险的识别(第34条)、快速预警系统(第35条)、欧洲食品安全局使命范围内的组织机构的运行网络(第36条)、欧洲食品安全局预算的实施(37条)以及欧洲食品安全局的责任(第45条)等方面详细规定了欧洲食品安全局的运

---

① 参见韩永红:《欧盟食品安全法评析》,载《延边大学学报(社会科学版)》2008年第3期。

作。应当说,这些规定是欧盟食品安全风险评估制度的法律基础。当然,欧盟实施食品安全风险评估的法律规范不限于《统一食品安全法》。事实上,欧盟已经根据《统一食品安全法》的规定,制定了大量的用以保障食品安全风险评估合法和高效进行的指南、文件和规则等。它们也构成了欧盟食品安全风险评估的法律基础,也属于欧盟食品安全风险评估物质保障要素之一。在此选择重要的指南加以列举如下:《欧洲食品安全局的组织章程》《关于欧洲食品安全局的独立性和科学决策过程的政策》《关于利益声明的独立和科学决策规则》《关于利益声明的政策》《建立与运作的决定》《关于咨询平台的决定》《利害关系人协商平台:参照条件》《在欧洲食品安全局使命范围内的欧盟科学组织网络的建立和运作决定》《在欧盟成员国和欧洲食品安全局之间的合作和网络战略的中期审查》《合作和网络的战略》《成员的选择决定》等等。

3. 德国食品安全风险评估的法律保障

早在1879年,德国就制定了《食品法》。目前实行的《食品法》包罗万象,所列条款多达几十万个,这些条款许多与风险评估有关,它们是风险评估的法律基础。德国在食品安全的法律建设中构架了三大支柱:《欧盟178/2002号关于确定食品法原则与要求、建立欧洲食品安全机构和确立食品安全程序条例》《食品、日用品与饲料法典》(LFGB)《危害分析关键控制点(HACCP)方案》。这三者互相补充,构成了范围广泛的食品安全法律体系的基础,其中又以《食品、日用品与饲料法典》(LFGB)为核心。近年来LFGB被德国立法机构多次大幅修改,以适应欧盟《统一食品安全法》对包括风险评估制度在内的食品安全法律制度的新规定。

(二) 发达国家食品安全风险评估的资金保障要素

1. 欧盟层面食品安全风险评估的资金保障

对于国外有关食品安全风险评估资金保障这一物质要素的分析,有必要将研究的焦点首先投向食品安全风险评估制度较为完善的欧盟,以欧盟内部的欧洲食品安全局(EFSA)为研究中心,通过该机构的年度财政资金预算来分析它的工作运作情况,并分析资金要素对于欧洲食品安全局的风险评估工作的开展与运行所发挥的重要推进作用。

欧洲食品安全局是一个由欧盟财政预算单独支持的独立机构,它的运行与欧洲委员会、欧洲议会与欧盟各成员国相分离,具有相对的独立地位。欧洲食品安全局内部的科学专家委员会雇佣了大约至少460人从事开展风险评估与监测工作,其内部的各个分支机构的资金与经费主要来源于欧盟的单独财政运算,以保障该局工作的有效运作。根据欧盟《统一食品安全法》第43条第1款的规定,欧洲食品安全局的收入应当包括来自欧盟和根据第49条与欧盟达成协议的任何国家的捐助,以及出版、会议、培训和欧洲食品安全局提供的相似活动的收费。

欧洲食品安全局在2008年的财政预算经费已经达到了6500万欧元。[1]这些充足的资金与经费为欧洲食品安全局内部的各个分支机构开展食品安全风险评估、与各成员国之间共享食品安全风险信息、进行食品安全风险沟通提供了有效的保障。虽然欧洲食品安全局并没有自身的资金资助开展研究,但它仍然将有机会使用欧盟提供的这些充足的资金从事各项具体的风险评估工作。此外,欧洲食品安全局也与研发机构紧密合作,并根据各种不断出现的具体情况使用研发机构自己的资金去组织开展短期的研究。[2] 这些资金资源将使用于广泛的领域,涵盖了科学、沟通、风险监测与评估、机构关系与内部管理等多个方面。来自于全欧洲的科学专家都可以参与欧洲食品安全局的综合性工作,其中就包括了食品安全风险的监测、评估与预防等工作。

根据从其官方网站获取的欧洲食品安全局每年度的资金预算报告分析,2011年欧洲食品安全局的全部财政预算是7470万欧元,其中,用于食品安全风险评估的资金项目如下(与2009年、2010年预算资金相比):食品添加剂及食品营养物质评估的经费,2009年是992.8欧元;2010年预算是1110欧元,实际花费816.8欧元;2011年预算是865欧元,实际花费159欧元。食品接触类材料的经费,2009年是851.385欧元;2010年预算是1087欧元,实际花费是1042欧元;2011年预算是1072欧元,实际支出1242欧元。动物饲料中运用的添加剂及物质的经费,2009年是879.191欧元;2010年预算是841欧元,实际支出896欧元;2011年的预算与支出持平,均为

---

[1] 参见 Wikipedia:European Food Safety Authority,载 http://en.wikipedia.org/wiki/European_Food_Safety_Authority,2014年3月30日访问。

[2] EFSA,载 http://www.efsa.europa.eu/en/efsahow/funding.htm,2014年3月30日访问。

1276 欧元。转基因食品物质的经费,2009 年是 1226.814 欧元;2010 年预算为 1359 欧元,实际支出 1394 欧元;2011 年预算为 1519 欧元,实际支出 1373 欧元……①通过以上的材料数据分析我们可以看出,欧洲食品安全局的风险评估工作有着充足的资金与预算的保障。这些来自于欧盟独立的资金可以有效地保障该机构以及该机构内部的各分支组织能够独立自主地开展各项食品安全风险评估工作。

2. 德国食品安全风险评估的经费保障

截至 2007 年底,德国的联邦风险评估研究所(BfR)共有员工 652 名,这些员工中就包括 237 名科学专家。2007 年联邦风险评估研究所共投入经费 4511 万欧元,其中 90.4% 为政府预算拨款,5.8% 为政府部门或机构委托项目费用(下表1)。在所有的这些支出中,人员工资占收入的 62.2%(下表2)②

表1　2007 年 BfR 的经费构成(1000 欧元,%)

联邦食品、农业和消费保护部拨款	40771	90.4
联邦其他部门项目委托	644	1.4
第三方委托(EU 项目)	1961	4.4
管理和其他收入	1735	3.8
合计	45111	100.0

表2　2007 年 BfR 经费支出(1000 欧元,%)

人员工资	28059	62.2
材料费	13855	30.7
转账和补贴	1120	2.5
投资	2069	4.6
其他支出	8	0.0
合计	45111	100.0

3. 加拿大食品安全风险评估的经费保障

加拿大联邦政府每年用于食品安全评估工作的年度预算约为 5 亿加元,是农业食品出口和国内贸易总额 380 亿加元的 1.3%。预算费用除去人

---

① EFSA,载 http://www.efsa.europa.eu/en/budget/docs/budget2011.pdf,2014 年 3 月 30 日访问。
② 参见魏益民、郭波莉、赵林度、金武军:《联邦德国食品安全风险评估机构与运行机制》,载《中国食物与营养》2009 年第 7 期。

员工资外,用于食品监管及检验设备投入的经费约为 2 亿加元。其中,食品抽检经费约 1100 万加元,抽检样品数约 10 万件。食品检验局不以赢利为目的,主要是服务于公众企业和社会,使企业在国际上更具有竞争力,为广大公民提供更安全的食品。对驻厂检验的,食品检验局仅向企业收取 10% 的检验费。加拿大食品检验局通过国家污染物监测计划,可以科学评估加拿大本国的食品安全监控措施的有效性,也对加拿大食品在国际贸易中的竞争力提升发挥关键性作用。[①]

(三) 发达国家食品安全风险评估的信息保障因素

1. 国际层面食品安全风险评估的信息保障

世界卫生组织于 2004 年创建了国际食品安全当局网络(INFOSAN),它是世界卫生组织与联合国粮食及农业组织合作建立的,旨在促进食品安全信息交流及国家一级和国际一级食品安全当局之间的合作。INFOSAN 由世界卫生组织的食品安全、人畜共患病和食源性疾病司进行运行和管理。该网络目的是改善国家和国际层面的食品安全监管机构之间的合作。该网络对国际上各成员国食品安全监管部门间进行日常食品安全信息交换起到重要作用,同时为食品安全突发事件发生时迅速获取相关信息提供载体。截至 2008 年 12 月,已有 177 个国家或地区加入了该网络。国际食品安全当局网络包括两个主要组成部分:一是食品安全紧急事件网络(INFOSAN EMERGENCY),它将国家官方联络点连接在一起,以处理有国际影响的食源性疾病和食品污染的紧急事件,并能迅速交流信息;二是发布全球食品安全方面的重要数据、信息的重要网络体系。[②]

2. 欧盟食品安全风险评估的信息保障

欧洲食品安全局通过公开、透明的方式开展风险评估工作。在科学委员会和专家小组独立的科学建议基础之上,确保所有利益方和公众能够获得及时、可靠、客观、正确的科学信息。通过与利害关系人和成员国的食品安全风险评估主管机构密切合作,并获得专家咨询论坛交流工作组提供科

[①] 参见李杰、彭少杰:《加拿大、美国食品安全监管概况》,载《上海食品药品监管情报研究》2008 年第 1 期。

[②] 参见晏绍庆、康俊生、秦玉青等:《国内外食品安全信息预报预警系统的建设现状》,载《现代食品科技》2007 年第 12 期。

学建议的支持,确保风险评估工作顺利开展。同时,通过成立风险交流专家咨询组,为执行主任提供有关风险交流和工作争议的建议。利用网络、出版物、展览和会议等公共信息交流方式,收集公众的观点和意见,出版科学建议、宣传资料和研究成果,公开发布权益声明。通过利益相关方咨询平台和讨论会,直接与利益相关方进行对话,为公开讨论食品政策提供机会。此外,还通过召集高层次的科学会议,针对风险评估及食品和饲料安全的科学基础深入交流意见。对于保障信息的具体规定,欧盟《统一食品安全法》诸多条款作了规定。比如,该法第36条第1款规定,欧洲食品安全局应当在其使命范围内促进欧洲组织机构的网络的运行。这种网络的目的是为了信息交换、发展和实施共同计划、专业知识的交流和在管理局使命范围内的最好实践。特别是通过协调活动促进科学合作框架的建立。又如,第32条第1款规定,为了利用最好的可用的独立的科学资源,欧洲食品安全局应当委托科学研究以履行必要的使命。这种研究应当以公开透明的方式来委托。欧洲食品安全局应当避免与成员国或欧盟重复研究项目,并且通过适当的协调来鼓励合作。

3. 德国食品安全风险评估的信息保障

为了实现食品安全风险信息以及评估信息交流的持续和互动,联邦风险评估研究所(BFR)定期组织专家听证、科学会议及消费者讨论会,面向一般公众、科学家和其他相关团体公开其评估工作与结果,并通常会在其网站上公布专家意见和评估结果,还积极寻求以简易的方式与普通公众对评估过程进行交流,并向消费者提供可见和可用的科学研究成果。通过全面的风险交流,一方面,尽早发现潜在的健康风险并及时通知有关部门和消费者;另一方面,参与交流的各相关方会对风险评估的过程与结果进行讨论,通过工作的透明度,在风险评估涉及的各方之间建立起足够的信任。[1]

4. 日本食品安全风险评估的信息保障

日本《食品安全基本法》明确规定,为了将国民的意见反映于制定的政策中,并确保其制定过程的公正性和透明性,在制定食品安全政策时,应采

---

[1] See Kerst in Dressel, etc, Food Safety Regulation at the EU level. Vos E. &Wendler F. (Eds.) *Food Safety Regulation in Europe: A Comparative Institutional Analysis*, Antwerp: Intersentia Press, 2006, pp.300—306。

取必要措施促进提供政策相关的信息,提供机会陈述对政策的意见,促进相关单位、人员相互之间交换信息和意见。日本在食品安全风险评估与沟通体制上形成了全方位、立体化、网格状的信息格局。首先,完善食品安全委员会内部的信息联络体制。委员长在事前就指定发生紧急事态后立即聚集的职员(即"第一次聚集要员")。为了确保这些人能及时参加并有效地发挥作用,事务局信息·紧急应对科从平时就努力整顿委员会内部的信息联络体制,对紧急事态的应对要领进行研究和训练。其次,通过多种途径收集风险信息,并加强与评价科合作。信息·紧急应对科定期召开食品风险信息相关府省担当者会议,通过电子邮件等方式与风险管理机关合作,实现食品危害信息等的共享。食品安全委员会根据收集来的紧急事态信息,科学分析后基于自身的判断或者风险管理机关的要求,进行科学客观、中立公正的食品安全风险评估,并适当的公布其结果。① 这些充分的信息支撑确保了日本食品安全风险评估制度的有效运转。

5. 美国食品安全风险评估的信息保障

美国政府在其食品安全制度的国家报告中,特别强调风险信息交流在风险评估与风险管理中的作用。日常的风险交流是美国透明立法过程所固有的一部分,通过使用透明的标准确保对食品行业内的所有成员公平。法律允许政府在制定法规时,考虑公众对该法规制定的时间及该法规的现实合理性的评价。法规必须要有充分的基础,每条都要有事实依据,政府科学家利用公共媒体向公众解释法规的科学基础,政府所依赖的信息任何人都可以看到和得到。② 通过有效的信息发布和信息传播,美国使公众健康免于受到不安全食品的危害,提高了风险评估的明确性和风险管理的有效性。

(四) 发达国家食品安全风险评估的标准保障

1. 国际食品法典委员会食品安全风险评估的标准保障

作为国际层面的政府间协调标准,国际食品法典将科学作为制定法典标准的基础。虽然"在制定和确定食品标准时,食品法典要酌情考虑和保护消费者健康及促进公平食品贸易有关的其他合理因素",但"食品法典的食

---

① 参见王贵松:《日本食品安全法研究》,中国民主法制出版社 2009 年版,第 169—171 页。
② 滕月:《发达国家食品安全规制风险分析及对我国的启示》,载《哈尔滨商业大学学报(社会科学版)》2008 年第 5 期。

品标准、准则和其他建议,应以可靠的科学分析和证据为基础,包括全面审核相关信息,使得标准能确保供应食品的质量和安全"①。这一原则确立了国际食品法典的科学地位。尽管科学因素在标准制定过程中会受到更多管理因素的干扰。食品法典的科学地位离不开为国际食品法典委员会提供风险评估支持的三个国际专家组织:FAO/WHO 食品添加剂联合专家委员会(JECFA)、FAO/WHO 农药残留联席会议(JMPR)、FAO/WHO 联合微生物风险评估专家联席会议(JEMRA)。除此之外,还有正在组建的营养领域专家委员会以及针对特别问题召集的各类临时专家咨询组织(如 FAO/WHO 三聚氰胺问题的专家咨询会议等)。《食品法典框架内应用的风险分析工作原则》指导食品法典委员会及其专家机构制定法典文本时应采用风险分析的方法,强调了风险管理、风险评估和风险交流在整个法典框架中的作用。② SPS 协定(即《实施动植物卫生检疫措施的协议》)采用了专门的章节强调风险评估的作用,正是由于国际食品法典所依据的专家组织的国际地位,使得它成为世界贸易组织在食品安全领域唯一认可的国际标准。

2. 美国食品安全风险评估的标准保障

美国食品安全风险评估的标准保障来源于质量安全标准体系,美国的食品安全标准分为国家标准、行业标准和企业操作规范。其中,国家标准由农业部的食品安全检验局、农业市场局、粮食检验包装储存管理局、卫生与公共服务部的食品与药品管理局、环境保护局以及由联邦政府授权的其他机构共同制定。美国《联邦法规法典》中的"农业篇"中有农产品标准(包括等级标准)352 个,其中在农药残留限量方面,到 1999 年 8 月止,已制定标准 8100 多项。食品安全标准的研究与制定工作受到美国政府的高度重视。食品行业标准的研究与制定要依托先进的科研水平与巨额的经费投入。目前美国掌握了最先进的食品检测关键技术,使建立严格的食品安全标准成为可能。现行的国际通用标准中超过 80% 的食品行业标准是美国制定的。③ 与此同时,美国还拥有大量先进的检测设备,比如,在农药残留检测方

---

① FAO/WHO:《食品法典委员会:程序手册》(18 版),联合国粮农组织 2009 年版,第 147 页。
② 同上书,第 56—59 页。
③ 薛庆根、高红峰:《美国食品安全风险管理及其对中国的启示》,载《世界农业》2005 年第 12 期。

面,可以一次同时检测食品中 360 多种农药残留,这在世界上处于领先地位。

3. 日本食品安全风险评估的标准保障

日本厚生劳动大臣对食品、食品添加剂、食品残留物化学物质、食品容器包装、食品标识等设定了成分规格、制造、加工、使用、调理和保存方法等的标准,食品安全委员会根据这些标准对于食品安全中的有害因素与风险进行评估的科学依据。以食品中的残留物质为例,其主要分为三类:第一类是豁免物质。即在常规条件下其在食品中的残留对人体健康无不良影响的农业化学品,对于这部分物质无任何残留限量要求,也无需进行风险评估。目前,日本确定的豁免物质有 65 种,主要是维生素、氨基酸等营养性饲料添加剂等。第二类是已制定了最大残留标准(MRLs)的物质。厚生劳动大臣制定食品的残留物质标准清单,对超过许可标准的农产品食品禁止其流通。第三类是统一标准的物质。对于尚未制定残留标准的物质,由厚生劳动大臣制定一个无损害人身健康之虞的标准量,目前所确定的标准值一律定为 0.01mg/kg,这被称之为"统一标准",超过标准的将禁止流通。[①] 食品安全委员会根据上述制定的标准进行风险评估。同时,由于科学的相对性,厚生劳动大臣必须依据变化了的科学实际适时修改所制定标准,以便委员会能够依据相对科学的标准充分进行风险评估工作。

4. 韩国食品安全风险评估的标准保障

韩国食品质量安全标准主要分两类:一类是安全卫生标准,包括动植物疫病、有毒有害物质残留等,该类标准由卫生部门制定;另一类是质量标准和包装规格标准,由农林部下属的农产物品质研究院负责制定。目前安全卫生标准已达 1000 多个,质量和包装标准达到 750 多个。它们建立食品标准的程序:从产地到销售地点调查产品的质量和包装条件后,再从生产者、销售者、科研部门及相关机构征求各种意见,通过仔细讨论,由委员会确定产品标准。依据食品的质量因子如风味、色泽等对它们进行分级,并采用标准的包装材料对其进行包装,对同种产品贴上相同的标签,这一系列过程统称为食品标准化。食品的标准化首先有利于评估机构的工作运转,使得能够依据科学标准进行日常工作;其次是能够提高消费者的信任度,对于食品

---

① 参见王贵松:《日本食品安全法研究》,中国民主法制出版社 2009 年版,第 129 页。

更为放心。为了防止销售违法农产品,在市场上还经常对产品质量、包装和商标进行检查。随着新的食品质量安全方面问题的出现以及人们对这些问题认识的不断深入,有关的法规和标准也一直被修订。① 例如,韩国制定有关转基因食品安全管理的法律法规,就是面对新形势采取的举措。

(五)国外食品安全风险评估的技术保障因素

1. 世界贸易组织食品安全风险评估的技术保障

世界贸易组织WTO在1986—1994年的乌拉圭回合多边贸易谈判中通过的《实施卫生和动植物检疫措施协议》(SPS),确定了成员国政府有权采取适当的措施来保护人类与动植物的健康,确保人畜食物免遭污染物、毒素、添加剂影响,确保人类健康免遭进口动植物携带疾病而造成的伤害。SPS提出的卫生和动植物检疫措施包括所有与之有关的法律、法令、规定、要求和程序,特别包括:① 最终产品标准;② 加工和生产方法;③ 检测、检验、出证和批准程序;④ 检疫处理,包括与动物或植物运输有关、或与在运输途中为维持其动植物生存所需物质有关的要求在内的检疫处理;⑤ 有关统计方法、抽样程序和风险评估方法的规定;⑥ 与食品安全直接相关的包装和标签要求。

《实施卫生和动植物检疫措施协议》所描述的风险评估是评价食品中存在的添加剂、污染物、毒素等有机体对人类、动物或植物的生命或健康产生的潜在不利影响。SPS认为,在进行风险评估时应考虑由有关国际组织制定的风险评估技术,考虑现有的科学依据,有关的工序和生产方法,有关的检验、抽样和测试方法,有关的生态和环境条件,以及检疫或其他处理方法。② 《SPS协议》第一次以国际贸易协定的形式明确承认,为了在国际贸易中建立合理的、协调的食品规则和标准,需要有一个严格的科学方法。

2. 美国食品安全风险评估的技术保障

美国在世界上最早建立了从农田到餐桌的微生物风险评估模型,对蛋制品和牛肉都进行了风险分析。启动风险分析机制的第一步是风险评估。

---

① 刘冠军、谢淑娟:《韩国食品安全标准体系的现状、特点及其对我国的启示》,载《中国标准化》2007年第8期。

② 刘志英:《风险分析——我国食品安全管理新趋向》,载《内蒙古科技与经济》2005年第3期。

风险评估第一步是危害识别。美国的危害识别依据是美国《食品安全风险评估法》以及以往风险分析实际经验,法律规定风险评估部门需要对进入市场前存在的所有潜在风险进行监测,对已经进入市场的风险根据经验判断来进行。风险评估的第二步是危害的特征描述。特征描述需要客观的数据作依据,由于对人体有危害的数据情况,一般是对动物进行实验来获得的,由此这些数据具有一定的参照性,不是绝对准确的数据。美国在进行风险特征描述时,为了尽可能地减少误差,会建立合理的模型,用数学统计方法来定量分析风险评估。风险评估第三步是暴露评估,美国根据急性危害短期的实验,而对慢性危害进行长期的实验。①

(六)国外食品安全风险评估的组织机构

作为食品安全风险评估物质保障要素的重要组成,组织机构同样发挥着重要作用,科学、完善的风险评估必须依靠独立卓越的组织机构来完成。由于在前文中已经将食品安全风险评估组织机构单独列为一章加以论述,并对有关国家和地区风险评估组织机构进行了对比分析,所以此处不再赘述。

二、发达国家和地区食品安全风险评估物质保障制度特点

基于上文从法律、信息、资金、标准与技术等方面对于发达国家和地区食品安全风险评估物质保障制度的分析,可以发现其食品安全风险评估工作在完善的物质保障制度的"保驾护航"之下已经基本实现了专业化、独立化与科学化。具体而言,具有以下特征。

1. 坚实的食品安全风险评估法律基础

世界贸易组织在1986—1994年的乌拉圭回合多边贸易谈判中通过的《实施卫生与动植物检疫措施协议》(《SPS协议》)明确要求各国政府采取的卫生措施必须建立在风险评估的基础之上,以避免隐藏的贸易保护措施。之后,各个国家和地区在各自的食品安全风险评估与风险管理实践中都率先通过立法的方式明确了食品安全风险分析(风险评估、风险管理与风险沟通)的法律框架,便于所有执行者实施。如前所述,欧洲议会与理事会178/

---

① 参见薛庆根、高红峰:《美国食品安全风险管理及其对中国的启示》,载《世界农业》2005年第12期。

2002法规成立了欧洲食品安全局。日本通过颁布《食品安全基本法》成立了食品安全委员会,并赋予这些机构各项法律职责和义务,确保了食品安全风险评估工作的强制性与有效性的实现。就立法体例而言,目前世界上其他国家的食品安全法律体系通常表现为两种模式:一种是以欧盟为代表的统一立法体例,即制定一个总纲性的食品安全基本法,以此法为基础,制定调整具体食品安全问题的法律;二是以美国为典型的分散立法体制,即依据特定的食品或食品部门,分门别类的制定大量食品安全具体法规、分散立法往往形成职能的交叉,目前采用或拟用统一立法体例的国家居多。

2. 独立的食品安全风险评估组织机构

为有效应对不断出现的食品安全危机,克服以往多部门规制食品安全风险所带来的各种问题,上述绝大多数国家和地区均成立专门的食品安全风险机构来负责食品安全风险评估之职,实施一元化的评估工作。例如,日本就成立了食品安全委员会作为风险评估机构,农林水产省和厚生劳动省则专司日本国内的食品安全风险管理;欧盟成立了欧洲食品安全局负责风险评估和有关风险评估信息的交流之职;荷兰成立了食品和消费产品安全局负责风险评估工作;德国成立了联邦风险评估研究所(BfR)实施风险评估和风险交流;韩国则是成立了食品与药物管理局(KFDA),该机构负责对食品安全风险进行统一集中的管理。

风险评估机构之所以要独立,正是因为风险评估是一个科学的过程,这个过程要求评估主体必须具备精英、独立和透明等特性,所以这部分工作应该交由科学专家们独立地完成,由他们根据准确的量化指标来分析风险的程度,给出客观的分析结果,而不应受到政策制定等管理机构的干涉,不应该受到政治、经济、文化等其他因素的影响;相较而言风险管理过程却是一个决策过程,虽然根据的标准都是定量的风险分析结果,但具体风险管理措施却要考虑政治可行性、经济可行性、技术可行性、文化可行性、具体的经济发展状况、贸易状况、进出口需求和社会状况等等问题,由此,需要交由政府的风险管理机构来做。从各国的具体实践来看,普遍实现了风险评估机构与风险管理机构的相对分离,由专门机构专司评估与管理工作,这些都有别于各国过去采取的多元管理模式。

3. 完善的食品安全风险评估信息网络

不管美国还是欧盟,都力求通过专门机构,收集和分析相关食品安全信息以及风险要求,提供科学建议和法律法规,加强对食品安全风险的及时而有效的监控和预防。同时各国还建立了有效的食品安全信息系统,通过定时发布食品市场检测等信息、及时通报不合格食品的召回信息,实现风险分析信息的全程化、过程化与立体化,使消费者了解食品安全的真实情况,增强自我保护能力。此外,重视对新闻媒体的监督及管理,要求媒体以客观、准确、科学的食品信息服务于社会。① 不可忽视的是,为了实现风险沟通体制能够顺利的发挥功能,国外的经验是:风险评估和风险管理机关不仅提供信息,它们还积极向公众陈述意见。为了促进公众就食品安全风险评估工作反映意见,促进相关主体之间交换信息和意见,这些国家的风险评估主体都会定期公布食品安全政策的实施状况,广泛听取公众意见。为了让公众理解风险分析,更有效的参与到食品安全分析过程中去,这些国家的风险评估机构在实施评估工作时,还对所适用的科学知识作出详细说明。在风险评估工作实施之前与之后,评估机构均重视信息的畅通,并重视在评估中给私人评价一定的权重,实现专家认知与公众认知的理性结合。总体而言,国外的风险评估制度基本实现了不同部门之间、机构与私人之间的信息共享、快捷沟通和互动合作。

4. 先进的食品安全风险评估科学技术

按照科学的要求,基于风险分析与评估措施应当主要根据科学所作出,以确保风险评估机制的科学与权威。充分运用科学知识无疑是确保食品安全,尤其是保障食品安全风险评估正确性的重要支撑,因为风险评估的基础就在于科学。由于食品安全是一个"全过程"的安全,隐藏于食品中的危害因素及风险物质存在于各个过程:生产、销售、消费等多环节,且这些危害因素具有潜在性,需要运用科学技术知识等手段加以具体评估分析才能确定它们的危害性质与危害量大小,而这其中就包括了有关危害物的定性和定量分析、危害物的毒理学、生物学评估及风险的定性和定量估计等多个技术环节。这些技术环节涉及生物学、农学、毒理学、统计学、检测技术等众多学

---

① 参见王兆华:《主要发达国家食品安全监管体系研究》,载《中国软科学》2006 年第 7 期。

科知识。由此,食品安全风险评估是一个系统复杂的工程,需要复杂专业的技术支撑体系予以保障。正如日本《食品安全基本法》第9条所规定:"要确保食品的安全,应充分考虑食品安全的国际动向和国民意见,根据科学认知采取必要措施,防止因摄取食品对国民健康构成不良影响。"日本在实践中运用科学知识最典型的形式就是组织审议会,在审议会中集中相关知识精英,充分审议,审议的结果往往也会受到较高程度的尊重。

5. 明确的食品安全风险评估标准

由于食品安全的风险因素从潜在威胁到实际损害,有一个逐渐显现的过程。在这一过程中为了实现安全就要设计一个科学合理的"安全阀",阻止显现过程的发生,而食品安全风险评估中的科学标准就是这种"安全阀"。为了保证食品安全,对食品生产经营过程中影响食品安全的各种风险要素以及各关键环节所规定的统一技术要求就成为这一"安全阀"的具体表现——风险评估标准。比如欧洲食品安全局通过发布一系列的法规和指令,来统一覆盖"从农场到餐桌"整个食物链的评估技术标准,各成员国标准的一致性同时也得到了保障。欧盟设立食品评估标准体系的重要原则是统一发布、统一实施,以达到法规和标准的一致性。日本的食品安全委员会还注重与相关科研机构乃至国际专业组织的合作,积极参与国际风险评估标准的制定,为国内食品安全寻求外部支持。另外,发达国家还大多建立了涵盖几乎所有食品类别和食物链各环节的评估技术标准体系,为制定监管政策、检测标准以及质量认证等工作提供了依据。此外,国外还注重制定高水平、可操作性强的风险评估技术标准,不同领域、部门所制定的评估标准都力图避免发生冲突,如美国、欧盟等国家与组织在制定食品安全风险评估技术标准时就参考了国际标准,并结合本国或地区的具体情况加以细化,使得评估标准更具有实际操作性。[1]

6. 雄厚的资金保障

任何行政机关与社会组织及机构的活动都必须通过一定的财政资金预算予以充分的保障,这些资金经费对于实现社会管理职能、促进公众福利具有不可或缺的作用。特别是对于事关全体国民健康与生命的食品安全风险

---

[1] 参见程青清、黄祖辉:《美国食品安全召回制度及其对我国食品安全的启示》,载《南方经济》2006年第3期。

评估工作而言,充足的资金更是有着举足轻重的地位:只有在完备的财政预算资金保障下,风险评估机构才能够独立自主的开展各种微生物与有害物质等的风险监测与评估工作;才能聘用具备专业知识的科学专家专司评估之职;才能引进购买先进的风险监测设备,检测与评估各种已出现与未出现的风险物质;等等。就行政机关与社会组织的资金经费而言,它们大部分来自于每年的财政预算,同样,食品安全风险评估机构的资金也主要是来源于政府的预算,但同时它还以经费的形式表现出来。例如,欧洲食品安全局的经费由欧盟财政预算单独支持,而且该局的经费与欧洲委员会、欧洲议会与欧盟各成员国的财政预算是相互分离的,具有相对独立的经费保障。这些充足的资金与经费为欧洲食品安全局内部各分支机构开展食品安全风险评估工作提供了有效的保障。虽然欧洲食品安全局并没有自身的资金开展研究,但它们仍然有机会使用欧盟提供的这些充足的资金从事各项具体的风险评估工作。由此,国外食品安全风险评估机构能够有效开展风险评估并进行各项食品毒理学实验的一个重要原因就在于政府充足的资金保障,可以说这些经费对于食品安全风险评估的有效开展和确保食品安全风险评估结果的科学、客观、有效具有重要的保障作用。

第三节 我国食品安全风险评估物质保障制度分析

本章第一节与第二节已经详细论述了食品安全风险评估物质保障要素理论以及国外食品安全风险评估的物质保障要素现状。相较于发达国家的食品安全风险评估制度而言,我国的食品安全风险评估还处于起步阶段,在法律规定及实际运作中还存在着诸多问题。针对这一问题,本节将从食品安全风险评估的六大物质保障要素入手,对照上文对国外食品安全风险评估物质保障要素所分析的内容,详细论述我国食品安全风险评估物质保障中所存在的问题。

一、法律规范虽有规定,但相对粗糙

依法行政的前提是有法可依,而完善的法律法规体系则是有效实施食

品安全风险评估的基础。我国食品安全领域中现行的法规体系由基本法和各种单行法规所构成。20世纪90年代以来,我国相继颁布了一系列与食品安全相关的法律法规,如《农产品质量安全法》《乳品质量安全监督管理条例》等。随后各监管部门相继制定修改与完善了各种食品安全管制法规,如《食品广告监督制度》《流通环节食品安全监督管理办法》等。2009年颁布施行的《食品安全法》则标志着我国食品安全规制领域在确立风险分析体制、建立风险评估制度上迈出了重要一步,它以法律的形式确立了食品安全风险评估制度在我国食品安全规制中的重要地位。但是与国外相比我国的风险评估法律规定还存在着诸多问题:

1. 法律规定过于笼统,缺乏可操作性

就该法的内容而言,《食品安全法》第11条规定了国家建立食品安全风险监测制度,第13条规定国家建立食品安全风险评估制度。风险监测的对象是食源性疾病、食品污染以及食品中的有害因素。风险评估则针对食品、食品添加剂中生物性、化学性和物理性危害进行风险评估。而《食品安全法实施条例》细化了风险监测和评估的条件及措施,其第12条细化了需要进行安全风险评估工作的情况,主要有五种:一是为制定或者修订食品安全国家标准提供科学依据需要进行风险评估的;二是为确定监督管理的重点领域、重点品种需要进行风险评估的;三是发现新的可能危害食品安全的因素的;四是需要判断某一因素是否构成食品安全隐患的;五是一个兜底条款,即国务院行政部门认为需要进行风险评估的其他情形。而《食品安全风险评估管理规定(试行)》第6条规定了国家食品安全风险评估专家委员会依据本规定及国家食品安全风险评估专家委员会章程独立进行风险评估,保证风险评估结果的科学、客观和公正。第7条则以四项的内容规定了有四种情形之一的,由卫生部审核同意后向国家食品安全风险评估专家委员会下达食品安全风险评估任务。在第13条规定:"国家食品安全风险评估专家委员会按照风险评估实施方案,遵循危害识别、危害特征描述、暴露评估和风险特征描述的结构化程序开展风险评估。"然而,分析上述法条的规定可以发现以上这些规定只是基本确立了风险评估的法律地位,国外的食品安全基本法律法规相比,还存在可操作性不是特别强的不足,特别是《食品安全风险评估管理规定(试行)》第7条第4项的兜底性规定十分模糊,在具体的情形上还有待法律法规予以明确化,因此,有必要在立法中对风险评估制度的相关内容加以完善。

2. 出现局部风险评估立法盲区

食品安全风险评估立法涉及多层次多方面的问题,既要对基本规章制度作出规定,又涉及制度中的细节问题,还要辅以地方、行业的监管法规,才能建立一个覆盖面广又详细严密的食品安全风险评估体系。但是,现行的食品安全法规中对于风险评估的立法保障问题还存在着不少漏洞。例如,某些食品的生产原料虽然没有违反相关标准,但其加工方法或工艺导致在生产过程中出现有害物质,而这些有害物质从成品中是检测不出来的。在一定程度上,这根源于法律规范对此规定的空白原因。目前食品安全法规并没有对由于加工方法造成的食品危害作出限制,存在法律上的空白。同时,现行的食品安全规制体制是由中央和地方政府的各级机构共同负责的,但目前许多地方并没有制定完善的食品安全地方性法规,尤其是针对广大农村地区没有适合农村食品安全规制的地方性法规。具体就农村地区的食品安全风险评估而言,虽然立法规定了评估制度,但基本上都是在城市地区开展,对于经济落后地区的农村尚不能有效开展评估工作,这在客观上形成了局部风险评估立法盲区的现象。由于中国的区域广阔,各省的食品安全规制均有一些特殊的情况存在,因此,只有构建全方位、立体化的食品安全风险评估网络格局,加快食品安全法律法规的立法保障措施才能使得各项风险评估规定便于操作、依法落实。①

3. 食品风险评估立法存在"部门利益化"倾向

我国有关食品安全风险评估的立法主体存在着"部门与特殊集团"利益导向的不良倾向,食品安全法律作为社会利益博弈的一种调节器,背后包含着复杂的利益博弈,要解决行业利益、"部门与特殊集团"利益与民生福祉之间的种种冲突。从立法层面看,相关行政机关有权在不抵触《食品安全法》的基本原则和条款的基础上制定有关风险评估的相关规定,是由于现有的立法程序不是十分透明和民主,公众无法充分表达自己的利益诉求,立法部门就可能因为行业利益或部门利益作祟,忽略保障公众食品安全权利,而这

---

① 参见房观桃:《依法行政视野下的食品安全问题初探》,载《南方论刊》2011年第12期。

也正是物质保障要素二重性的表现之一。法律只是在纸面上原则性规定了食品安全风险评估制度；而且，我国客观在部门与地区之间利益团体的存在，各部门与地区争抢风险评估资源，却推诿风险评估职责都导致了纸面上的风险评估规定在实践中难以有效运作。例如，从上世纪80年代至今，食品安全专家多次呼吁相关部门立法规范市场行为，但考虑到出台禁令会使得生产面粉添加剂的几千家企业倒闭，相关部门一直没有颁布管理法规，造成了大量的食品安全事件，这给我们敲响了警钟，要克服食品安全风险评估立法中的部门、行业保护主义，高度重视国家在食品安全立法上的高度统一性和协调性，重视法律规范在食品安全风险评估上的作用，充分发挥法律这一物质保障要素对于推动与完善风险评估工作运作的重要作用。

二、风险评估资金虽有预算规定，但相对不足

对于处于发展中的我国而言，制约政府开展食品安全风险评估活动的最根本问题之一就是资金与经费问题。面对愈演愈烈的食品安全危机，对比国外政府及组织有效开展风险评估的经验，可以发现资金问题是制约我国食品安全风险评估的一个重要原因。一些风险评估机构缺乏足够的运作资金，大量的食品安全风险监测需要充分的资金做评估保障，而这些在我国都体现出明显不足的问题。

1. 财政投入的缺乏，制约风险评估的运作

我国作为发展中国家，国家财力不足是一个不容回避的问题。国家财政投入的不足，引发了以下两个问题：一是国家急需的部分检测项目能力不足。如食品中不明有毒有害物质的鉴定技术、违禁物品、激素、农药残留、兽药残留、二噁英、疯牛病的检测、转基因食品的安全性评价等，对于这些专业性极强的评估对象，需要国家通过资金投入不断研发科学检测的设备，培训具备相关评估资质的专业技术人员，但目前我国财政投入的不足，使得对于这些毒害性物质的风险评估与国际差距逐渐加大，制约了食品安全风险评估水平的提高。二是基层食品卫生监督机构的基础设施建设不能适应评估工作开展的需要，使得县级及以下地区难以有效开展风险评估工作。我国目前存在着风险评估资源在地区间配置不合理的情况，经济发达地区的评估资源充分，基本能够开展评估工作；而中西部地区即便是地市一级的风险

评估机构由于经济因素的制约也很难确保评估工作的有效开展。如有的地区基层卫生监督人员存在着专业技能不高、培训机会较少等问题,有的地方不仅缺乏评估所需的取证、采样和监测设备,甚至连最基本的对食品毒害性物质进行提样检测的费用都难以支付,因此,就不难理解为何在经济落后地区难以有效开展风险评估工作。

2. 风险评估的资金地区配置极度不合理

我国地区间发展的不平衡性影响了有关地方的风险评估有效运作。"国家食品安全风险监测计划实施面临资金困难,中西部地区完全依靠中央转移支付经费开展风险监测与评估,东部9省承担国家监测评估计划的经费尚难以落实。"一位卫生部相关负责人这样表示。[①] 根据我国的实际国情,地区之间发展差距不断扩大,尤其是东中西部地区之间更是如此。根据山西省人大常委会相关部门负责人的计算[②]:根据国家相关部委关于监督抽查的要求,结合山西省食品生产加工的实际,按照监督检查一年两次的频率,每个频次每个产品风险评估费用(检验费、买样费、抽样费等)2000元计算;风险监测与评估一年4个频次,每个频次每个产品检验费用1000元计算,如果按照检查频次计算频次全面覆盖全省2488家食品生产企业生产的10347种产品,全省质监系统每年共需食品安全监督检验费8277.6万元。这还未覆盖其余的家庭小作坊式企业,而2010年山西省市县三级财政仅拨付食品安全监管经费1024.58万元,与实际需要有很大差距,且这笔经费是包含了食品安全风险监管与食品安全风险监测及评估几项工作在内,在这样缺乏充分经费保障的情况下很难有效开展食品安全的风险评估工作。因此,财政经费的不足已经成为制约我国有效开展风险评估工作运作的瓶颈,严重制约了食品安全风险评估与监测工作的开展。

三、风险评估信息法制化程度不充分

前面已经分析了信息在食品安全风险评估中的重要作用,但是就我国

---

① 人民网:《媒体称中国食品安全风险监测经费不足缺统一标准》,载 http://www.people.com.cn/h/2011/0617/c25408-3362564856.html,2014年3月30日访问。

② 北方网:《食品安全监管要从应对走向预防聚焦食品安全法执法检查系列报道之四》,载 http://news.enorth.com.cn/system/2011/06/17/006764755.shtml,2014年1月1日访问。

来说,虽然《食品安全法》《食品安全法实施条例》《食品安全风险评估管理规定(试行)》《食品安全监管信息发布暂行管理办法》等法律规范对我国食品安全风险评估信息的管理主体、收集、内容、分析、审查、通报或报告、发布、交流等有所规定[①],但与国际上食品安全风险评估信息法律制度建设较先进的国家和地区相比,仍存在明显不足,相关的风险信息还没有发挥它在风险评估中的应有作用。

1. 社会公众缺乏科学的评估信息指导

从2005年开始的"苏丹红"事件到2008年爆发的"三聚氰胺"事件,都引起了民众的极度恐慌。就"三聚氰胺"事件而言,该事件发生之初造成了闻"三聚氰胺"色变的局面,过分夸大其词的宣传让人们无所适从,然而,经过医学专家证实,当摄入的"三聚氰胺"含量较低时,很快就会经肾脏排出体外,并不会对人体健康造成危害。但是,由于之前媒体的大量不客观报道使得公众以讹传讹,造成"三聚氰胺"事件几乎处于失控的境地,给厂商、消费者都造成了巨大损失。甚至有人提出要直接挤牛奶饮用,殊不知未经食品安全风险评估和专业化微生物与化学毒理学处理的牛奶中同样会含有大量对人体有害的物质。消费者在面对晦涩难懂的食品专业术语时,只能依靠权威部门的解释作为指导,然而,唯有依靠科学的手段进行食品安全风险监测与风险评估,并在此基础上获得的数据、得出的结论才是真实有效的。目前我国的食品安全风险监测与风险评估的专业机构无论从数量上还是水平上都远不能跟发达国家与地区相比,数据的采集、分析还都处于较低水平,不能准确有效的反映食品安全风险评估的结果,使得信息在评估阶段的作用并没有得到充分有效的发挥。

2. 风险评估信息分享机制不充分

食品安全风险评估信息分享机制的提出可以追溯到2004年11月22日,由国家食品药品监督管理局、公安部、农业部、商务部、卫生部、海关总署、国家工商行政管理总局、国家质量监督检验检疫总局联合发布的《食品安全监管信息发布暂行管理办法》,该办法将"通过有计划地监测获得的反映我国食品安全现状的信息"称为食品安全监测评估信息,作为食品安全监

---

① 详见本书第三章。

管信息的一部分。但是,由于我国食品安全风险监管法律法规体系还不完备,风险分析体系尚未完成,信息分享机制的建立也受到了制约。《食品安全法》第82条规定:"国家建立食品安全信息统一发布制度。"这进一步规定了食品安全风险信息。但实践中同样存在着不少问题,主要表现在:信息的搜集和传播不能全面覆盖各个地区,广大农民获得食品安全信息的渠道有限,不能及时获得有关食品安全风险的信息,也不能将其遇到的食品安全问题及时反馈给相关部门;食品安全风险信息的传播受到某些行政机关或者企业内部相关部门的阻断,造成了传播阻塞,影响到食品安全风险的整体监测与评估,从而影响到最后的评估结果。对于这些阻碍,没有相应的惩戒机制予以处罚,造成违法违规现象多有发生,使得信息的传播和搜集没有起到应有的作用。再则,公众参与食品安全风险信息分享机制的积极性或渠道受阻,没有在社会中形成网络,这些因素的制约都在整体上影响到食品安全风险评估机制。

3. 风险评估机构之间信息交流不足

国外食品安全风险评估机构的风险交流方式主要是利用网络、热线、召开或参与各类会议向公众、利益相关方及国外政府、国家组织等传递相关信息及资料,相互讨论交流意见,做到公开、互动,以获取公众的信任。但也有不同之处,如欧洲食品安全局为确保程序的透明性,对内部工作、管理、运行程序及相关信息进行了公开;日本食品安全委员会为了更深入了解食品安全事件被关注的程度,通过发放调查问卷的方式,及时汇报相关信息,协助各地方组织进行信息交流;德国联邦风险研究评估所注意风险交流方式的简易,力求公众能够充分地理解风险信息及评估结果,并且确立了广泛的交流群体。与国外相同的是,我国法律、法规也规定了食品安全风险评估机构对风险评估结果展开交流。但是,并未对风险交流的具体开展作出明确规定。如,风险交流运用的方式、针对的群体、风险交流的内容等等。另外,我国目前的食品安全风险交流信息机制本身也存在许多不足,如食品安全风险信息共享平台尚不健全。[①] 这些问题的存在都使得风险交流存在操作难的困境,最终阻碍了风险评估工作的效率。

[①] 参见韦宁凯:《食品安全风险监测和风险评估》,载《铜陵职业技术学院院报》2009年第2期。

4. 风险评估信息之间不对称性

现阶段由于广大的消费者和社会公众对于食品安全风险问题的认知度不够高,加上企业实际掌握了更多的食品安全风险信息,使得公众实际参与食品安全风险评估的几率更小,从而违背了食品安全风险评估制度制定的初衷,即为社会公众的健康生活提供保障。信息不对称表现为以下三方面:一是生产者与消费者之间的信息不对称;二是食品安全风险评估主体与生产者之间的信息不对称;三是消费者与评估者之间的信息也不对称。

除此之外,我国食品安全风险评估中的信息制度还存在食品安全风险评估信息管理主体制度的不足、食品安全风险评估信息分析和审查制度的不足、食品安全风险评估信息监督、考核和检查制度的不足等问题[①],使食品安全风险评估信息成为制约食品安全风险评估科学性的短板之一。

四、风险评估标准亟待完善

食品安全风险评估标准是依法进行食品安全风险评估与规制的重要保障要素,但它是一个庞大、复杂、层面众多的系统工程,尤其是对于专业性极强的食品安全风险评估而言更是如此。《食品安全法》是在《食品卫生法》的基础上制定的,它以食品安全风险监测和评估为基础,以食品安全标准为核心,并以法律条文的形式明确了食品生产经营、检验、进出口、事故处置、监督管理,直至法律责任,实现了与 2006 年《农产品质量安全法》的衔接。由此可见,目前食品安全风险评估已初步实现了标准化和体系化。但是,如果将我国食品安全风险评估标准与其他国家进行横向比较的话,就会发现还存在着不少问题:

1. 制定食品风险评估标准的技术和人员相对匮乏

总体而言,我国食品安全风险评估和标准体系建设仍处于起步阶段,虽然《食品安全法》已作了规定,但是目前仍然面临着两大问题:一是专门从事食品安全风险评估标准工作国家级机构的技术保障能力不足。在 2012 年 1 月"圣元奶粉"事件发生时,全国的检测机构中具备检测食品中性激素能力的仅有北京市疾病预防控制中心 1 家,其他省市的风险评估与检测机构尚

---

① 详见本书第三章。

不能开展该添加剂的评估工作。二是掌握食品安全风险评估标准的技术的人员较少,难以承担系统完整的食品安全风险评估任务,整体研究力量薄弱,制约了我国整体上评估能力的发展。

2. 食品安全风险评估标准制定存在诸多不确定性,发展缓慢

我国的食品安全风险评估起步较晚,尤其是毒理学的研究应用方面的起步比国外晚了20多年,与欧盟及美国相比,我国的食品安全风险评估的标准制定还存在着诸多的不确定性,主要体现在:一是虽然通过动物毒性试验结果推测到人的做法存在极大地不确定性,但为我国官方所认可。比如,《食品安全毒理学评价程序》指出"由动物毒性试验结果推论到人时,鉴于动物与人的种属、个体之间的生物学差异,一般采用安全系数的方法确定受试物对人的安全性。通常安全系数为100,但可根据受试物的理化性质、毒性大小、体重大小、代谢特点、接触人群范围和人的可能摄入量以及食品中使用量和使用范围等因素,综合考虑增大或减少安全系数"。二是以前饲料和添加剂标准、土肥和环境标准多是从促进动物与作物生长的角度出发而制定的,但有害物质在生物体内和自然环境中的降解、代谢、转移、富集过程如同有害残留物在试验动物和人体内的毒性反应一样复杂。三是食品安全评估标准中还涉及食品生产、经营过程中的卫生要求,包括包装、运输、储存等等也都存在不确定性。[①] 以上这些评估标准的缺失与不确定都是在以后的实践中需要加以补充和完善的。需要指出的是,我国食品安全风险评估机构在制定新标准或更新标准方面相对缓慢,尽管目前已经建立了几百余种农药、兽药、食品添加剂等国家标准和行业标准,但与国际常用检测方法数量相比,仍相差几倍以上,造成实际监管工作缺乏相应的技术支持。

3. 食品安全风险评估标准不统一

我国食品安全风险规制领域中标准不统一的问题长期存在,这已经成为制约食品安全风险评估工作有效展开的"软肋"。现有的关于食品安全的标准太多、太乱,既有卫生标准和质量标准之分,又有国家标准、企业标准,甚至各个标准之间重复交叉、层次不清。比如,两套食品国家标准,一套是《食品质量标准》,一套是《食品卫生标准》,前者由质监部门制定,后者由卫

[①] 参见蒋士强、王静:《对食品安全风险评估和标准体系的反思》,载《食品安全导刊》2010年第3期。

生部门执行。而食品安全风险评估标准与上述两套标准均是不相同的,因为风险评估工作的重点在于对食品中的风险进行监测与分析,必须要对食品中所存在的添加剂等物质加以监测以判定它们是否是危险物质;如果判定出它们是危险物质,那么当超出哪个"安全阀"时就会对人体造成危害?这些监测与评估工作不能参照我国已有的《食品质量标准》以及《食品卫生标准》。因此,在我国食品风险监测与评估工作过程中就不断出现各种矛盾:例如,对食品中的添加剂含量,质量标准和卫生标准就作出不一样的规定,但评估标准却不能参照这两种标准,因此,这就给评估工作的运作带来了很大的难题。反观食品安全风险规制先进的国家与地区,食品安全风险评估标准都是由国家专门的机构加以制定,且这些评估标准充分考虑到了科学性、专业性与预防性,考虑到了已有风险的"安全阀",并且每种产品只有确定唯一的风险标准,清晰明确,操作简便。这样有利于风险评估机构在对风险进行监测与评估的过程中直接予以参照适用,能够在最短的时间内更精确的确定出食品是否安全。因此,我国的卫生部与国家风险评估中心应参照国际统一标准,制定出我国的食品安全风险评估标准体系,以切实提高风险评估机构工作的效率与质量。

五、风险评估技术科学性不足

食品安全风险评估不同于其他领域的评估,评估技术是食品安全风险分析体系的依托。由于食品安全风险具有自然属性一面,这决定了食品安全风险评估主体是一个专业性很强的机构,没有可靠的技术手段是无法有效进行评估的。如果评估技术先进,评估人员可以快速、准确地发现食品安全问题,从而保证食品的安全;反之,评估人员就只能靠眼观、鼻嗅、手摸等原始的方法来判断食品安全问题。这与社会公众对食品安全的期望不适应。以美国食品药品管理局为例,它的员工二分之一以上是科学家,全国的主要工作场所是各类实验室。而我国食品安全评估队伍中专业人士很少,尤其是省级以下评估部门更是如此,食品安全评估基本发现不了食品安全问题。

(1) 低水平简单重复性评估虽实现了评估"量"的增加,却影响了评估"质"的提高。我国食品安全风险评估主体在日常风险评估中投入了大量的人力、物力,并将检查覆盖多个环节,在主要城市基本上做到了检查全覆盖,但为什么还有大量不安全的因素存在?一个很重要的原因是现有风险评估往往是较低水平的简单重复,表面上达到了100%的检查率,但可能导致难以集中力量、高效的风险评估,从而不能在风险评估问题上取得量、质的统一。

(2)食品安全风险评估技术研究存在盲点,未能实现食品风险评估的全覆盖。一直以来,我国食品安全的风险评估对象仅限于已确知有毒有害的食品以及食品原料,而对于系统的食品毒理学评估则缺乏完善的法律规制。食品毒理学是食品安全风险评估基础,而我国在食品毒理学研究方面起步晚,研究基础薄弱。由于缺乏全面系统的食品毒理学研究资料,在食品安全风险评估中只能借用国外的毒理数据,很多食品安全限量标准的制定只能参考国外的毒理学资料,增加了评估的不确定性,对评估的科学性和准确性造成了很大影响,因此,构建起与风险评估相适应的食品毒理学研究体系是我国风险评估发展必须解决的问题。

目前虽然许多发达国家对常见的有毒化学物质进行了很多毒理评价工作,但由于食品毒理学研究是一个复杂的系统工程,即使是开展相关研究工作较早的发达国家,许多关键问题和实验技术方法还没有完善,数据的不确定性很大。在毒理学研究中很大的一个障碍就是伦理道德不允许用人做毒理学、生物学试验,只能通过动物试验进行经验式外推,由于种属不同,反映差异和不确定性必然存在,而且中国人和西方人在人种和食物结构上存在明显差别,这些数据在我国风险评估中的应用还需要进行进一步的验证。另外,就毒理学本身而言,许多方法和理论还有待深入试验、研究和探讨,比如,有毒有害物质在自然环境和动植物体内迁移、代谢、富集的过程,剂量外推安全系数的确定方法等。现代食品毒理学研究是全面综合了各个学科的最新研究成果和研究技术手段,将食品化学与毒理学紧密相结合,以食品化学、分子营养科学、分子毒理学等学科的研究技术作为手段,开展遗传毒性、内分泌紊乱等方面的研究,充分体现了学科高度交叉的特点。[①] 对于这样一个具有高度学科交叉的研究领域,相关学科协同发展是十分必要的,而我国

---

① 参见余健:《〈食品安全法〉对我国食品安全风险评估技术发展的推动作用》,载《食品研究与开发》2010年第8期。

现有的《食品安全法》及《食品安全风险评估暂行办法(试行)》并没有进行系统的规定。

第四节　完善我国食品安全风险评估物质保障制度

一、物质保障要素的二重性与制约机制

作为权力的一个重要构成环节,物质保障要素在权力的运行过程中具有二重性:效用性与被滥用性,由此,前文在分析了保障要素的特征之后简要提出了制约机制。一方面,作为保障要素的一个分支,内生于保障要素的物质保障要素也天然地具有了保障要素的双重性质,基于资金、技术等物质保障要素作为物质资源具有一定的价值与使用价值,因此,在现代社会遵循效益的市场法则下它们对于权力的运转具有无可替代的推动作用,这些物质保障要素能够通过自身的自然与社会属性来为社会提供更多的产品,谋求更大的社会价值,而这也正是权力的宗旨所在。但另一方面,也正是由于物质保障要素的价值与使用价值,信息、组织、特别是资金等物质要素极有可能被权力主体所滥用,而滥用的后果就是权力主体运用这些要素的目的不是为了公共利益或者保护公民权利,而是出于权力行使者的个人私益,假借公益之名行谋私利之实。在实践中,我们经常会发现权力主体违法运用物质保障要素的现象。这样的行为会导致行政机关管理成本增长,机构膨胀,所控制与掌握的资金、设备利用效率极低,不仅会浪费整个社会的资源,也使得权力难以实现法律所赋予的本初目的,而且还会阻碍整个社会、经济的发展。

(一)风险评估物质保障要素二重性之保障要素的滥用

(1)食品安全监管主体与食品安全风险评估机构公布食品安全危险信息的界限与权限。行政主体与风险评估机构公布食品安全风险信息或者食品违法事实是风险评估与风险沟通的重要方式,有助于消费者自我防御风险。但是,行政主体与风险评估机构公布风险信息或者违法事实可能具有两种效果,其一是给消费者以提醒(正向作用),其二却可能会给生产经营者造成严重的损失,即惩罚的效果(负向作用)。如果以制裁为目的时,则有必

要具有法律的根据。但前文已经述及,当下行政主体与风险评估机构可能存在着"部门、行业"保护主义,尤其是我国的食品安全风险评估机构未能实现自身组织上的相对独立性,与风险管理机构之间存在着依附性,二者难免出于利益的需求而滥用手中的权限,不正当的行使风险信息公布之权:对于应当向公众公布的食品安全风险信息出于利益目的而不公布,或者在公众提出公布之求时拒绝公布,最终会侵犯公众与消费者的知情权继而危害到社会公众的生命健康权;出于私益目的,对未实施违法行为或者食品中所存在的未超过安全标准的添加剂等物质信息任意向社会公众公布,会导致侵犯相关食品生产经营者与销售者的经营权,扰乱社会经济秩序。因而,行政主体与风险评估机构在公布风险信息或违法事实时,应当根据法律规定与食品安全风险评估标准,同时应注意信息的内容、公布信息的目的和方法等。

(2)进行风险评估时收走食品等财产与财产权保障之间的关系。① 国内外有关食品安全的法律法规均规定了收走食品、添加剂等用于风险评估,但却没有规定收走这些食品与添加剂等物质时要予以补偿,这样的立法规定就极容易构成对私人财产权的侵犯。收走食品等的目的并不在于转移物的所有权,而是在于做实验以评估该食品与添加剂等是否安全,是否超过了食品的"安全阀"?但通过上述不健全的法律规定,其结果却是转移了食品等财物所有权。基于宪法保障公民财产权利的规定,国家为了公共利益的需要,可以依照法律规定对公民的私有财产实行征收征用并给予补偿。然而,这样的立法规定只是针对土地等不动产而言,且其目的在于"公益"的需要。而收走食品等并非如土地征收征用那样是供公共之用,因而就不能直接适用该条的规定。而且《食品安全法》规定的确保食品等的安全,食品的生产经营者负有第一位责任。由此,基于这一职责,收走食品等只要在一定限度之内,被收走食品的价值就应当由生产经营者自己来承担,这种因公益而受到的限制属于其应当忍受的范围。但是,应该明确的是为了防止立法限制过大而违反了比例原则的要求,法律应当同时明确规定,收走食品等要以必要为限度,行政主体及风险评估机构只能严格依照法律规定收走其用于风险监测与评估实验所需的必要最小量,否则,就同样构成对私人财产权

---

① 参见王贵松:《日本食品安全法研究》,中国民主法制出版社2009年版,第164—165页。

的侵犯。而且,法律还应当在程序上对这种收走实验用食品的行为作出具体规制,并应规定在具体实施没收食品、添加剂等财物用于风险监测与评估实验时,相关执法人员必须携带身份证件,利益相关方在请求时执法人员就必须出示。

(3)食品安全风险评估机构对于评估资金的滥用。正如孟德斯鸠所言:"一切有权力的人都容易滥用权力。这是条万古不易的经验。有权力的人们使用权力一直到遇到有界限的地方才休止。"①私有制的产生与商品经济的发展使得人们越来越渴望对权力的享有与追逐,作为权力的主要表现形式,金钱等要素日益成为权力行使者的追求之物,权力行使的目的日益变为谋求本部门、个体的私人权益最大化。而正是对于金钱与权力的过度追求在根本上背离了公众对权力行使者的希望。因此,对于权力行使者必须从法律与制度上加强控制,保证行政机关工作人员的权力行使目的符合法律要求,权力行使程序符合法律规定,从内部与外部加强监督制约机制。《食品安全法》的首要目的在于保证食品安全,保障公众健康,维护社会秩序,所建立的风险评估制度、风险沟通制度等均是围绕着这些目标。由此,对于风险评估工作以及整个食品安全风险规制工作而言,均需围绕《食品安全法》所欲实现的目标而开展。充足的预算资金对于风险评估机构的运作具有不可或缺的作用,因此首先必须要充分保障评估机构的资金,以便它们能够有效、有序地对食品风险进行科学监测与分析;但更重要的是要防止风险评估机构对评估资金与经费的挪用与滥用。要注重从法律层面对其加以有效制约,特别是在具体行使风险评估权力时必须严格以法律为依据,遵循法律所设定的各项程序性规定,加大对评估机构资金使用的程序监管;从内部与外部对评估机构的资金运用加以制约:引入市场竞争机制,实施对资金等要素实行市场化运作、社会化管理的方针;加强权力机关对于评估机构预算决算的监督,完善审计机关对于风险评估资金的审计监督,要求评估机构定期实行财务公开以接受公众和社会舆论的监督。

(二)风险评估物质保障要素二重性之保障要素滥用的规制

基于前文对于物质保障要素以及风险评估运作中保障要素可能存在的

---

① 〔法〕孟德斯鸠著:《论法的精神》(上),张雁深译,商务印书馆1961年版,第154页。

滥用情况,基于社会公益的考量,为了保证这些物质保障要素能够被风险评估主体合法正当的运用,以实现要素自身的价值与使用价值,有必要对风险评估主体的行使与运用加以必要的制约,通过合理完善的监督制约机制,达到控制权力、保障物质要素被合法使用的双重目的。为此,可以从以下途径加以简要的分析。

(1) 完善食品安全风险评估主体权力的法律规制。有法可依是前提,因此,对于权力的行使来讲,首先要在法律规范的层面上加以规定。规则制约模式注重行政实体规则的制定,通过详细的实体规则来实现法律对行政权力的控制功能。[①] 风险评估既然作为《食品安全法》所规定的一项制度,那么从事食品安全风险评估工作的机构自然就被赋予了法律上的职责,食品安全风险评估机构及其开展风险评估的职责既然来自于法律的赋予,那么根据行政法"权责一体,有权必有责"的基本原理,就必须在享有风险评估职责的同时承担评估不力时的责任,实现评估主体评估职权的法治化。如果这些机构与组织不能有效开展风险评估工作,或者进行的风险评估工作未能如实反应发生的食品安全危机,那么就必须承担相应的责任。

(2) 实现食品安全风险评估权力行使主体的专职化。任何行使权力的主体都有追求权力的动机和欲望,实际的权力主体在获得已有权力时,仍具有追求更大权力的权力动机,这是由权力的本质所决定的。由此,明晰权力分配边界,令权力行使主体专职化,是克服权力被滥用的最主要途径之一。具体到食品安全风险评估领域,食品安全风险评估是对食品中的毒害性等物质以及其他物质进行专业科学检测与评估的工作,是一项复杂性、专业性、技术性较强的工作,那么就必须拥有能够适应这项评估工作的专业独立的组织队伍,而且相较于食品安全监管而言,风险评估具有"强科学性,弱行政性"的特点。所以,不能够简单地将食品安全风险评估组织机构置于食品安全监管主体之下,必须确保其地位的相对独立性与科学卓越性。这样既保证食品安全风险评估主体不受行政机关的干预,充分运用科学专业知识独立地从事评估工作,实现食品安全风险评估权力的专职化,确保评估的结果客观性与有效性,又能将行政主体的使命定位于监督与管理,可以极大地

[①] 孙笑侠:《法的现象与观念》,群众出版社1995年版,第174页。

节省行政机关的行政资源,还可以充分利用社会的丰富资源实现高效行政的目标。

(3) 确保食品安全风险评估资金使用的法治化。政务活动经费向社会公开不仅是民主政治赖以建立的基础,也是接受公众监督的一项基本措施,是尊重人民知情权、克服权力主体滥用财政与经费的必要条件。食品安全风险评估的财政资金是确保风险评估工作有效开展的重要保障,必须给予风险评估机构以充足的资金。然而,没有法律制约的资金运用非但不能够实现评估目标,反而会使评估机构丧失其独立、卓越的地位。特别是对于我国不少部门与地区存在着争抢滥用风险评估资金、推诿风险评估职责的现象而言,没有评估资金法治化的手段就难以有效地确保这些部门与地区正确地行使自己的评估职权,承担评估责任。因此,必须将风险评估机构的财政与资金纳入法制化、规范化的轨道,充分运用公开与监督的手段实现食品安全风险评估资金配置和运用的法治化。实现风险评估资金运用的法治化可以从以下几个角度入手:首先是完善立法层面的有关规定。我国虽有一些财务方面的公开规定与法律法规,但这些法规或条文不成体系,只是散见于其他部门法或单行法规中,且执法主体模糊不清,由此,要完善食品安全风险评估资金运用的相关法律规范,明确食品安全风险评估资金使用的内容、标准,并规定相应的监督机制,而且不能忽视完善风险评估资金运用的程序性规定,从程序方面加大对评估机构的制约力度。其次,要求权力机关加强对风险评估机构资金预算的监督,要求评估机构在使用数额较大的评估资金时书面说明理由并提供相关证明材料,实现审计机关对评估机构的财务收支、资金运用、会计记录进行全面系统的监督,核实违法的和不当的收支。最后是要求评估机构实行定期财物公开制度,接受公众和舆论的监督。

(4) 合理利用食品安全风险评估信息,作出恰当的公开决定。虽然通常情形下食品安全风险评估主体公开食品安全风险评估结论并不违反法律的规定,但是它们的行为都应受到行政法的约束,在披露信息的同时也应该遵循法律优先和行政合法性原则。在披露的方式方法上应遵循行政合理原则,以能达到行政目的并对相对人损害最小的方法进行。对于食品安全风险评估主体不正当的行使食品安全风险信息公布之权的问题,需要从以下几个方面加以规范,一是在决定公开信息时应该确定公开信息是否合法;二是应该判断信息是否属于公众应当知晓的信息;三是对公开信息这一类行为的救济手段应当得到重视。① 总之,风险评估主体在公布风险信息或违法事实时,应当依据法律规定与食品安全风险评估标准公布,同时应注意信息的内容、公布信息的目的和方法等,善用风险评估中所获得的信息,实现食品安全风险评估信息效用的最大化。

(5)明确食品安全风险评估权力行使的标准。一旦权力行使主体手中的权力运用标准被固定化、公开化而不能被由他们自由操作,则诱因就会对他们失去作用。这种方式在行政许可等行为中已有广泛运用。从效果上看,严格的法定标准能够有效阻止权力的滥用。食品安全风险评估标准与食品安全标准是两个不同的概念,风险评估机构所使用的标准就是确定食品等物质是否是安全的,分析是否已超出了食品"安全"的量的限度规定。而由于我国现有的法律规定并没有一个统一确定的食品风险评估标准,不能如国外一样精确地确定出食品的风险状况,这就给评估主体很大的自由裁量权。由此,首先要根据国际标准制定我国统一的食品安全风险评估标准,继而确保食品安全风险评估机构严格遵循国际食品法典委员会以及《食品安全法》所颁布的这一风险评估标准,并严格遵循风险评估所要求的监测与评估程序,遵循科学性原则以充分利用评估标准开展食品安全风险评估工作。

二、各项食品安全风险评估物质保障要素之完善

(一)完善食品安全风险评估的相关立法,实现风险评估的法治化

食品安全风险评估是一项系统工程,其每一个环节、每一个制度构建均需要法律规范的指引,但我国食品安全风险评估法律保障因素相比国外却较为滞后。食品安全风险评估只有获得法律的有力支持,才能发挥风险评估对于保障食品安全的重要作用,这不是仅仅依靠《食品安全法》单兵作战就可以加以规制完成的。由于各国发展的状况存在着差异,不同国家对于食品安全、食品安全风险评估的需求存在着差异,由此,食品安全风险评估

---

① 参见何丽杭:《食品安全行政"曝光"的法律分析——与德国案例的研究对比》,载《东方法学》2010年第5期。

法律体系的构建必须适合我国国情,设立从"农田到餐桌"各环节、各方面的职责权力的统一的、有效的法律规范,同时规定各级政府的权责,解决风险评估部门交叉、风险规制链条不严密和执法空白的问题。

(二)加大财政经费投入,确保风险监测与评估工作顺利进行

(1)加大各级政府财政经费投入,保证评估工作有效运作。近年来,虽然我国食品安全风险评估与监测经费有了较快的增长,但由于食品安全的形势依然严峻,目前的预算经费仍难以满足实际评估与监管工作的需要。监测区域、监测样品数量、评估项目、评估频次等均受到很大约束,远远形成不了覆盖全国的评估与监测网络,评估与监测有效性受到较大影响。为依法依职责履行食品安全风险评估与监管部门的责任,适应当前依然严峻的食品安全形势需要,保障风险评估与监测工作按照法定计划有序进行,不论是中央政府还是地方政府,均应加大财政经费投入,保证监测工作顺利进行。对此,可以从中央财政预算与地方财政预算中合理配置相应的专项评估与监测经费,用于确保中央与地方的风险评估与监测部门开展评估与监测工作有充分的财政资金保障。

(2)建立专项基金,确保食品安全评估体系之完善。中央与各级地方政府要确保评估资金充足以及食品安全风险评估工作运转中的资金支持,并根据实际情况加强对风险评估资金调拨使用的监督管理。特别是在资金投入方面应该加强对基层的投入力度,促进基层食品安全风险评估的硬件设施建设,同时要制定各项资金鼓励政策措施,鼓励风险评估技术人才服务基层,促进基层评估机构的人员素质优化。此外,还应增加预算投入,以扶持大专院校及社会中介检验监测机构和企业内部自检机构,这些机构的发展可以配合食品安全风险评估机构的工作。

(三)构建食品安全风险评估的信息制度,加强信息保障功能[①]

(1)食品安全风险评估信息收集制度的完善。信息收集是食品安全风险评估的第一步,食品安全风险评估组织机构掌握翔实的食品安全风险信息有利于全面、科学地开展食品安全风险评估。由此,应健全并疏通信息收集渠道。它们需要涵盖生产、市场、消费等许多环节和步骤,还要提高信息

---

① 详见食品安全风险评估信息制度一章。

收集的能力。值得注意的是,现在是信息爆炸的时代,在广泛收集食品安全风险信息的同时,也要注意对信息进行分析、审查、纠错,保障食品安全风险评估信息的质量,这样才能保证评估结论的科学、可靠。

(2)食品安全风险评估信息报告或通报制度的完善。由于我国卫生行政、农业行政、质量技术监督、工商行政管理、食品药品监督管理等不同部门、不同层级所掌握的信息是不同的,由此,需要建立食品安全监管机构之间的信息联络体制,对各自职责范围内收集到的食品安全信息进行整理,形成共享的资源数据库,并加强沟通、密切配合。可以在不同的食品安全风险监管主体之间搭建信息共享网络平台,各部门都是该网络平台的一个信息基点,各部门将收集来的经过分析和审查后的信息汇集到信息网络上,供该平台的其他组成部门共享,进而形成综合一体的、高效便捷的信息系统。

(3)食品安全风险评估信息公布、交流制度的完善。从心理学角度看,生活在群体中的公众,易受社会连锁效应的影响,引起不必要的恐慌,将某些实际影响很小或规模不大的风险扩大化。而风险评估信息交流有助于对公众进行正确的引导,防止群体极化现象,稳定社会秩序。从风险社会视角看,如果行政主体依然本着传统的管理思维,主张安全主义文化,报喜不报忧,极力掩盖事实,将严重影响行政主体的权威性,最终引起公众的不信任,进而使风险严重化,造成更大的损失。[①] 因此,行政主体必须优化风险信息的交流途径,建立高效的风险信息交流机制。孙斯坦便在《风险与理性》一书中表明公开交流信息是一个有益的能促进工作效率和增进民主的有效手段;一个制度要运转良好,不仅仅是政府单方面能够做到,更重要的是得到公众的支持和信任。[②] 因此,完善风险评估机构对于评估信息的交流机制,在评估中与评估后及时将风险评估信息与社会公众进行交流互动,消除社会公众与风险评估的不信任与不理解,建立高效的评估信息交流机制,实现评估信息的及时传递。结合欧日德等的成功经验,可以从以下方面着手加以完善:一是利用网络、热线公布风险信息或风险评估结果,使公众及时获

---

① 参见方世南、齐立广:《风险社会:政府公共管理面临的全新课题》,载《学习论坛》2009年第8期。

② 参见〔美〕凯斯·孙斯坦:《风险与理性》,师帅译,中国政法大学出版社2005年版,第333页。

取可靠的科学信息;二是定期召开会议,邀请相关利益方或公众参与,与公众进行互动,了解公众所需,公布风险评估工作,提高风险评估的透明度;三是积极参与国际会议及时了解国外风险评估状况,交流意见,提高我国风险评估水平;四是理性面对媒体,定期召开新闻发布会,公布相关风险信息或风险评估结果,防止不法媒体借机炒作。另外,需注意的是有效的评估交流不仅仅只是公开而已,如果评估公开的内容是高度概括令人费解的,公众就会无法吸收评估公开的信息,那么这样的评估公开就是无效益的。[①] 因此,食品安全风险评估机构在进行评估信息公开时必须注意内容形式的简易与可操作性。

（4）建立以互联网平台为支撑基础的国家级食品安全风险评估数据和信息的网络服务系统和技术平台。笔者认为该体系平台包括:信息数据收集和分析平台、专业数据库平台、信息交流服务平台、信息共享服务平台、信息发布平台、信息查询和反馈平台。此外,行政机关还需要加快提高信息人才队伍素质和能力,制订信息人才发展计划,吸引国内外高级人才参与食品安全风险评估工作,加强现有信息人才的培训,充分借鉴欧美国家开展食品安全风险评估的经验,加快提升信息人才队伍的工作水平。

（四）建立健全食品安全风险评估标准体系,实现风险评估标准的统一化、规范化

（1）构建统一科学的食品安全风险评估标准体系。《食品安全法》规定国务院卫生行政部门负责食品安全风险评估、食品安全标准制定、食品检验机构的资质认定条件和检验规范的制定。在施行《食品安全法》过程中,首先应当把注意力和主要精力用在尽快确立我们国家食品安全标准体系上,而建立统一的食品安全风险评估标准则是这部法律重点强化的一个内容。《食品安全法》从头到尾使用的是食品安全标准这样一个词,但是我国尚无食品安全风险评估标准。有了统一的食品安全风险评估标准,就像是食品安全的"防火墙"。这面"防火墙"必须要完整统一,不断加固才行。在实施《食品安全法》以后,通过食品安全评审委员会这个平台,不断地将现行的《农产品质量安全标准》《食品卫生标准》《产品卫生标准》以及行业性的强

---

① 参见〔美〕凯斯·孙斯坦:《风险与理性》,师帅译,中国政法大学出版社2005年版,第329—330页。

制性标准统一整合为国家的《食品安全标准》,以做到提升整个食品安全的水平,确保企业按照食品安全标准生产,食品安全风险评估机关按照食品安全标准进行风险评估。

(2) 构建与国际接轨的食品安全风险评估标准体系。针对目前中国食品安全风险评估标准的现状,我们需要借鉴美国等发达国家的经验,建立符合国际食品法典原则的食品安全风险评估标准体系,从食品安全风险的全程监控着眼,把标准和规程落实在食品产业链的每一个环节,消除"绿色壁垒"。作为农产品生产和消费的大国,我国必须主动将国内标准与国际标准接轨,建立起适应国际经济发展的食品安全风险评估标准体系。这就需要:一方面要建立健全国家标准、行业标准和企业操作规范三个层次的食品安全风险评估标准体系,保证食品生产的安全;另一方面建立健全食品质量安全检测检验体系。通过不断加大投资,增建高水平的检测检验机构,建立和修改有关食品安全的标准和检测方法。根据我国现实和发展情况以及与国际标准接轨的能力,对以往制定的指标低的风险评估标准进行修改,对目前已经检出的尚无标准的食品不安全因素尽快制定标准和检测方法,使我国食品安全风险评估有法可依、有标准可执行、有实施方法可遵循。我们应当意识到完善的风险评估标准体系能促进产业结构调整,推动农业、轻工业科技进步,促进食品贸易发展,也能提高食品消费的安全性,提高市场竞争力。

(3) 立足国情,制定满足不同地区实际的食品安全风险评估标准体系。进行食品安全风险评估标准的研究是为建立和完善食品安全风险评估制度、解决食品安全问题提供依据和技术支持。制定合理、科学的食品安全风险评估标准是解决食品安全问题的关键。① 相关部门应该分析我国现行有效的食用农产品质量安全标准、食品卫生标准、食品质量标准以及有关食品的行业标准,比较分析国际食品法典委员会、欧盟、澳大利亚、日本、美国等国际组织、国家以及地区的食品安全标准,根据我国食品安全评估结果和对不同地区、民族、人群的膳食结构进行分析,进行国内外评估标准分析对比、专题调查研究等,并认真听取和采纳各界意见,制定出适合我国国情又与国际标准相接轨的食品安全风险评估标准。同时积极促进公众参与食品安全

---

① 参见盛凤杰、曹慧晶、李旭:《浅谈我国食品安全风险评估制度的完善》,载《法制与社会》2009年第8期。

评估标准建设。《食品安全法》第 2 条规定:制定食品安全国家标准,要广泛听取食品生产经营者和消费者的意见。这个法条为食品安全风险评估标准制定过程中的公民参与提供了法律依据,参与权的行使还需要法律进一步对其程序进行规定。可以认为需要从制度上和程序上保障公众对制定食品安全风险评估标准的参与权。具体可以通过立法规定食品生产者、销售者和消费者在评估标准制定中的听证权、实行过程中的异议权、相关标准废止的建议权以及相关的行政、司法救济权。

(五)加强食品安全技术支撑能力建设,提高我国食品安全风险评估的能力

(1)构建全方位的立体评估网络,实现风险评估多方联动机制。到目前为止,我国已初步建立了由省、市、县三级监测点组成的全国食品安全风险评估监测网络。但是,这样的风险评估体制是由行政主体所主导的,与我国种类繁多的食品现状不相协调,也无法完成全方位的评估监测。虽然欧盟及其成员国都设立了官方的风险评估机构,但欧盟的私人志愿机构也起到了极其重要的作用,这些私人的志愿机构一般都得到了官方的认证和认可。民间评估机构的增多和扩大化有以下的好处:一是能弥补官方评估机构的不足。官方的评估机构的设立、组织和运作比较复杂,可是民间的评估机构相对而言容易且灵活,在一些特殊的领域,民间的评估机构能够弥补官方评估机构的不足。二是独立性相对较强。由于我国官方的评估机构是由监管部门设立,既监管又评估,难免会因为部门利益、行政力量等影响评估结果。民间的评估机构可以有效地排除这种干扰,其结果更加中立可信赖。三是技术力量雄厚。民间评估机构一般都是营利性质的,为了利之所趋,其技术力量、设备构成更加合理且先进,因此,评估的力量更加雄厚。[①] 同时,在这些发达国家和地区,民间机构和大学里的实验室也自发承担了一部分食品风险评估工作,以更客观、专业的视角来提出相应的评估结果。因此,我国政府也可以加强与民间组织、各类科研机构合作,借助于这些机构在专业方面的优势,由多方共同承担我国庞大食品种类的风险评估工作,从而提高食品安全风险评估能力。

[①] 锁放:《比较法视角下中国食品安全监管标准体系的健全》,载《特区经济》2011 年第 4 期。

（2）加快评估检测技术投入建设,促进风险评估体制国际化与现代化。由于《食品安全法》对风险评估工作的推动,我国与食品安全风险评估相关的检测网络技术的建设也必须走上快车道。针对目前食品安全风险评估的需求,在将来要逐步建立覆盖全国的食源性疾病监测技术体系,形成以国家、省、地(市)、县级医院为基本技术支撑,并延伸到乡镇医疗机构,形成对各种食源性疾病的监测与报告技术网络体系,纳入国家突发公共卫生事件网络直报系统,以便准确广泛地收集相关的临床病例资料和食物中毒情况。① 此外,还要组建独立的国家级食品安全风险评估机构,积极发挥中国疾病预防控制中心在组织和运行全国食品安全风险监测网络中的作用,以及充分发挥各省级食品安全重点实验室的作用,使其具备承担食品安全风险评估、技术仲裁、监测预警等工作,提高对有毒有害物质的排查能力,达到在较短时间内尽快提升食品安全技术支撑的能力。

总之,食品安全风险评估作为一项系统工程,牵涉到多学科、多部门的工作。基于食品安全风险评估工作的系统性,从预评估、危害识别、危害描述、暴露评估到风险描述以及交流,每一阶段工作的运行不仅仅需要有理论上的支撑,更需要物质上的充分保障。通过分析我国现阶段法律规范规定的食品安全风险评估的物质保障要素内容,以及国外部分国家和地区先进的风险评估物质保障规定,可以发现我国的物质保障要素还处于非法治化、非科学化的状态:物质保障要素的缺乏将会直接导致风险评估工作难以有效开展,而物质保障要素的滥用则会导致风险评估工作的非科学性。因此,本章的内容正是以比较法学的视角来分析问题,通过借鉴境外国家先进的物质保障要素的制度规范与实务运作的有益经验,从法律规范、组织机构、信息工具、经费保障、评估标准以及技术手段这六大物质保障要素着手,通过完善食品安全风险评估的相关立法、设立独立的食品安全风险评估组织机构、加大财政经费投入、确立公开透明的风险评估信息披露制度、建立健全食品安全标准体系以及加强食品安全技术支撑能力建设等等一系列系统性、综合性的完善手段,从而切实实现我国食品安全风险评估工作的法治化运作。

---

① 余健:《〈食品安全法〉对我国食品安全风险评估技术发展的推动作用》,载《食品研究与开发》2010年第8期。

附录

食品安全风险评估管理规定（专家建议稿）

第一条 （立法目的）

为规范食品安全风险评估工作，确保风险评估建议的科学性和可接受性，根据《中华人民共和国食品安全法》和《中华人民共和国食品安全法实施条例》的有关规定，制定本规定。

第二条 （适用范围）

本规定适用于国务院卫生行政部门依照食品安全法有关规定组织的食品安全风险评估工作。

第三条 （食品安全风险评估基本原则）

食品安全风险评估以食品安全风险监测和监督管理信息、科学数据以及其他有关信息为基础，遵循独立、科学、透明、协商和个案处理的原则。

第四条 （食品安全风险评估的组织机构）

国务院卫生行政部门负责成立国家食品安全风险评估专家委员会，依法保障国家食品安全风险评估专家委员会独立、科学、透明、高效的实施风险评估，接受国家食品安全风险评估专家委员会作出的食品安全风险评估意见，并及时将食品安全风险评估结果通报国务院有关部门。

国家食品安全风险评估中心是国家食品安全风险评估的技术机构，承担国家食品安全风险评估、监测、预警、交流和食品安全标准等基础性技术支持工作,并将风险评估分析结果报告给国家食品安全风险评估专家委员会审核。

各省、自治区、直辖市可以参照本规定成立国家食品安全风险评估分中心,在国家食品安全风险评估中心的指导下开展工作。

第五条 (国家食品安全风险评估专家委员会组成)

国家食品安全风险评估专家委员会依据国家食品安全风险评估专家委员会章程组建。国家专家委员会应由医学、农业、食品、毒理、营养等方面的专家组成。

专家委员会可根据工作需要,建立由相关专业领域的专家组成的食品安全风险监测专家库和风险评估专家库。

第六条 (国家食品安全风险评估专家委员会职责)

国家食品安全风险评估专家委员会的主要职责是:

(一)起草国家食品安全风险监测、评估规划和年度计划,拟定优先监测、评估项目;

(二)进行食品安全风险评估;

(三)负责解释食品安全风险评估结果;

(四)开展食品安全风险交流;

(五)承担卫生部委托的风险评估相关任务。

第七条 (国家食品安全风险评估专家委员会组织机构)

国家食品安全风险评估专家委员会设主任委员1名,副主任委员2—3名,秘书长1名,副秘书长2—3名,委员若干名。

国家食品安全风险评估专家委员会设人事司,主要负责食品安全风险评估委员会各人员的选拔及审核;办公室,主要负责食品安全风险评估委员会日常事务的管理;风险评估处,主要负责风险评估技术工作;风险交流处,主要负责对风险信息及风险评估结果与社会公众、利益相关方、食品安全风险评估相关国际机构和组织进行沟通、交流。

国家食品安全风险评估专家委员会根据评估需要设置专门工作组,具体负责不同专业领域的风险评估工作。

国家食品安全风险评估专家委员会根据应急评估任务需要,可设临时工作组,负责专家委员会委派的评估任务。临时工作组可由专家委员会委员或其他专家组成。

参加专门工作组和临时工作组的委员人数视具体情况而定。组长由专家委员会指定,对专家委员会负责。

第八条 (委员的任职条件)

国家食品安全风险评估专家委员会委员应当符合以下条件:

(一)拥护党的路线、方针、政策,具有较强的社会责任感,遵纪守法,具有严谨、科学、端正的工作作风和较强的敬业精神;

(二)严格遵守委员会章程,能够按时参加委员会组织的各项活动,承担并完成委员会交付的各项任务;

(三)从事专业技术工作,具有副高级以上专业职称(副高级职称者需具有博士学位),年龄在65岁以下(院士除外),身体健康;

(四)具体从事食品安全风险评估工作,或者从事与食品安全风险评估相关的工作;

(五)业务水平突出,在国内相关专业领域具有较高的学术威望,或者具备丰富的工作经验;

(六)具有跨学科的,从事与食品安全风险评估专家委员会的职责所涵盖的区域相关的一个或多个领域内具有公认的科学上的卓越性;

(七)具有娴熟的食品安全风险评估信息的沟通技巧。

第九条 (委员的遴选程序)

国务院卫生行政部门在遴选国家食品安全风险评估专家委员会委员时,应当遵循公告、形式审查、实质评价、确定最佳候选人的入围名单、从入围名单中任命候选人以及公示等的程序公开透明地进行。

第十条 (委员的权利和义务)

国家食品安全风险评估专家委员会委员享有对各项风险评估活动的表决权、建议权和监督权。

国家食品安全风险评估专家委员会委员应当主动回避可能与自身利益相关的风险评估工作,并遵守国家相关保密的规定,不得以专家委员会委员名义从事与食品安全风险评估无关的活动。

第十一条 (委员的任期)

国家食品安全风险评估专家委员会委员每届任期为五年。连续任期不得超过五年。

第十二条 （委员的利益声明和回避规则）

国家食品安全风险评估专家委员会委员应当填写承诺书，承诺与食品生产和经营企业没有商业利益。在进行风险评估之前，应提交其从事相关的经济活动的信息，卫生部经审议发现这些信息与食品安全风险评估活动存在利害关系，应决定该专家委员实施回避，并公开专家回避的原因。

在特定的情况下，虽然特定专家委员存在利益冲突，但该专家委员却是在要评估的领域内非常稀缺，或者其具有的专业知识在评估时无可替代，卫生部行政部门可以决定对该专家免于回避，但是须对于不予回避的理由以及行政机关的利益考量予以公开，接受公众的监督。

第十三条 （委员的更新）

国家食品安全风险评估专家委员会委员存在以下情形之一的，按照有关程序终止其委员资格：

（一）因客观情况或个人原因不能承担工作的；

（二）触犯国家法律的；

（三）无故不参加专家委员会议的；

（四）以专家委员会委员名义从事相关商业活动或在公共场合发表有悖于专家委员会决议的言论的。

国家食品安全风险评估专家委员会出现辞退、辞职或任期届满的情形时，由食品安全风险评估专家委员会主任向卫生部行政部门提出建议，卫生行政部门根据遴选程序选择新成员。

第十四条 （国家食品安全风险评估专家委员会审议事项）

以下事项由国家食品安全风险评估专家委员会全体会议审议：

（一）专家委员会章程；

（二）食品安全风险监测、评估年度计划草案和优先监测、评估项目；

（三）专家委员会年度工作计划和年度工作报告；

（四）各专门工作组和临时工作组的组建；

（五）食品安全风险评估实施方案；

（六）食品安全风险评估结果和报告草案。

第十五条 （国家食品安全风险评估专家委员会工作机制）

专家委员会的各项决定根据协商一致的原则作出,必要时可采用投票方式作出决定。投票时专家委员会应当有四分之三以上委员出席,持同一意见的票数超过全体专家委员会人数的二分之一方为有效。

对应急评估的风险评估实施方案和风险评估意见,可通过由主任委员或副主任委员参加的临时工作组会议表决通过。

根据工作需要,专家委员会可邀请专家库中的专家参加相关议题的讨论或承担相应工作。

第十六条 （国家食品安全风险评估专家委员会独立工作）

国家食品安全风险评估专家委员会依据本规定及国家食品安全风险评估专家委员会章程独立进行风险评估,保证风险评估结果的科学、客观和公正。

任何部门不得干预国家食品安全风险评估专家委员会和食品安全风险评估技术机构承担的风险评估相关工作。

第十七条 （国家食品安全风险评估专家委员会活动的公开透明）

国家食品安全风险评估专家委员会进行食品安全风险评估活动的全过程应保证公开透明性,国家食品安全风险评估专家委员会有权在遵守相关保密规定的前提下,自行、主动、及时公开食品安全风险评估信息,内容包括但不限于以下内容：

（一）每一项食品安全风险评估结果的目标和适用范围的信息,具体而言,该评估结果的背景以及需要回答的问题；评估结果所针对的对象和范围,包括被评估的活动、事项或危害,被暴露的人群,对评估范围加以限制的理由等。

（二）对某一事项作出评估结果时,所使用的任何既定的指南、数据质量标准、默认假设、决定标准以及对于任何偏离既定规定的做法的理由等的信息。

（三）食品安全评估的议程和时间。

（四）关于评估结果的会议纪要,少数派成员的意见。

（五）其他相关信息和数据等。

第十八条 （信息的可理解性）

国家食品安全风险评估专家委员会公开的信息应具有可理解性和可复

制性,应当对食品安全风险评估信息和建议的不确定性作出解释,并对减少不确定性的方案加以描述,对涉及的专业术语作出说明。

第十九条 (国家食品安全风险评估中心的职责)

国家食品安全风险评估中心的主要职责是:

(一)开展食品安全风险评估基础性工作;

(二)承担风险监测相关技术工作,参与研究提出监测计划,汇总分析监测信息;

(三)研究分析食品安全风险趋势和规律,向有关部门提出风险预警建议;

(四)开展食品安全知识的宣传普及工作,做好与媒体和公众的沟通交流;

(五)开展食品安全风险监测、评估和预警相关科学研究工作,组织开展全国食品安全风险监测、评估和预警相关培训工作;

(六)与中国疾病预防控制中心建立工作机制,对食品安全事故应急反应提供技术指导;

(七)对分中心进行业务指导,对地方风险评估技术支持机构进行技术指导;

(八)承担国家食品安全风险评估专家委员会办公室、食品安全国家标准审评委员会秘书处的日常工作;

(九)承担法律法规规定和举办单位交办的其他工作。

第二十条 (受行政机关委托启动风险评估)

国家食品安全风险评估专家委员会办公室接到卫生部等食品安全监管部门的报告或接到举报发现食品安全可能存在安全隐患的,应当立即组织进行食品安全风险评估。

第二十一条 (自行启动风险评估)

国家食品安全风险评估专家委员会根据食品安全风险评估中心提供的食品安全风险信息或者自身获得的食品安全风险信息,可以自行决定进行风险评估。

第二十二条 (根据社会公众的申请,启动风险评估)

普通消费者、行业协会代表或者新闻媒体代表等主体可以根据自身亲历或者掌握的食品安全风险信息,依法向国家食品安全风险评估专家委员会以书面的形式提出要求启动食品安全风险评估程序的申请。

国家食品安全风险评估专家委员会应当在收到申请之日起15天内,对申请人的书面申请进行审查并决定是否受理。

国家食品安全风险评估专家委员会经过审查,认为有必要启动评估程序的,则作出书面的启动风险评估程序的决定,认为没有必要启动风险评估程序的,则应当对申请人说明理由。

申请人对国家食品安全风险评估专家委员会不予启动风险评估程序的决定不服,可以在15天之内向人民法院提起行政诉讼。

第二十三条 (风险评估的阶段)

国家食品安全风险评估专家委员会按照风险评估实施方案,遵循危害识别、危害特征描述、暴露评估、风险特征描述以及风险评估交流的结构化程序开展风险评估。

第二十四条 (行政机关委托食品安全风险评估的范围)

有下列情形之一的,由卫生行政部门审核同意后向国家食品安全风险评估专家委员会下达食品安全风险评估任务:

(一) 为制订或修订食品安全国家标准提供科学依据需要进行风险评估的;

(二) 通过食品安全风险监测或者接到举报发现食品可能存在安全隐患的,在组织进行检验后认为需要进行食品安全风险评估的;

(三) 国务院有关部门按照《中华人民共和国食品安全法实施条例》第12条要求提出食品安全风险评估的建议,并按规定提出《风险评估项目建议书》;

(四) 根据法律法规的规定认为需要进行风险评估的其他情形。

第二十五条 (任务下达)

卫生行政部门以《风险评估任务书》的形式向国家食品安全风险评估专家委员会下达风险评估任务。《风险评估任务书》应当包括风险评估的目的、需要解决的问题和结果产出形式等内容。

第二十六条 (不予评估的情形)

对于下列情形之一的,国家食品安全风险评估专家委员会可以作出不予评估的决定：

（一）通过现有的监督管理措施可以解决的；

（二）通过检验和产品安全性评估可以得出结论的；

（三）国际政府组织有明确资料对风险进行了科学描述且适于我国膳食暴露模式的。

对作出不予评估决定和因缺乏数据信息难以作出评估结论的，国家食品安全风险评估专家委员会应当向有关方面说明原因和依据；如果国际组织已有评估结论的，应一并通报相关部门。

第二十七条　（食品安全风险评估的信息和资料）

国务院有关部门提交《风险评估项目建议书》时，应当提供下列信息和资料：

（一）风险的来源和性质；

（二）相关检验数据和结论；

（三）风险涉及范围；

（四）其他有关信息和资料。

国务院有关部门和县级以上地方农业行政、质量监督、工商行政管理、食品药品监督管理等有关部门应当协助收集前款规定的食品安全风险评估信息和资料。

第二十八条　（食品安全风险评估结论评估计划与优先评估项目）

国家食品安全风险评估专家委员会成立协商委员会，由行政机关工作人员、相关企业代表、普通消费者代表、专家代表、对食品安全风险感兴趣的人士代表，包括媒体界人士代表、观察员或评论员代表等组成。

确定国家食品安全风险评估计划和优先评估项目时，应通过国家食品安全风险评估专家委员会的公报、网站或媒体向利害关系人或公众公告，经过协商委员会成员协商后，将形成的食品安全风险评估计划草案和评估项目草案公告，并公开协商委员会的陈述和证词，在接受公众评论之后，将公众的评论或意见分类和整理，返回给协商委员会，协商委员会根据评论意见对草案进行修改，行政机关最终确定风险议题与优先评估项目。

第二十九条　（任务备案）

国家食品安全风险评估专家委员会应当根据评估任务提出风险评估实

施方案,报卫生行政部门备案。

第三十条 (食品安全风险评估结论)

国家食品安全风险评估专家委员会进行风险评估,对风险评估的结果和报告负责,并及时将结果、报告上报给卫生行政部门。

第三十一条 (食品安全风险评估结论的应用)

食品安全风险评估结论是制定和调整风险监测计划、制定和修订食品安全标准、发布食品安全风险警示的科学依据。

如果相关部门未依据食品安全风险评估结论制定和调整风险监测计划、制定和修订食品安全标准、发布食品安全风险警示的,应向卫生行政部门和国家食品安全风险评估专家委员会说明理由并予以公布。

第三十二条 (食品安全风险应急评估)

发生下列情形之一的,卫生行政部门可以要求国家食品安全风险评估专家委员会立即研究分析,对需要开展风险评估的事项,国家食品安全风险评估专家委员会应当立即成立临时工作组,制订应急评估方案。

(一) 处理重大食品安全事故需要的;

(二) 公众高度关注的食品安全问题需要尽快解答的;

(三) 国务院有关部门监督管理工作需要并提出应急评估建议的;

(四) 处理与食品安全相关的国际贸易争端需要的。

第三十三条 (食品安全风险应急评估结果报告)

需要开展应急评估时,国家食品安全风险评估专家委员会按照应急评估方案进行风险评估,及时相卫生行政部门提交风险评估结果报告。

第三十四条 (食品安全风险评估结果公开解释)

国家食品安全风险评估专家委员会应当依法向社会公布食品安全风险评估结果。

风险评估结果由国家食品安全风险评估专家委员会负责解释。

第三十五条 (食品安全风险评估中的公众参与)

国家食品安全风险评估专家委员会作出科学意见的过程中应积极组织公众参与协商。对食品安全风险评估的任务主题、范围、原则以及草案等开展公众协商,并使用专业媒体来报道就特定问题的协商过程。

第三十六条 (建立风险评估协商平台)

国家食品安全风险评估专家委员会负责召集组建利害关系人的咨询平台,作为协助食品安全风险评估开展的一个经常性的对话和交流论坛,并承诺会认真考虑该平台所提出的信息和建议。

国家食品安全风险评估利害关系人平台由具有相关专业知识的利害关系人、那些与风险评估的科学意见具有真正利害关系的人(食品生产者和消费者)以及对该主题的风险评估感兴趣的人组成。其组成人员应代表不同类别的利益相关者的利益,尽量避免覆盖同一地区或重叠的组织的参与。为了促进积极参与和有效的讨论,平台的总人数应该不超过24人。其他组织或个人申请并经咨询平台主席同意后,可观察或旁听会议。

该平台将平均每年至少举行三次会议。如果需要,可以组织举行额外会议,会议结果应被公之于众。

第三十七条 (卫生部对参与评估的补偿)

国家卫生行政部门应为社会公众参与食品安全风险评估提供便利,对社会公众因参与食品安全评估产生的费用予以一定的补偿

第三十八条 (食品安全风险评估的信息)

国家食品安全风险评估专家委员会和国家食品安全风险评估中心可以依法收集食品安全风险评估相关信息和数据,并保证信息和数据的科学、完整、全面、客观。

地方人民政府有关部门应当按照风险所在的环节协助国务院有关部门收集食品安全风险评估有关的信息和资料,并保证信息和资料的科学、完整、全面、客观。

第三十九条 (食品安全风险评估过程中的风险交流)

风险评估专家委员会可以定期通过专家会议、公众听证、消费者讨论会、利害关系人协商平台等方式,向普通公众、行业协会成员以及新闻媒体等公开食品风险评估的工作和评估的结果,积极寻求以简易的方式与普通公众进行风险评估过程的交流。

国家食品安全风险评估专家委员会要建立与其他科学家、团体、志愿机构以及企业、个人、外部利益相关人之间的风险交流网络,以便获得更加充实的科学信息。

第四十条 (食品安全风险评估的能力建设和保障)

食品安全风险评估体系应与全国风险监测网络实验室建立有效的工作机制，建立公私合作的风险监测网络，建立食品安全风险评估各类网络联络点和咨询平台，为风险评估结果提供足够的技术和信息支持。

应加快培养掌握国家食品安全风险评估、风险管理和风险交流方法的高水平专业人员，不断提高食品安全风险评估工作的能力。

第四十一条 （同行评审）

对于食品安全风险评估的结果和食品安全风险评估专家委员会意见，可以进行同行评审。

评估过程中应平衡各种科学观点，且无过分偏见。

第四十二条 （科学争议的解决）

成立科学评论委员会，由一定数量的科学家、退休的法官（在相关科学方面有一些最低限度的能力）组成，处理食品安全风险评估中有关科学争议的问题。

第四十三条 （受委托技术机构的义务）

受委托的有关技术机构应当在国家食品安全风险评估专家委员会要求的时限内提交风险评估相关科学数据、技术信息、检验结果的收集、处理和分析的结果。

食品安全风险评估技术机构的认定和资格管理规定由卫生部另行制定。

第四十四条 （经费）

国家食品安全风险评估专家委员会的工作经费由专项财政经费保障，任何机关、单位和个人不得挪用或滥用食品安全风险评估专项经费。

第四十五条 （卫生部支持风险评估技术开发）

国家卫生行政部门鼓励并支持食品安全风险评估相关技术的发展，构建全方位的立体评估网络，实现风险评估多方联动机制。

第四十六条 （术语解释）

本规定用语定义如下：

危害：指食品中所含有的对健康有潜在不良影响的生物、化学、物理因素或食品存在状况。

危害识别：根据流行病学、动物试验、体外试验、结构—活性关系等科学数据和文献信息确定人体暴露于某种危害后是否会对健康造成不良影响、造成不良影响的可能性,以及可能处于风险之中的人群和范围。

危害特征描述:对与危害相关的不良健康作用进行定性或定量描述。可以利用动物试验、临床研究以及流行病学研究确定危害与各种不良健康作用之间的剂量—反应关系、作用机制等。如果可能,对于毒性作用有阈值的危害应建立人体安全摄入量水平。

暴露评估:描述危害进入人体的途径,估算不同人群摄入危害的水平。根据危害在膳食中的水平和人群膳食消费量,初步估算危害的膳食总摄入量,同时考虑其他非膳食进入人体的途径,估算人体总摄入量并与安全摄入量进行比较。

风险特征描述:在危害识别、危害特征描述和暴露评估的基础上,综合分析危害对人群健康产生不良作用的风险及其程度,同时应当描述和解释风险评估过程中的不确定性。

第四十七条 (解释)

本办法由国务院卫生行政部门在征求国家食品安全风险评估专家委员会意见之后负责解释,自发布之日起实施,原《食品安全风险评估暂行管理办法》废止。

主要参考文献

一、著作类

[1] 罗豪才主编:《行政法学》,中国政法大学出版社 1996 年版。

[2] 罗豪才主编:《中国行政程序法》,人民法院出版社 1996 年版。

[3] 罗豪才主编:《行政法的新视野》,商务印书馆 2011 年版。

[4] 应松年主编:《行政行为法》,人民出版社 1993 年版。

[5] 应松年主编:《比较行政程序法》,中国法制出版社 1999 年版。

[6] 应松年主编:《突发公共事件应急处理法律制度研究》,国家行政学院出版社 2004 年版。

[7] 应松年主编:《四国行政法》,中国政法大学出版社 2005 年版。

[8] 姜明安主编:《行政执法研究》,北京大学出版社 2004 年版。

[9] 姜明安主编:《行政法与行政诉讼法》,北京大学出版社、高等教育出版社 2004 年版。

[10] 姜明安主编:《外国行政法教程》,法律出版社 1993 年版。

[11] 姜明安:《行政程序研究》,北京大学出版社 2006 年版。

[12] 姜明安:《行政诉讼法学》,北京大学出版社 1993 年版。

[13] 马怀德主编:《应急管理法治化研究》,法律出版社 2010 年版。

[14] 马怀德主编:《应急反应的法学思考》,中国政法大学出版社 2003 年版。

[15] 于安编著:《德国行政法》,清华大学出版社 1999 年版。

[16] 胡建淼:《行政法学》,法律出版社 1998 年版。

[17] 莫于川、肖竹编:《突发事件应对法制度解析与案例指导》,中国法制出版社 2009 年版。

[18] 莫纪宏、徐高主编:《紧急状态法学》,中国人民公安大学出版社 1992 年版。

[19] 沈岿:《公法变迁与合法性》,法律出版社 2010 年版。

[20] 沈岿:《平衡论:一种行政法的认知模式》,北京大学出版社1999年版。
[21] 朱景文:《跨越国境的思考:法理学讲演录》,北京大学出版社2006年版。
[22] 朱景文、韩大元:《中国特色社会主义法律体系研究报告》,中国人民大学出版社2010年版。
[23] 叶必丰:《行政法学》,武汉大学出版社2003年版。
[24] 叶必丰:《行政法的人文精神》,北京大学出版社2005年版。
[25] 王锡锌编:《行政过程中公众参与的制度实践》,中国法制出版社2008年版。
[26] 张正钊、韩大元主编:《比较行政法》,中国人民大学出版社1998年版。
[27] 江必新等编著:《行政程序法概论》,北京师范大学出版社1991年版。
[28] 周佑勇:《行政裁量治理研究:一种功能主义的立场》,法律出版社2008年版。
[29] 周佑勇:《行政法预原论》,中国方正出版社2005年版。
[30] 杨解君:《行政法学》,中国方正出版社2002年版。
[31] 宋功德:《行政法的均衡之约》,北京大学出版社2004年版。
[32] 宋功德:《行政法哲学》,法律出版社2004年版。
[33] 韩大元、莫于川主编:《应急法制论——突发事件应对机制的法律问题研究》,法律出版社2005年版。
[34] 章剑生:《行政程序法学院里》,中国政法大学出版社1993年版。
[35] 杨建顺:《日本行政法通论》,中国法制出版社1998年版。
[36] 许崇德等主编:《新中国行政法学研究综述》,法律出版社1991年版。
[37] 王珉灿主编:《行政法概要》,法律出版社1983年版。
[38] 王名扬:《法国行政法》,中国政法大学出版社1998年版。
[39] 孙笑侠:《程序的法理》,商务印书馆2005年版。
[40] 孙笑侠主编:《法理学》,中国政法大学出版社1996年版。
[41] 周叶中:《宪法》,高等教育出版社、北京大学出版社2005年版。
[42] 陈新民:《中国行政法学原理》,中国政法大学出版社2002年版。
[43] 陈新民:《法治国公法学原理与实践(上、中、下)》,中国政法大学出版社2007年版。
[44] 陈新民:《公法学札记》,中国政法大学出版社2001年版。
[45] 任东来等著:《美国宪政历程:影响美国的25个司法大案》,中国法制出版社2004年版。
[46] 方世荣、石佑启:《行政法与行政诉讼法》,北京大学出版社2005年版。
[47] 方世荣、戚建刚:《权利制约机制及其法制化研究》,中国财政经济出版社2001年版。

[48] 方世荣:《论具体行政行为》,武汉大学出版社 1996 年版。

[49] 杨雪冬等:《风险社会与秩序重建》,社会科学文献出版社 2006 年版。

[50] 薛澜:《危机管理——转型期中国面临的挑战》,清华大学出版社 2003 年版。

[51] 熊文钊:《现代行政法原理》,法律出版社 2000 年版。

[52] 陈春生:《行政法之学理与体系》,台湾三民书局 1996 年版。

[53] 毛玮:《论行政合法性》,法律出版社 2009 年版。

[54] 陈贵民:《现代行政法的基本理念》,山东人民出版社 2004 年版。

[55] 陈富良:《放松规制与强化规制》,上海三联书店 2001 年版。

[56] 任生德:《危机处理手册》,新世界出版社 2003 年版。

[57] 吕世伦、文正邦主编:《法哲学论》,中国人民大学出版社 1999 年版。

[58] 胡鞍钢主编:《透视 SARS:健康与发展》,清华大学出版社 2003 年版。

[59] 王逸舟主编:《全球化时代的国际安全》,上海人民出版社 1999 年版。

[60] 黄异:《行政法总论》,台湾三民书局 1995 年版。

[61] 李程伟主编:《公共危机管理:理论与实践探索》,中国政法大学出版社 2006 年版。

[62] 李光灿、吕世伦主编:《马克思、恩格斯法律思想史》,法律出版社 2001 年版。

[63] 刘茂林:《中国宪法导论》,北京大学出版社 2009 年版。

[64] 王广辉:《比较宪法学》,北京大学出版社 2007 年版。

[65] 徐显明主编:《公民权利义务通论》,群众出版社 1991 年版。

[66] 马英娟:《政府监管机构研究》,北京大学出版社 2007 年版。

[67] 孙周兴:《海德格尔选集》(下卷),上海三联书店 1996 年版。

[68] 谭崇台:《西方经济发展思想史》,武汉大学出版社 1993 年版。

[69] 湛中乐:《现代行政过程论》,北京大学出版社 2005 年版。

[70] 刘军宁等编:《市场逻辑与国家观念》,生活·读书·新知三联书店 1995 年版。

[71] 童星、张海波等:《中国转型期的社会风险及识别——理论探讨与经验研究》,南京大学出版社 2007 年版。

[72] 吴庚:《行政法之理论与实用》,台湾三民书局 1998 年增订 7 版。

[73] 王卫国:《过错责任原则:第三次勃兴》,中国法制出版社 2001 年版。

[74] 苏力:《法律及其本土资源》,中国政法大学出版社 1994 年版。

[75] 汪江连、彭飞荣编著:《食品安全法教程》,厦门大学出版社 2011 年版。

[76] 沈宗灵主编:《法学基础理论》,北京大学出版社 1994 年版。

[77] 石佑启:《论公共行政与行政法学范式转换》,北京大学出版社 2003 年版。

［78］徐国栋:《民法基本原则解释——成文法局限性之克服》,中国政法大学出版社 1997 年版。

［79］翁岳生:《行政法与现代法治国家》,台湾大学法学丛书编辑委员会 1990 年版。

［80］王泽鉴:《侵权行为法(第一册)》,中国政法大学出版社 2001 年版。

［81］张文显:《法学基本范畴研究》,中国政法大学出版社 1993 年版。

［82］薛刚凌主编:《行政体制改革研究》,北京大学出版社 2006 年版。

［83］薛澜、张强、钟开斌:《危机管理——转型期中国面临的挑战》,清华大学出版社 2003 年版。

［84］薛晓源、周战超主编:《全球化与风险社会》,社会科学文献出版社 2005 年版。

［85］许宗力:《法与国家权力》,台湾月旦出版社 1993 年版。

［86］熊伟:《海德格尔选集》(下卷),上海三联书店 1996 年版。

［87］余凌云主编:《警察预警与应急机制》,中国人民大学出版社 2007 年版。

［88］赵成根:《国外大城市危机管理模式研究》,北京大学出版社 2006 年版。

［89］张涛:《食品安全法律规制研究》,厦门大学出版社 2006 年版。

［90］周晓丽:《灾害性公共危机治理——基于体制、机制和法制的视界》,社会科学文献出版社 2008 年版。

［91］俞可平:《民主与陀螺》,北京大学出版社 2006 年版。

［92］张越编著:《英国行政法》,中国政法大学出版社 2004 年版。

［93］北京市哲学社会科学研究基地报告:《中国城市危机管理研究报告》,同心出版社 2005 年版。

［94］巫永平主编:《公共管理评论》(第 1 卷),清华大学出版社 2004 年版。

［95］刘燕华等:《风险管理——新世纪的挑战》,气象出版社 2005 年版。

［96］张涛:《食品安全法律规制研究》,厦门大学出版社 2005 年版。

［97］李林主编:《中国法治发展报告 No. 7(2009)》,社会科学文献出版社 2009 年版。

［98］李经中编著:《政府危机管理》,中国城市出版社 2003 年版。

［99］吴庚:《行政法之理论与实用》,台湾三民书局 1998 年版。

［100］秦富、王秀清:《欧美食品安全体系研究》,中国农业出版社 2003 年版。

［101］赵成根:《国外大城市危机管理模式研究》,北京大学出版社 2006 年版。

［102］李经中编著:《政府危机管理》,中国城市出版社 2003 年版。

［103］北京太平洋国际战略研究室编:《应对危机——美国国家安全决策机制》,时事出版社 2001 年版。

[104] 张树义主编:《行政法学》,北京大学出版社2005年版。
[105] 陆德山:《认识权力》,中国经济出版社2000年版。
[106] 中国社会科学院语言研究所词典编辑室编:《现代汉语词典(第5版)》,商务印书馆2005年版。
[107] 王贵松:《日本食品安全法研究》,中国民主法制出版社2009年版。
[108] 李良荣:《新闻学导论》,高等教育出版社1999年版。
[109] 杨海坤:《宪法基本权利新论》,北京大学出版社2004年版。
[110] 周应恒:《现代食品安全与管理》,经济管理出版社2008年版。
[111] 吴斌、陈忘名、赵增连:《欧盟食品安全法规概述》,中国计量出版社2007年版。
[112] 贾西津主编:《中国公民参与——案例与模式》,社会科学文献出版社2008年版。
[113] 贾西津、沈恒超、胡文安等:《转型时期的行业协会:角色、功能与管理体制》,社会科学文献出版社2004年版。
[114] 宋怿:《食品风险分析理论与实践》,中国标准出版社2005年版。
[115] 唐大伟:《智库对国防政策的参与与影响》,南华大学2003年版。
[116] 沈孝宙主编:《转基因之争》,化学工业出版社2008年版。
[117] 王贵松:《日本食品安全法研究》,中国民主法制出版社2009年版,第169—171页。
[118] 孙笑侠:《法的现象与观念》,群众出版社1995年版。
[119] 阚学贵:《食品卫生监督》,法律出版社2007年版。
[120] 〔德〕埃贝哈特·施密特—阿斯曼等著,乌尔海希·巴迪斯编选:《德国行政法读本》,于安等译,高等教育出版社2006年版。
[121] 〔美〕乔纳森·H.特纳:《社会学理论的结构》,邱泽奇、张茂元译,华夏出版社2006年版。
[122] 〔英〕安东尼·奥格斯著:《规制:法律形式与经济学理论》,骆梅英译,中国人民大学出版社2008年版。
[123] 〔英〕安东尼·吉登斯:《失控的世界》,周红云译,江西人民出版社2001年版。
[124] 〔英〕安东尼·吉登斯:《现代性:吉登斯访谈录》,尹宏毅译,新华出版社2000年版。
[125] 〔英〕安东尼·吉登斯:《现代性的后果》,田禾译,译林出版社2000年版。
[126] 〔英〕安东尼·吉登斯:《超越左与右》,李慧斌、杨雪冬译,社会科学文献出版

社 2001 年版。

[127]〔英〕安东尼·吉登斯:《现代性与自我认同》,赵旭东等译,生活·读书·新知三联书店 1998 年版。

[128]〔美〕博登海默:《法理学、法律哲学与法律方法学》,邓正来译,中国政法大学出版社 1999 年版。

[129]〔德〕巴杜拉:《法治国家与人权保障义务》,载陈新民:《法治国公法学原理与实践》,中国政法大学出版社 2007 年版。

[130]〔美〕保罗·斯洛维奇:《风险的感知》,赵延东、林垚、冯欣译,北京出版社 2007 年版。

[131]〔美〕彼得·L. 伯恩斯坦:《与天为敌:风险探索传奇》,穆瑞年、吴伟、熊学梅译,机械工业出版社 2007 年版。

[132]〔美〕彼得·布劳、马歇尔·梅耶:《现代社会中的科层制》,马戎、时宪民、邱泽译,学林出版社 2001 年版。

[133]〔美〕伯尔曼:《法律与革命》,中国大百科全书出版社 1993 年版。

[134]〔英〕戴维·斯基:《大灾难》,邓兵译,世界知识出版社 2001 年版。

[135]〔美〕丹尼尔·A. 雷恩:《管理思想的演变》,李柱流等译,中国社会科学出版社 1997 年版。

[136]〔美〕丹尼斯·朗:《权力论》,陆震纶、郑明哲译,中国社会科学出版社 2001 年版。

[137]〔加〕丹·加德纳:《黑天鹅效应——你身边无处不在的风险与恐惧》,刘宁、冯斌译,中信出版社 2009 年版。

[138]〔美〕弗兰克·H. 奈特:《风险、不确定性与利润》,安佳译,商务印书馆 2006 年版。

[139]〔美〕戴维·奥斯本、特德·盖布勒:《改革政府——企业精神如何改革着公营部门》,周敦仁等译,上海译文出版社 1996 年版。

[140]〔英〕戴雪:《英宪精义》,雷宾南译,中国法制出版社 2001 年版。

[141]〔英〕弗里德里希·冯·哈耶克:《法律、立法与自由》,邓正来译,中国大百科全书出版社 1997 年版。

[142]〔英〕弗里德里希·冯·哈耶克:《通往奴役之路》,王明毅等译,中国社会科学出版社 1998 年版。

[143]〔德〕黑格尔:《逻辑学》(下册),杨一之译,商务印书馆 1976 年版。

[144]〔美〕汉密尔顿等:《联邦党人文集》,程逢如等译,商务印书馆 1997 年版。

[145]〔英〕霍布斯:《利维坦》,黎思复、黎廷弼译,商务印书馆 1996 年版。

[146]〔德〕哈贝马斯:《在事实与规范之间——关于法律和民主法治国的商谈理论》,童世骏译,生活·读书·新知三联书店2003年版。

[147]〔德〕哈贝马斯:《交往行动理论》(第一卷),洪佩郁译,重庆出版社1994年版。

[148]〔日〕和田英夫:《现代行政法》,倪健民、潘世圣译,中国广播出版社1993年版。

[149]〔英〕戴维·赫尔德:《世界主义:观念、现实与不足》,载赫尔德等著:《国将不国?》,江西人民出版社2004年版。

[150]〔法〕孟德斯鸠:《论法的精神》(上),张雁深译,商务印书馆1961年版。

[151]〔德〕汉斯·J.沃尔夫等:《行政法》(第3卷),高家伟译,商务印书馆2007年版。

[152]〔美〕乔纳森·哈斯:《史前国家的演进》,陈加贞等译,求实出版社1988年版。

[153]〔英〕卡洛尔·哈洛、理查德·罗林斯:《法律与行政》,杨伟东、李凌波、石红心、晏坤译,商务印书馆2004年版。

[154]〔德〕卡尔·拉伦茨:《法学方法论》,陈爱娥译,台湾五南图书出版公司1996年版。

[155]〔德〕卡尔·施米特:《政治的概念》,刘宗坤译,上海人民出版社2004年版。

[156]〔英〕卡尔·波普尔:《通过知识获得解放》,范景中、李本正译,中国美术学院出版社1996年版。

[157]〔美〕凯斯·R.孙斯坦:《风险与理性——安全、法律及环境》,师帅译,中国政法大学出版社2005年版。

[158]〔美〕凯斯·R.桑斯坦:《恐惧的规则——超越预防原则》,王爱民译,北京大学出版社2011年版。

[159]〔美〕凯斯·R.桑斯坦:《最差的情形》,刘坤轮译,中国人民大学出版社2010年版。

[160]〔美〕肯尼思·F.沃伦:《政治体制中的行政法》,王从虎、牛文展、任端平、宋凯利等译,中国人民大学出版社2005年版。

[161]〔美〕罗伯特·希斯:《危机管理》,王成等译,中信出版社2004年版。

[162]〔美〕理查德·A.波斯纳:《法律的经济学分析》,蒋兆康译,中国大百科全书出版社1992年版。

[163]〔美〕理查德·A.波斯纳:《法理学问题》,苏力译,法律出版社2002年版。

[164]〔美〕理查德·B.斯图尔特:《美国行政法的重构》,沈岿译,商务印书馆2002

年版。

[165]〔英〕洛克:《政府论》(下篇),叶启芳、瞿菊农译,商务印书馆1997年版。

[166]〔美〕路易斯·亨金等编:《宪政与权利》,郑戈等译,生活·读书·新知三联书店1996年版。

[167]〔英〕马丁·洛克林:《公法与政治理论》,郑戈译,商务印书馆2002年版。

[168]〔美〕迈克尔·D.贝勒斯:《法律的原则》,张文显等译,中国大百科全书出版社1996年版。

[169]〔德〕马克斯·韦伯:《经济与社会》(上),林荣远译,商务印书馆1997年版。

[170]〔德〕马克斯·韦伯:《韦伯作品集——学术与政治》,钱永祥译,广西师范大学出版社2004年版。

[171]〔德〕马克斯·韦伯:《社会科学方法论》,韩水法等译,中央编译出版社2000年版。

[172]〔美〕纳西姆·尼古拉斯·塔勒布:《黑天鹅:如何应对不可预知的未来》,万丹译,中信出版社2008年版。

[173]〔美〕史蒂芬·布雷耶:《打破恶性循环:政府如何有效规制风险》,宋华琳译,北京大学出版社2005年版。

[174]〔美〕史蒂芬·布雷耶:《规制及其改革》,李洪雷、宋华琳、苏苗罕、钟瑞华等译,北京大学出版社2008年版。

[175]〔美〕塞缪尔·亨廷顿:《变化社会中的政治秩序》,王冠华等译,生活·读书·新知三联书店1989年版。

[176]〔美〕斯蒂芬·斯科夫罗内克:《总统政治》,黄云等译,新华出版社2003年版。

[177]斯密斯:《全球性灾难与趋势》,麻省理工学院出版社2008年版。

[178]〔法〕托克维尔:《论美国的民主》(上),董良果译,商务印书馆1988年版。

[179]〔德〕乌尔里希·贝克:《风险社会》,何博闻译,译林出版社2004年版。

[180]〔德〕乌尔里希·贝克:《世界风险社会》,吴英姿、孙淑敏译,南京大学出版社2004年版。

[181]〔德〕乌尔里希·贝克:《风险社会——通往另一个现代的路上》,汪浩译,台湾巨流图书公司2004年版。

[182]〔德〕乌尔里希·贝克、约翰内斯·维尔姆斯:《自由与资本主义——与著名社会学家乌尔里希·贝克对话》,路国林译,浙江人民出版社2001年版。

[183]〔美〕威廉·多姆霍夫:《当今谁统治美国》,中国对外翻译出版公司1985年版。

[184]〔德〕威廉·冯·洪堡:《论国家的作用》,林荣远、冯兴元译,中国社会科学出版社1998年版。

[185]〔英〕威廉·韦德:《行政法》,徐炳等译,中国大百科全书出版社1997年版。

[186]〔美〕小贾尔斯·伯吉斯:《管制与反垄断经济学》,冯金华译,上海财经大学出版社2003年版。

[187]〔澳〕约翰·S.德雷泽克:《协商民主及其超越:自由与批判的视角》,丁开杰等译,中央编译出版社2006年版。

[188]〔美〕约翰·杜威:《确定性的寻求:关于知与行关系研究》,傅统先译,上海人民出版社2005年版。

[189]〔美〕汉密尔顿等:《联邦党人文集》,程逢如等译,商务印书馆1980年版。

[190]〔美〕约翰·罗尔斯:《正义论》,何怀宏等译,中国社会科学出版社2003年版。

[191]〔英〕约翰·亚伯拉罕:《渐进式变迁——美英两国药品政府规制的百年演进》,宋华琳译,载《北大法律评论》第4卷第2辑,法律出版社2002年版。

[192]〔日〕原田尚彦:《行政法要论》,日本学阳书房2005年版。

[193]〔日〕盐野宏:《行政法》,杨建顺译,法律出版社1999年版。

[194]〔古希腊〕亚里士多德:《政治学》,吴寿彭译,商务印书馆1997年版。

[195]〔美〕詹姆斯·麦格雷戈·伯恩斯:《领袖论》,刘李胜等译,中国社会科学出版社1996年版。

[196]〔美〕詹姆斯·博曼:《公共协商:多元主义、复杂性与民主》,黄相怀译,中央编译出版社2006年版。

[197]〔英〕费斯科霍夫等:《人类可接受风险》,王红漫译,北京大学出版社2009年版。

[198]〔美〕卡尔·科恩:《论民主》,聂崇信、朱秀贤译,商务印书馆1988年版。

[199]〔日〕佐藤功:《比较政治制度》,刘庆林、张光博译,法律出版社1984年版。

[200]施拉姆·波特:《传播学概论》,李启、周立芳译,新华出版社1984年版。

[201] Ellen Vos and Frank Wendler, Food Safety Regulation at the EU level. Vos, E., &Wendler, F. (Eds.). *Food Safety Regulation in Europe: A Comparative Institutional Analysis*, Antwerp: Intersentia Press, 2006.

[202] Anthony Giddens, *The Politics of Climate Change*, Cambridge: Polity Press, 2009.

[203] Barbara Adam, Ulrich Beck, Joost Van Loon, *The Risk Society and Beyond: Critical Issues for Social Theory*, California: SAGE Pubulication, 2000.

[204] Bijorn Lomborg, *The Skeptical Environmentalist*, Cambridge: Cambridge University Press, 2001.

[205] Cass R. Sunstein, *Laws of Fear: Beyond the Precautionary Principle*, Cambridge: CambridgeUniversity Press, 2005.

[206] Cass R. Sunstein, *Worst-Case Scenarios*, Harvard University Press,2007.

[207] Clinton Rossiter, *The Supreme Court and the Commander in Chief*, Cornell University Press, 1968.

[208] C. Rossiter, *Constitutional Dictatorship*, Princeton University Press, 1948.

[209] Elizabeth Fisher, *Risk Regulation and Administrative Constitutionalism*, Hart Publishing,2007.

[210] Eric A. Posner and Adrian Vermeule, *Terror in the Balance: Security, Liberty and the Courts*, Oxford University Press, 2007.

[211] Evan Selinger & Robert P. Crease, eds., *The Philosophy of Excpertise*, New York: Columbia University Press, 2006.

[212] G.W. Johnson, *Roosevelt! Dictator or Democrat?* New York press, 1994.

[213] James M. Buchanan, *The Calculus of Consent*, The University of Michigan Press, 1962.

[214] Joseph LeDoux, *The Emotional Brain: The Mysterious Underpinnings of Emotional Life*, New York: Simon&Schuster, 1996.

[215] Kenneth J. Arrow, *Social Choice and Individual Values*, Yale University press, 1970.

[216] Lomborg, *the Skeptical Environmentalist: Measuring the Real State of the World*, Cambridge: Cambridge University Press. 2008.

[217] Martion Dreyer Ortwin Renn Editors, *Food Safety Governance: Integrating Science, Precaution and Public Involvement*, Springer-VerlagBerlinHeidelberg, 2009.

[218] M. Douglas and A. Wildavsky, *Risk and Culture*, California: University of California Press,1982.

[219] N. Luhmann, *Risk: A Sociological Theory*, Berlin: de Gruyter Press,1993.

[220] Ortwin Renn, *Risk Governance: Coping with Uncertainty in a Complex World*, London: Streling,VA Press. 2008.

[221] Paul Slovic, *the Perception of Risk*, Cromwell Press, Trowbridge, UK, 2007.

[222] Piet Strydom, *Risk, Environment, and Society: Ongoing Debates, Current Issues, and Future Prospects*, Buckingham: Open University Press, 2002.

[223] Panksepp J., *Affective Neuroscience*, New York: Oxford University Press, 1998.

[224] Richard A. Posner, *Catastrophe: Risk and Response*, Oxford University Press, 2005.

[225] Stephen Breyer, *Breaking the Vicious Circle: Toward Effective Risk Regulation*, Boston Cambridge: Harvard Press,1993.

[226] Stephen G. Breyer, Richard B. Stewart, Cass R. Sunstein, Matthew L. Spitzer, *Administrative Law and Regulatory Policy: Problem, Text, and Cases*, Frederick: Aspen Publishers, 2002.

[227] Stigler S. M. *The History of Statistics: The Measurement of Uncertainty Before 1900*, Cambridge,MA: Belknap Press, 1986.

[228] Sorgio Albeverio, Volker Jentsch and Holger Kantz(Eds.), *Extreme Event in Nature and Society*, Berlin: Springer Prees, 2006.

[229] Ulrich Beck, *Risk Society: Towards a new modernity*, Translated by Mark Ritter, London: Sage Publications, 1992.

[230] Von Neumann J. & Morgrnstern O., *Thoery of Games and Economic Behavior*, New Jersey: Princeton University Press, 1947.

[231] Wesley A. Magat and W. Kip Viscusi, *Informational Approaches to Regulation*, Cambridge, Massachusetts: the Cambridge, Massachusetts Press, 1992.

[232] FAO: Food safety risk analysis—A guide for national food safety authorities. Rome: FAO Food and Nutrition 2006.

[233] Patrick Van Zwanenberg Erik Millstone, *BSE: Risk, Science and Governance*, Oxford: Oxford University Press, 2005.

[234] Martion Dreyer and Ortwin Renn Editors,*Food Safety Governance:Integrating Science, Precaution and Public Involvement*, Berlin: Springer-Verlag Berlin Heidelberg Press, 2009.

[235] Lawrence Susskind&Gerard MeMahon, *The Theory and Practice of Negotiated Rulemaking*,3 Yale Jon Reg, 1985.

[236] Ortwin Renn, *Risk Governance: Coping with Uncertainty in a Complex World*,London: Earthscan Press, 2008.

[237] Covello V., Tsandman P. M., Slovic P., *Risk Communication, Risk Statics, and Risk Comparisons: A Manual for Plant Mangers*, Washington, D. C: Chemical Manufactures Association, 1988.

[238] Slovic, Paul, Perception of Risk. *The Perception of Risk*, London: Earthscan Pub-

lications Ltd, London and Sterling, VA, 2000.

［239］John W. Finley, Susan F. Robinson and David J. Armstrong, *Food Safety Assessment*, Oxford: Oxford University Press, 1992.

［240］National Research Council, *Florida Fresh-market Vegetable Production: Integrated Pest Management, Alternative Agriculture*, Washington, DC: National Academy Press, 1989.

［241］Steve Fuller, The Constitutively Social Character of Expertise, in Evan Selinger & Robert P. Crease, *The Philosophy of Expertise*, New York: Columbia University Press, 2006.

［242］Jürgen Habermas, *Communication and the Evolution of Society*, Oxford: Polity Press, 1979.

［243］Robert A. Dahl, *Who Governs? Democracy and Power in an American City*, New Heaven: Yale University Press, 1961.

［244］Kerst in Dressel, etc., Food Safety Regulation at the EU level, Vos, E., &Wendler, F. (Eds.), *Food Safety Regulation in Europe: A Comparative Institutional Analysis*, Antwerp: Intersentia Press, 2006.

二、论文类

［1］罗豪才、宋功德:《行政法的治理逻辑》,载《中国法学》2011 年第 2 期。

［2］沈岿:《风险评估的行政法治问题——以食品安全监管领域为例》,载《浙江学刊》2011 年第 3 期。

［3］杨雪冬:《全球化、风险社会与复合治理》,载《马克思主义与现实》2004 年第 4 期。

［4］周巍:《从食品安全问题看 2009 年我国〈食品安全法〉实施》,载《法制与社会》2011 年第 2 期(下)。

［5］王锡锌:《食品安全事件频发凸显监管体制缺陷》,载《党政干部文摘》2007 年第 1 期。

［6］王锡锌:《我国公共决策专家咨询制度的悖论及其克服——以美国〈联邦咨询委员会法〉为借鉴》,载《法商研究》2007 年第 2 期。

［7］王锡锌、章永乐:《专家、大众与知识的运用——行政规则制定过程的一个分析框架》,载《中国社会科学》2003 年第 3 期。

［8］刘小枫:《刺猬的温顺》,载《书屋》2001 年第 2 期。

［9］宋华琳:《转型时期中国行政程序立法的几点思考》,载《中国行政管理》2008 年第 9 期。

［10］杨小敏、戚建刚:《欧盟食品安全风险评估制度的基本原则之评析》,载《北京

行政学院学报》2012年第3期。

[11]余健:《〈食品安全法〉对我国食品安全风险评估技术发展的推动作用》,载《质量安全》2010年第8期。

[12]戚建刚:《我国食品安全风险规制模式之转型》,载《法学研究》2011年第1期。

[13]戚建刚:《风险认知模式及其行政法制之意蕴》,载《法学研究》2009年第5期。

[14]戚建刚:《风险规制过程合法性之证成——以公众和专家的风险知识运用为视角》,载《法商研究》2009年第5期。

[15]戚建刚、易君:《论欧盟食品安全风险评估科学顾问的行政法治理》,载《浙江学刊》2012年第6期。

[16]杨小敏:《中国与欧盟食品安全风险评估独立性原则之比较》,载《行政法学研究》2012年第6期。

[17]杨小敏:《我国食品安全风险评估模式之改革》,载《浙江学刊》2012年第2期。

[18]葛宇、巢强国:《美国食品安全风险分析程序解析》,载《食品与药品》2008年第10卷第11期。

[19]戚亚梅、韩嘉媛:《美国食品安全风险分析体系的运作》,载《农业质量标准》2007年增刊。

[20]戚亚梅:《欧盟食品和饲料快速预警系统及启示》,载《食品安全》2005年第18期。

[21]李磊、周昇昇:《中国食品安全信息交流平台的建立现状分析》,载《食品工业》2011年第12期。

[22]李红:《我国政府食品安全信息披露障碍及对策》,载《农业经济》2011年第9期。

[23]索珊珊:《食品安全与政府"信息桥"角色的扮演——政府对食品安全危机的处理模式》,载《南京社会科学》2004年第11期。

[24]谭德凡:《论食品安全法基本原则之风险分析原则》,载《河北法学》2010年第6期。

[25]陈松、翟琳:《欧盟食品风险评估制度的构成及特点分析》,载《农业质量标准》2008年第5期。

[26]陈君石:《风险评估在食品安全监管中的作用》,载《农业质量标准》2009年第3期。

[27] 陈君石:《食品安全中的风险分析》,载《医学研究杂志》2009年第9期。

[28] 陈君石:《危险性评估与食品安全》,载《中国食品卫生杂志》2003年第1期。

[29] 王芳、钱芳、陈永忠:《发达国家食品安全风险分析制度建立及特点分析》,载《中国牧业通讯》2009年第1期。

[30] 李思:《国内外食品安全风险评估机构的比较》,载《食品工业》2011年第10期。

[31] 刘俊华、王菁、刘文:《我国食品安全监督管理体系建设研究》,载《世界标准化与质量管理》2003年第5期。

[32] 刘秀梅:《食源性疾病监控技术的研究》,载《中国食品卫生杂志》2004年第1期。

[33] 王红育、李颖:《对食品安全及保障体系建设的思考》,载《中国食物与营养》2004年第9期。

[34] 唐晓纯:《食品安全预警体系框架构建研究》,载《食品科学》2005年第12期。

[35] 唐芬:《试论完善我国食品安全信息公开制度的紧迫性》,载《产业研究》2011年7月第1期。

[36] 唐刚:《论食品安全保障的公众参与方式及完善》,载《法制与经济》2010年4月236期。

[37] 刘先德:《食品安全管理机构简介》,载《农业科学》2006年第3期。

[38] 管松凝:《美国、欧盟食品安全监管模式探析及对我国的借鉴意义》,载《当代社科视野》2009年第1期。

[39] 赵丹宇:《食品安全危险性信息交流模式的探讨》,载《中国食品卫生杂志》2008年第20卷第6期。

[40] 滕月:《美国食品安全规制风险分析的启示》,载《经济纵横》2009年第1期。

[41] 曹康泰:《关于〈中华人民共和国食品安全法(草案)〉的说明》,载《全国人民代表大会常务委员会公报》2009年第2期。

[42] 刘锡荣:《全国人民代表大会法律委员会关于〈中华人民共和国食品安全法(草案)〉修改情况的汇报》,载《全国人民代表大会常务委员会公报》2009年第2期。

[43] 张晓昕:《食品安全风险评估法律制度研究》,山西大学硕士学位论文,2012年。

[44] 叶存杰:《基于NET的食品安全预警系统研究》,载《科学技术与工程》2007年第2期。

[45] 时洪洋、刘仁民:《中外食品安全监管比较及中国食品安全体系建构思考》,载《中国卫生事业管理》2006年第3期。

[46] 晏绍庆、康俊生、秦玉青、李雪花:《国内外食品安全信息预报预警系统的建设

现状》，载《现代食品科技》2007 年第 12 期。

[47] 郭宇华：《芬兰风险评估和食品安全教育——芬兰食品安全监管情况介绍之三》，载《中国食品药品监管》2008 年第 8 期。

[48] 王怡、宋宗宇：《日本食品安全委员会的运行机制及其对我国的启示》，载《现代日本经济》2011 年第 5 期。

[49] 戴伟、吴勇卫、隋海霞：《论中国食品安全风险监测和评估工作的形势和任务》，载《中国食品卫生杂志》2010 年第 1 期。

[50] 李磊、周昇昇：《中国食品安全信息交流平台的建立现状分析》，载《食品工业》2011 年第 12 期。

[51] 周胜林、吕继红：《食品安全信息传播的功能与规律》，载《当地传播》2008 年第 9 期。

[52] 叶平：《关于食品安全信息与风险监测评估的探讨》，载《中国质量技术监督》2009 年第 5 期。

[53] 陈宏：《浅议食品安全信息网络系统的建立》，载《中国新技术新产品》2009 年第 9 期。

[54] 林晶：《完善食品安全信息公开制度的建议》，载《中国医药导报》2010 年第 7 期。

[55] 王铮：《发达国家食品安全法制发展及启示》，载《全球视野理论月刊》2006 年第 5 期。

[56] 韩永红：《欧盟食品安全法评析》，载《延边大学学报（社会科学版）》2008 年第 3 期。

[57] 曾娜、郑晓琴：《转基因食品风险规制：制度模式及改进方向》，载《科技与法律》2011 年第 3 期。

[58] 彭飞荣：《食品安全风险评估中专家治理模式的重构》，载《甘肃政法学院学报》2009 年第 11 期。

[59] 曾娜：《食品安全风险评估中的公众参与研究》，载《宪政与行政法治评论》（第 5 卷）。

[60] 曾娜：《我国食品安全风险评估机制的问题探析》，载《昆明学院学报》2010 年第 5 期。

[61] 胡建华：《公民参与：促进民主发展的新形式》，载《求实》2005 年第 27 期。

[62] 徐文星、刘晓琴：《21 世纪行政法背景下的公众参与》，载《法律科学》2007 年第 1 期。

[63] 方升、周敏：《基于利益相关者视角下的我国食品安全问题探析》，载《江苏商

论》2008年第8期。

[64] 朱红军:《炮打乳业新国标》,载《南方周末》2010年6月4日。

[65] 廖义铭:《从理性到反思——后现代时期行政法基本理念之转型》,台湾大学政治学研究所博士研究生论文。

[66] 牛惠之:《生物科技之风险议题之省思——兼论GMO与基因治疗之科技风险管理与规范体系》,载台湾《东吴大学法律学报》2003年第1期。

[67] 肖巍:《奉献社会中的协商机制》,载《学术界》2007年第2期。

[68] 彭建华、张鸿、喻春莲、郑林用:《转基因食品评价公众参与机制研究》,载《农业科技管理》2010年第3期。

[69] 王致民:《食品安全突发事件处理中的公众参与机制研究》,载《法治与社会》2012年第1期。

[70] 杨振宏:《当代中国政府转型中的公民参与问题研究》,苏州大学博士学位论文,2010年。

[71] 张晓杰、孙萍:《公众参与科技决策的理论依据和现实动因》,载《科技管理研究》2008年第2期。

[72] 陈家刚:《风险社会与协商民主》,载《马克思主义与现实》2006年第3期。

[73] 刘鉴强:《转基因稻米:13亿人主粮后的利益悬疑》,载《南方周末》,2004年12月9日。

[74] 顾展旭:《"中国求生手册"网上蹿红》,载《广州日报》,2012年5月30日。

[75] 丘昌泰:《公害社区风险沟通之问题与对策》,载台湾《法商学报》1999年第34期。

[76] 张乐、童星:《风险沟通:风险治理的关键环节——日本核危机一周年祭》,载《探索与争鸣》2012年第4期。

[77] 于芳:《政府危机管理预警机制的构建与完善》,载《云南行政学院学报》2006年第4期。

[78] 尹瑛:《冲突性环境事件中公众参与的新媒体实践——对北京六里屯和广州番禺居民反建垃圾焚烧厂事件的比较分析》,载《浙江传媒学院学报》2011年第3期。

[79] 蒋祎等:《借鉴与完善:中国食品安全风险评估制度》,载《特区经济》2011年12月。

[80] 吕亚荣:《食品安全管制中的政府责任及策略》,载《公共行政》2006年第10期。

[81] 赖林梅、吴文婧:《食品安全:政府与社会责任机制的建构》,载《农产品加工·学刊》2008年第1期。

[82] 詹承豫、刘星宇:《食品安全突发事件预警机制中的社会参与机制》,载《山东社会科学》2011 年第 5 期。

[83] 阮兴文:《论食品安全监管公众参与机制》,载《理论月刊》2009 年第 4 期。

[84] 洪延青:《藏匿于科学之后? 规制、科学和同行评审间关系之初探》,载《中外法学》2012 年第 3 期。

[85] 冯清华:《政府专家咨询制度研究》,西南政法大学硕士学位论文,2008 年。

[86] 郝战红:《立法过程中专家咨询制度的多维面相》,载《法学杂志》2012 年第 2 期。

[87] 钱再见、李金霞:《论科学决策中的专家失灵及其责任机制构建》,载《理论探讨》2006 年第 4 期。

[88] 陈鸣等:《碘盐致病疑云》,载《南都周刊》2009 年 7 月 31 日。

[89] 胡展奋等:《决不宽恕:中国食品安全事件十年》,载《新民周刊》2012 年第 16 期。

[90] 徐文新:《专家、利益集团与公共参与》,载《法律科学》2012 年第 3 期。

[91] 章剑锋:《食品安全问题何以无解——专访国家食品安全风险评估专家委员会主任委员陈君石院士》,载《南风窗》2010 年第 17 期。

[92] 齐丽丽、司晓悦:《对我国同行评议专家遴选制度的建设》,载《科技与创新》2008 年第 5 期。

[93] 唐先锋、杨学艺:《专家责任制度中的专家不当行为分析》,载《西南农业大学学报(社会科学版)》2005 年第 3 期。

[94] 童之伟:《再论法理学的更新》,载《法商研究》1999 年第 2 期。

[95] 魏益民、郭波莉、赵林度、金武军:《联邦德国食品安全风险评估机构与运行机制》,载《中国食物与营养》2009 年第 7 期。

[96] 李杰、彭少杰:《加拿大、美国食品安全监管概况》,载《上海食品药品监管情报研究》2008 年第 1 期。

[97] 晏绍庆、康俊生、秦玉青等:《国内外食品安全信息预报预警系统的建设现状》,载《现代食品科技》2007 年第 12 期。

[98] 薛庆根、高红峰:《美国食品安全风险管理及其对中国的启示》,载《世界农业》2005 年第 12 期。

[99] 刘冠军、谢淑娟:《韩国食品安全标准体系的现状、特点及其对我国的启示》,载《中国标准化》2007 年第 8 期。

[100] 刘志英:《风险分析——我国食品安全管理新趋向》,载《内蒙古科技与经济》2005 年第 3 期。

[101] 王兆华:《主要发达国家食品安全监管体系研究》,载《中国软科学》2006年第7期。

[102] 骆立刚:《欧盟食品安全法律体系与农残壁垒对策研究》,河北工业大学硕士论文,2007年。

[103] 程青清、黄祖辉:《美国食品安召回制度及其对我国食品安全的启示》,载《南方经济》2006年第3期。

[104] 房观桃;《依法行政视野下的食品安全问题初探》,载《南方论刊》2011年第12期。

[105] 周雪:《我国食品安全风险监测和评估制度研究》,西南政法大学硕士学位论文,2010年。

[106] 韦宁凯:《食品安全风险监测和风险评估》,载《铜陵职业技术学院院报》2009年第2期。

[107] 蒋士强、王静:《对食品安全风险评估和标准体系的反思》,载《食品安全导刊》2010年第3期。

[108] 余健:《〈食品安全法〉对我国食品安全风险评估技术发展的推动作用》,载《食品研究与开发》2010年第8期。

[109] 锁放:《比较法视角下中国食品安全监管标准体系的健全》,载《特区经济》2011年第4期。

[110] 何丽杭:《食品安全行政"曝光"的法律分析——与德国案例的研究对比》,载《东方法学》2010年第5期。

[111] 方世南、齐立广:《风险社会:政府公共管理面临的全新课题》,载《学习论坛》2009年第8期。

[112] 盛凤杰、曹慧晶、李旭:《浅谈我国食品安全风险评估制度的完善》,载《法制与社会》2009年第8期。

[113] 黄中夯、李永梅、张立实:《国外食品安全控制与食源性疾病监控策略研究现状》,载《国外医学卫生学分册》2007年第2期。

[114] 袁莎、兰真、刘伟彬:《食品安全科学中的危险性分析》,载《中国卫生监督杂志》2005年第2期。

[115] 周应恒、彭晓佳:《风险分析体系在各国食品安全管理中的应用》,载《世界农业》2005年第3期。

[116] 顾振华:《食品安全监管中的危险性分析》,载《上海食品药品监管情报研究》2008年第10期。

[117] 徐娇、邵兵:《试论食品安全风险评估制度》,载《中国卫生监督杂志》2011年

第 4 期。

[118] 时洪洋、廖卫东:《日本食品安全规制的制度分析》,载《当代财经》2008 年第 5 期。

[119] 王怡、宋宗宇:《日本食品安全委员会运行机制及其对我国的启示》,载《现代日本经济》2011 年第 5 期。

[120] 卫生部:《食品企业 HACCP 实施指南》,载《中国食品卫生杂志》2002 年第 6 期。

[121] 杨明亮、刘进、彭莹:《食品安全管理的三次浪潮》,载《湖北预防医学杂志》2003 年第 3 期。

[122] 褚小菊、冯婧:《风险评估在企业食品安全管理中的应用》,载《学术论坛》2007 年第 12 期。

[123] 卜元卿、骆永明、滕应等:《环境中二恶英类化合物的生态和健康风险评估研究进展》,载《土壤》2007 年第 2 期。

[124] 陈君石:《关于食品安全——风险监测、评估与预警的报告》,2010 年国家食品安全风险监测研讨会。

[125] 贡智强:《食品安全风险评估的方法与应用》,载《中国农村卫生事业管理》2010 年第 2 期。

[126] 李筱薇、高俊全、陈君石:《总膳食研究:一种食品安全的方法》,载《中国食品卫生杂志》2006 年第 3 期。

[127] 金庆中、赵立文、徐筠等:《应用 24h 膳食回顾询问法估计北京地区居民丙烯酰胺膳食摄入量的研究》,载《第四届北京生命科学领域联合年会》2006 年第 3 期。

[128] 吴培、许喜林、蔡纯:《食品安全风险分析的原理与应用》,载《中国调味品》2006 年第 9 期。

[129] 邹小南等:《食品安全风险评估及其在农药残留上的应用》,载《贵州农业科学》2008 年第 3 期。

[130] 杨玲、孙志永、项宇、国伟:《风险分析在食品安全突发事件处置中的应用》,载《食品科技》2001 年第 1 期。

[131] 陈柳钦:《加强风险分析关注食品安全》,载《中国质量》2002 年第 3 期。

[132] 赵燕滔:《食品安全风险分析初探》,载《食品研究与开发》2006 年第 11 期。

[133] EFSA: Scientific Opinion on Risk Assessment Terminology, *EFSA Journal*, No. 5, 2012.

[134] Peter Barton Hutt, The State of Science at the Food and Drug Administration, 60 *Admin. L. Rev.* 431, 2008.

[135] FAO Food and Nutrition Paper 87: Food Safety Risk Analysis-a Guide for National Food Safety Authorities, World Health Organization, Food and Agriculture Organization of the United Nations, 2006.

[136] Food and Drug Administration, Guidance for the Public, FDA Advisory Committee Members, and FDA Staff on Procedures for Determiniing Conflict of Interest and Eligibility for Participation in FDA Advisory Committees, August 2008.

[137] Jane E. Henney, Remarks of the Commissioner of Food and Drugs, *55 Food & Drug L. J. 1*, 3 (2000).

[138] Hubert Deluyker, Vittorio Silano, The First Ten Years of Activity of EFSA: A Success Story, *EFSA Journal*, 2012, 10(10).

[139] Stephanie Tai, Comparing Approaches toward Governing Scientific Advisory Bodies on Food Safety in the United States and the European Union, *Wisconsin Law Review*, No. 1112, 2010.

[140] E. Vos, EU Food Safety Regulation in the Aftermath of the BSE Crisis, *23(3) Journal of Consumer Policy*, 2000.

[141] Chalmers Damian, "Food for thought": reconciling European risks and traditional ways of life, *The Modern Law Review*, Vol. 66, 2003.

[142] D. Chalmers, Food for Thought Reconciling European risks and traditional ways of life, *66(4) The Modern law review*, 2003.

[143] Fiorino, D. J., Citizen participation and environmental risk: A survey of institutional mechanisms, *Science, Technology, and Human Valuse*, Vol. 15, No. 2, 1990.

[144] Andreas H. Reiner H., Risk analysis according to the Federal Institute for Risk Assessment international symposium Towards a Risk Analysis of Antibiotic Resistance, *International Journal of Medical Microbiology*, 2006(6).

[145] Mary Grisez kweit & Robert W. Kweit: Implementing, Citizen Participation in a Bureaucratic Society: A Contingency Approach 31(1981).

[146] K. L. Blackstock and G. J. Kelly and B. L. Horsey, Developing and applying a framework to evaluate participatory research for sustainability, Vol. 60, *Ecological Economics*, No. 4.

[147] William Jennings and Penelope Mercurio-Jennings, 'Review', *The Journal of Rise and Insurance*, Vol. 63, No. 3, 1996.

[148] Sherry R. Arnstein, A Ladder of Citizen Participation, American Planning Association 1969, 35(4).

[149] Marshall J. Breger, Government Accoutibility in the Twenty-First Century, *57 U. PITT. L. REV*, 1996.

[150] Gene Rowe & Lynn J. Frewer, Public Participation Method: A Framework for Evaluation, *Science, Technology &Human Values*, 25, No. 1, 2000.

[151] Eisinger P. K., The conditions of protest behavior in American cities, *The American Political Science Review*, 67, No. 1, 1973.

[152] Frank Fischer, Professional Expertise in a Deliberative Democracy: Facilitating Participatory Inquiry, *The Good Society*, Vol. 13, No. 1, 2004.

[153] Bingham, Lisa Blomgren, The Next Generation of Administrative Law: Building the Legal Infrastructure for Collaborative Governance, *Wisconsin Law Review 297*, 2010.

[154] Peters E. and Slovic, P. The Springs of Action: Affective and Analytical Information Processing in Choice, *Pers. Soc. Psychol. Bull*, Vol. 26, 2000.

[155] Shumei Chen, Sham or Shame: Rethinging the China's Milk power Scandal from a Legal Perspective, *Journal of Risk Research*, Vol. 12, no. 6, 2009.

[156] Whitt Steineker, Who's Guarding the Henhouse?: Conflicts of Interest and the FDA Advisory Committee Regime, *20 Geo. J. Legal Ethics 935*, 2007.

[157] James T. O'Reilly, Advisers and Secrets: The Role of Agency Confidentiality in the Federal Advisory Committee Act, *13 N. Ky. L. Rev. 27*, 1986.

[158] Evan Selinger & Robert P. Crease, eds., The Philosophy of Excpertise, New York: Columbia University Press, 2006, pp. 1—45. See Jeffrey D. Kovac, Essay, Science, Law, and the Ethics of Expertise, *67 Tenn. L. Rev. 397*, 2000.

[159] Giovannini A, Migiorati G, Prencipe V, et al, Risk assessment for listeriosis in consumers of Parma and San Daniele harms, *Food Control*, Vol. 18, 2007.

[160] Slovic P., Fischhoff B. & Lichtenstein S., *Behavioral Decision Theory Perspectives on Risk and Safety*, Acta Psychologica, Volume 56, August, 1980.

[161] E. Millstone and P. Van Zwanenberg, *The Evolution of Food Safety Policy-making Institutions in the UK, EU and Codex Alimentarius*, Social Policy &Administration, 2002(6).

后　记

本书是我主持的国家社科基金青年项目"我国食品安全风险评估及其法制化研究"的最终成果（10CFX040），非常感谢国家社科基金规划办的慷慨资助，也感谢匿名专家的评审，使得该成果能够顺利通过结项。

从事这样一项课题的研究是相当辛苦的。不仅是因为食品安全风险评估对我国政府而言是一项新事物，而且还由于该课题涉及跨学科的知识，对我本人和课题组成员都是一个挑战。自2010年，该课题获得国家社科基金资助以来，课题组成员就全身心地投入研究。我们先后参加了数十场国内与该课题有关的学术研究会，与国家食品安全风险评估中心的工作人员作了深入的交流，对国外与该课题有关的文献进行了梳理和分析，从而加深了对该课题关键问题的理解和认识。

该课题的一些中期成果已经发表在《当代法学》《行政法学研究》《浙江学刊》《北京行政学院学报》等法学核心期刊上，并被中国人民大学书报复印资料、《高等学校文科学术文摘》《中国社科文摘》等转载。在此感谢这些杂志及其编辑老师的辛劳付出。

该书能够顺利完成，特别要感谢我博士研究生时期的导师、中国人民大学法学院院长韩大元教授，中国人民大学法学院副院长胡锦光教授等导师组其他老师以及我博士研究生同学的帮助,他们给我创造了一个从事学术研究的良好的环境。当然,我也要感谢我所在单位——中南财经政法大学法学院——各位领导和同事的支持。

该书能够出版,要感谢北京大学法学院教授姜明安老师。当我把该书的电子版发给姜老师,并希望能纳入罗豪才老师和他任主编的"宪政论丛"出版时,姜老师欣然同意。当然也要感谢北京大学出版社的编辑老师。此外要特别感谢北京航空航天大学法学院的毕洪海教授,他给予我特别的帮助。

感谢课题组的成员,高效率完成了各项工作。

感谢我的家人,他(她)们长期的支持和理解,让我安心从事学术研究,也能顺利完成这样一项课题。

从部门行政法的角度研究我国食品安全风险评估制度的著作国内尚不多见,本书或许能够填补该领域的空白。然而,就是因为研究成果不多,理论和实务的积累不是很充分,因而本研究的学术深度存在一定不足,一些观点或论据可能存在一定偏差,希望能够得到同行和读者的理解,当然,本人也将再接再厉,继续作进一步的研究。

杨小敏

2014 年 8 月于晓南湖